四訂版

株式譲渡・相続・贈与に役立つ

非上場株式等の評価 Q&A

税理士・不動産鑑定士
松本 好正 著

株式を相互保有することにより議決権がないとされる具体例を新たに追加。

発行済株式数が多く円未満を切捨てることにより0円となる場合の計算方法などのほか、国側が敗訴した令和6年1月18日判決も詳解し大幅増訂。

一般財団法人 大蔵財務協会

はしがき

　非上場株式を評価する機会は、従前までは、相続や贈与の時に限られていましたが、今では、非上場株式を譲渡する時や増資の時、さらには法人の組織再編に係る合併、会社分割、株式交換、株式交付のときなど多種多様にわたっています。
　さらに、事業承継税制の柱となる非上場株式に係る相続税及び贈与税の納税猶予（特例措置）の適用に当たっては、非上場株式の評価が不可欠であることは言うまでもありません。
　本書は、そうした非上場株式の評価について、基本的な事項から、裁判で争われるような難しい事項まで、評価通達及び国税庁から公表される情報などに基づき全てＱ＆Ａ方式により、簡潔に分かり易く記述しています。設問について言えば、著者が東京税理士会の相談員として受けた質問や実際に処理した事案を題材にしており、実務において役立つものが多いと思います。

　今回の改訂に当たっては、発行済株式数が著しく多く、そのため１株当たりの価額が１円未満となる場合の計算方法について追加したほか、発行済み株式数が定款に記載されていない場合の医療法人の評価などの計算方法についても触れています。
　また、税務における非上場株式の評価に際しては、とりわけ「同族株主」の判定が重要となりますが、相互株式保有することにより議決権がないとされるケースについて、複数の事例により解説しています。
　さらに、昨今では、評価通達６項の適用の是非が問われる判決が続いていますが、令和６年１月18日東京地裁判決では、非上場株式の

相続税評価について、相続開始前に合意していた取引価額が評価通達による価額と著しく異なっていた場合でも、それは評価通達6項が適用される合理的理由にはならないとして納税者が勝訴しました。この判決が、令和4年4月19日最高裁判決（タワーマンションの相続税評価額を評価通達6項を適用して評価することの是非）の影響を受けていることは間違いありませんが、判決の重要部分を本書でも漏れなく掲載しています。

　ちなみに、この東京地裁判決前の仙台国税不服審判所では、「『評価通達による相続税評価額』と『本件基本合意価額』との間に著しい乖離があることは、評価通達の定める評価方法以外の評価方法によって評価されるべき特別の事情となる。」とまで言い切っており、最高裁判決の内容とは真逆でした。

　なお、本書は税務上の非上場株式の評価について、個別に設例を設け回答・解説していますので読み易いとは思いますが、評価明細書への記載の仕方については、最小限に抑えております。したがって、評価明細書への記載の仕方を詳しく知りたい方は、大蔵財務協会から発刊されています「非上場株式の評価の仕方と記載例」を併用していただくことで、その目的が達せられる事と思います。

　最後に、本書改定の機会を与えていただいた、大蔵財務協会の木村幸俊理事長はじめ、編集局の方々に深謝申し上げます。

　令和6年7月吉日

税理士・不動産鑑定士
松本　好正

〔目　次〕

第1　非上場株式の評価の概要

- Q1　非上場株式の評価方式 …………………………………… 2
- Q2　所有者により評価額が変わることの意味 ……………… 3
- Q3　特定の評価会社について ………………………………… 4
- Q4　非上場株式を評価する手順 ……………………………… 6

第2　同族株主の判定等

- Q5　同族株主とは ……………………………………………… 10
- Q6　個人の同族関係者の範囲 ………………………………… 16
- Q7　他の会社を支配しているとは …………………………… 18
- Q8　議決権割合 ………………………………………………… 20
- Q9　単元株とは ………………………………………………… 22
- Q10　同族株主の判定時期 ……………………………………… 24
- Q11　議決権の行使を他者に委任している場合 ……………… 25
- Q12　議決権の行使を第三者に委任している相続人は議決権を所有していないといえるか …………………………………………… 29
- Q13　「同族株主」と「同族会社」の相違 …………………… 32
- Q14　同族株主の評価方法の例外（少数株主）……………… 34
- Q15　中心的な同族株主 ………………………………………… 37
- Q16　同族株主の判定（30％超）……………………………… 40
- Q17　同族株主の判定（50％超）……………………………… 42
- Q18　同族株主の判定（会社のみが同族株主のケース）…… 44
- Q19　中心的な同族株主の判定（中心的な同族株主がいる場合）………… 46
- Q20　中心的な同族株主の判定（中心的な同族株主がいない場合）……… 49
- Q21　中心的な同族株主の判定（法人株主がいる場合）…… 51
- Q22　5％未満の同族株主が所有する株式の評価 …………… 56
- Q23　同族株主の判定（親族関係の終了）…………………… 59
- Q24　名義書換に関する訴訟が係争中の同族株主の判定 …… 61
- Q25　中心的な同族株主の判定（異母兄弟）………………… 63

Q26	同族株主がいない会社の株式評価方法	65
Q27	同族株主等の評価方法の例外	67
Q28	中心的な株主	69
Q29	中心的な株主の判定	71
Q30	同族株主等の判定（中心的な同族株主がいる場合）	73
Q31	同族株主等の判定（中心的な株主がいない場合）	75
Q32	同族株主がいない会社の株式評価	78
Q33	「同族株主」、「中心的な同族株主」及び「中心的な株主」の判定	80
Q34	配当還元方式により評価される株主	83
Q35	未分割の場合の議決権の判定	85
Q36	未分割の申告及びその後遺産分割確定の場合	89
Q37	議決権を有しない株式	93
Q38	相互保有株式に係る議決権の制限（様々なパターン）	102
Q39	相互保有株式に係る議決権の制限（子会社と合わせて25％を超える場合）	106
Q40	同族株主の判定（1単元株制度）	108
Q41	種類株式の同族株主の判定（強制償還株式）	110
Q42	種類株式の同族株主の判定（転換株式）	113
Q43	拒否権付株式の評価方法	116
Q44	種類株式の同族株主の判定（取締役を選解任できる株式）	117
Q45	従業員持株会が株式を所有している場合	119
Q46	投資育成会社が株主である場合の同族株主の判定	122
Q47	同族株主の判定（地方公共団体等）	126
Q48	評価通達6項の適用	128
Q49	評価通達6項の適用事例（課税庁側が敗訴した事例）	131

第3　会社規模の判定

Q50	原則的評価方式	150
Q51	特定の評価会社	152
Q52	会社規模等の判定	154
Q53	業種区分の判定	158
Q54	業種区分の判定（兼業している場合）	174
Q55	業種区分の判定（業種変更した場合）	175

Q56	業種区分の判定(医療法人の場合)	176
Q57	総資産価額基準(割引手形勘定がある場合)	177
Q58	総資産価額基準(圧縮記帳している場合)	179
Q59	総資産価額基準(減価償却累計額等を間接法で表示している場合)	181
Q60	総資産価額基準(評価会社が直前期中に合併している場合)	184
Q61	従業員基準(対象となる従業員)	185
Q62	従業員基準(従業員数)	187
Q63	従業員基準(従業員の範囲)	189
Q64	取引金額基準(対象となる売上)	192
Q65	取引金額基準(評価会社が直前期中に合併している場合)	193
Q66	取引金額基準(評価会社が事業年度を変更している場合)	194
Q67	会社判定の順序	196
Q68	会社規模の判定の具体例	199

第4 評価方式(類似業種比準方式・純資産価額方式・配当還元方式)の計算

Q69	類似業種比準方式	204
Q70	類似業種比準方式(計算方法)	206
Q71	比準要素の比重割合の変更	211
Q72	類似業種株価の選択(課税時期の属する月以前2年間の平均株価)	213
Q73	類似業種比準方式(標本会社)	214
Q74	類似業種株価通達で公表されている「A」、「B」、「C」及び「D」の計算根拠	217
Q75	標本会社の配当、利益及び純資産価額	222
Q76	評価会社の配当、利益及び純資産価額	224
Q77	類似業種比準方式(自己株式がある場合)	227
Q78	直前期末の発行済株式数が多く、1株当たりの資本金等の額が1円未満となる場合	229
Q79	類似業種比準方式(業種目の判定)	231
Q80	類似業種比準方式(兼業している場合の業種目の判定)	233
Q81	類似業種比準方式(業種目の判定と業種分類の判定の違い)	237

Q82	類似業種比準方式（医療法人の業種目番号）	239
Q83	類似業種比準方式（採用する類似業種の株価Ａ）	240
Q84	1株当たりの配当金額（Ⓑ）（採用する事業年度）	242
Q85	1株当たりの配当金額（Ⓑ）（剰余金の配当）	244
Q86	1株当たりの配当金額（Ⓑ）（株主優待券）	245
Q87	1株当たりの配当金額（Ⓑ）（計上時期）	246
Q88	1株当たりの配当金額（Ⓑ）（自己株式の取得によるみなし配当の金額がある場合）	248
Q89	1株当たりの配当金額（Ⓑ）（現物分配により資産の移転をした場合）	250
Q90	1株当たりの配当金額（Ⓑ）（事業年度の変更があった場合）	253
Q91	1株当たりの配当金額（Ⓑ）の計算例	254
Q92	1株当たりの年利益金額（Ⓒ）（法人税の課税所得）	256
Q93	1株当たりの年利益金額（Ⓒ）（事業年度）	258
Q94	1株当たりの年利益金額（Ⓒ）（事業年度の変更があった場合）	259
Q95	1株当たりの年利益金額（Ⓒ）（固定資産の譲渡が数回ある場合）	261
Q96	1株当たりの年利益金額（Ⓒ）（非経常的な損失の取扱い）	263
Q97	1株当たりの年利益金額（Ⓒ）（非経常的な利益の判定）	264
Q98	1株当たりの年利益金額（Ⓒ）（定期的に受領する記念配当）	268
Q99	1株当たりの年利益金額（Ⓒ）（譲渡損益調整資産の譲渡等があった場合）	270
Q100	1株当たりの年利益金額（Ⓒ）の計算（即時償却を適用している場合）	272
Q101	1株当たりの年利益金額（Ⓒ）（みなし配当がある場合）	274
Q102	1株当たりの年利益金額（Ⓒ）（外国子会社等から剰余金の配当等がある場合）	276
Q103	1株当たりの年利益金額（Ⓒ）（適格現物分配により資産の移転を受けた場合）	278
Q104	受取配当金の益金不算入の対象金額	280
Q105	「受取配当等の益金不算入額」と「左の所得税額」の記載について	284
Q106	受取配当等の益金不算入額より控除所得税額が大きくなるケース	287
Q107	「1株当たりの年利益金額（Ⓒ）」の計算例	289

Q108	1株当たりの純資産価額（帳簿価額）(⑩)（総資産価額とは）	291
Q109	「1株当たりの純資産価額（帳簿価額）(⑩)」の計算例	294
Q110	1株当たりの純資産価額(⑩)（寄附修正により利益積立金が変動する場合の調整）	296
Q111	類似業種比準方式（財産の提供があった場合の計算）	298
Q112	類似業種比準方式（類似業種比準価額の計算）	301
Q113	直前期末の資本金等の額がマイナスとなる場合	304
Q114	類似業種比準方式（配当金支払の効力等が生じた場合）	308
Q115	類似業種比準価額（類似業種比準価額の修正の計算例）	310
Q116	純資産価額方式	312
Q117	純資産価額方式（適用される会社）	314
Q118	純資産価額方式（評価時点）	316
Q119	純資産価額方式（課税時期が直後期末に近い場合）	318
Q120	純資産価額方式（議決権割合が50％以下の同族株主が所有している場合）	320
Q121	純資産価額方式（純資産価額の80％により評価できるケース）	322
Q122	純資産価額方式（類似業種比準方式の純資産価額(⑩)との違い）	324
Q123	資産の総額（相続税評価額と帳簿価額）	326
Q124	資産の価額（課税時期以前3年以内に取得した土地及び建物等）	329
Q125	資産の価額（評価会社が所有する非上場株式等の純資産価額）	332
Q126	資産の価額（併用方式の計算において法人税額等相当額の控除ができないケース）	334
Q127	資産の価額（生命保険金を受領した場合）	337
Q128	資産の価額（営業権の評価）	340
Q129	営業権の評価の計算例	346
Q130	資産の価額（法人税の繰戻し還付請求権）	349
Q131	資産の価額（即時償却を行った資産）	351
Q132	資産の価額（前払費用）	353
Q133	資産の価額（建物所有者が施設した建物付属設備を建物の評価に含めるべきか）	356
Q134	資産の価額（賃借人が設置した建物付属設備）	358
Q135	資産の価額（賃借権を資産に計上すべきか）	360
Q136	借地権の価額（相当の地代に満たない場合）	362
Q137	借地権の価額（土地の無償返還の届出書が提出されている場合）	364

Q138	借地権の価額（貸宅地通達により計上される借地権が貸ビルの敷地であった場合） ……………………………………………… 366
Q139	借地権の価額（宅地の所有者と株式の所有者が同一でない場合） …… 368
Q140	借地権の価額（「土地の無償返還に関する届出書」が提出されている共有地に係る借地権価額の計上額） …………………………… 370
Q141	借地権の価額（被相続人が同族株主となっている会社の100％子会社に土地を貸付けていた場合） …………………………………… 372
Q142	課税時期と直前期末の年分が違う場合等 ……………………………… 375
Q143	純資産価額方式（各資産の相続税評価額） …………………………… 381
Q144	負債の総額（相続税評価額と帳簿価額） ……………………………… 385
Q145	負債の額（帳簿に記載がなくても計上ができる負債） ……………… 386
Q146	負債の価額（金利スワップ取引の純資産価額への計上の可否） …… 392
Q147	負債の価額（無利息保証金） …………………………………………… 395
Q148	負債の価額（無利息の建設協力金） …………………………………… 397
Q149	負債の価額（前払賃料方式で一般定期借地権が設定された場合の前受収益の取扱い） …………………………………………………… 399
Q150	負債の額（各負債の相続税評価額） …………………………………… 401
Q151	発行済株式数が多いため純資産価額が0となる場合 ……………… 404
Q152	純資産価額方式の計算（直前期末から課税時期までの間に増資等があった場合） ………………………………………………………… 406
Q153	純資産価額方式（法人税額等相当額） ………………………………… 409
Q154	法人税額等相当額の控除ができない場合（現物出資等受入れ差額） … 412
Q155	法人税額等相当額の控除ができない旨の規定の変遷 ………………… 415
Q156	法人税額等相当額の控除ができない場合（現物出資の場合） ……… 417
Q157	現物出資等受入れ差額の計算（現物出資の場合） …………………… 420
Q158	現物出資等受入れ差額の計算（合併の場合） ………………………… 422
Q159	法人税額等相当額の控除ができない場合（株式交換又は株式移転制度について） ……………………………………………………… 425
Q160	法人税額等相当額の控除ができない場合（株式交換又は株式移転があった場合） ……………………………………………………… 430
Q161	株式交換及び株式移転に係る税務上の取扱い（適格株式交換及び適格株式移転） ……………………………………………………… 433
Q162	法人税額等相当額の控除ができない場合（適格株式交換・適格株式移転） ………………………………………………………………… 437

Q163	株式交付制度 ··· 440
Q164	株式交付制度による法人税額等相当額の控除ができない場合 ······· 443
Q165	現物出資等受入れ差額（適用除外）·· 445
Q166	みなし譲渡における純資産価額 ·· 447
Q167	配当期待権等の権利等が生じている場合の株価の修正 ·············· 454
Q168	配当期待権とは ·· 460
Q169	配当期待権の価額と株価修正 ·· 464
Q170	株式の割当てを受ける権利とは ·· 466
Q171	株式の割当てを受ける権利の価額と株価修正 ·· 467
Q172	株主となる権利 ·· 470
Q173	株式無償交付期待権とは ·· 473
Q174	株式無償交付期待権の価額と株価修正 ·· 474
Q175	配当還元方式による株価の算定 ·· 477
Q176	配当還元方式による計算 ·· 479
Q177	配当還元方式の計算（資本金等の額）·· 482
Q178	配当還元方式による価額（資本金等の額がマイナスだった場合）··· 484
Q179	株式の割当てを受ける権利等が発生している場合の配当還元価額の修正の可否 ··· 486
Q180	発行会社との間で譲渡価額を額面価額とする誓約をしている場合 ··· 488
Q181	配当還元方式の計算とその記載例（普通株式と配当優先株式を所有している場合）··· 490

第5 特定の評価会社

Q182	特定の評価会社とその評価方法 ·· 494
Q183	特定評価会社（類似業種比準方式を排除する理由）····························· 496
Q184	比準要素数1の会社（判定）·· 498
Q185	比準要素数1の会社の判定（端数処理について）································ 501
Q186	比準要素数1の会社の評価方法 ·· 502
Q187	株式等保有特定会社（判定）·· 503
Q188	株式等保有特定会社の判定の基礎となる「株式及び出資」の範囲 ·· 509
Q189	株式等保有特定会社の評価方法 ·· 516
Q190	S_1+S_2方式の計算（S_1部分の計算）·· 518
Q191	S_1+S_2方式の計算（S_2部分の計算）·· 523

Q192	株式等保有特定会社の株価の計算	525
Q193	土地保有特定会社	531
Q194	土地保有特定会社の判定の基礎となる「土地等」の範囲(1)	534
Q195	土地保有特定会社の判定の基礎となる「土地等」の範囲(2)	536
Q196	土地保有特定会社の判定の基礎となる「土地等」の範囲(3)	538
Q197	土地保有特定会社の判定の基礎となる「土地等」の範囲(4)	540
Q198	土地保有特定会社の評価方法	545
Q199	比準要素数０の会社	546
Q200	比準要素数０の会社（端数処理について）	548
Q201	比準要素数０の会社の判定（非経常的な利益金額及び配当金額）	549
Q202	比準要素数０の会社等の判定の場合と類似業種株価を実際に算定する場合	550
Q203	比準要素数０の会社の評価方法	552
Q204	開業後３年未満の会社	554
Q205	開業後３年未満の会社（合併があった場合）	555
Q206	開業後３年未満の会社の評価方法	557
Q207	開業前又は休業中の会社	559
Q208	開業前又は休業中の会社（休業の意味）	560
Q209	開業前又は休業中の会社の評価方法	561
Q210	清算中の会社	563
Q211	清算中の会社の評価方法	565
Q212	予想分配見込額の計算	567
Q213	同族株主等以外の株主が所有する特定評価会社の株式	568
Q214	医療法人の出資（評価の対象となる出資）	570
Q215	医療法人の出資（一般会社と異なる点）	572
Q216	医療法人の出資（類似業種比準方式）	574
Q217	医療法人の出資（純資産価額方式）	577
Q218	定款に出資口数の定めがない医療法人	578
Q219	医療法人（特定の評価会社の判定）	580
Q220	医療法の改正に伴う課税関係	584

第６　その他特殊な株式等の評価

Q221	種類株式の評価	602

Q222	配当優先株式の評価	604
Q223	配当優先株式の株価の計算及び記載例	606
Q224	同族株主等が所有する無議決権株式の評価	612
Q225	配当優先の無議決権株式の株価の計算	618
Q226	社債類似株式	620
Q227	社債類似株式を発行している会社の株式を類似業種比準方式により評価する場合	623
Q228	社債類似株式を発行している会社の株式を純資産価額方式により評価する場合	628
Q229	社債類似株式を発行している会社の株式を配当還元方式により評価する場合	631
Q230	種類株式の評価(拒否権付株式)	634
Q231	種類株式の評価(利益による償還が予定されている非上場株式)	635
Q232	種類株式の評価(上場会社の株式に転換が予定されている場合)	638
Q233	ストックオプションの評価	641
Q234	非上場株式に係るストックオプションの評価	645
Q235	課税時期に権利行使ができないストックオプション	647
Q236	ストックオプションと新株予約権との違い	649
Q237	公開途上の株式及び上場新株予約権等の評価	651
Q238	貸付信託・証券投資信託等の評価	655
Q239	不動産投資信託証券等の評価	660
Q240	持分会社の出資の評価	663
Q241	持分会社の退社時の出資の評価	666
Q242	税理士法人などの専門資格法人の出資の評価	669
Q243	農業協同組合等の出資の評価	671
Q244	企業組合等の出資の評価	673
Q245	信用金庫等の出資の評価	675
Q246	匿名組合契約に基づく出資に係る権利	677

(付 録) 参考資料

■ 令和6年分の基準年利率について(法令解釈通達) ……………… 682

- 令和6年分の類似業種比準価額計算上の業種目及び業種目別株価等について（法令解釈通達） ……… 686
- 類似業種比準価額計算上の業種目及び業種目別株価等（令和6年分）……688

第1

非上場株式の
評価の概要

Question 1 非上場株式の評価方式

財産評価基本通達で定める非上場株式の評価方法には、どのような方法がありますか。

A 国税庁では、相続税や贈与税の申告をする者の便宜及び課税の公平性を図る目的のために財産評価基本通達（昭和39年4月25日直資56（例規）、以下「評価通達」といいます。）を定めていますが、同通達の178から196には、非上場株式等の評価の仕方が詳細に規定されています。それによりますと、非上場株式を評価する方法として次の3つの方式を定めています。

(1) 会社が所有している資産価値（時価）に着目した「**純資産価額方式**」
(2) 上場されている類似業種の会社の株価から比準して算定する「**類似業種比準方式**」
(3) 会社から支払われる配当金額に着目して算定する「**配当還元方式**」

上記評価方式のうち(1)及び(2)が「**原則的評価方式**」といわれるものであり、(3)が「**特例的評価方式**」といわれているものです。

そして、具体的に非上場会社の株価を算定する場合には、上記3方式を駆使して「純資産価額方式」、「類似業種比準方式」、「配当還元方式」又は「純資産価額方式と類似業種比準方式との併用方式」により評価することになります。

Question 2 所有者により評価額が変わることの意味

評価通達で規定する非上場株式の評価方法によると、株主の態様によって同じ会社の株式でも評価額が変わると聞きました。
同じ株式でも価額が変わるとはどういうことでしょうか。

A 評価通達で定める非上場株式の評価方法においては、同じ会社の株式であっても、その株式を所有している株主の会社経営に及ぼす影響力の違いによって評価額が変わります。

例えば、オーナーや会社役員など会社に影響力を及ぼすことができる株主（同族株主）が所有する株式は、原則的評価方式（純資産価額方式、類似業種比準方式、又はその併用方式）により評価しますが、従業員や得意先など、会社に対する支配力を持たない株主（非同族株主）が所有する株式は、特例的評価方式（配当還元方式）により評価します。

そして、一般に原則的評価方式によると株価が高く算出され、特例的評価方式（配当還元方式）によると株価が低く算出されます。

したがって、相続などの場合において、被相続人が100％所有していた会社の株式の一部を従業員が遺贈により取得し、その残りの大半を相続人が相続した場合には、同じ会社の株式であっても取得者が従業員か相続人かによって異なる価額が算出されることになります。

このことを考えると非上場株式の評価において取得者が「**同族株主**」に該当するか否かは非常に重要であるということがいえます。

Question 3 特定の評価会社について

同族株主が取得した株式は、原則的評価方式により評価しますが、土地等や株式等を多く所有している会社の株式を評価する場合には、特別な方法により評価すると聞きました。

その点について教えてください。

A 同族株主等が取得した株式は、原則的評価方式により評価します。具体的には、①上場会社に準ずるような大会社の株式は、上場会社とのバランスを考慮して「類似業種比準方式」、②個人事業に準ずるような小会社の株式は、個人が所有する財産とのバランスを考慮して「純資産価額方式」、③大会社と小会社との中間にある中会社の株式は、大会社の評価方式と小会社の評価方式を併用した「併用方式」により評価することとされています。

しかしながら、社会一般で活動している会社の中には、通常の営業活動を行っているような一般の会社と比べて、所有している資産のうち株式、土地など特定の資産を偏って多く所有していたり、また、営業活動の内容において極めて特徴的な会社もあり、このような会社については、会社の規模等（大会社、中会社及び小会社）だけを考慮して株価を算定するのでは、その会社の実態を反映した適正な株価を算定することができません。

そこで、評価通達では、一般と異なる会社を一定の要件のもと「**特定の評価会社**」と定義して、原則として純資産価額方式により評価すると規定しています。

〔特定の評価会社〕

(1) 比準要素数1の会社

「純資産価額」又は「類似業種比準価額×0.25＋純資産価額×0.75」により評価します。

(2) 株式保有特定会社

「純資産価額」又は「$S_1＋S_2$方式による価額」により評価します。

(3) 土地保有特定会社

「純資産価額」により評価します。

(4) 比準要素数0の会社

「純資産価額」により評価します。

(5) 開業後3年未満の会社

「純資産価額」により評価します。

(6) 開業前又は休業中の会社

「純資産価額」により評価します。

(7) 清算中の会社

清算分配見込額の複利現価の額によって評価します。

なお、上記の「特定の評価会社」に該当していたとしても従業員や得意先などの同族株主等以外については、「(6)開業前又は休業中の会社」及び「(7)清算中の会社」を除き、配当還元方式により評価することになります。

Question 4 非上場株式を評価する手順

この度、非上場株式を評価する機会を初めて得ましたが、株価算定の手順がわかりません。評価通達には、非上場株式を評価する方法が具体的に示されていると聞きましたが、評価手順の仕方を教えてください。

A ご質問によると、非上場株式を評価することが初めてのようですが、評価通達で定める非上場株式の評価は、取得者が同族株主に該当しているか否かによって評価額が変わるので、まず、取得者の判定から始めます。

(1) 株式等の取得者（以下「株主」といいます。）は、「同族株主」に該当するか否か

仮に、株主が同族株主以外に該当していれば、原則として配当還元方式により株価を算定することになります。

ただし、配当還元価額が原則的評価方式の価額（純資産価額又は類似業種比準価額）より高い場合には後者を採用しますので、原則的評価方式の価額も算定する必要があります。

(2) 評価の対象となる会社の規模判定

上記(1)で「同族株主」と判定された株主は、原則的評価方式により評価することになりますが、次に評価対象会社の規模（大会社・中会社・小会社）の判定を行い、「類似業種比準方式」、「純資産価額方式」又は「併用方式」のうち、具体的に採用する方式を決定します。

(3) 特定の評価会社の判定

　上記(1)で「同族株主」と判定された株主は、原則的評価方式により評価するのが原則ですが、対象となる会社が「特定の評価会社」に該当しているか否かの判定を行います。なお、「特定の評価会社」と判定された場合には、純資産価額方式を中心とした方式により株価を算定します。

　ちなみに「特定の評価会社」のうち「開業前又は休業中の会社」及び「清算中の会社」と判定された会社の株価は、同族株主以外の株主を含め純資産価額等を採用します。

(4) 具体的な評価方式の計算

　上記(2)及び(3)により、具体的な評価方式が決定しますが、それに応じて「類似業種比準方式」若しくは「純資産価額方式」又は「配当還元方式」により株価を算定します。

第2

同族株主の判定等

Question 5 同族株主とは

非上場株式の評価においては、株主の態様(同族株主であるか否か)によって評価方式が変わるということですが、原則的評価方式が適用される「同族株主」の定義について教えてください。

A 評価通達で定める非上場株式の評価においては、会社経営に対し影響力を有しているとみなされる「同族株主」については、原則的評価方式により評価するとされていますが、「同族株主」とは、次の要件を充たす株主をいいます(評基通188(1))。

〔同族株主の定義〕

原則	課税時期における評価会社の株主のうち、株主の1人及びその同族関係者の有する議決権の合計数がその会社の議決権総数の30％以上である場合におけるその株主及びその同族関係者をいいます。⇒(グループで30％以上の議決権を有している場合)
特則	ただし、評価会社の株主のうち、株主の1人及びその同族関係者の有する議決権の合計数が最も多い株主グループがその会社の議決権総数の50％超である場合には、50％超の議決権を有する株主グループに属する株主のみが同族株主となります。⇒(グループで50％超の議決権を有している場合)

判定に含められる「**同族関係者**」とは、法人税法施行令第4条《同族関係者の範囲》に規定する特殊関係のある個人又は法人をいいます。

《特殊関係のある個人》
① 株主等の親族 (注1) (注2)
② 株主等と婚姻の届出をしていないが、事実上婚姻関係と同様の事

情にある者
③　個人株主等の使用人
④　①から③以外の者で、個人株主から受ける金銭その他の資産によって生計を維持している者
⑤　②から④に掲げる者と生計を一にするこれらの者の親族

> (注1)　株主等とは、「株主又は合名会社、合資会社若しくは合同会社の社員その他法人の出資者」をいいます（法法2一四）。
> (注2)　親族とは、配偶者及び6親等内の血族、三親等内の姻族をいいます（15ページ参照）。

《特殊関係のある法人》

①　同族会社であるかどうかを判定しようとする会社（投資法人を含みます。）の株主等（当該会社が自己株式又は出資を有する場合の当該会社を除きます。以下「判定会社株主等」といいます。）の1人（判定会社株主等が個人の場合には、その1人及びこれと前記で述べた特殊関係のある個人と合わせて判定を行います。）が他の会社を支配（50％超の議決権を有する場合をいいます。以下同じです。）している場合における当該他の会社

②　判定会社株主等の1人及びこれと前記①に規定する特殊関係のある会社が他の会社を支配している場合における当該他の会社

③　判定会社株主等の1人及びこれと前記①及び②に規定する特殊関係のある会社が他の会社を支配している場合における当該他の会社

> ※　同族株主の判定を行うに当たっての特殊関係のある法人の範囲は、上記③までの範囲にとどめ、延々と続くわけではありません。

④ 同一の個人又は法人（人格のない社団等を含みます。以下同じです。）と前記①～③に規定する特殊関係のある２以上の会社が、判定会社株主等である場合には、その２以上の会社は、相互に同項に規定する特殊関係のある会社であるものとみなす。

上記①～④の具体例は次のとおりです。

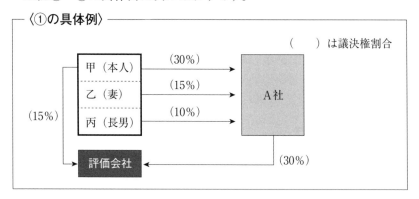

〈①の具体例〉

　判　定

甲（個人）とその同族関係者である妻（乙）及び長男（丙）がA社の議決権の55％を所有しているので、A社は、甲、乙及び丙からみて特殊関係のある法人に該当します。

この結果、評価会社の同族株主の判定に際しては、甲グループ（甲及びA社）の議決権割合が45％となりますので同族株主と判定され、甲グループに属する株主（甲及びA社）が所有する株式は、原則的評価方式により評価されることになります。

〈②の具体例〉

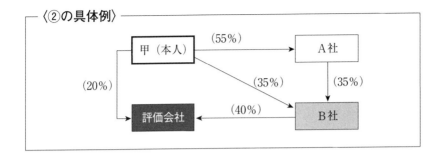

判 定

　甲（個人）が所有するB社の直接の議決権割合は35％ですが、甲はA社の議決権の55％を所有しており、A社は、甲の同族関係者となるので甲及びA社が所有する議決権割合を合算してB社の議決権割合を計算します。その結果、甲とA社でB社の議決権割合の70％を所有していますので、B社も甲の同族関係者となります。

　この結果、評価会社の同族株主の判定に際しては、甲グループ（甲及びB社）の議決権割合は60％となりますので同族株主と判定され、甲グループに属する株主（甲及びB社）が所有する株式は、原則的評価方式により評価されることになります。

〈③の具体例〉

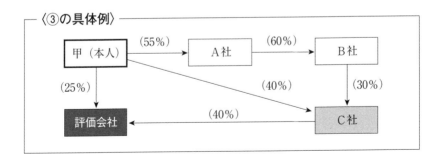

判 定

甲（個人）が所有するC社の直接の議決権割合は40％ですが、甲は、A社を通じてB社の議決権割合の60％を有しており、B社は甲の同族関係者となります。また、甲とB社が所有するC社の議決権割合は、70％となるのでC社も甲の同族関係者となります。

この結果、評価会社の同族株主の判定に際しては、甲グループ（甲及びC社）の議決権割合は65％となりますので同族株主と判定され、甲グループ（甲及びC社）に属する株主が所有する株式は、原則的評価方式により評価されることになります。

〈④の具体例〉

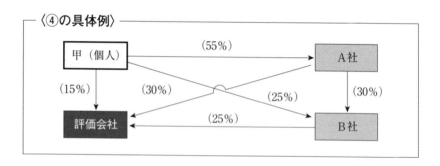

判 定

甲（個人）からみて、A社及びB社は、同族関係者に当たりますが、評価会社の株主等でもあるので、A社及びB社は相互に特殊関係のある会社とみなされます。

（参考）親族の範囲

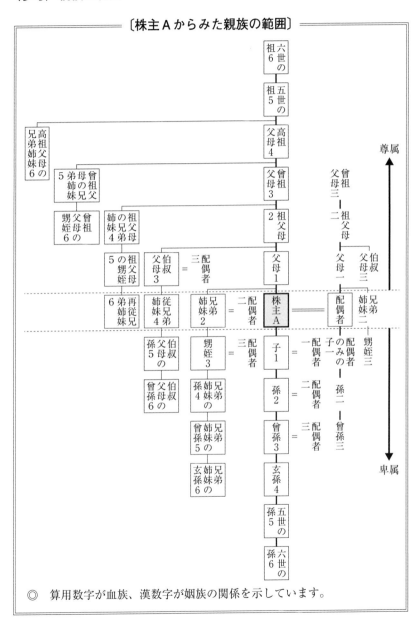

◎ 算用数字が血族、漢数字が姻族の関係を示しています。

Question 6 個人の同族関係者の範囲

同族株主の判定はグループごとに行うと聞いていますが、甲社の株主構成等が次のとおりだった場合において、株主Aの同族関係者を教えてください。

なお、A〜Dに親族関係はありません。

〔甲社の株主構成等〕

株　主	Aとの続柄	議決権数（個）	議決権割合（％）
A	本人	250	25
B	甲社の従業員	100	10
C	甲社の副社長	250	25
D	Aの家事使用人	100	10
その他		300	30
合　計		1,000	100

A 課税時期における評価会社の株主のうち、株主の1人及びその同族関係者の有する株式に係る議決権の合計額がその会社の議決権総数の30％以上（50％超の株主グループがある場合は、当該株主グループのみが対象）である場合における株主及びその同族関係者を「**同族株主**」といいます。

この場合における同族関係者とは、株主等と特殊の関係を有する個人又は法人をいうとされていますが、個人である特殊関係者の範囲は次のとおりです（法令4①）。

《特殊関係のある個人の範囲》
① 株主等の親族

② 株主等とまだ婚姻の届出をしないが、事実上婚姻関係と同様の事情にある者
③ 個人株主等の使用人
④ ①から③に掲げる者以外で個人株主等から受ける金銭その他の資産によって生計を維持しているもの
⑤ ②から④に掲げる者と生計を一にするこれらの者の親族

法人税法施行令第4条第1項の規定に従って、株主Aの同族関係者に含まれる者の検討を行うと次のとおりになります。

(1) 従業員B

Bは甲社の従業員ですが、個人であるAとの雇用契約に基づき甲社の業務に従事しているのではなく、甲社との雇用契約に基づいて甲社の業務に従事しているものと認められます。したがって、甲の同族関係者に該当しません。

(2) 副社長C

Cは甲社の役員ですので、甲社との間に雇用契約はありませんが、Cと甲社との間には委任契約が成立していると思われます。また、CとAとの間には親族関係も認められないことから、CはAの同族関係者には該当しないこととなります。

(3) 家事使用人D

Dは、Aの家事使用人でありAとの雇用契約に基づいて雇用されていると思われるので、Dは甲の同族関係者に該当することになります。

Question 7 他の会社を支配しているとは

　同族関係者とは、具体的には法人税法施行令第4条《同族関係者の範囲》第1項及び第2項に規定する特殊関係のある個人又は法人のことをいいますが、第2項の特殊関係のある法人の判定においては、「他の会社を支配している。」ことが要件となっています。

　この場合の「他の会社を支配している。」とは具体的にどのような場合をいいますか。

A　同族株主の判定は、株式を所有している株主1人だけで判定するのではなく、その同族関係者（特殊関係のある個人又は法人）が株式を所有していれば、それら同族関係者が所有する株式も含めてグループで判定することとされています。

　この場合における同族関係者とは、「個人」である同族関係者と「法人」である同族関係者が考えられますが、法人の場合には、その会社の株主である個人（同族関係者を含みます。）が「他の会社を支配している」場合に限り同族関係者として扱われることになります。

　具体的には、株主の1人及びその同族関係者が発行済株式総数等の50％超の株式を保有するか否か及び、特定の議決権につきその議決権総数の50％超の議決権を有するか否かにより「その会社を支配しているか否か」を判定します。

《他の会社を支配するとは》

　他の会社を支配するとは、次に掲げる場合のいずれかに該当する場合をいいます。

1　他の会社の発行済株式又は出資（その有する自己の株式又は出資を除きます。）の総数又は総額の50％を超える数又は金額の株式又は出資を有する場合

2　他の会社の次に掲げる議決権のいずれかにつき、その総数（当該議決権を行使することができない株主等が有する当該議決権の数を除きます。）の50％を超える数を有する場合
　イ　事業の全部若しくは重要な部分の譲渡、解散、継続、合併、分割、株式交換、株式移転又は現物出資に関する決議に係る議決権
　ロ　役員の選任及び解任に関する決議に係る議決権
　ハ　役員の報酬、賞与その他の職務執行の対価として会社が供与する財産上の利益に関する事項についての決議に係る議決権
　ニ　剰余金の配当又は利益の配当に関する決議に係る議決権

3　他の会社の株主等（合名会社、合資会社又は合同会社の社員（当該他の会社が業務を執行する社員を定めた場合にあっては、業務を執行する社員）に限ります。）の総数の半数を超える数を占める場合

Question 8 議決権割合

同族株主の判定は、株式の所有割合によってではなく議決権割合によって行われますが理由を教えてください。

A 平成13及び14年の商法改正により、単元株制度の創設及び株式の多様化（種類株式ごとに単元を定めることができる。）が認められることとなり、株主が有する株式数と議決権数が必ずしも一致しなくなりました（従来は、原則として株式数と議決権数が一致していました。）。

このため、従来の株主が有する「株式数」又は評価会社の「発行済株式数」を基とした持株割合による判定では、本来の会社支配力が十分に測れない場合も出てくることから、より適正に会社支配力を測ることができる基準、すなわち、株主が有する「議決権の数」又は評価会社の「議決権の総数」を基とした議決権割合による判定に変更することになりました。

なお、平成15年6月の評価通達の改正により、下記の評価通達において規定されていた文言（株主が有する「株式数」は「議決権の数」に、評価会社の「発行済株式数」は「議決権総数」）についても変更されています。

- 評価通達188（同族株主以外の株主等が取得した株式）
- 同188－3（評価会社が自己株式を有する場合の議決権総数）
- 同188－4（議決権を有しないこととされる株式がある場合の議決権総数等）
- 同188－5（種類株式がある場合の議決権総数等）
- 同188－6（投資育成会社が株主である場合の同族株主等）

さらには、株式の取得者とその同族関係者の持株割合が50％以下（改正前50％未満）である場合に１株当たりの純資産価額に80％を乗じて計算することを定めた評価通達185《純資産価額》の改正のほか、以下の評価通達においても、上記と同様の変更がなされています。
・　同189－２（比準要素数１の会社の株式の評価）
・　同189－３（株式等保有特定会社の株式の評価）
・　同189－４（土地保有特定会社の株式又は開業後３年未満の会社
　　　　　　　等の株式の評価）

（参考）　単元株

> 　単元株制度とは、平成13年の法改正で創設された制度で一定株数を１単元とし、１単元の株式について議決権の行使を認め、１単元未満の株式（単元未満株式）については、議決権の行使等を認めない制度をいいます。
> 　単元株制度は、１単元の株数は、1,000株を超えてはならない等のルールはあるものの、原則、発行企業が定款で自由に定めることができます。なお、金融商品取引所において売買される売買単位も一定株式数と定められており単元株制度が採用されています（詳しくはＱ９を参照してください。）。

Question 9 単元株とは

単元株制度について教えてください。

 単元株制度は、平成13年の商法改正で創設された制度で、それ以前の単位株制度に類似するものです。

具体的には、単元株制度とは、一定株数を1単元とし、1単元の株式について議決権の行使を認め、1単元未満の株式（単位未満株式）については、議決権の行使を認めない制度をいいます。

1単元の株数は、1,000株を超えてはならない等のほか、企業が数種類の株式を発行する場合には、それぞれの種類株式ごとに単元株数について定めなければならない等のルールはありますが、原則として、発行企業において自由に定めることができるとされています。

なお、金融商品取引所において取引の基準となる株数は、通常、1単元の株数と同じであるため、1単元の株数を少なくすれば、その株式を買い付けるために必要な資金は少なくて済み、株式の流動性の向上を期待することができるというメリットがある一方で、株主の管理コストが増大するというデメリットもあります。

ちなみに、平成13年の商法改正では、出資単位の最低限に関する規制の撤廃（発行株式の無額面化）、単位（単元）未満株主の権利の変更など改正が行われ単位株制度から単元株制度に移行することになりました。

（参考） 株式の取引単位

〔単位株制度〕

　単位株制度は、昭和57年から導入された制度ですが、売買が行われる一つの単位を画一的に「5万円÷その発行会社の株式の額面金額」の計算によって決められ、単位未満の株式しか所有しない株主に対しては議決権の行使等も認めないといった制度でした。

　単位株制度は、株主平等の原則違反や単位未満株主からの共益権の剥奪といった批判が多かったため、平成13年10月施行の改正商法により単位株制度が廃止され、1売買単位を会社が自由に決めることができる単元株制度が導入されました。

〔単元株制度〕

　単元株制度は、平成13年6月の商法改正により創設された制度で、単元株とは、株主総会での議決権の行使や株式売買を行うために必要な一定数の株式をいいます。

　単元株制度のもとでは、1単元の株式の数は、1,000株を超えることはできないなどのルールはあるものの、原則発行会社が自由に決めることができます。

　平成30年10月より国内上場企業の単元株が100株に統一され、全て100株単位で取引できるようになり、個人投資家が株式投資に参加しやすくなりました。

　ちなみに、単元未満株であっても1株から取引することは可能ですが、単元未満株については、株主総会での議決権の行使はできません。

Question 10 同族株主の判定時期

同族株主の判定にあたっては、議決権割合が重要ですが、この議決権割合の判定は、相続又は贈与により取得する前と後のいずれの時点で行いますか。

A 相続税及び贈与税は、相続（遺贈を含みます。）又は贈与によって財産を取得した者に対して課税する取得者課税方式を採用しています。

この取得者課税方式は、
① 財産取得者の担税力に着目して、それに対応した合理的な課税をすることができること。
② 相続税の課税目的である富の再配分が図れること。
などから、合理的な課税方式だといわれています。

したがって、非上場株式を評価する場合においても、この取得者課税方式の原則により、同族株主の判定は、全て相続又は贈与により取得した後の議決権数により行うこととされています。

なお、本問とは直接関係ありませんが、非上場株式等を譲渡した場合において、当該譲渡価額がみなし譲渡にあたるかの判定を評価通達で定める価額によって行う場合には、譲渡前の議決権割合で同族株主等の判定を行うとされています。

譲渡所得の課税の趣旨は、譲渡者に係るキャピタルゲイン課税の目的としていますので譲渡前の時点で判定するとされています。

11 議決権の行使を他者に委任している場合

同族株主の判定は、株主の1人及びその同族関係者が所有する株式等に係る議決権の合計数により行いますが、例えば、従業員が所有している株式等に係る議決権の行使について、創業者である代表取締役に一任しているというようなケースでも特に問題はありませんか。

〔甲社の株主構成〕

株主	株主Aとの関係	議決権数	議決権割合	同族株主の割合
A	本人（代表取締役）	20	20％	25％
B	Aの妻	5	5％	
C	甲の副社長	15	15％	15％
D	従業員	10	10％	10％
その他		50	50％	50％
合　計		100	100％	100％

※ 従業員が所有する株式等に係る議決権の行使は、代表取締役であるAに一任しています。

同族株主の判定は、株主及びその同族関係者が所有する株式等に係る議決権の合計数により行います。

一般的には、株式所有者＝株式等に係る議決権行使者とみなして同族株主の判定を行うことになりますが、株式所有者が有する議決権の行使を他に一任している場合は、取扱いが異なります。すなわち、法人税法施行令第4条《同族関係者の範囲》第6項（以下「法令4条第6項」といいます。）では「個人又は法人との間で当該個人又は法人の意思と同一の内容の議決権を行使することに同意している者がある

場合には、当該者が有する議決権は当該個人又は法人が有するものとみなし、かつ、当該個人又は法人（当該議決権に係る会社の株主等であるものを除く。）は当該議決権に係る会社の株主等であるものとみなして、第三項及び前項の規定を適用する。」と規定しています。

つまりは、個人又は法人との間で当該個人又は法人の意思と同一内容の議決権を行使することに同意している者がある場合には、同意している者が有する議決権は実際に議決権を行使する当該個人又は法人が有するものとみなし、かつ、当該個人又は法人（当該議決権に係る会社の株主等である者を除きます。）は、当該議決権に係る会社の株主等であるものとみなすというのです。

なお、付言するとこの規定は、特殊関係のある法人（同族関係者）に該当するか否かを判定するためのものであり、「同族株主」の判定を行うものではありません。実際にも「同族株主」の判定を法令第4条第6項の規定に基づいて行った事案について、平成29年8月30日の東京地裁判決（次ページ参照）で国側が敗訴（確定）しております。したがって、法令第4条第6項は、「同族株主」の判定に本来適用すべきではありません。

ただし、国側は課税訴訟において敗訴すると個別案件以外は法令及び通達の改正を行いますが、同判決が出た後も国側は通達改正等を行っておらず、同項の規定を使って「同族株主」の判定を行うこと自体を諦めたという訳でもなさそうです。

したがって、税理士の実務的対応として、D（従業員）が所有する株式に係る議決権を代表者に一任しているようなケースでは、代表者が所有しているものとして「同族株主」の判定を行った方が課税上のリスクは低いと考えます。

なお、この規定は、議決権の実質的行使者に議決権が属しているも

のとして「同族株主」の判定を行うというものですが、当該議決権に係る株式等の所有権までもが実質的な議決権行使者にある（すなわち、実質的行為者の名義株である）ものとみなすわけではありません。

> 〔参考判例〕平成29年8月30日　東京地裁判決《同族株主の判定を法人税法施行令第4条第6項の規定に基づいて行うことについて》
>
> 1　国側は、C社及びB社がその有するA社の議決権についてA社（評価会社）の意思と同一の内容の議決権を行使することに同意している者がいれば、法人税法施行令4条第6項により、評価通達188の適用上、その議決権はA社が有するとみなされる旨主張する。
>
> 　しかしながら、評価通達188は、評価会社の株主の「同族関係者」の定義として、法人税法施行令4条を引用しており、同条6項は当該「同族関係者」に当たる同条3項に定める特殊の関係のある法人についてのその該当性の判断等に関して設けられた規定である。そうすると、評価通達188の適用上、評価会社における株主の議決権割合の判定そのものに同条6項が適用されるわけではないから、仮にC社及びB社がその有するA社の議決権についてA社や相続人の意思と同一の内容の議決権を行使することに同意していたとしても、評価会社であるA社における株主の議決権割合の判定においてC社及びB社の有する議決権をA社や相続人が有するとみなされることになるものではない。
>
> 　したがって、国の上記主張は、評価通達188の解釈を誤った独自の見解というべきものであり、C社及びB社の有する議決権の数をA社（評価会社）の議決権総数から除外すること（自己株式と同様な取り扱いにより）、あるいは、相続人の有する議決権の数に合算することは、いずれも相当であるとはいえない。
>
> 　そうすると、課税時期において、A社には合計して30％以上の議決権を有する株主及びその同族関係者がいないため、A社は「同族株主のいない会社」に当たる。また、相続人及びその同族関係者である親族らの有する議決権の合計割合は14.91％であり、「株主の1

人及びその同族関係者の有する議決権の合計数が、その会社の議決権総数の15％未満である場合」にも当たる。よって、本件株式は、評価通達188の(3)の株式に該当するから、「同族株主以外の株主等が取得した株式」に該当する。
2 　A社の株主の中には、C社及びB社も含まれているが、C社又はその株主とB社又はその株主が、それぞれの会社が有するA社の議決権行使につき、相続人との間で何らかの合意をしたことはなく、相続人から指示をされたこともなかったことからすると、C社及びB社がその有するA社の議決権について、相続人の意思と同一の内容の議決権を行使することに同意していたと認めることはできない。
3 　さらに亡甲及び相続人とA社並びにC社及びB社との間に、何らかの特殊な支配関係等を認めることはできない。したがって、亡甲及び相続人によるこれらの会社に対する実効支配体制が確立されていたとする国側の主張は、採用することができない。
　以上のとおりであるから、本件株式が「同族株主以外の株主等が取得した株式」に該当するものであるにもかかわらず、配当還元方式ではなく、類似業種比準方式により評価することが正当と是認される特別な事情があるとする国側の主張は採用することができず、本件株式につき、配当還元方式によって適正な時価を算定することができない特別な事情があるとは認められない。

Question 12 議決権の行使を第三者に委任している相続人は議決権を所有していないといえるか

亡父の相続人である甲（長男）は、相続により取得した本件会社株式（以下、「本件株式」といいます。）515株について、「同族株主」に該当するからとして類似業種比準価格により評価し、相続税の申告を済ませました。その後、検討したところ亡父（相続した甲も同様）は、本件株式に係る議決権の行使について、他の株主のA社に一任しており（また、A社は議決権の行使を代表者一族に委任しています。）、相続した本件株式に係る議決権は、A社等に帰属しているとの結論に到りました。そこで甲は、同族株主に該当しないとして本件株式を配当還元方式によって評価し直し、更正の請求をするつもりですが認められますか。

〔本件会社の株式保有状況〕

株主グループ	株　式	議決権	議決権割合
甲（亡父より相続）	515	515	30.1%
A社グループ	500	500	29.2%
経営者（代表者）グループ	448	448	26.2%
社員等	247	247	14.4%
自己株式	90	90	－
合計	1,800	1,710	

A

甲は、亡父から相続した本件株式に係る議決権の行使を亡父と同じくA社に委任し、一方でA社は、本件会社の代表者に議決権行使を一括委任しているから、甲が相続した本件株式に係

る議決権は、結局のところ経営者（代表者）グループに帰属するということができます。そうなると、甲は、相続した本件株式に係る議決権を有していないことになるため、甲は「同族株主以外の株主」と判定され、本件株式は配当還元方式により評価すべきではないかと考えたのだと思います。

以下は、このご質問に関連した平成29年1月26日熊本国税不服審判所裁決からの抜粋です。

①A社は経営者グループに属する者やその関連法人と相互に株式を保有していないこと、②A社は本件会社の議決権行使に当たり、議案ごとに、社内で稟議書の決裁を了した後、当該決裁内容に従い議決権を行使していること、③A社と経営者グループに属する者との間で、経営者グループの意思と同一の内容の議決権を行使するとの契約又は合意をしていないこと、及び④A社は経営者グループに属する者に対する白紙委任を行った事実はないことからすると、A社は、経営者グループに属する者との関係で、法人税法施行令第4条第6項に規定する「当該個人又は法人の意思と同一の内容の議決権を行使することに同意している者」に該当しないことになります。

そうすると、A社は経営者グループに属する者に50％超の議決権を所有されておらず、また、議決権の行使を経営者グループに一任している事実もないため、相続開始日において、評価会社に議決権総数の50％を超える議決権を有する株主グループは存在しないことになります。したがって、甲は、評価通達188に定める「同族株主以外の株主等」には当たらないため、甲が相続により取得した本件株式を配当還元方式で評価することは相当ではありません。

また、甲は、本件会社の株式に係る議決権515個を保有しながら経営権がないこと及び本件会社が自己株式を保有していることにより甲

の議決権割合が30％を僅かに越えてしまっていることなど、本件会社の株式の保有形態は特異の事例と認定すべきであって、評価通達188を原則的に当てはめるのではなく、その趣旨に沿って評価会社について支配権を確立している経営者グループを「同族株主」と判断して「同族株主以外の株主」である甲が取得した本件株式は配当還元方式により評価すべきであると主張します。

　しかしながら、評価通達が「同族株主」の範囲を形式的に支配従属関係が及ぶとされる一定の範囲のものとし、画一的に同族関係者の範囲を定めることとしているのは、回帰的かつ大量に発生する課税事務上の迅速な処理の要請及び課税の公平の観点からむしろ合理的であるというべきです。したがって、甲の主張する事情をもって、評価通達の定めに従った評価方法によっては適正な時価を適切に算定することのできない特別の事情と認めることはできません。

　以上のとおり、評価通達の定めに従えば、本件株式は、「同族株主以外の株主等が取得した株式」には当たらず、類似業種比準方式によって評価することになるところ、当該評価方法によっては本件株式の適正な時価を適切に算定することのできない特別の事情は存しないことから、当該評価方法によって算定された本件株式の価額は客観的な交換価値としての適正な時価を上回るものではないと推認するのが相当です。したがって、本件株式を配当還元方式によって評価する更正の請求は認められません。

Question 13 「同族株主」と「同族会社」の相違

評価通達で規定している「同族株主」の定義と法人税法で規定している「同族会社」の定義は異なると聞いていますが、具体的に教えてください。

A 評価通達188で規定する「**同族株主**」とは、課税時期における評価会社の株主のうち、株主の1人及びその同族関係者の有する議決権の合計数がその会社の議決権総数の30％以上である場合におけるその株主及びその同族関係者をいうとされています。ただし、株主の1人及びその同族関係者の有する議決権の合計数が最も多い株主グループが、その会社の議決権総数の50％超である場合には、50％超の議決権を有する株主グループに属する株主のみが「同族株主」となり、その他の株主は、たとえ30％以上の議決権を有するグループに属する株主であっても、「同族株主以外の株主」となります。

一方で、法人税法第2条第1項十号で規定する「**同族会社**」とは、株主グループ（株主の1人及びその同族関係者）の上位3グループが所有する株式数（特定の議決権を含みます。）が会社の発行済株式数等の50％超に該当する場合の当該会社をいうとされています（法令4⑤）。

法人税法で規定する「同族会社」の判定は、上位3グループで50％超を占めているような会社は、同族支配的経営が行われていることが多いことからそのようにみなすとするもので、上位3つの株主グループで発行済株式総数の50％超を所有していることが重要であり、3つの株主グループに属する株主が誰であるかは重要ではありません。

例えば、ある会社の株式をAグループが40％を保有し、残りの60％

をB～Gまでの6つのグループがそれぞれ10％ずつ所有していた場合、A及びB、Cの3グループの合計で60％となるのでこの会社は同族会社と判定されます。この「同族会社」の判定は、3つの株主グループでその会社の議決権総数の50％超保有していることが重要であり、A、D、E又はA、F、Gでも50％超となりますので、A以外はどのグループでもよいことになります。すなわち、「同族会社」の判定は、3つのグループで50％超えているかが重要で株主の判定までは必要ないのです。

株主	A	B	C	D	E	F	G
議決権	40％	10％	10％	10％	10％	10％	10％

　ところが、評価通達を適用するケースは株式を取得した者の株価を計算するので、当該株主が会社の経営に影響を及ぼしているか否かが重要であり、その株主が「同族株主」に当たるかを判定する必要があります。

　評価通達では、「**会社の経営に影響を及ぼしている**」とは、株主1人及びその同族関係者でその会社の議決権総数の過半数を占めるか、過半数を占めていなくても相当数（30％以上）の議決権を所有する場合を「同族株主」と定義しています。

　ところで、同族株主の範囲を議決権総数の30％以上としたのは、法人税法で規定する同族会社の定義がグループで50％超の議決権を有している場合であることから、1グループの持株割合の平均額が17％程度であることに着目し、そのおおむね2倍の基準により設定したといわれています。

Question 14 同族株主の評価方法の例外（少数株主）

同族株主が所有する株式は、原則として、「原則的評価方式」（純資産価額方式又は類似業種比準方式）により評価するとされています。ところで同族株主であっても、配当還元方式により評価することができるケースがあると聞きましたが具体的に教えてください。

　同族株主のいる会社の「同族株主」に該当する者が所有する株式は、原則として「原則的評価方式」により評価します。

ただし、この取扱いには例外があり、「同族株主」と判定された株主が所有する株式に係る議決権割合が5％未満であった場合には、一定の要件を充たした場合に限り、特例的評価方式（配当還元方式）により評価することができます。

すなわち、同族株主であっても、①その株主（同族株主）の株式取得後の議決権割合が5％未満で、かつ、②同族株主の中に「中心的な同族株主」（次問参照）がいる場合であって、さらに、③課税時期において当該株主が役員でない場合（相続税の法定申告期限までに役員となる者を除きます。）については、特例的評価方式により評価することが可能となります。

例えば、次表のような同族株主のうち、Dが該当します。

株主			役職	議決権割合
同族株主	A	甲	代表	30%
	B	甲の妻	—	10%
	C	甲の長男	—	10%
	D	甲の従弟	—	3% ← 少数株主
小計				53%

　この点を整理すると、同族株主が所有する株式は、通常は、「原則的評価方式」により評価しますが、同族株主であっても議決権割合が5％未満である少数株主は、「配当還元方式」により評価することができる場合もあるので、前記②及び③の要件を充たすかどうか確認する必要があります。

　したがって、特例的評価方式（配当還元方式）により評価することができる株主を厳密にいうと、①会社の経営に影響を及ぼし得ない「同族株主以外の株主」（従業員、得意先など）及び、②同族株主に該当するものの、所有する株式に係る議決権割合が5％未満の少数株主で一定の要件に該当する「その他の株主」の2つに分けられます。

《特例的評価方式が適用される株主》
1　同族株主のいる会社の株主のうち、「同族株主以外の株主」が所有する株式
2　同族株主のいる会社の同族株主の中の一人で、その者の保有する株式に係る議決権数がその会社の総議決権数の5％未満であり、その会社に**中心的な同族株主**（より親密な関係を有する親族。詳しくは次問を参照）がいる場合で、かつ、その者が課税時期において評価会社の**役員**(注)でない者（課税時期の翌日から法定申告期限までの間

に役員とならない者も含みます。）が所有する株式（「その他の少数株主」）

(注) 役員とは、社長、理事長並びに法人税法施行令第71条1項一号、二号及び四号に掲げる者をいいます（評基通188(2)）。

> **法人税法施行令71条1項（抜すい）**
> 一　代表取締役、代表執行役、代表理事及び清算人
> 二　副社長、専務、常務その他これらに準ずる職制上の地位を有する役員
> 四　取締役（指名委員会等設置会社の取締役及び監査等委員である取締役に限る。）、会計参与及び監査役並びに監事

以上、同族株主がいる会社の株式の評価方法を整理すると次のようになります。

〔同族株主のいる会社の株主の態様と評価方式〕

株主の態様				評価方式
同族株主	取得後の議決権割合が5％以上の株主			原則的評価方式
	取得後の議決権割合が5％未満の株主	中心的な同族株主がいない場合		
		中心的な同族株主がいる場合	中心的な同族株主	
			役員である株主又は役員となる株主	
			その他の株主（少数株主）	特例的評価方式（配当還元方式）
同族株主以外の株主				

Question 15 中心的な同族株主

同族株主が所有する株式は、原則的評価方式により評価しますが、同族株主に該当した場合でも議決権割合が5％未満の少数株主（役員でない株主）については、他に「中心的な同族株主」がいる場合に限り、配当還元方式により評価することができると聞きました。この「中心的な同族株主」の定義について詳しく教えてください。

ご質問の「中心的な同族株主」とは、次の1～3の要件を充たす株主をいいます（評基通188(2)）。

中心的な同族株主の定義

1　同族株主の中の1人であること。
2　株主の1人及びその株主の配偶者、直系血族、兄弟姉妹及び一親等の姻族の有する議決権の合計数がその会社の議決権総数の25％以上を所有していること（同族株主より血縁関係の濃いグループで25％以上の議決権を所有していること）。
3　同族関係者とされる法人（発行済株式総数の50％超の株式を有する）のうち、上記2のグループが所有する議決権の合計数がその法人の議決権総数の25％以上である法人も含みます。

具体的な「中心的な同族株主」については、株主Aからみて次図の網掛け部分が該当します。また、網掛け部分の株主が同族関係者となっている法人の議決権の25％以上を保有している場合には、当該法人も中心的な同族株主に該当します。

(参考) 中心的な同族株主の範囲

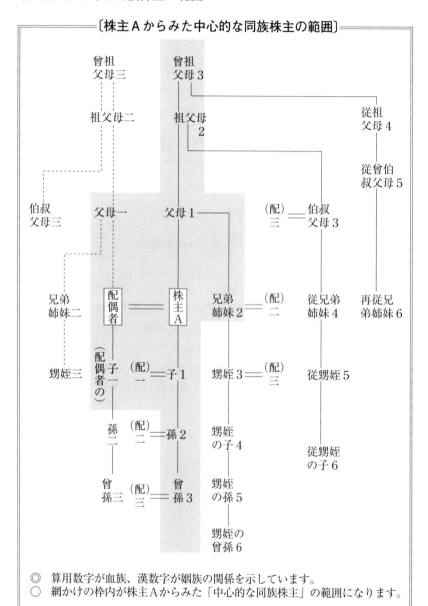

《「中心的な同族株主」とは》
① 本人及び直系血族
② 兄弟姉妹
③ 配偶者及び一親等内の姻族
④ 同族関係者である法人のうち上記①～③にその法人の議決権総数の25％以上の議決権を保有されている法人

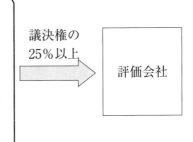

なお、評価通達で「中心的な同族株主」をことさらに定義したのは、「同族株主」による支配が行われている会社であっても、会社の主たる株主とその配偶者、直系血族、兄弟姉妹及び一親等の姻族などのより血縁関係の濃いグループ（したがって、同族株主の範囲より狭い範囲となります。）である「中心的な同族株主」が大半（25％以上）の議決権を所有している場合には、たとえ「同族株主」に該当したとしても、血縁関係の薄い株主が所有する少数の株式について、「中心的な同族株主」と同様な評価方式を適用することは適当ではないので、これらを区分するために設けられたものです。

ちなみに同族株主の中に5％未満の議決権しか所有しない「少数株主」がいた場合でも、その会社の中に「中心的な同族株主」がいない場合には、より血縁関係の濃いグループの影響を考慮する必要はありませんので、その「少数株主」が所有する株式は、原則的評価方式により評価することになります。

Question 16 同族株主の判定（30％超）

甲社の株主構成等は、次のとおりです。
この場合において甲社に同族株主グループがいれば教えてください。

〔甲社の株主構成等〕

株主グループ	株主との関係	議決権数（個）
Aグループ	A	20,000
	Aの配偶者	5,000
	Aの長男	10,000
	長男の配偶者	5,000
Bグループ	B	20,000
	Bの配偶者	5,000
Cグループ	C	25,000
	Cの長男	10,000
	（議決権総数）	100,000

甲社の同族株主は、次のとおりになります。

1 株主Aグループ

株主Aとその同族関係者（配偶者、長男及び長男の配偶者）が所有する議決権の合計数と議決権割合

(1) Aグループの議決権の合計数……20,000＋5,000＋10,000＋5,000
　　　　　　　　　　　　　　　　　＝40,000
(2) 議決権割合……40,000÷100,000（議決権総数）＝40％

2　株主Bグループ

株主Bとその同族関係者（配偶者）が所有する議決権の合計数と議決権割合

(1)　Bグループの議決権の合計数……20,000＋5,000＝25,000

(2)　議決権割合……25,000÷100,000（議決権総数）＝25％

3　株主Cグループ

株主Cとその同族関係者（長男）が所有する議決権の合計数と議決権割合

(1)　Cグループの議決権の合計数……25,000＋10,000＝35,000

(2)　議決権割合……35,000÷100,000（議決権総数）＝35％

判　定

Aグループ及びCグループは、それぞれ甲社の議決権総数の40％及び35％を所有していますので、これらのグループに属する各株主は「同族株主」と判定されます。

また、それ以外のBグループに属する株主は、議決権割合が25％で、かつ、他に「同族株主」に該当する者がいますので「同族株主以外の株主」と判定されます。

Question 17 同族株主の判定（50％超）

甲社の株主構成等は、次のとおりです。

この場合において甲社に同族株主グループがいれば教えてください。

〔甲社の株主構成等〕

株主グループ	株主との関係	議決権数（個）
Aグループ	A	35,000
	Aの配偶者	6,000
	Aの長男	6,000
	Aの長女	4,000
Bグループ	B	25,000
	Bの長男	20,000
	Bの二男	4,000
	（議決権総数）	100,000

甲社の同族株主は、次のとおりになります。

1 株主Aグループ

株主Aとその同族関係者（配偶者、長男及び長女）が所有する議決権の合計数と議決権割合

(1) Aグループの議決権の合計数

35,000 + 6,000 + 6,000 + 4,000 = 51,000

(2) 議決権割合

51,000 ÷ 100,000（議決権総数）＝ 51％

2　株主Bグループ

株主Bとその同族関係者（長男及び二男）が所有する議決権の合計数と議決権割合

(1) Bグループの議決権の合計数
　　$25,000 + 20,000 + 4,000 = 49,000$

(2) 議決権割合
　　$49,000 \div 100,000$（議決権総数）$= 49\%$

判　定

Aグループは、甲社の議決権総数の51％（50％超）を所有していますので、Aグループに属する株主は「同族株主」となります。

また、Bグループは、その議決権割合が49％で30％以上の議決権を有していますが、議決権数合計の最も多いAグループの議決権割合が50％超ですので、Bグループに属する株主は「同族株主以外の株主」となります。

Question 18 同族株主の判定（会社のみが同族株主のケース）

甲社の株主構成等は、次のとおりです。

この場合において甲社に同族株主グループがいれば教えてください。

〔甲社の株主構成等〕

株主グループ	株主との関係	議決権数（個）
Aグループ	A	10,000
	Aの長男	8,000
	Aの二男	5,000
	二男の配偶者	5,000
Bグループ	B	12,000
	Bの配偶者	8,000
Cグループ（注）	C社	42,000
その他	従業員	10,000
	（議決権総数）	100,000

（注）　C社の議決権は、Aが30％、Bが25％及び他の会社5社が各9％所有しています。

甲社の同族株主は、次のとおりになります。

1　株主Aグループ

株主Aとその同族関係者（長男、二男及び二男の妻）が所有する議決権の合計数と議決権割合

(1)　Aグループの議決権の合計数……10,000＋8,000＋5,000＋5,000
　　　　　　　　　　　　　　＝28,000

(2)　議決権割合……28,000÷100,000（議決権総数）＝28％

2　株主Bグループ

株主Bとその同族関係者（妻）が所有する議決権の合計数と議決権割合

(1)　Bグループの議決権の合計数……12,000＋8,000＝20,000
(2)　議決権割合……20,000÷100,000（議決権総数）＝20％

3　株主Cグループ

株主C社が所有する議決権の合計数と議決権割合

(1)　Cグループの議決権の合計数……42,000株
(2)　議決権割合……42,000÷100,000（議決権総数）＝42％

判　定

「同族株主」とは、評価会社の株主の1人及びその同族関係者の有する株式等に係る議決権の合計数がその会社の議決権総数の30％以上（50％超の株主グループがある場合には、当該株主グループのみが対象）である場合におけるその株主及び同族関係者をいいます。

この場合の株主の1人とは、個人に限定されることはなく、法人である場合も想定されます。

ご質問では、株主C社のみが甲社の議決権総数の42％を所有しているので「同族株主」に該当することになります。そして、Aグループ及びBグループは、C社の議決権の30％及び25％の議決権しか所有していないため、C社はAグループ又はBグループの同族関係者に該当しないことになります。

よって、Aグループ及びBグループの株主は「同族株主以外の株主」に該当することになります。

Question 19 中心的な同族株主の判定
（中心的な同族株主がいる場合）

甲社の株主構成は、次のとおりです。

株主のうちに、「中心的な同族株主」がいれば教えてください。

〔甲社の株主構成等〕

株主	Aとの続柄	議決権数(個)	議決権割合(%)	役職	
A	本人	2,000	20.0	社長	
B	Aの長男	400	4.0	専務	
C	Aの母	800	8.0		
D	Aの弟	1,200	12.0		(68%)
E	弟の長男	400	4.0		
F	Aの妹	1,600	16.0		
G	亡兄の長男	400	4.0		
その他		3,200	32.0		
合　計		10,000	100.0		

〔親族関係図及び各株主が所有する議決権の割合〕

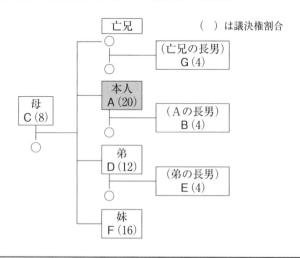

株主Aとその同族関係者（B〜G）が所有する甲社の議決権割合は68％ですから、株主A〜Gは「同族株主」となります。

この「同族株主」の中に取得後の議決権割合が5％未満の少数株主（B、E及びG）がいますので配当還元方式により評価することができるか否か検討する必要があります。

まずは「同族株主」の中に「中心的な同族株主」グループがいるか否かについて確認します。

なお、「中心的な同族株主」の判定は、配偶者、直系血族、兄弟姉妹及び一親等の姻族の議決権を含めて個々の株主を基準として判定しますが、具体的に判定した結果は、次のとおりです。

〔株主Aグループの中心的な同族株主の判定表〕　　　　　　　　　　　（％）

判定者＼範囲	A	B	C	D	E	F	G	議決権割合	判定
A	20	4	8	12	—	16	—	60	○
B	20	4	8	—	—	—	—	32	○
C	20	4	8	12	4	16	4	68	○
D	20	—	8	12	4	16	—	60	○
E	—	—	8	12	4	—	—	24	×
F	20	—	8	12	—	16	—	56	○
G	—	—	8	—	—	—	4	12	×

判　定

上記の判定表によると、E及びG以外は、それぞれ各人を判定の基礎となる主体として判定した場合に議決権割合が25％以上となります

ので「中心的な同族株主」に該当することになります。

　ちなみにBは、所有する議決権割合は4％ですが、祖母（C）と父（A）の議決権と合わせると議決権割合は32％となり、「中心的な同族株主」に該当することになります。最もBは、役員ですので、「中心的な同族株主」の判定を待つまでもなく原則的評価方式により評価します。

　また、E及びGは「同族株主」ではありますが、配偶者、直系血族、兄弟姉妹及び一親等内の姻族が所有する議決権割合が25％未満となりますので「中心的な同族株主」には該当しません。

　上記判定の結果、A、C、D及びFは「同族株主」であり議決権割合が5％以上であるため原則的評価方式により評価し、Bは議決権割合が5％未満であるもの自身が「中心的な同族株主」に該当しますので同様に原則的評価方式により評価します。

　一方で、所有する株式に係る議決権割合が5％未満のE及びGについては、「同族株主」に含まれるものの、「中心的な同族株主」に該当せず、かつ、役員でもないので「その他の少数株主」として、特例的評価方式により評価することになります。

Question 20 中心的な同族株主の判定（中心的な同族株主がいない場合）

甲社の株主構成等は、次のとおりです。

株主のうちに、「中心的な同族株主」がいれば教えてください。

〔甲社の株主構成等〕

株主	Aとの続柄	議決権数(個)	議決権割合(%)	役職	
A	本人	1,200	12.0	代表取締役	
B	Aの配偶者	400	4.0		
C	Aの長男	200	2.0		(36%)
D	Aの弟	600	6.0		
E	姪（Dの子）	400	4.0		
F	叔父	800	8.0	常務	
その他		6,400	64.0		
合　計		10,000	100.0		

〔親族関係図及び各株主が所有する議決権の割合〕

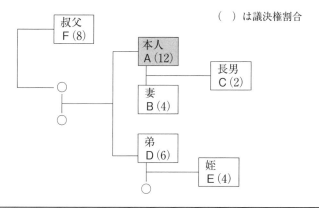

（　）は議決権割合

A 株主Aとその同族関係者(B～F)は、甲社の議決権割合の36%を所有しているので「同族株主」に該当します。このグループの中で、取得後の議決権割合が5%未満の者(B、C及びE)がいますので、他に「中心的な同族株主」がいるか否かについて確認する必要があります。

なお、「中心的な同族株主」の判定は、評価しようとする個々の株式所有者を基準として判定しますが、具体的に判定した結果は、次のとおりです。

〔株主Aグループの中心的な同族株主の判定表〕　　　　　　　(%)

判定者＼範囲	A	B	C	D	E	F	議決権割合	判定
A	12	4	2	6	−	−	24	×
B	12	4	2	−	−	−	18	×
C	12	4	2	−	−	−	18	×
D	12	−	−	6	4	−	22	×
E	−	−	−	6	4	−	10	×
F	−	−	−	−	−	8	8	×

判 定

それぞれの株主を主体として「中心的な同族株主」に該当するか判定した結果、いずれも保有議決権割合が25%未満になりますので、甲社は「中心的な同族株主」のいない会社となります。

したがって、「同族株主」のうちに「中心的な同族株主」がいない場合には、議決権割合が5%未満であるB、C及びEを含め「同族株主」の全てが原則的評価方式により評価することになります。

Question 21 中心的な同族株主の判定（法人株主がいる場合）

甲社の株主構成等は、次のとおりです。

株主のうちに、「中心的な同族株主」がいれば教えてください。

〔甲社の株主構成等〕

株主	Aとの続柄	議決権数(個)	議決権割合(％)	役職	
A	本人	110	11.0	代表取締役	
B	Aの配偶者	40	4.0		
C	Aの長男	40	4.0		
D	Aの弟	50	5.0	常務	(50％)
E	弟の妻	20	2.0		
F	甥（Dの子）	20	2.0		
丙社		220	22.0		
その他株主の議決権数		500	50.0		
合計		1,000	100.0		

〔丙社の株主構成等〕

株主	Aとの続柄	議決権数(個)	議決権割合(％)	
A	本人	170	17.0	
G	Aの二男	60	6.0	(51％)
D	Aの弟	70	7.0	
H	B（Aの妻）の父	210	21.0	
その他		490	49.0	
合計		1,000	100.0	

〔親族関係図及び各株主が所有する甲社及び丙社の議決権の割合〕

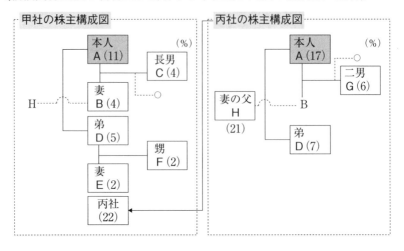

1 甲社における同族株主の判定

A

　甲社の「同族株主」の判定に際しては、まず、甲社の株主である丙社が株主A～Fの同族関係者に該当するか判定を行う必要がありますが、株主A及びAの同族関係者で丙社の議決権総数の51％を所有していますので、丙社はAの同族関係者（特殊関係のある法人）となります。丙社がAの同族関係者に含まれることになった結果、Aの同族関係者グループで甲社の議決権総数の50％を所有することになりますから、A～F及び丙社は甲社の「同族株主」となります。

2 中心的な同族株主の判定

　甲社の同族株主である株主Aグループには、議決権割合が5％未満の株主（B、C、E及びF）がいますので「中心的な同族株主」がいるか否かについて確認する必要があります。

　具体的に「中心的同族株主」の判定を行った結果は、次のとおりで

した。

〔甲社の「中心的な同族株主」の判定表〕

判定者＼範囲	A	B	C	D	E	F	丙	甲社の議決権割合	備考（丙社の中心的な同族株主の判定結果）	
A	11	4	4	5	-	-	22	46	○	A＋D＋G＋H＝51＞25
B	11	4	4	-	-	-	22	41	○	A＋G＋H＝44＞25
C	11	4	4	-	-	-	22	41	○	A＋G＋H＝44＞25
D	11	-	-	5	2	2	-	20	×	A＋D＝24＜25
E	-	-	-	5	2	2	-	9	×	D＝7＜25
F	-	-	-	5	2	2	-	9	×	D＝7＜25

判定

　株主Aグループに属する株主の中に「中心的な同族株主」がいるかを判定する場合において、甲社の「同族株主」の中に丙社がいることから、判定しようとする株主の議決権に丙社の議決権数も加えるか否かについて検討する必要があります。

　この場合、同族関係者である会社が所有する議決権を含めるか否かについては、その判定しようとする株主及びその株主の配偶者、直系血族、兄弟姉妹及び一親等内の姻族で合わせて当該会社の議決権の25％以上を保有しているか判定を行い、25％以上保有していた場合には、当該会社も「中心的な同族株主」の判定に含めることになります。

　本件では、上記判定表の備考欄のとおり、A〜Cの株主は丙社の「中心的な同族株主」にも該当していますので、甲社の「中心的な同

族株主」の判定においては、丙社の議決権も含めて判定することになります。

　その結果、甲社の「中心的な同族株主」の判定において、上記株主A～Cは議決権割合が25％以上となりますので「中心的な同族株主」に該当することになります。

　したがって、A～Cが所有する株式については原則的評価方式により評価します。なお、B及びCは、ともに議決権割合が４％で少数株主に該当していますが、「中心的な同族株主」に該当するため特例的評価方式により評価することはできません。

　また、Dは「中心的な同族株主」には該当しませんが議決権割合は５％以上であり、甲社の役員でもありますので原則的評価方式により評価します。

　さらに、E及びFは、議決権割合が５％未満で「中心的な同族株主」にも該当しておらず、かつ、役員でもないことから「同族株主」のうちの少数株主として特例的評価方式により評価することになります。

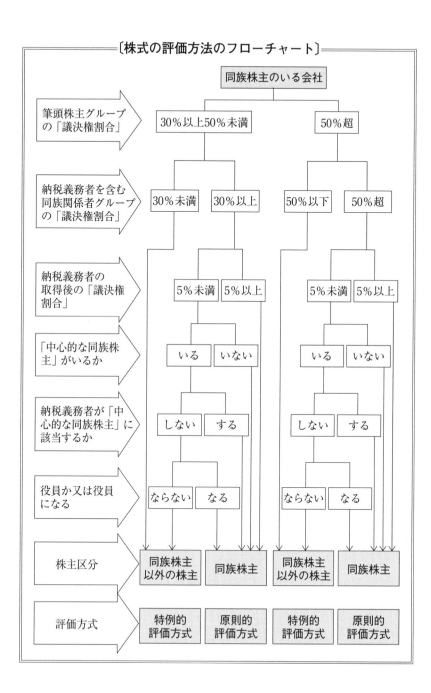

Question 22　5％未満の同族株主が所有する株式の評価

甲社の株主構成は以下のとおりです。この場合に5％未満の株主が所有する株式は、配当還元方式により評価することができますか。

なお、A、B及びCは兄弟関係にあります。

株主名		役職	株式数	議決権数	割合	
長男 Aグループ	A	役員	5,000	500	5％	(29％)
	Aの配偶者	—	5,000	500	5％	
	Aの長男（D）	—	1,000	100	1％	
次男 Bグループ	B	役員	5,000	500	5％	
	Bの長男（E）	—	2,000	200	2％	
三男 Cグループ	C	役員	5,000	500	5％	
	Cの長男	—	5,000	500	5％	
	Cの孫（F）	—	1,000	100	1％	
丙社（注）	—	—	32,000	320	32％	
その他	—	—	39,000	390	39％	
合　計			100,000	1,000	100％	

（注）　丙社の議決権は、Aが60％を所有し、残り40％は他の会社5社が各8％所有しています。

A

まず、丙社は、甲社の議決権の32％を所有しているので「同族株主」に該当します。また、Aグループ、Bグループ及びCグループは、親族関係にありますが、合計で29％の議決権しか有していないため、これだけでは「同族株主」に該当しません。

他方、丙社の議決権の60％をA（長男）が所有しているため、丙社はAグループ、Bグループ及びCグループの株主からみた場合「同族関係者」に該当することになり、合わせて甲社の議決権の61％を所有

することになるので、Aグループ、Bグループ及びCグループに属する株主は、「同族株主」と判定するのが相当です。

同族株主と判定された株主については、所有する株式を原則的評価方式により評価しますが、同族株主であっても「5％未満の株主（少数株主）」は、同株主が「中心的な同族株主」でなく、かつ、評価会社の役員ではない場合には、配当還元方式により評価できます。

そこで、5％未満の株主であるD（Aの長男）、E（Bの次男）、F（三男の孫）が所有する株式を配当還元方式により評価することができるかを検討します。

最初に、これら少数株主3人のほかに「中心的な同族株主」がいるか確認すると、丙社は甲の総議決権数の32％を所有しているため「中心的な同族株主」に該当します。そして、Dに関しては、父であるAが丙社の議決権の60％を所有していることから丙社はDからみた場合の「中心的な同族株主」の判定の範囲に含まれることになり、同社とA、Aの妻及びDで、甲社の議決権の43％を所有していることになるので、Dは「中心的な同族株主」に該当することになります。したがって、Dは少数株主であっても配当還元方式により評価することはできません。

また、E及びFからみた場合の「中心的な同族株主」の判定においては、Aが含まれないことから、丙社が所有する議決権をE及びFに加算して「中心的な同族株主」の判定をする必要はありません。また、E及びFは直系血族が所有する株式に係る議決権を含めて「中心的な同族株主」の判定を行っても各7％で「中心的な同族株主」には該当しません。

上記より甲社には、43％の議決権を所有するA（中心的な同族株主）がおり、E及びFは少数株主で、かつ、役員でもないことから、

E及びFが所有する株式については配当還元方式により評価することが相当です。

(参考) 甲社の株主構成図

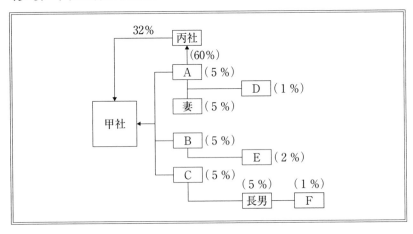

Question 23 同族株主の判定（親族関係の終了）

甲社は、A～Cの兄弟で経営が行われてきましたが、三男Cが令和6年5月に死亡し、三男Cが所有していた甲社株式は妻（D）が相続しました。

Cの妻（D）は、Cの死亡後A及びBと付合いが途絶えていますが、それでもDはA及びBと姻族関係にあり同族株主グループに属しているといえるでしょうか。

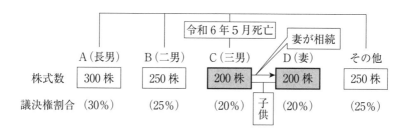

A

法律上、結婚すると配偶者の父母や兄弟などとの間に、姻族と呼ばれる関係が生じます。姻族の関係は、離婚すると自動的に消滅し、その場合には何ら手続を要しませんが、配偶者が亡くなったときは、姻族関係はそのまま継続されることになります。

したがって、ご質問の場合には、現時点においてDとA及びBの姻族関係は続いていると考えるべきであり、その意味では、A、B及びDは同じ株主グループに属していると考えることができます。

仮にDが、三男の血族との縁を切りたいと考えるのであれば「姻族関係終了届」を市区町村長に提出する必要があり、これによって姻族関係は終了することになります。そして、姻族関係の終了により、Dは、夫（C）の父母及び兄弟姉妹などの扶養義務がなくなることにな

り、結果的にA（長男）及びB（二男）の同族関係者の判定においてDは外れることになります。そうなるとDは、「同族株主以外の株主」に該当することになるので甲社株式を配当還元方式により評価することになります。

なお、将来、D（三男の妻）に相続が開始した場合、Dが相続により取得した甲社株式をその子供が相続することになると思いますが、その子供とA及びBの関係は、三親等内の親族に該当することになるため、同じ株主グループに属することになります。そして、その場合にはA、B及び子供が所有する議決権割合は75％となるため、「同族株主」と判定され、原則的評価方式により評価をすることになります。

ご質問では、相続開始時点においてDは亡Cの兄弟との姻族関係について「姻族関係終了届」を提出しているわけではないようなので、Dが相続により取得した甲社株式は、同族株主として原則的評価方式により評価するのが相当です。

Question 24 名義書換に関する訴訟が係争中の同族株主の判定

相続人甲は、父の相続開始時において、それより前に父から贈与により取得したＡ社株式について、Ａ社と名義書換に関する訴訟が継続中でした。この度の父の相続では、同社の株式8,000株を相続しましたが、相続した株式及び名義書換係争中の株式に係る議決権を合わせると議決権割合は5％以上となり、原則的評価方式により評価することになります（名義書換係争中の株式に係る議決権を含めないと議決権割合は5％未満となります。）。なお、相続人甲は「同族株主」に該当していますが、他に「中心的な同族株主」がおり、Ａ社の役員でもありません。

A

相続人甲は、父の相続によりＡ社株式を取得しましたが、この株式数だけでは、議決権割合は5％未満であるため同株式は、配当還元方式により評価することになります。

一方で、名義書換係争中の株式分を含めると、甲が所有するＡ社株式に係る議決権割合は5％以上となるためＡ社株式は配当還元方式ではなく、類似業種比準方式により評価することとなります。

〔甲の主張〕

甲がＡ社に対して、贈与された株式の株主名簿の名義書換請求をしたところ、Ａ社は贈与契約を否定して名義書換を拒否した。そして、Ａ社が最終的に名義書換に応じたのは甲からの名義書換手続を求める訴訟によって、それが認容された後（相続開始後）である。したがって、甲は、相続開始日において本件贈与株式に係る議決権を「取得」

していたことにはならないから議決権割合は5％未満であり、A社の株価は配当還元価額により評価すべきである。

〔判断〕

　甲の主張は、次のとおり採用することはできません。

　株主名簿への記載は、株式の譲渡を当該会社又はその他の第三者に対抗するための要件であり（会社法130）、株式会社が株主に対してする通知は、株主名簿に記載した当該株主の住所に宛てて発送すれば足りる（同法126）とされていることから、名義書換が会社に拒絶されたことをもって直ちに議決権その他の株式取得者の株主としての権利が失われるものではありません。また、甲が株券を提示して名義書換の請求をしたにもかかわらずA社がこれに応じなかったのは、正当な理由がなく、このような場合に甲はA社に対して贈与された株式について名義書換なしで株主であることを主張できる（最高裁昭和41年7月28日第1小法廷判決）ことから、贈与された株式の名義書換が済んでいなかったことをもってその議決権を有しないものと取り扱うのは相当ではありません。

　したがって、ご質問については、甲は、贈与された株式に係る議決権と相続により取得した株式に係る議決権との合計数により議決権割合を計算することが相当であり、その結果、議決権割合の5％以上を所有していることになるので、相続により取得したA社株式は原則的評価方式により評価することになります。

（参考：令和2年2月25日 東京地裁判決）

25 中心的な同族株主の判定（異母兄弟）

甲社の代表取締役であったWは、先妻との間にA～Cの子供があり、後妻との間にもDの子供がいます。

この度Wが亡くなりましたが、Wが所有していた甲社の700株について、下記のとおり分割協議がまとまりました。

この場合Dが相続する甲社株式の評価方法はどうなりますか。ちなみに、Dは甲社の役員ではありません。

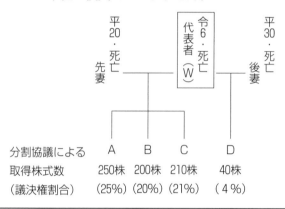

A ご質問の場合、Wの相続人A～Dは、異母兄弟ですが同族関係者に該当し、合計すると70％の議決権を有していることになるので「同族株主」と判定されます。ただし、Dが取得する甲社株式（40株）の評価に際しては、議決権割合が4％であることから（少数株主）、甲社に「中心的な同族株主」がいるか否かについて確認する必要があります。

なお、**「中心的な同族株主」**とは、課税時期において同族株主の1人並びにその株主の配偶者、直系血族、兄弟姉妹、一親等の姻族（これらの者と同族関係者である会社のうち、これらの者が有する議決権

の合計数がその会社の議決権総数の25％以上である会社を含みます。）の有する議決権の合計数がその会社の議決権総数の25％以上である場合におけるその株主をいいます（評基通188(2)）。

　これは「同族株主」による支配が行われている会社にあっても、その株主とその配偶者、直系血族、兄弟姉妹など、より血縁関係（したがって、同族株主の範囲より狭い範囲になります。）の濃い「中心的な同族株主」が25％以上の議決権を有している場合には、たとえ、「同族株主」であっても血縁関係が薄い者が所有する少数の株式について、「中心的な同族株主」と同じ評価方式を適用することは適当ではないことから、血縁関係の濃さによって評価方法を区分するとされたものです。

　したがって、評価通達では血縁関係の濃さによって、画一的に「中心的な同族株主」の判定を行うとされており、兄弟間で仲がいいとか悪いといった考慮はしないこととされています。

　ご質問の甲社株式の評価ですが、株主A～Cは母が同じ兄弟であり、これらの議決権を合わせると議決権割合は66％となることから「中心的な同族株主」として扱うことに問題はありません。また、Dについても異母とはいえA、B及びCと血縁関係にあることは間違いなく二親等内の親族に当たるということができ、加えて、評価通達で半血兄弟、半血姉妹は除くと特に規定していないことからもDもA～Cの「中心的な同族株主」に属するとみるのが相当と思われます。

　この結果、Dは「中心的な同族株主」に該当しますので、議決権割合が5％未満であっても原則的評価方式により評価することになります。

Question 26 同族株主がいない会社の株式評価方法

同族株主であれば、原則として純資産価額方式、類似業種比準方式、又はその併用方式により評価するとされていますが、同族株主がいない会社は、株主の全てが同族株主以外となり、配当還元方式により評価することになるのでしょうか。

A 評価通達で定める非上場株式の評価は、「同族株主」に該当しない株主が所有する株式については、配当還元方式により評価するとされていることから、同族株主のいない会社については、株主の全てが「同族株主以外の株主」として配当還元方式により評価することになるのではないかと認識している方もいるかと思われます。しかし、評価通達では、同族株主がいない会社については、同族株主とは似て非なる「**同族株主等**」を別に定義し、同族株主等と判定された株主については、原則として、「同族株主」と同様に原則的評価方式により評価するとしています。

そして、「同族株主等」に該当しない株主は、配当還元方式により評価することになります。

なお、評価通達で定める、「**同族株主等**」とは、次の要件を充たす株主のことをいいますが、「同族株主」との違いを簡単にいうと、同族株主が株主及びその同族関係者グループで30％以上の議決権を有している当該株主及びその同族関係者をいうのに対して、同族株主等は他に同族株主がいないことを前提として、株主及びその同族関係者グループで15％以上30％未満の議決権を有している当該株主及びその同族関係者をいうとする点です。

同族株主等の定義
同族株主がいない会社の株主のうち、課税時期において株主の1人及びその同族関係者(注)の有する議決権の合計数がその会社の議決権総数の15%以上である場合におけるその株主及びその同族関係者をいう。⇒（グループで15%以上30%未満の議決権を有している会社） （注）　なお、**同族関係者の範囲**についてはQ5（10ページ）以降で詳しく説明していますので参考にしてください。

同族株主等の評価方法	：	原則的評価方式
同族株主等以外の株主の評価方法	：	特例的評価方式

Question 27　同族株主等の評価方法の例外

同族株主等に該当する株主は、原則として、「原則的評価方式」により評価することは理解しましたが、同族株主等と判定された株主でも配当還元方式により評価する場合もありますか。

A　同族株主のいない会社であっても「同族株主等」に該当した株主は、原則として、「原則的評価方式」により評価することについて前問で述べました。

ただし、これには同族株主の中の少数株主と同様の例外があり、「同族株主等」に該当したとしても、①その株主の株式取得後の議決権割合が5％未満で、かつ、②その同族株主等の中に「**中心的な株主**」(Q28参照) がいる場合で、さらに、③課税時期において役員でない場合（相続税の法定申告期限までに役員とならない者も含みます。）については、配当還元方式で評価することができます。

すなわち、同族株主等と判定された株主であっても5％未満の少数株主については、一定の要件により「その他の少数株主」として配当還元方式により評価することができます。

上記より、特例的評価方式（配当還元方式）により評価することができる株主を厳密にいうと、①同族株主等に該当しない「同族株主等以外の株主」（従業員、得意先など）及び、②同族株主等に該当しているものの所有する株式に係る議決権数が5％未満の者で、かつ、申告期限までに役員でない「その他の少数株主」の2つに分けられます。

《特例的評価方式が適用される株主》
1　同族株主のいない会社のうち、「同族株主等以外の株主」が所有

する株式

2　同族株主等と判定された株主の一人で、その者の保有する株式に係る議決権数がその会社の総議決権数の5％未満であり、同族株主等の中に**中心的な株主**（次問参照）がいて、かつ、課税時期において評価会社の**役員**(注)でない者（課税時期の翌日から法定申告期限までの間に役員とならない者も含みます。）が所有する株式（同族株主等のうちの少数株主）

(注)　役員とは、社長、理事長並びに法人税法施行令第71条第1項第1号、第2号及び第4号に掲げる者をいいます（評基通188(2)）。

法人税法施行令第71条第1項（抜すい）
一　代表取締役、代表執行役、代表理事及び清算人
二　副社長、専務、常務その他これらに準ずる職制上の地位を有する役員
四　取締役（指名委員会等設置会社の取締役及び監査等委員である取締役に限る。）、会計参与及び監査役並びに監事

〔同族株主がいない会社の株主の態様と評価方法〕

株主の態様				評価方式
同族株主等	取得後の議決権割合が5％以上の株主			原則的評価方式
	取得後の議決権割合が5％未満の株主	中心的な株主がいない場合		
		中心的な株主がいる場合	役員である株主又は役員となる株主	
			その他の株主（少数株主）	配当還元方式
議決権割合の合計が15％未満の株主グループ				

Question 28 中心的な株主

同族株主等が所有する株式は、原則的評価方式により評価しますが、同族株主等と判定されても議決権割合が5％未満の少数株主（役員でない株主）については、他に「中心的な株主」がいる場合に限り、配当還元方式により評価することができると聞いています。この「中心的な株主」の定義について詳しく教えてください。

ご質問の「中心的な株主」とは、次の1及び2の要件を充たす株主をいいます（評基通188(4)）。

中心的な株主の定義
1　同族株主のいない会社の株主であること。
2　株主の1人及びその同族関係者の有する議決権の合計数がその会社の議決権総数の15％以上である株主グループに属する株主のうち、単独でその会社の議決権総数の10％以上の株式に係る議決権を有している株主であること（**株主単独で10％以上の議決権を有すること**）。

中心的な株主の定義は、上記のとおりですが、注意すべき点は同族株主等に該当する株主の1人が**単独**で評価会社の議決権総数の10％以上の株式に係る議決権を所有しているという点です。

したがって、「中心的な株主」の判定においては、株主の同族関係者である配偶者、子供、両親などが評価会社の株式を所有していたとしても、それらの株式に係る議決権を含めて判定する必要はありません。

中心的な株主の定義
15％以上の株主グループに属する株主のうち、単独でその会社の議決権総数の 10％以上の株式に係る議決権を有している株主

議決権の10％以上 →

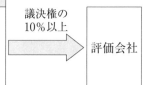

なお、これと類似した定義に「**中心的な同族株主**」というものがありますが、中心的な同族株主とは、「課税時期において同族株主の1人並びにその株主の配偶者、直系血族、兄弟姉妹及び一親等の姻族（これらの者の同族関係者である会社のうち、これらの者が有する議決権の合計数がその会社の議決権総数の25％以上である会社を含みます。）の有する議決権の合計数がその会社の議決権総数の25％以上である場合におけるその株主をいう。」とされています（詳細は、**Q15**（**37**ページ）を参照してください。）。

Question 29 中心的な株主の判定

株主Aは、グループで16％の議決権割合を有し、同族株主等と判定されますが、A自身が所有する株式に係る議決権割合が5％未満であるため他に「中心的な株主」がいるか判定する必要があります。この場合、Aが100％の議決権を有する乙社が所有する議決権を含めて「中心的な株主」の判定を行うのでしょうか。

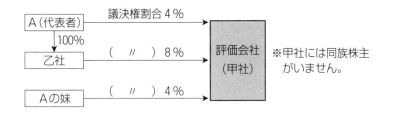

A

株主A及びその同族関係者が所有する株式に係る議決権数が、甲社の総議決権数の16％であることから、他に「同族株主」がいない以上株主Aのグループに属する株主は、同族株主等と判定されます。

同族株主等が所有する株式については、原則として、原則的評価方式により評価しますが、所有する株式に係る議決権割合が5％未満の少数株主については、一定の要件を充たせば配当還元方式により評価することができます。

ご質問の場合には、株主Aが所有する株式に係る議決権割合が4％であることから、この要件を充たすか否か検討する必要があります。まず、同族株主等の中に「**中心的な株主**」がいるかどうかですが「中心的な株主」とは、次の要件を充たす株主のことをいいます（評基通188(4)）。

> 《中心的な株主》
> 1　同族株主のいない会社の株主であること。
> 2　株主の1人及びその同族関係者の有する議決権の合計数がその会社の議決権総数の15％以上である株主グループに属していて、単独でその会社の議決権総数の10％以上の株式に係る議決権を有している株主であること（**株主単独で10％以上の議決権を有すること**）。

　上記によると「中心的な株主」とは、その会社の議決権総数の15％以上を所有する株主グループに属する株主のうち、単独でその会社の議決権総数の10％以上の株式を保有している者とされています。

　ご質問のケースでは単独で10％以上の議決権を有している株主はいませんので「中心的な株主」は、いない会社となります。なお、「中心的な株主」の判定は、株主単独で行うこととされているので、Aが100％の議決権を有している乙社が有する株式に係る議決権をAが有するものとして判定することは相当ではありません。

　ご質問の場合は、株主（A）は、同族株主等に該当しており、議決権割合も4％ですが、他に「中心的な株主」がいないことから、原則的評価方式により評価することになります（Aの妹も同様です。）。

Question 30 同族株主等の判定（中心的な同族株主がいる場合）

甲社の株主構成は次のとおりですが、株主のうちに「同族株主等」及び「中心的な株主」がいれば教えてください。

〔甲社の株主構成等〕

株主グループ	続柄	議決権数(個)	議決権割合(%)	役職
Aグループ	本人A	2,000	20 ⎫	代表取締役
	Aの長男	400	4 ⎬ 27	
	Aの長女	300	3 ⎭	
Bグループ	友人B	1,200	12 ⎫	副社長
	Bの配偶者	400	4 ⎬ 20	
	Bの長男	400	4 ⎭	
Cグループ	得意先C	700	7 ⎫ 14	
	Cの弟	700	7 ⎭	
Dグループ	得意先D	1,100	11	
その他株主合計		2,800	—	
議決権総数		10,000	100	

A 1 甲社における同族株主等の判定

甲社の株主グループのうちには、議決権割合が30％以上となる株主グループがいないので、「同族株主」のいない会社となります。

ただし、議決権割合が15％以上となるAグループ（27％）及びBグループ（20％）がいますので、当該グループに属する株主については「同族株主等」と判定され、それ以外のCグループ、Dグループ及び

その株主は「同族株主等以外の株主」と判定されます。

2 中心的な株主の判定

「同族株主等」と判定されたAグループ及びBグループの株主のうちには、議決権割合が5％未満の者がいますので、評価方式の適用にあたっては「中心的な株主」がいるか確認する必要があります。

「中心的な株主」とは、議決権割合が15％以上の株主グループに属する株主のうち単独で10％以上の議決権を有している株主をいいますが、ご質問のケースではA（本人）及びB（友人）が「中心的な株主」に該当します。

なお、Dについては単独で議決権の10％以上を所有していますが、Dはそもそも同族株主等ではないので「中心的な株主」に該当しないことになります。

3 評価方式の適用

同族株主等と判定されたAグループ及びBグループの株主のうち議決権割合が5％以上の株主（本人A及び友人B）は、原則的評価方式により評価することになります。

また、議決権割合が5％未満の少数株主（Aの長男及び長女、Bの配偶者及び長男）については、単独で甲社の議決権割合の10％以上を所有する「中心的な株主」がおり、また、同株主が役員でもないことから、配当還元方式により評価することになります。

なお、Cグループ及びDグループに属する株主は、もともと「同族株主等」に該当しませんので配当還元方式により評価することになります。

Question 31 同族株主等の判定（中心的な株主がいない場合）

甲社の株主構成は次のとおりですが、株主のうちに「同族株主等」及び「中心的な株主」がいれば教えてください。

〔甲社の株主構成等〕

株主グループ	続柄	議決権数（個）	議決権割合（％）	役職
Aグループ	本人A	900	9 ⎫	代表取締役
	Aの長男	700	7 ⎬ 20	
	Aの二男	400	4 ⎭	
Bグループ	友人B	700	7 ⎫	副社長
	Bの妻	500	5 ⎬ 15	
	Bの長男	300	3 ⎭	専務
Cグループ	得意先C	300	3 ⎫ 4	
	Cの妻	100	1 ⎭	
その他株主合計		6,100	—	
議決権総数		10,000	100	

A

1 同族株主等の判定

甲社の株主グループのうちには、議決権割合が30％以上となる株主グループがいないので、「同族株主」のいない会社となります。

ただし、議決権割合が15％以上となるAグループ及びBグループがいますので当該グループに属する株主は、「同族株主等」と判定され、それ以外の株主は「同族株主等以外の株主」と判定されます。

2　中心的な株主の判定

「同族株主等」と判定されたAグループ及びBグループの株主のうちには、議決権割合が5％未満の者（Aの二男及びBの長男）がいますので、評価方式の適用にあたっては「中心的な株主」がいるか確認する必要があります。

しかしながら、Aグループ及びBグループには単独で甲社の議決権割合の10％以上を所有する「中心的な株主」に該当する者が1人もいませんので「中心的な株主」がいない会社となります。

3　評価方式の適用

同族株主等と判定されたAグループ及びBグループの株主のうち議決権割合が5％以上の株主は、原則的評価方式により評価することになります。

また、議決権割合が5％未満の少数株主（Aの二男及びBの長男）が所有する株式についても、「中心的な株主」がいないことから、原則的評価方式により評価することになります。

ちなみに、他に「同族株主等」の中に「中心的な株主」がいた場合には、Aの二男は配当還元方式により評価することになりますが、Bの長男は、役員（専務）に該当していますので、原則的評価方式により評価することになります。

なお、Cグループの株主及び「その他株主」は、もともと「同族株主等」に該当していませんので配当還元方式により評価することになります。

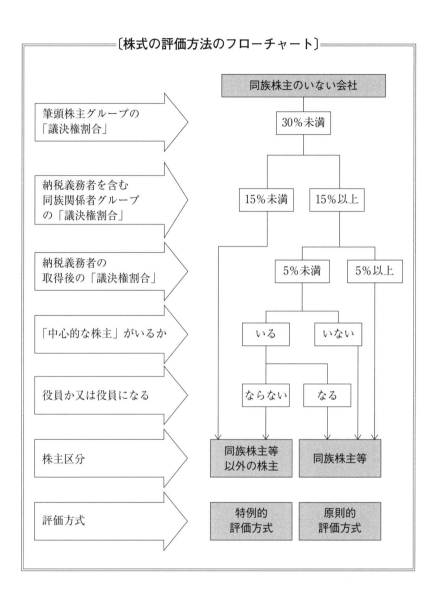

Question 32 同族株主がいない会社の株式評価

甲社は同族株主のいない会社ですが、その株主A及びその親族が所有する株式等に係る議決権割合は下図のとおりです。

今年8月にAが死亡し、現在、甲社株式の分割協議をしている最中ですが、Aが所有していた甲社株式を配偶者Bが相続により取得する場合と長男C及び長女Dが取得する場合では、評価方法が変わりますか。

〔相続直前の甲社の議決権割合〕

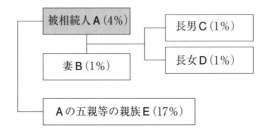

A 被相続人であるAが所有していた甲社株式を妻Bが相続により取得するとした場合には、まずBが同族株主等に該当するかどうかを判定する必要があります。

ご質問の場合には、まず、Bが議決権を最も多く所有する株主Eの同族関係者に該当するか判定する必要がありますが、BはEからみて三親等内の姻族に該当しないため、Eの同族関係者には該当しません。

また、Bの同族関係者であるC及びDを含めて同族株主等の判定を行っても、Bグループの議決権割合の合計は7％ですので「同族株主等以外の株主」となります。

結果として、Bが甲社株式を相続した場合の価額は、評価通達188

(3)《同族株主以外の株主等が取得した株式》により、配当還元方式により評価することとなります。

　また、被相続人Ａが所有していた甲社株式を子供である長男Ｃ及び長女Ｄが相続する場合には、ＥからみてＣ及びＤは、Ｅの六親等内の血族に当たるので、Ｃ及びＤはＥの同族関係者となり、議決権割合の合計が15％以上のグループに属することになり同族株主等と判定されることになります。

　例えば、被相続人が所有していた甲社株式の全てをＣ又はＤが単独で取得することになると、取得後の議決権割合は、５％以上となり、少数株主に該当しないことになるので、原則的評価方式により評価することになります。

　また、被相続人が所有していた甲社株式をＣ及びＤで分散して取得することになると取得後の議決権割合は５％未満となり、他に「中心的な株主」がいれば、配当還元方式により評価することが可能です。ご質問では、Ｅが単独で17％の議決権を有しているため「中心的な株主」に該当することになりますが、その結果、Ｃ及びＤが相続により取得する甲社株式の価額は、Ｃ及びＤが甲社の役員でない又は法定申告期限までに役員とならない限り、配当還元方式により評価することになります。

Question 33 「同族株主」、「中心的な同族株主」及び「中心的な株主」の判定

「同族株主」、「中心的な同族株主」及び「中心的な株主」のそれぞれの定義及び判定方法の違いについて教えてください。

A

1 同族株主とは

「課税時期における評価会社の株主のうち、株主の1人及びその同族関係者(法人税法施行令第4条に規定する特殊の関係のある個人又は法人をいいます。以下同じです。)の有する議決権の合計数がその会社の議決権総数の30％以上である場合におけるその株主及びその同族関係者をいいます。

ただし、この場合において、その評価会社の株主のうち、株主の1人及びその同族関係者の有する議決権の合計数が最も多いグループが、その会社の議決権総数の50％を超えている場合には、50％を超える議決権を有するその株主及びその同族関係者」をいいます(評基通188(1))。

〔判定に当たっての留意事項〕

「同族株主」に該当するか否かの判定は、グループとして判定するので、判定対象者のいずれか(任意の1人)の株主を中心として、「同族株主」の判定を行った結果、いずれかの「同族株主」の範囲内に該当すれば、その者は「同族株主」となります。

すなわち、「株主の1人」とは、納税義務者に限らない評価会社の任意の株主の1人ということになりますので注意が必要です。

2　中心的な同族株主とは

「課税時期において同族株主の1人並びにその株主の配偶者、直系血族、兄弟姉妹及び一親等の姻族（これらの者の同族関係者である会社のうち、これら株主が有する議決権の合計数がその会社の議決権総数の25％以上である会社を含みます。）の有する議決権の合計数がその会社の議決権総数の25％以上である場合におけるその株主」をいうとされています（評基通188(2)）。

〔判定に当たっての留意事項〕

「同族株主」の判定が同族グループとしての判定であるのに対して、「中心的な同族株主」の判定は、株主ごとに判定することとされています。そして、当該株主を中心にして「中心的な同族株主」の判定を行った結果、議決権割合が25％未満であったならば、その株主は「中心的な同族株主」に該当しないことになります（例えば、他の株主の「中心的な同族株主」の判定する場合の「中心的な同族株主」の判定範囲の中に含められ、その結果、当該他の株主が「中心的な同族株主」に該当した場合であっても、その株主は「中心的な同族株主」には該当しないこととなる場合もあります。）。

3　中心的な株主とは

「課税時期において株主の1人及びその同族関係者の有する議決権の合計数がその会社の議決権総数の15％以上の株主グループのうち、単独でその会社の議決権総数の10％以上の議決権を有している株主がいる場合におけるその株主」というとされています（評基通188(4)）。

〔判定に当たっての留意事項〕

　中心的な株主は、少なくとも同族株主等(議決権の保有割合が15%以上の株主グループ)に属している必要があり、属していなければ、単独での議決権保有割合が10%以上～15%未満であっても、その株主は「中心的な株主」に該当しません。

　また、ここでいう単独とは、文字どおりその株主1人という意味で、たとえ親子や完全支配している会社が議決権を所有していても、それらを合算して判定することはしません。

Question 34 配当還元方式により評価される株主

配当還元方式により評価される株主を具体的に教えてください。

 配当還元方式により評価される株主とは、次の株主をいいます。

1 同族株主のいる会社

　イ　同族株主以外の株主

　ロ　同族株主のうちの少数株主

　その者が同族株主に該当しているものの、①その者の株式取得後の議決権割合が5％未満で、かつ、②その「同族株主」の中にその者以外に「中心的な同族株主」がいて、さらに、③課税時期においてその者が役員でない場合（相続税の法定申告期限までに役員とならない者も含みます。）

2 同族株主はいないが議決権15％以上の同族関係者グループ（同族株主等）がいる会社

　イ　同族株主等以外の株主

　ロ　同族株主等のうちの少数株主

　その者が同族株主等に該当しているものの、①その者の株式取得後の議決権割合が5％未満で、かつ、②その「同族株主等」の中に「中心的な株主」がいて、さらに、③課税時期においてその者が役員でない場合（相続税の法定申告期限までに役員とならない者も含みます。）

3 同族株主も同族株主等もいずれもいない会社

　　すべての株主

　すなわち、株主及びその同族関係者で15％以上の株式に係る議決権を保有するグループがいない場合には、全ての株主が所有する株式等は配当還元方式により評価することになります。

　仮に、ある株主が代表取締役に就任していたとしてもその者が15％未満の議決権しか有していなければ配当還元方式により評価することになります。

Question 35 未分割の場合の議決権の判定

A社の筆頭株主である被相続人（甲）が所有していた株式について、相続税の申告書の提出期限までに相続人間で分割協議がまとまりませんでした。

このような場合、A社株式は誰が取得したものとして同族株主の判定を行ったらよいでしょうか。また、「取引相場のない株式（出資）の評価明細書第１表の１」の記載の仕方についても教えてください。

なお、A社は単元株式制度を採用しており、１単元の株式数を1,000株としています。

〔分割前のA社株式保有状況〕

株　主	続　柄	所有株式数	議決権数
甲	被相続人	50,000	50
乙	妻	10,000	10
丙	甲の長男	20,000	20
丁	甲の長女	0	0
合　計		100,000	100

A 被相続人が所有していたA社株式について、相続税の申告書の提出期限までに共同相続人間で分割協議が成立しないときは、相続人ごとに従前から所有する株式に係る議決権と当該未分割株式に係る議決権とを合算したものを各相続人の「取得後の議決権数」とし、これに基づいて同族株主の判定を行います。

したがって、未分割財産であるA社株式について、相続税法第55条（未分割財産に対する課税）の規定に準じて法定相続分等の割合に応

じて株式を取得したものとして各相続人の議決権割合を判定するのではありません（あくまで同族株主の判定だけで、株式数については法定相続分の割合に応じて取得したものとします。）。

　こうした取扱いは、未分割の状態は、遺産分割により具体的に相続財産を取得するまでの間の暫定的、過渡的な状態であり、将来、各相続人等がその法定相続分どおりに取得するとは限らないので、各相続人の「同族株主」の判定だけは、各相続人が相続対象となる株式を全て取得したものとして行うとしたものです。

　具体的な「取引相場のない株式（出資）の評価明細書（以下「株式評価明細書」といいます。）第1表の1」への記載の仕方は、「④株式数（株式の種類）」欄には、納税義務者が所有する株式の株式数の上部に未分割の株式の株式数を㋭と表示の上、外書で記載し、納税義務者が所有する株式数に未分割の株式の株式数を加算した数に応じた議決権数を「回議決権数」に記載します。

　また、「納税義務者の属する同族関係者グループの議決権の合計数」欄の②欄には、納税義務者の属する同族関係者グループが有する実際の議決権数（未分割の株式に応じた議決権数を含みます。）を記載します。

　なお、本表は原則として納税義務者ごとに作成することになっていますが、複数の納税義務者について同時に株主の判定を行うことができる場合には1枚にまとめて差し支えありません。

　ご質問の「評価明細書第1表の1」への記載の仕方は次のとおりですが、結果として相続人乙～丁はいずれも同族株主と判定されることになります。

【記載例】乙の同族株主等の判定

(第1表の1)

判定要素(課税時)	氏名又は名称	続柄	会社における役職名	株式数(株式の種類)	④議決権数	⑤議決権割合(④/④)
	乙	納税義務者	㊤	50,000 10,000	60	60
	丙	長男		20,000	20	20

納税義務者の属する同族関係者グループの議決権割合(⑤の割合)を基として、区分します。

区分	筆頭株主グループの議決権割合(⑥の割合)			株主の区分
⑤の割合	50%超の場合	30%以上50%以下の場合	30%未満の場合	
	50%超	30%以上	15%以上	同族株主等
	50%未満	30%未満	15%未満	同族株主等以外の株主

判定: **同族株主等(原則的評価方式等)** / 同族株主等以外の株主(配当還元方式)

「同族株主等」に該当する納税義務者のうち、議決権割合(⑤の割合)が5%未満の者の評価方式は、「2.少数株式所有者の評価方式の判定」欄により判定します。

有状況	自己株式			
	納税義務者の属する同族関係者グループの議決権の合計数	② 80	⑤(②/④) **80**	
	筆頭株主グループの議決権の合計数	③ 80	⑥ 80	
	評価会社の発行済株式又は議決権の総数	① 100,000	④ 100	100

判定: 原則的評価方式等 ・ 配当還元方式

【記載例】丙の同族株主等の判定

(第1表の1)

判定要素(課税時)	氏名又は名称	続柄	会社における役職名	株式数(株式の種類)	④議決権数	⑤議決権割合(④/④)
	丙	納税義務者	㊤	50,000 20,000	70	70
	乙	母		10,000	10	10

納税義務者の属する同族関係者グループの議決権割合(⑤の割合)を基として、区分します。

区分	筆頭株主グループの議決権割合(⑥の割合)			株主の区分
⑤の割合	50%超の場合	30%以上50%以下の場合	30%未満の場合	
	50%超	30%以上	15%以上	同族株主等
	50%未満	30%未満	15%未満	同族株主等以外の株主

判定: **同族株主等(原則的評価方式等)** / 同族株主等以外の株主(配当還元方式)

「同族株主等」に該当する納税義務者のうち、議決権割合(⑤の割合)が5%未満の者の評価方式は、「2.少数株式所有者の評価方式の判定」欄により判定します。

有状況	自己株式			
	納税義務者の属する同族関係者グループの議決権の合計数	② 80	⑤(②/④) **80**	
	筆頭株主グループの議決権の合計数	③ 80	⑥ 80	
	評価会社の発行済株式又は議決権の総数	① 100,000	④ 100	100

判定: 原則的評価方式等 ・ 配当還元方式

第2 同族株主の判定等

【記載例】 丁の同族株主等の判定

(第1表の1)

1. 株主及び評価方式の判定

氏名又は名称	続柄	会社における役職名	④ 株式数(株式の種類)	⑧ 議決権数	ⓒ 議決権割合 (ⓒ/④)
丁	納税義務者	(未)	50,000	50	50
乙	母		10,000	10	10
丙	兄		20,000	20	20

納税義務者の属する同族関係者グループの議決権割合(⑤の割合)を基として、区分します。

区分	筆頭株主グループの議決権割合(⑥の割合)			株主の区分
	50%超の場合	30%以上50%以下の場合	30%未満の場合	
⑤の割合	**50%超**	30%以上	15%以上	同族株主等
	50%未満	30%未満	15%未満	同族株主等以外の株主
判定	同族株主等 (原則的評価方式等)			同族株主等以外の株主 (配当還元方式)

「同族株主等」に該当する納税義務者のうち、議決権割合(ⓒ)の割合が5%未満の者の評価方式は、「2. 少数株式所有者の評価方式の判定」欄により判定します。

自己株式			
納税義務者の属する同族関係者グループの議決権の合計数		② 80	⑤ 80
筆頭株主グループの議決権の合計数		③ 80	⑥/④ 80
評価会社の発行済株式又は議決権の総数	① 100,000	④ 100	100

判定	原則的評価方式等 ・ 配当還元方式

Question 36 未分割の申告及びその後遺産分割確定の場合

甲社の株主構成は次のとおりですが、B株主が亡くなりました。

被相続人Bの相続人は、配偶者（C）、長男（D）及び長女（E）ですが相続税の申告期限までに遺産分割がまとまりませんでした。

〔甲社の株主構成等〕

株　主	Aとの続柄	議決権数（個）	議決権割合（％）
A	本人（代表）	450	45
B	弟（被相続人）	80	8
C	弟の妻	30	3
D	弟の長男（役員）	20	2
E	弟の長女	10	1
その他		410	41
合　計		1,000	100

(1) 被相続人Bが所有していた甲社株式80株の相続税評価額はどのように計算したらよいでしょうか。

(2) また、被相続人Bが所有していた80株について、その後、遺産分割協議が下記のとおりまとまった場合における取扱いはどうなりますか。

B（被相続人）	80株
C（妻）	40株
D（長男）	20株
E（長女）	20株

なお、C～Eは甲社の役員ではなく、今後も役員に就くことはありません。

A 日本の相続税法は、遺産取得者課税を採用していますので、相続等により財産を取得した者ごとに相続税が課されることとなります。

この遺産取得者課税の考え方から、被相続人Ｂの所有していた甲社株式が未分割だった場合及び分割協議が成立した場合の相続税評価額は次のようになります。

1 相続税の申告期限までに被相続人Ｂの所有していた甲社株式が未分割であった場合

相続等により株式を取得する場合において、相続税の申告期限までに、被相続人が所有していた株式について共同相続人間で分割がまとまらなかったときは、相続税の納税義務者（相続人）ごとに、同人が従前から所有していた株式に係る議決権数と被相続人が所有していた株式に係る議決権数を合計して、各相続人の相続後における同族株主の判定（議決権割合の計算）を行います。

ご質問のケースにおける同族株主の判定は、相続人（Ｃ～Ｅ）ごとに各人が所有していた株式に係る議決権と被相続人Ｂが所有していた80株に係る議決権を合算して行います。その結果、各相続人は、いずれもＡを中心とした同族関係者グループに属し「同族株主」と判定され、かつ、議決権割合は５％を超えていますので株価は原則的評価方式により計算することになります。

〔同族株主の判定〕

　　配偶者Ｃ……３％（従前所有分）＋８％（相続承継分）＝11％≧５％
　　長　男Ｄ……２％（従前所有分）＋８％（相続承継分）＝10％≧５％
　　長　女Ｅ……１％（従前所有分）＋８％（相続承継分）＝９％≧５％

2 相続税の申告期限後に被相続人Bの80株について遺産分割協議が成立した場合

相続税の申告期限後において、被相続人Bが所有していた甲社株式80株について下記のとおり遺産分割協議が成立した場合には、相続税の各納税義務者（相続人）が従前から所有していた株式に係る議決権数と各相続人等が遺産分割協議により取得する株式に係る議決権数の合計額により、各相続人の相続後における議決権割合を計算します。

ご質問の場合は、被相続人Bが所有していた甲社株式80株は、配偶者Cが40株、長男D及び長女Eがそれぞれ20株ずつ相続することになりましたので、分割協議確定後の議決権割合は次のとおりになります。

〔分割協議確定後の各相続人の議決権割合〕

	従前所有分		相続による加算分		相続後の議決権割合
配偶者C……	3％	＋	4％	＝	7％
長男D……	2％	＋	2％	＝	4％
長女E……	1％	＋	2％	＝	3％

(1) 配偶者Cが所有する株式に係る議決権数

Cは相続により40株を取得したことにより、遺産分割後における議決権割合は7％となりました。Cはもともと「同族株主」と判定され、取得後の議決権割合も5％を超えていたので甲社株式を原則的評価方式により計算しており、評価方法に変更はありません。

(2) 長男D及び長女Eが所有する株式に係る議決権数

D及びEは、相続によりそれぞれ20株ずつ取得したことにより、遺産分割後における議決権の割合は、最終的に4％と3％となりま

した。

　D及びEは「同族株主」に該当していますが、取得後の議決権割合が5％未満となりますので他に「中心的な同族株主」がいるか判定する必要があります。

　甲社の株主構成より、株主Aが「中心的な同族株主」に該当しており、また、D及びEは甲社の役員でもないことから、D及びEが取得した株式は配当還元方式により評価します。

　この結果、当初提出した相続税の申告書においては、D及びEが取得した株式については、原則的評価方式により評価していますので、評価額が減少することになります。この場合、D及びEは、分割協議の成立後4か月以内に更正の請求をすることにより納め過ぎた相続税を還付することができます。

　また、配偶者Cは、自身が取得した甲社株式の相続税評価額に変動はありませんが、D及びEが取得した甲社株式の価額が下がることにより、課税財産の総額が減少し、相続税額を多く納め過ぎていたことになる場合には、同様に更正の請求をすることができます。

Question 37 議決権を有しない株式

株式を有していながら議決権を有しないとして扱われるケースがあれば教えてください。

A 株式を所有していながら同族株主等の判定上、議決権がないものとして扱われる代表的ケースは、次の4つの場合です。

1	評価会社が自己株式を有している場合
2	一定の株式を相互に保有している場合
3	無議決権株式を保有している場合
4	投資育成会社が株主であった場合

以下、これらについて説明します。

1 評価会社が会社法第308条第2項に規定する自己株式を有する場合

評価会社が自己株式を所有している場合には、自己株式は議決権を有しないことから、その自己株式に係る議決権数は0として計算します。この結果、評価会社の議決権総数から自己株式に係る議決権を控除した議決権により議決権割合の判定を行います（評基通188-3）。

自己株式について議決権を有しないとされるのは、評価会社の意向を受けた議決権の行使によって株主総会の決議が歪められるという弊害を排除するためで、次の2の議決権を有しないこととされる相互保有している場合の株式と同様の考え方によるものです。

$$\text{議決権割合を判定する場合の議決権総数} = \text{評価会社の議決権総数} - \text{自己株式に係る議決権数}$$

2 一定の議決権を保有されている会社の株式を保有している場合（相互保有している場合）

　評価会社の株主のうちに会社法第308条第1項の規定により評価会社の株式について議決権を有しないこととされる会社の株式があるときは、当該会社の有する評価会社株式に係る議決権数は0と扱われると同時に、評価会社の議決権総数からその議決権を有しないこととされる会社の有する議決権の数を控除した数をもって評価会社の議決権総数とすることとされています（評基通188－4）。

　会社法第308条第1項の規定とは、一定の議決権（1/4以上の議決権）を評価会社に保有されている会社が所有する評価会社の株式に係る議決権を0とすることによって、評価会社の議決権行使による影響をなくすことを目的としています。この規定により、会社経営者が実質的に自己の支配下にある会社間で相互に株式を所有させるなどして、同族株主の判定を逃れ、自己が所有する株式を配当還元方式により評価することなどの意図的な操作ができないようになりました。

（設例）

　A社は、甲社（評価会社）に議決権総数の1/4以上（30％）を保有されていることから、A社が保有する甲社株式に係る議決権については0とされます。

　したがって、甲社の株式評価にあたっては、A社が有する議決権（20％）は、甲社の総議決権数から控除するとともに、A社

甲社の議決権を有しないものとして他の株主の「同族株主等」の判定を行うことになります。

会社法第308条《議決権の数》
1 株主（株式会社がその総株主の議決権の４分の１以上を有することその他の事由を通じて株式会社がその経営を実質的に支配することが可能な関係にあるものとして法務省令で定める株主を除く。）は、株主総会において、その有する株式１株につき１個の議決権を有する。ただし、単元株式数を定款で定めている場合には、１単元の株式につき１個の議決権を有する。
2 前項の規定にかかわらず、株式会社は、自己株式については、議決権を有しない。

会社法施行規則第67条《実質的に支配することが可能となる関係》
　法第308条第１項に規定する法務省令で定める株主は、株式会社（当該株式会社の子会社を含む。）が、当該株式会社の株主である会社等の議決権（同項その他これに準ずる法以外の法令（外国の法令を含む。）の規定により行使することができないとされる議決権を含み、役員等（会計監査人を除く。）の選任及び定款の変更に関する議案（これらの議案に相当するものを含む。）の全部につき株主総会（これに相当するものを含む。）において議決権を行使することができない株式（これに相当するものを含む。）に係る議決権を除く。以下この条において「相互保有対象議決権」という。）の総数の４分の１以上を有する場合における当該株主であるもの（当該株主であるもの以外の者が当該株式会社の株主総会の議案につき議決権を行使することができない場合（当該議案を決議する場合に限る。）における当該株主を除く。）とする。
　《第２項以下　省略》

3 評価会社が会社法第108条第1項に掲げる事項について内容の異なる種類の株式（以下「種類株式」といいます。）を発行している場合

平成13年〜14年にかけて行われた商法の改正により、多様な性質を有する種類株式の発行が認められるようになりましたが、それに伴い下記のような議決権の制限が付された株式の発行も認められるようになりました。

イ　株主総会における・全・て・の・事・項について議決権を行使できない株式（無議決権株式）
ロ　・一・部・の・事・項について議決権を行使できない株式（議決権制限株式）

〔イのケース〕

上記のうちイの株主総会における・全・て・の・事・項について議決権を行使できない株式（無議決権株式）については、文字どおり議決権がないことになりますので、同族株主等の判定において、評価会社の議決権総数及び株主が所有する議決権数から控除して「同族株主」の判定を行います。

〔ロのケース〕

一方で、一部の事項について議決権を行使できない議決権制限株式については、会社の定款に株主総会で決議できる事項を定めることで普通株式と同程度の議決権を有する株式から、ほとんどの事項について議決権を有しない無議決権株式に類似する株式まで、様々な形態のものを発行できるようになりました。本来であれば、議決権制限株式ごとにその議決権を行使できる事項によって評価会社の経営支配の度

合いを判定すべきと考えられますが、議決権制限株式といえども、①制限された範囲内で会社経営に関与することも可能であり、また、②個々の議決権を行使できる内容により会社支配に影響する度合いを個別に区別することは実務上不可能と考えられることから、議決権制限株式については、旧商法における子会社による親会社株式の取得と処分の規定（旧商法211ノ2④）と同様に、普通株式と同様の議決権があるものとし、その議決権数を「株主の有する議決権数」及び「評価会社の議決権総数」に含めることとされました。

したがって、評価会社の議決権数又は議決権総数の算定に当たっては、種類株式のうち株主総会の一部の事項について議決権を行使できない株式に係る議決権も含めて計算するとされています（評基通188－5）。

会社法第108条《異なる種類の株式》

株式会社は、次に掲げる事項について異なる定めをした内容の異なる二以上の種類の株式を発行することができる。ただし、指名委員会等設置会社及び公開会社は、第九号に掲げる事項についての定めがある種類の株式を発行することができない。

一　剰余金の配当
二　残余財産の分配
三　株主総会において議決権を行使することができる事項
四　譲渡による当該種類の株式の取得について当該株式会社の承認を要すること。
五　当該種類の株式について、株主が当該株式会社に対してその取得を請求することができること。
六　当該種類の株式について、当該株式会社が一定の事由が生じたことを条件としてこれを取得することができること。
七　当該種類の株式について、当該株式会社が株主総会の決議によってその全部を取得すること。
八　株主総会（取締役会設置会社にあっては株主総会又は取締役会、

> 清算人会設置会社（第478条第8項に規定する清算人会設置会社をいう。以下この条において同じ。）にあっては株主総会又は清算人会）において決議すべき事項のうち、当該決議のほか、当該種類の株式の種類株主を構成員とする種類株主総会の決議があることを必要とするもの
> 九　当該種類の株式の種類株主を構成員とする種類株主総会において取締役（監査等委員会設置会社にあっては、監査等委員である取締役又はそれ以外の取締役。次項第九号及び第112条第1項において同じ。）又は監査役を選任すること。
> 2〜3　（省略）

4　投資育成会社が株主である場合の同族株主等の判定

評価会社の株主のうちに投資育成会社（中小企業投資育成株式会社法に基づいて設立された中小企業投資育成株式会社をいいます。）があるときは、次の区分に従い、同族株主等の判定を行います（評基通188－6）。

(1)　投資育成会社が同族株主に該当している場合

投資育成会社が「同族株主」に該当し、かつ、当該投資育成会社以外に「同族株主」に該当する株主がいない場合には、当該投資育成会社は「同族株主」に該当しないものとして他の株主の区分の判定を行います。

(2)　投資育成会社が中心的同族株主又は中心的な株主に該当している場合

投資育成会社が、「中心的な同族株主」又は「中心的な株主」に該当し、かつ、当該投資育成会社以外に「中心的な同族株主」又は「中心的な株主」に該当する株主がいない場合には、当該投資育成会社は、

「中心的な同族株主」又は「中心的な株主」に該当しないものとして取り扱います。

(3) 投資育成会社以外の株主の判定

上記(1)及び(2)において、評価会社の議決権総数からその投資育成会社の有する評価会社の議決権の数を控除した数をその評価会社の議決権総数とした場合に「同族株主」に該当することとなる者があるときは、その「同族株主」に該当することとなる者以外の株主については、上記(1)及び(2)にかかわらず、同族株主のいる会社の「同族株主等以外の株主」に該当するものとして取り扱います。

したがって、この場合には、その「同族株主」に該当することとなる者以外の株主が取得した株式については、特例的評価方式（配当還元方式）により評価します。

〔理由〕

このように、投資育成会社を(1)「同族株主に該当しないもの」及び(2)「中心的な同族株主又は中心的な株主に該当しないもの」として取り扱うこととしたのは、投資育成会社は、議決権を有するものの、次のとおり、投資先企業を支配することを目的として株式投資を行うものではないと認められるためです。

① 投資育成会社は、中小企業の自己資本の充実を促進し、その健全な成長発展を図るため、中小企業に対する投資等の事業を行うことを目的として中小企業投資育成株式会社法に基づいて設立された会社であること。
② 投資育成会社は、投資先企業の株式を公開することが可能となった場合には、原則として、公開に当たっての売出し又は値付けのための株式として売却したり、公開後に証券市場を通じて売却して処

分することとされ、また、株式の公開の見直しがない場合において保有する株式を処分するときは、原則として、投資先企業の自主性を失わせないよう配慮しつつ機関投資家等に売却することとされていること。

また、(3)の取扱いは、投資育成会社が「同族株主」に該当していた場合、本来、「同族株主以外の株主」として特例的評価方式を適用すべき株主が、(1)及び(2)とする取扱いにより評価会社が「同族株主のいない会社」、「中心的な同族株主のいない会社」又は「中心的な株主のいない会社」とされ、原則的評価方式により評価することとなるのは必ずしも適当ではないため設けられたものです。

すなわち、(3)において改めて「同族株主」の判定を行い、「同族株主」に該当しない株主は、配当還元方式により評価することができるようにしたものです。

(参考) 中小企業投資育成株式会社（東京、名古屋、大阪）の概要

> **1 中小企業投資育成株式会社**
>
> 中小企業投資育成株式会社（以下「投資育成会社」という。）は、中小企業投資育成株式会社法（昭和38年法律第101号）に基づき、中小企業の自己資本の充実を促進し、その健全な成長発展を図るため、中小企業に対する投資等の事業を行うことを目的として、東京、名古屋、大阪に設立された。
>
> なお、昭和58年3月の臨調答申及び昭和59年12月の閣議決定の方針に基づき、昭和61年7月に中小企業投資育成株式会社法改正の施行に伴い、民間法人化された（国の資金に依存しない体質とする）株式会

社である。

2 投資育成株式会社3社の資本金及び営業区域

投資育成会社は、地方公共団体、各種金融機関、保険会社、証券業界及び地元有力企業の出資等の協力を得て運営されており、その営業区域は、原則として、次のとおり。

	営業区域
東京中小企業投資育成株式会社	静岡、長野、新潟以東の東日本、北日本の18都道県
名古屋中小企業投資育成株式会社	5県（愛知、岐阜、三重、富山、石川）
大阪中小企業投資育成株式会社	福井、滋賀、和歌山以西の24府県

3 投資育成会社の事業

(1) 投資事業

原則として、資本の額が3億円以下の株式会社である中小企業に以下の事業を通じ投資を行っている。

① 会社の設立に際して発行される株式の引受け事業

② 増資新株の引受け事業

③ 新株予約権付社債の引受け事業

(2) 育成事業（コンサルテーション事業）

投資育成会社は、その株式、新株予約権付社債を保有している投資先企業からの依頼に応じ、効果的育成が図られるよう経営管理又は技術の状況に応じ適切な指導を行っている。

Question 38 相互保有株式に係る議決権の制限（様々なパターン）

評価会社Ｘ社がＹ社の株式に係る議決権を次のような割合で保有していた場合、Ｙ社が所有するＸ社の株式に係る議決権の取り扱いはどうなりますか。

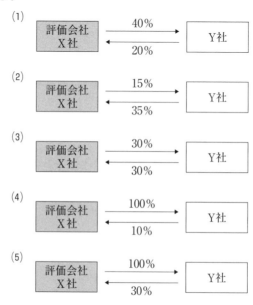

A

ご質問について、評価会社であるＸ社がＹ社と相互に株式を保有していた場合の議決権の取り扱いは、次のようになると考えます。

(1)のケース

Ｘ社がＹ社の議決権の40％を有し、Ｙ社がＸ社の議決権の20％を有している場合には、Ｙ社はＸ社に総株主等議決権割合の25％以上の議

決権を所有されているため、Y社のX社に対する議決権はないものと扱われます（この場合、総議決権数からも控除します。以下、同じです。）。したがって、両社の議決権割合は次のようになります。

・X社のY社に対する議決権…………40％
・Y社のX社に対する議決権………… 0％

(2)のケース

X社がY社の議決権の15％を有し、Y社がX社の議決権の35％を有している場合には、Y社はX社に議決権の25％以上を所有されているわけではないので、Y社のX社に対する議決権の行使に制限を受けません。

一方、X社はY社に総株主等議決権割合の25％以上の議決権を所有されているため、X社のY社に対する議決権数はないものと扱われます。したがって、両社の議決権割合は次のようになります。

・X社のY社に対する議決権………… 0％
・Y社のX社に対する議決権…………35％

(3)のケース

X社がY社の議決権の30％を有し、Y社がX社の議決権の30％を有している場合には、それぞれが25％以上の議決権を保有していることになりますので、それぞれ議決権はないものと扱われます。したがって、両社の議決権割合は次のようになります。

・X社のY社に対する議決権………… 0％
・Y社のX社に対する議決権………… 0％

⑷のケース

　X社がY社の議決権の100％を有し（完全子会社）、Y社がX社の議決権の10％を有している場合には、⑴のケースと同様、Y社はX社に総株主等議決権の25％以上の議決権を所有されていることになるため、Y社のX社に対する議決権はないものと扱われます。したがって、両社の議決権割合は次のようになります。

・X社のY社に対する議決権…………100％
・Y社のX社に対する議決権………… 0 ％

⑸のケース

　X社がY社の議決権の100％を有し（完全子会社）、Y社がX社の議決権の30％を有している場合には、それぞれが25％以上の議決権を所有されていることになり、原則どおりに扱うとそれぞれの議決権はないものとして扱われます。

　しかしながら、⑸のようなケースで議決権の25％以上所有による議決権の制限を実施すると、X社（完全親会社）のY社（完全子会社）に対する議決権が0となり、Y社に対する議決権を行使する者が他にいなくなることになってしまいます。

　そこで、議決権を行使する者がいなくなってしまうケースにおいては、議決権の行使制限は適用されないと考えられています。したがって、両社の議決権割合は次のようになります。

・X社のY社に対する議決権…………100％
・Y社のX社に対する議決権………… 0 ％

(参考) 会社法施行規則第67条《実質的に支配することが可能となる関係》

1　法第308条第１項に規定する法務省令で定める株主は、株式会社（当該株式会社の子会社を含む。）が、当該株式会社の株主である会社等の議決権（同項その他これに準ずる法以外の法令（外国の法令を含む。）の規定により行使することができないとされる議決権を含み、役員等（会計監査人を除く。）の選任及び定款の変更に関する議案（これらの議案に相当するものを含む。）の全部につき株主総会（これに相当するものを含む。）において議決権を行使することができない株式（これに相当するものを含む。）に係る議決権を除く。以下この条において「相互保有対象議決権」という。）の総数の４分の１以上を有する場合における当該株主であるもの（当該株主であるもの以外の者が当該株式会社の株主総会の議案につき議決権を行使することができない場合（当該議案を決議する場合に限る。）における当該株主を除く。）とする。

2　前項の場合には、株式会社及びその子会社の有する相互保有対象議決権の数並びに相互保有対象議決権の総数（以下この条において「対象議決権数」という。）は、当該株式会社の株主総会の日における対象議決権数とする。

3～4　省略

Question 39 相互保有株式に係る議決権の制限（子会社と合わせて25%を超える場合）

評価会社X社がY社の株式に係る議決権を総議決権数の25%以上保有していたときは、Y社がたとえX社の株式を保有していたとしても当該株式に係る議決権はないものとする扱いがあります。

（具体例）

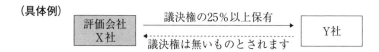

ところで、次のように子会社株式を通じて他の会社の株式を保有していた場合、当該他の会社が保有する評価会社の株式に係る議決権はどのように扱われますか。

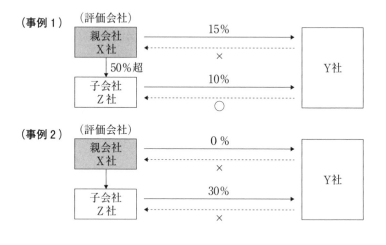

A

例えば、X社とY社が株式を相互に持ち合っている場合、これはある意味、会社（X社）が他の会社（Y社）の株主になることで自社の議決権を無制限に行使することができることにな

ります。こうした弊害を防止するため、ある会社（X社）が自ら又は子会社（Z社）を通じて他の会社（Y社）の総株主議決権の25％以上の議決権を保有している場合には、当該他の会社（Y社）はある会社（X社）又は子会社（Z社）の株式を保有していたとしても議決権はないものとして扱われます。

事例1については、親会社X社は、子会社Z社を通じてY社の株主議決権数の25％以上の議決権を有していますから、Y社は、仮にX社の株式を保有していたとしても当該株式に係る議決権はないものとして扱われます。

一方で、Z社は、Y社の議決権を10％しか保有していませんので、Y社が仮にZ社の株式を保有していたとしても議決権の制限を受けません。

事例2については、親会社X社は、Y社の株式を保有していませんが、子会社のZ社を通じてY社の総株主議決権数の30％以上の議決権を有していることになりますので、Y社が仮にX社の株式を保有していたとしても当該株式に係る議決権はないものとして扱われます。

また、子会社のZ社は、Y社の議決権の30％を単独で所有していますのでY社が仮にZ社の株式を保有していたとしても当該株式に係る議決権は無いものとして扱われます。

Question 40 同族株主の判定（1単元株制度）

甲社の株主構成は、次のとおりですが、甲社のうちに同族株主がいれば挙げてください。

なお、甲社は、種類株式を発行していることから単元株制度が採用されており、各種類株式ごとの一単元の株式数は次のとおりです。

また、株主A～乙社の間には、相互に同族関係はなく、乙社は評価会社である甲社に議決権総数の40％を所有されています。

〔1単元の株式数〕

① 普通株式　　100株
② 種類株式X　　50株
③ 種類株式Z　　20株

〔甲社の株主構成等〕

株主	株式の種類	所有株式数
A	普通株式	3,500
B	普通株式	2,000
	種類株式X	1,000
C	普通株式	800
	種類株式Z	1,400
D	種類株式Z	1,300
乙社	普通株式	1,800
甲社（自己株式）	普通株式	1,000
その他少数株主	普通株式	2,200
合計		15,000

A 甲社は、単元株制度を採用しており議決権を行使できる一単元の株式数が定められていますので、まず、それに基づいて議決権数を計算します。次に、評価会社は、自己株式を保有していることに加え、評価会社が議決権総数の40％を所有する乙社が評価会社の株式を所有しているため、当該株式については、議決権を有しないものとして議決権総数を計算します。

したがって、甲社の「同族株主」の判定においては、自己株式及び乙社が所有する株式に係る議決権を除外し、単元ごとの議決権に基づいて下表のとおり判定します。

その結果、株主Cのみが「同族株主」に該当することになります。

〔甲社の株主の判定結果〕

株主	株式の種類	所有株式数	議決権数（個）	議決権割合（％）	同族株主の判定
A	普通株式	3,500	35	14	非該当
B	普通株式	2,000	20	16	非該当
	種類株式X	1,000	20		
C	普通株式	800	8	32	**同族株主**
	種類株式Z	1,400	70		
D	種類株式Z	1,300	65	27	非該当
乙社	普通株式	1,800	―	―	〃
甲社（自己株式）	普通株式	1,000	―	―	〃
その他少数株主	普通株式	2,200	22	9	〃
合計		15,000	240	≒100	

Question 41 種類株式の同族株主の判定（強制償還株式）

次のような条件で強制償還株式を発行しているA社の同族株主の判定は、どのように行いますか。

〔株式の発行条件等〕
・普通株式の一単元の株式の数は100株とする。
・株主甲と株主乙は同族関係者に該当しない。
・株主乙の所有する種類株式は会社側から償還することができる強制償還株式であり、一単元の株式の数は100株である。
・「その他」は、株主甲又は株主乙の同族関係者に該当しない従業員株主である。

〔A社の株主構成等〕

株主＼株式	株式の種類	所有株式数	割合	議決権数	割合
甲	普通株式	株 7,500	% 37.5	個 75	% 37.5
乙	普通株式	2,000	10.0	20	10
乙	種類株式	9,500	47.5	95	47.5
その他	普通株式	1,000	5.0	10	5
合計		20,000	100	200	100

1 強制償還株式について

　種類株式のうちには、会社が一定の事由が生じたことを事由として取得することができる株式（取得条項付株式）や株主総会の決議によって、その全部を取得することができる株式（全部取得条項付種類株式）があります。これらの償還株式の中で、会社側が株主の意思に関わらず一方的に強制償還できる株式（以下「強制償還株式」という。）については、課税時期において議決権があるとしても、将来的には会社に強制的に買取られるか又は消却されることになるので、課税時点に存している議決権だけで「同族株主」の判定を行ったとしても、それが必ずしも評価会社の潜在的な経営支配力まで考慮しているかという点については疑念が生じます。

　そこで、強制償還株式を発行している会社については、強制償還株式が償還された後における経営支配力をも考慮して同族株主の判定を行う必要があると考えられます。

2　A社の同族株主の判定

　上記1より、ご質問の場合のA社の同族株主の判定にあたっては、種類株式（強制償還株式）が償還される前と償還された後の2回にわたって各株主の議決権割合を計算して「同族株主」の判定を行うのが相当です。

株主	株式数等 株式の種類	所有株式数	割合	議決権数	割合	同族株主判定	種類株式償還後の株式数	議決権数	割合	同族株主判定
甲	普通株式	株 7,500	% 37.5	個 75	% 37.5	×	株 7,500	個 75	% 71.4	○
乙	普通株式	2,000	10.0	20	10.0	○	2,000	20	19.0	×
	種類株式	9,500	47.5	95	47.5		0	0	—	
その他	普通株式	1,000	5.0	10	5.0	×	1,000	10	9.6	×
合計		20,000	100.0	200	100.0		10,500	105	100.0	

3 判定結果

　乙が所有する強制償還株式の償還前の議決権数により「同族株主」の判定を行った場合、株主乙が所有する株式に係る議決権数が会社の議決権総数の57.5％（＝10.0％＋47.5％）となるため、株主乙が「同族株主」となります。

　また、強制償還株式の償還後の議決権数により「同族株主」の判定を行った場合には、株主甲が所有する株式に係る議決権数が会社の議決権総数の71.4％となるため、株主甲が「同族株主」となります。

　したがって、株主甲及び株主乙は、いずれもＡ社の「同族株主」と判定されることになります。

Question 42 種類株式の同族株主の判定（転換株式）

普通株式への転換権を付した種類株式を発行しているA社の同族株主の判定は、どのように行いますか。

〔株式の発行条件等〕

・普通株式の一単元の株式の数は100株とする。
・株主甲と株主乙は同族関係者に該当しない。
・株主乙の所有する種類株式の一単元の株式の数は20株であり、種類株式1株につき、普通株式10株に転換することができる。

〔A社の株主構成等〕

株主 \ 株式	株式の種類	所有株式数	割合	議決権数	割合
甲	普通株式	株 12,000	% 60	個 120	% 37.5
	種類株式	1,000	5	50	15.6
乙	普通株式	4,000	20	40	12.5
	種類株式	2,000	10	100	31.3
その他	普通株式	1,000	5	10	3.1
合計		20,000	100	320	100

A

1 転換株式について

転換株式の例としては、議決権のない配当優先株式に普通株式への転換請求権を付す場合等が典型的と考えられますが、これらの中には、種類株式1株につき普通株式10株に転換するといったものも見受けられ、内容の異なる様々な転換株式の発行が考えられます。

このような種類株式の1つである転換株式が発行されている場合、

種類株式の発行価額（時価）、発行済株式数又は転換条件等にもよりますが、その時点（転換されていない場合）での会社支配力とその種類株式が転換されたときの会社支配力では違いが生じることも可能性としては十分あると考えられます。

したがって、同族株主等の判定にあたっては、従来は、議決権のない株式についてのみ普通株式に転換したものとして、潜在的な会社支配力に着目してきましたが、議決権のない株式（無議決権株式）に限らず、全ての種類株式（ただし、強制償還株式は除きます。）について、普通株式に転換したものとして潜在的な会社支配力を判定することが相当と考えられます。

なお、その種類株式が転換株式であり、転換率が定まっていれば、その転換率に基づき転換したものとみなして潜在的な会社支配力を判定することになりますが、種類株式の中には、転換条件等が定まっていないものもあり、この場合には、課税時期における種類株式と普通株式の時価の相違等を確認した上で、転換率を決める必要があると考えられます。

2　A社の同族株主の判定

上記より、A社の同族株主の判定にあたっては、種類株式の普通株式への転換前と転換後の2回にわたって各株主の議決権割合を計算して、同族株主の判定を行うことが相当です。

株主 \ 株式数等	株式の種類	所有株式数	割合	議決権の数	割合	同族株主判定	種類株式転換後の株式数	議決権の数	割合	同族株主判定
		株	%	個	%		株	個	%	
甲	普通株式	12,000	60.0	120	37.5	○	12,000	120	25.5	×
	種類株式	1,000	5.0	50	15.6		10,000	100	21.3	
乙	普通株式	4,000	20.0	40	12.5	×	4,000	40	8.5	○
	種類株式	2,000	10.0	100	31.3		20,000	200	42.6	
その他	普通株式	1,000	5.0	10	3.1	×	1,000	10	2.1	×
合計		20,000	100.0	320	100.0		47,000	470	100.0	

3 判定結果

種類株式の普通株式への転換前の議決権数により「同族株主」の判定を行った場合、株主甲が所有する株式に係る議決権に係る議決権数が会社の議決権総数の53.1％（＝37.5％＋15.6％）となるため、株主甲が「同族株主」となります。

また、種類株式の普通株式への転換後の議決権数により「同族株主」の判定を行った場合、株主乙が所有する株式に係る議決権数が会社の議決権総数の51.1％（＝8.5％＋42.6％）となるため、株主乙が「同族株主」となります。

したがって、株主甲及び株主乙のいずれもＡ社の「同族株主」と判定されることになります。

Question 43 拒否権付株式の評価方法

種類株式の１つである拒否権付株式は、株主総会において決議すべき事項について否決権がありますので、非常に強い権利を有していると考えられますが、この拒否権付株式は、個別に評価することになりますか。

A 拒否権付株式とは、会社法第108条第１項第８号に規定する種類株式の１つで、株主総会又は取締役会において決議すべき事項のほか種類株式の株主を構成員とする「種類株主総会」の決議も必要とする事項について"反対"すなわち拒否権を認める株式です。

この拒否権付株式は、黄金株ともいわれ、会社創業者などが少数の持株比率により会社の重要事項に係る意思決定に関与することを通じて会社支配を維持するために利用することや、また、経営統合や取締役の選解任などについて拒否権を行使できるように設計し、これを友好的企業に対して発行することによって敵対的買収防衛策に利用することも可能です。なお、種類株主総会の決議を必要とする事項については、予め定款において定める必要があります。

このように拒否権があるという点で普通株式とは権利内容が異なりますが、評価通達では、拒否権の有無にかかわらず普通株式と同様に評価すると規定しています。したがって、議決権割合の判定の結果「同族株主等以外の株主」と判定された株主が所有する株式に拒否権が付与されていたとしても、当該拒否権について個別に評価する必要はありません。

Question 44 種類株式の同族株主の判定
（取締役を選解任できる株式）

取締役又は監査役を選解任できる種類株式は、通常の株式に比べて会社の経営支配力に及ぼす影響は強いと考えられますが、このような種類株式を有している株主の同族株主の判定の考え方を教えてください。

A 　取締役等の選解任に関する種類株式とは、当該種類株主総会で取締役、監査役を選任することができる株式のことをいいます。

例えば、X種類株式を創業者一族が保有し、Y種類株式を外部投資家（甲）が保有している会社において、取締役7名中、X種類株式により選任される取締役は4名、Y種類株式により選任する取締役は3名と定めることができます。この場合には、X種類株式を所有する創業者グループが常に取締役の過半数を選任できるようになります。

この種類株式を活用することにより、普通株式に係る議決権に基づいて同族株主の判定を行った場合に「同族株主以外の株主」に該当するとしても、実質的に会社支配権を有していると考えられる場合もあり得るのではないかと考えられます。

したがって、この取締役又は監査役を選解任できる種類株式が発行されている会社については、その種類株式を所有している株主が潜在的に会社支配力を有しているか否かを個別に検討し同族株主の判定を行うことが相当と考えられます。

判　定

ご質問のケースでは、X種類株式を所有する創業者一族は、取締役

の過半数を選任できることから、会社支配力を有していると考えられ、したがって、創業者一族は「同族株主」と判定され、所有している株式は、原則的評価方式により評価されます。

また、Y種類株式を所有する外部投資家（甲）は、取締役7名のうち3名しか選任することができず、会社経営を支配しているということはできませんので、甲は、Y種類株式を全て所有していますが「同族株主以外の株主」と判定することが相当です。

Question 45 従業員持株会が株式を所有している場合

従業員持株会が株式等を所有している場合の同族株主の判定は、どのように行いますか。

A 従業員持株制度は、福利厚生の一環として社員の財産形成の一助となること、社員に経営への参加意識を持たせモラルの向上に繋がるなど、社員の労働意欲の上昇の要因となるため、多くの企業によって採用されています。また、会社側からみた場合には、個々の株主ではなく、従業員持株会という組織を1つの株主として交渉することができること及び一般的には従業員持株会は会社に協力的な株主として期待できることから会社からみたメリットも大きいです。

このように従業員持株会は、社員及び会社の双方にとって有用な制度ということがいえますが、従業員持株会は、従業員が自社の株式を保有することを目的として設立する団体で、法的には次の3つの組織形態が考えられます。

1　民法上の組合となっている場合
2　代表者又は管理人の定めがある法人格のない社団としての形態を持っている場合
3　任意団体（信託会社が社員持株を信託財産として受託する場合）

そこで、組織として考えられる3つの形態ごとに同族株主の判定について考えてみたいと思います。

1　民法上の組合

従業員持株会の組織形態として法的には3つの形態が考えられると

しても事実上は、そのほとんどが「民法上の組合」として組織されています。

ところで、「民法上の組合」とは、民法667条の規定に基づき、複数の当事者が出資して共同の事業を営むことを契約することによって設立するとされています。この場合、組合は個人の集合体として考えられ、法人格を持ちませんので従業員持株会自身では株主になれず、結果として所有する株式等は会員の共有となります。

したがって、従業員持株会の組織形態が「民法上の組合」である場合、従業員持株会を1つの株主としてみるのは相当でなく、個々の会員が実質的に所有している株式数により同族株主の判定を行うのが相当です。

> **民法第667条（組合契約）**
> 1　組合契約は、各当事者が出資をして共同の事業を営むことを約することによって、その効力を生ずる。
> 2　出資は、労務をその目的とすることができる。

2　法人格のない社団

一方、「法人格のない社団」は、法律上は正式な法人格を有しませんが、①団体としての組織を整え多数決の原則が行われ、②構成員の変更にも関わらず団体そのものが存続し、③代表の選出方法・総会の運営・財産の管理その他団体としての主要な点が確定しているような場合には、税法上は、みなし法人として法人税が課せられ、この結果、従業員持株会が受け取る配当は構成員の雑所得となります。

したがって、「法人格のない社団」において定める規約等によって一般法人と同様に解することができる場合には、一つの法人（株主）

として扱うことが相当ですが、法人格のない社団が株式等を所有するケースは一般的でなく、また、議決権の行使、配当金の授受、株式等の処分などを考慮した場合、「民法上の組合」と同様に会員の共有と考える場合が多いと思われます。

3　任意団体

「任意団体」の場合とは、信託銀行の場合が典型です。信託銀行では、従業員持株制度を信託業務と結び付け、従業員持株信託を導入していますが、従業員持株会の理事長は、会員の代理人として、信託銀行と信託契約を結び、株式を信託し、その代わりに信託した財産の受益権の交付を受けます。一方で、名義人となった信託銀行は、株式の管理・運用を行いますが、預託者である従業員持株会は、自己が信託した株式に係る議決権は、信託銀行に指示することができます。

すなわち、従業員持株会は会員の代理行為を行うだけであり、団体としての法的性格いかんにかかわらず、法人税法上、信託財産に係る課税主体となり得ないことになります。

したがって、民法上の組合の場合と同じく、従業員持株会の会員個人が株式等を実質的に所有しているものとして「同族株主」の判定を行うのが相当と思われます。

Question 46 投資育成会社が株主である場合の同族株主の判定

甲社の株主構成は次のとおりですが、この場合の同族株主の判定について教えてください。

〔甲社の株主構成等〕

株主	議決権数（個）	議決権割合（％）
A	240	24
B	230	23
C	150	15
投資育成会社	380	38
議決権総数	1,000	100

※ 各株主間において、同族関係はありません。

A 甲社の株主構成等をみると、38％の議決権を有している投資育成会社のみが「同族株主」と判定されますので、評価通達188－6(1)及び(3)の規定により、2段階で株主区分の判定を行って株式の評価方法を決定します。

まず、甲社には投資育成会社以外に「同族株主」がいないことから、①投資育成会社は「同族株主」に該当しないものとして、（すなわち、甲社には「同族株主」がいないものとして）株主区分の判定を行い、さらに、②投資育成会社の有する議決権数を甲社の議決権総数から控除して各株主の議決権割合を再計算し、「同族株主」の判定を行った上で最終的に各株主が所有する株式の評価方法を決定します。

具体的には次のとおりです。

1 投資育成会社は「同族株主」に該当しないものとして株主区分の判定

　投資育成会社は、甲社の議決権総数の38％の議決権を有し、形式的には「同族株主」に該当しますが、同社以外に「同族株主」がいないため、評価通達188－6⑴の規定により「同族株主」のいない会社として株主区分の判定を行う必要があります。

　そして、甲社に「同族株主」がいないとした場合、A、B及びCグループの株主は、いずれも15％以上の議決権を所有しているため「同族株主等」と判定されます。

　したがって、この段階では、これらの株主は原則的評価方式により評価することになります。

2 投資育成会社の有する議決権数を控除して議決権割合を再計算

　評価通達188－6⑶では、同通達188－6⑴を適用した場合には、さらに評価会社の議決権総数から投資育成会社の所有する議決権数を控除して各株主が「同族株主」該当するか再判定を行い、「同族株主以外の株主」と判定された株主が取得した株式については、配当還元方式により評価する旨規定しています。

　ご質問の場合において、投資育成会社の有する議決権がないものとして議決権割合の再計算を行うと次のとおりになります。

〔投資育成会社の議決権を0とした場合の同族株主の判定〕

株主	議決権数	議決権割合	同族株主判定の議決権数	議決権割合	判定
A	240個	24%	240個	38.7%	同族株主
B	230個	23%	230個	37.1%	同族株主
C	150個	15%	150個	24.2%	同族株主以外の株主
投資育成会社	380個	38%	0個	0%	同族株主以外の株主
合計	1,000個	100%	620個	≒100%	──

　上記表より株主A及びBはいずれも「同族株主」と判定されますが、株主Cについては、「同族株主以外の株主」と判定されます。

3　結論

　1及び2の判定によりA及びBグループに属する株主は「同族株主」と判定された結果、原則的評価方式により評価することになります。

　また、Cは、前記1の取扱い上は「同族株主等」と判定されますが、前記2の取扱いにより「同族株主以外の株主」と判定されるため、結果として、甲社株式の評価に当たっては、特例的評価方式（配当還元方式）により評価することになります。

　なお、評価通達188-6の規定は、投資育成会社が「同族株主」又は、「中心的な同族株主又は中心的な株主」に該当していて、他にこれらに該当する者がいない場合の取扱いを定めたものであり、投資育成会社が「同族株主」又は、「中心的な同族株主又は中心的な株主」に該当していても他に「同族株主」又は「中心的な同族株主」又は

「中心的な株主」がいる場合には、投資育成会社が所有する議決権について議決権総数から控除して「同族株主」の判定を行う必要はありません。

Question 47 同族株主の判定（地方公共団体等）

　国や地方公共団体が非上場株式等を保有するケースは少ないと思いますが、過去に非上場株式等を物納した場合などは国等が株主になる場合も考えられます。
　例えば、国や地方公共団体又は公益財団法人が株主であった場合、同族株主判定はどのように行いますか。

　株主が国や地方公共団体又は財団法人であった場合の同族株主の判定は、次のように行うのが相当と考えられます。

1　国又は地方公共団体が株主である場合

　会社の株式を相続税等の納付のために物納した場合や国や地方公共団体が民間と協同して第三セクター方式により会社を設立した場合等は、一時的にせよ、国又は地方公共団体が株主となることも考えられます。このように国や地方公共団体が株主となっている会社の同族株主の判定については、株主に投資育成会社がいる場合のように評価通達188－6に準じて評価することが相当です。したがって、国や地方公共団体以外に「同族株主」、「中心的な同族株主」又は「中心的な株主」に該当する者がいない場合には、評価会社の議決権総数から国又は地方公共団体が所有する議決権数を控除した議決権数をもって課税時期における議決権総数とし、議決権割合の計算をするのが相当と考えられます。

2　公益財団法人が株主である場合

　公益財団法人の基本財産に非上場株式が組み込まれることがありま

すが、株主のなかに公益財団法人が存する場合における評価会社の同族株主の判定については、基本的には評価通達188－6に準じて評価することが相当と考えられます。

　また、評価通達188－6の規定とは別に、当該公益財団法人が実質的に相続人などの創業者グループによって経営支配されていると判断される場合には、当該公益財団法人を相続人等の同族関係者に含めて同族株主の判定を行うことも考えられます。

　上記のとおり1又は2の株主が保有する議決権数について、評価通達188－6に準じて評価することが相当であるとした理由は、これらの株主はいずれも株式を所有することにより出資先に対して積極的な経営参加を行ったり、会社の経営支配を直接的な目的としているものではないと考えられ、会社に対する支配力を基に同族株主の判定を行うとする評価通達の規定趣旨からすると、これらの株主に係る議決権については無いものとして同族株主の判定を行うのが理論的であると考えられるためです。このような考え方は、投資育成会社が所有する株式に係る議決権にもみることができます。

　一方で、財団法人という形式だけで画一的に判断するのは相当でなく株式等を基本財産の中に組み入れ、特定のグループに支配されることなく正常な活動を行っている公益財団法人については、積極的な経営参加や会社支配力を意図しているものとは考えられないとしても、法律等で議決権の行使が禁止されているわけではないので公益財団法人が所有している株式に係る議決権を前提にして同族株主の判定を行うべきとする考え方もあります。

Question 48 評価通達6項の適用

評価通達に定める評価方法を画一的に適用したことにより相続税評価額が時価と比較して低くなり、それが課税の公平を欠くことになる場合には、国税庁長官の指示を受けて個別に評価することができるようですが（評価通達6項）、この趣旨について教えてください。

A 評価通達6項の適用については、明確な基準が示されていないことから、判例等によりその射程の範囲を見極めていくしかありません。

非上場株式の評価とは異なりますが令和4年4月19日の最高裁判決（相続開始直前に借入金で取得した高層マンション評価について、鑑定評価額で評価することが妥当とされた判決）では、評価通達6項の適用について次のように述べられています（抜粋）。

「原審は、各不動産の価額については、評価通達の定める方法により評価すると実質的な租税負担の公平を著しく害し不当な結果を招来すると認められるから、他の合理的な方法によって評価することが許されると判断した上で、各鑑定評価額は各不動産の時価（客観的な交換価値）であると認められるから、各更正処分等は適法であるとした。論ずるところ、原審の上記判断には相続税法22条等の法令の解釈適用を誤った違法があるというものである。」

「他方、課税庁が評価通達に従って画一的に評価を行っていることは公知の事実であるから、課税庁が特定の者の相続財産の価額についてのみ評価通達の定める方法により評価した価額を上回る価額によるものとすることは、合理的な理由がない限り、租税法上の一般原則としての平等原則に違反するものとして違法というべきである。もっと

も、財産の価額について、<u>評価通達の定める方法による画一的な評価を行うことが実質的な租税負担の公平に反するというべき事情がある場合には、合理的な理由があると認められるから、当該財産の価額を評価通達の定める方法により評価した価額を上回る価額によるものとすることが平等原則に違反するものではないと解するのが相当である。</u>これを本件各不動産について当てはめると、本件各通達評価額と本件各鑑定評価額との間に大きな乖離があるということはできるものの、このことをもって上記事情があるということはできない。」(著者下線)

その上で、「各通達評価額(3億3,370万円余)と各鑑定評価額(12億7,300万円)との間には大きな乖離があるものの、このことをもって上記事情があるということはできない。もっとも、本件購入・借入れ(13億8,700万円の各不動産の購入・10億5,500万円の借入れ)が行われなければ課税価格の合計額は6億円を超えるものであったにもかかわらず、各不動産の価額を評価通達の定める方法により評価すると、課税価格の合計額は2,826万1,000円にとどまり、基礎控除の結果、相続税の総額が0円になるというのであるから、上告人らの相続税の負担は著しく軽減されることになるというべきである。そして、被相続人及び上告人らは、本件購入・借入れが近い将来発生することが予想される被相続人からの相続において上告人らの相続税の負担を減じ又は免れさせるものであることを知り、かつ、これを期待して、あえて本件購入・借入れを企画して実行したというのであるから、租税負担の軽減をも意図してこれを行ったものといえる。

上記最高裁判決では、評価通達6項の適用に当たっては、財産の時価と相続税評価額との間に著しい開差があるだけではだめで「実質的な租税負担の公平に反するというべき事情がある場合(合理的な理

由）」のみ、評価通達6項の適用が認められると判示されました。

　例えば、非上場株式の評価でいえば、相続直前に合理的な理由もなく得意先や従業員に株式の贈与等を行って「同族株主」の判定を逃れたり、又は、株式保有特定会社及び土地保有特定会社の判定から逃れるため借入金を増やし、その割合を引き下げたりするなどの行為をした場合には、そのようなことをしなかった納税者と比較して看過し得ない不均衡が生じる可能性があり、その場合には実質的な租税負担の公平に反する特別の事情があるとして評価通達6項の適用もあると留意しておく必要があります。

> **（参考通達）評価通達6項（総則6項）**
> 　この通達の定めによって評価することが著しく不適当と認められる財産の価額は、国税庁長官の指示を受けて評価する。

Question 49 評価通達6項の適用事例（課税庁側が敗訴した事例）

非上場株式の評価に関連して評価通達6項の適用があった事例を教えてください。

A 評価通達6項の適否について争われた事例は、同族株主の判定に関するもの、純資産価額方式の計算において法人税額等相当額を控除すべきか否かなどがありますが、ここでは、令和6年1月18日の東京地裁判決（以下「本判決」といいます。）を紹介します。

この案件は、相続人が相続により取得した非上場株式を評価通達の規定に従って類似業種比準価額（1株8,186円）で申告したところ、課税庁が当該価額は相続後に譲渡した価額（1株105,068円）と比較して著しく低く評価通達の定めに従って評価することは困難として、評価通達6項を適用して株価算定報告書を基に更正処分等を行ったことに対し、その取消を求めた事案です。

争点について令和4年4月19日付けの最高裁判決では、「時価と相続税評価額との間に著しい開差があるだけではだめで、実質的な租税負担の公平に反すべきという事情（合理的な理由）がある場合のみ評価通達6項の適用が認められる。」と判示されていますが、本件更正処分が行われたのが平成30年8月7日付で最高裁判決よりかなり前であり、また、本判決は、最高裁判決の後に出されたものです。

なお、この判例の紹介に当たり、紙面の都合上、争点のみを紹介し、当事者の主張などは省略しています。

〔令和6年1月18日 東京地裁判決〕

第1 事案の概要

本件は、被相続人T（以下「本件被相続人」という。）の相続人である原告らが、本件被相続人の相続（以下「本件相続」という。）により取得した財産の価額を評価通達の定める方法により評価して本件相続に係る相続税（以下「本件相続税」という。）の申告をしたところ、S税務署長（処分行政庁）から、本件相続に係る財産のうち株式の価額について評価通達の定めにより評価することが著しく不適当と認められるなどとして、本件相続税の各更正処分（以下「本件各更正処分」という。）及びこれに伴う過少申告加算税の各賦課決定処分（以下「本件各賦課決定処分」といい、本件各更正処分と本件各賦課決定処分を併せて「本件各更正処分等」という。）を受けたことから、これらを不服として、本件各更正処分等の取消しを求めた事案である。

2 前提事実

(1) 本件相続の開始等

ア 本件被相続人は、平成26年6月11日（以下「本件相続開始日」という。）に死亡した。

イ 原告K（以下「原告K」という。）及び原告H（以下「原告H」という。）は、それぞれ本件被相続人の子であり、本件被相続人の妻であるM（以下単に「M」という。）を含めた3名（以下併せて「本件相続人ら」という。）が法定相続人である。

(2) O社及び同社の株式について

ア O社は、昭和55年5月12日に設立され、S市に本店を置き、薬局の経営、医薬品の製造及び販売等を目的とする株式会社である。

イ 本件相続開始日におけるO社の代表取締役は本件被相続人であり、監査役はMであったが、本件相続開始日における発行済みのO社の株式（いずれも普通株式である。）の総数は6万株であり、

本件被相続人が2万1,400株を、Mが1万3,000株を、原告らがそれぞれ3,600株を、原告Kの夫が200株を、原告Kの子が600株を、他のO社取締役ら（いずれも本件被相続人の属する同族関係者グループには含まれない。）が合計1万7,600株をそれぞれ保有していた。

(3) O社株式の売却の経緯

ア 平成26年1月16日、本件被相続人は、医薬品卸売業を主な事業内容とするV社との間で、O社株式のV社に対する売却・資本提携等を前提とする協議を進めるに当たり、秘密保持契約を締結した。

イ 平成26年2月28日、本件被相続人は、O社の売却・資本提携等に関して、株式会社みずほ銀行との間で、M＆A等のアドバイスに係る契約を締結した。

ウ 平成26年5月29日、本件被相続人は、V社との間で、O社株式の譲渡に向けて協議を行うことについての基本合意（以下「本件基本合意」という。）を締結した。本件基本合意において、本件被相続人は、O社株式の全部を取りまとめ又は買い集めた上でV社に譲渡するものとされ、その譲渡価格は63億0408万円（1株当たり10万5068円）とすることとされた（以下、この1株当たりの価格を「譲渡予定価格」という。）。なお、本件基本合意は、上記の株式譲渡契約の締結及び譲渡予定価格について、本件被相続人及びV社を法的に拘束するものではないとしていた。

エ 平成26年6月2日から同月6日までの間、V社は、平成25年9月30日を基準日とするO社の買収監査（デュー・デリジェンス。以下「本件買収監査」という。）を行った。

オ 平成26年6月11日、本件被相続人は死亡した。

カ 平成26年6月18日、O社の取締役会が開かれ、MがO社の代表取締役となり、本件被相続人とV社との間で進められていたO社株式の売却プロセスを進めることになった。

キ 平成26年7月8日、

(ア) 本件相続人らの間で遺産分割協議が行われ、O社株式については、Mが1万700株、原告Kが5,350株、原告Hが5,350株をそれぞれ取得することを合意した。以下、本件相続人らが相続したO社株式を「本件相続株式」という。）。

〔株式の保有状況〕

株　主	相続開始前	相続開始後	
被相続人	21,400	―	
妻(M)	13,000	23,700 + 10,700	
長女(K)	3,600	8,950 + 5,350	(70.6%)
次女(H)	3,600	8,950 + 5,350	
Kの夫	200	200	
Kの子	600	600	
その他	17,600	17,600	
合計	60,000	60,000	

(イ) O社の取締役会において、M以外の全株主が所有するO社株式について平成26年7月14日を譲渡予定日としてMに譲渡すること及びこの株式譲渡が実行されることを前提にMがO社株式6万株について同日を譲渡予定日としてV社に譲渡することがそれぞれ承認された。

(ウ) 原告らは、Mとの間で、MがV社に対してO社株式6万株を譲渡する契約が締結され、これを実行することに支障が生じていないことを条件として、それぞれが保有するO社株式8,950株について、平成26年7月14日、Mにそれぞれ9億4,035万8,600円（譲渡予定価格と同じ1株当たり10万5,068円）で譲渡する契約を締結した。また、他のO社の株主も、それぞれMとの間で、その所有するO社株式全部をMに譲渡する契約を締結したことにより、Mは、発行済みのO社株式6万株を全て保有すること

となった。
　　(エ)　M及びV社は、譲渡日を平成26年7月14日として、MがV社にO社株式6万株を譲渡価格63億408万円（譲渡予定価格と同じ1株当たり10万5,068円。以下、この価格を「本件売却価格」という。）で譲渡する契約（以下「本件株式譲渡契約」という。）を締結した。
　コ　平成26年7月14日、本件株式譲渡契約に係る代金決済が行われ、MはO社株式6万株をV社に譲渡した。

(4)　**本件相続税の申告**

　　本件相続人らは、平成27年2月27日、処分行政庁に対し、共同で本件相続税の申告をした。本件相続人らは、本件相続税の申告において、本件相続株式の価額につき、評価通達180に定める類似業種比準価額によって1株当たり8,186円（以下「本件通達評価額」という。）と算定した上で、その総額を1億7,518万400円（8,186円×2万1,400株）と評価した。

　　本件相続税においては、原告Kは、課税価格を2億4,140万1,000円、納付すべき税額を7,973万7,800円として申告をし、原告Hは、本件相続税につき、課税価格を2億4,340万1,000円、納付すべき税額を7,958万9,300円として申告をした。

(5)　**本件各更正処分等**

　ア　処分行政庁は、平成30年8月7日付けで、原告らに対し、本件相続株式は評価通達の定めによって評価することが著しく不適当と認められるとして、評価通達6に基づき、本件相続株式の価額は国税庁長官の指示を受けて算定した価額である本件算定報告額によるとし、本件各更正処分等をした。

　ウ　原告らは、平成30年10月30日、本件各更正処分等を不服として、再調査審理庁（処分行政庁）に対し再調査請求をしたが、同庁は、平成31年1月25日付けで、上記の再調査請求を棄却する旨の決定をした。

エ 原告らは、平成31年2月26日、本件各更正処分等を不服として、国税不服審判所長に対し審査請求をしたが、同所長は、令和2年7月8日付けで、上記審査請求を棄却する旨の裁決をした。

(6) 原告らは、令和3年1月26日、本件訴訟を提起した。

3 争点及び当事者の主張

本件の争点は、本件各更正処分等の適法性であり、具体的には、
① 本件相続株式を評価通達6により評価することの適否である。
②～③ 省略

第2 当裁判所の判断

当裁判所は、処分行政庁が本件相続株式につき、評価通達180の定める方法による評価額（類似業種比準価額）と異なる価額を算出して原告らに対して本件各更正処分等を行ったことは違法であり、原告らの請求は認容すべきものと判断する。その理由は、次のとおりである。

1 本件相続開始日における本件相続株式の時価について

(1) 最高裁令和4年判決の判断枠組み

ア 相続税法22条は、相続等により取得した財産の価額を当該財産の取得の時における時価によるとするが、ここにいう時価とは当該財産の客観的な交換価値をいうものと解される。そして、評価通達は、上記の意味における時価の評価方法を定めたものであるが、上級行政機関が下級行政機関の職務権限の行使を指揮するために発した通達にすぎず、これが国民に対し直接の法的効力を有するというべき根拠は見当たらない。そうすると、相続税の課税価格に算入される財産の価額は、当該財産の取得の時における客観的な交換価値としての時価を上回らない限り、同条に違反するものではなく、このことは、当該価額が評価通達の定める方法（評価通達のうち評価通達6以外の定めに基づく相続財産評価に

関する通常の方法をいう。以下同じ。）により評価した価額を上回るか否かによっては左右されないというべきである。
イ　他方、租税法上の一般原則としての平等原則は、租税法の適用に関し、同様の状況にあるものは同様に取り扱われることを要求するものと解される。そして、評価通達は相続財産の価額の評価の一般的な方法を定めたものであり、課税庁がこれに従って画一的に評価を行っていることは公知の事実であるから、課税庁が、特定の者の相続財産の価額についてのみ評価通達の定める方法により評価した価額を上回る価額によるものとすることは、たとえ当該価額が客観的な交換価値としての時価を上回らないとしても、合理的な理由がない限り、上記の平等原則に違反するものとして違法というべきである。もっとも、上記に述べたところに照らせば、相続税の課税価格に算入される財産の価額について、評価通達の定める方法による画一的な評価を行うことが実質的な租税負担の公平に反するというべき事情がある場合には、合理的な理由があると認められるから、当該財産の価額を評価通達の定める方法により評価した価額を上回る価額によるものとすることも上記の平等原則に違反するものではないと解するのが相当である。ただし、<u>本件通達評価額と本件算定報告額との間に大きなかい離があるということのみをもって直ちに上記事情があるということはできない。</u>（下線は著者による。以下同じ）

(2)　当てはめ

そこで、本件相続株式につき、「評価通達の定める方法（本件においては評価通達180の定める類似業種比準価額）による画一的な評価を行うことが実質的な租税負担の公平に反するというべき事情」（以下「特段の事情」という。）があるか否かについて検討する。
ア　最高裁令和4年判決は、実質的には、特段の事情がある場合に評価通達6を適用することを肯定しているものと解されるが、当該特段の事情としてどのようなものが挙げられるかについて一般

論として明示はしておらず、被相続人側の租税回避目的による租税回避行為がない場合について直接判示したものとは解されない。もっとも、最高裁令和4年判決が租税回避行為をしなかった他の納税者との不均衡、租税負担の公平に言及している点に鑑みると、租税回避行為をしたことによって納税者が不当ないし不公平な利得を得ている点を問題にしていることがうかがわれる。

イ　本件においては、最高裁令和4年判決の事案とは異なり、本件被相続人及び本件相続人らが相続税その他の租税回避の目的でO社株式の売却を行った（又は行おうとした）とは認められない。そうすると、本件各更正処分等の適否は、本件相続開始日以前に本件通達評価額を大きく超える金額での売却予定があったO社株式について、実際に本件相続開始日直後に当該金額で予定どおりの売却ができ、その代金を本件相続人らが得たことをもって、この事実を評価しなければ、「（取引相場のない大会社の株式を相続しながら評価通達の定める方法による評価額を大幅に超えるこのような売却による利益を得ることができなかった）他の納税者と原告らとの間に看過し難い不均衡を生じさせ、実質的な租税負担の公平に反する」（最高裁令和4年判決）といえるかどうかによって判断すべきこととなる。

ウ　相続開始後に納税、遺産分割、事業承継のための親族間での株式等事業承継用資産の集約その他の理由により、相続財産の一部を売却して現金化することは格別稀有な事情ではないが、かかる際に評価通達の定める方法による評価額よりも相当高額で現金化することができたとしても、当該売却やそれに向けて交渉をすること自体は何ら不当ないし不公平なことではなく、仮にそのような売却を行うことができたとしても、売却価額ではなく評価通達の定める方法による評価額で当該財産を評価して相続税を申告することが問題視されることは一般的ではない。また、相続開始後に相続財産を評価通達の定める方法による評価額よりも著しく高

い価格で売却することができたとしても、その売却価額が当該財産の（被相続人による）取得価額よりも高額であれば、当該売却による利益は譲渡所得税による納税対象とされることになるし、これによって相続時と売却時に二度納税することになる。こうした点をも考慮すれば、相続税を軽減するために被相続人の生前に多額の借金をした上であらかじめ不動産などを購入して評価通達の定める方法における現金と不動産など他の財産に係る評価額の差異を利用する相続税回避行為をしているような場合でない限り、当該相続対象財産を評価通達の定める方法による評価額を超える価格で評価して課税しなければ相続開始後に相続財産の売却をしなかった又はすることができなかった他の納税者と比較してその租税負担に看過し難い不均衡があるとまでいうことは困難である。

　逆に、ある財産を相続して評価通達の定める方法による評価額で相続税を納税した上で、一定期間経過後に当該財産を上記評価額と比して著しく高い価格で売却することができた者を想定すると、相続財産を高値で処分したことは共通するのに、本件各更正処分等のように相続直近の時期に売却した者のみ当該売却価格に着目されて評価通達の定める方法による評価額を超える財産評価を受けて高額の相続税納税義務を負うという不利益が生ずることも想定される。そうすると、相続直後に相続財産を評価通達の定める方法による評価額を著しく超える価額で売却した（又はすることができた）者が売却しなかった（又はすることができなかった）者に比して常に有利であるとも限らず、むしろ、相続財産を相続開始直後に売却した場合にのみ評価通達の定める方法による評価額を超える財産評価を受けることは、明らかに前者にとって不利であるともいえる。このように考えると、相続開始直後に相続財産の一部を高額で売却することができたとしても、その事実に着目して相続課税をしなければ他の納税者との間で租税負担に看過し難い不均衡があるとは必ずしも断じ得ない。

エ　本件では、本件相続開始日直後に本件売却価格という評価通達の定める方法による評価額を大幅に上回る高値で本件相続株式を売却することができたという事情に加え、本件相続開始日以前から本件被相続人がO社株式の売却の交渉をしており、かつ、その生前の段階でV社との間でその譲渡予定価格まで基本合意していたという事情が認められる。しかしながら、この場合であっても、最終的に本件相続株式の売却が成立し、本件相続人らが本件通達評価額を大幅に上回る代金を現に取得したという事情がなければ、およそ本件算定報告額をもって課税しなければ他の納税者との間に看過し難い不均衡が生ずるということはできない。しかも、一般にM&Aが終了しても前オーナーがしばらく会長や顧問等の職に就き、引継ぎを円滑に行うようにすることが多く、逆にM&Aの途中で前オーナーが死亡した場合には（引継ぎが困難になるため）買い手側が手を引く例があるところ、本件においても、本件被相続人はO社のカリスマ的なオーナーであったため、V社（本件基本合意以前から本件被相続人に対し、平成26年度の定時株主総会までは取締役会長に、その後も相談役又は顧問に留まって欲しい旨の意向を表明していた。）が本件相続開始によって本件相続株式の買取りを取りやめる可能性もあったことがうかがわれるのであって、本件基本合意が本件相続の後も本件相続人らとの間でそのまま存続するか否か自体、本件相続開始日においては不透明な状況であったといわざるを得ない。なお、上記の点に加え、本件基本合意が譲渡予定価格等について本件被相続人及びV社を法的に拘束するものではないとしていた点や本件被相続人においてO社株式の全部を取りまとめ又は買い集めることが前提条件とされていた点などに鑑みれば、譲渡予定価格による本件相続株式の売買代金債権を相続財産と同視することも困難である。したがって、本件相続開始日以前からO社株式の譲渡予定価格が本件被相続人とV社との間で事実上合意されていたという事情を殊更重

視するのは相当ではない。

　加えて、相続開始後に評価通達の定める方法による評価額より著しく高い価額での売却によってほぼ同額の利得を得た納税者を想定した場合においても、上記売却に向けた交渉が相続の前後にまたがっている納税者に対して当該売却額に着目した相続課税をしなければ、相続開始後に売却に向けた交渉を開始した納税者との間に租税負担の点で看過し難い不均衡があるともいえない（むしろ、前者に対してのみ高額の課税をすることの方が不公平とも考えられる。）。

　以上によれば、本件相続の開始前からO社株式の譲渡予定価格が事実上合意されていたという事情をもって、特段の事情（の一部）ということはできない。

オ　また、評価通達は、評価通達6が適用される場合を除き、公開株式のように個別性が低く客観的な価格が容易に算定され又は判明するような相続財産でない限り、不動産など個別の評価において、あらかじめ定められた一定の方法で算出された価格をもって当該相続財産の価格と評価することとしており、当該方法によって算定された価格ではなく、相続開始後に行われた当該財産の具体的な取引価格を参照したり、類似の取引事例を考慮して当該財産を評価したりする方法は採用していない。仮に、課税庁が相続開始後の取引といった個別事情を考慮するとなれば、相続開始日と売却時期がどの程度接近していれば当該売却の事実を考慮するのか、評価通達の定める方法による評価額と売却価額の間にどの程度の差があれば評価通達6に基づく個別評価をするか、個別評価をするとしてどのように評価するかといった点が問題になるところ、これらについての基準はなく、課税庁が個別的にその適否を判断することにならざるを得ない。しかしながら、そのようなこと自体、課税庁による恣意的判断が介入したり、他の事例との間で不合理な差異が生じたりする余地があって、評価通達の趣旨

や平等原則の要請に反するというべきであり、適用の有無の別やその具体的方法の差異について、納税者間に不均衡又は不利益が生ずる可能性を否定することができない。

　これを納税者側から見ると、相続税の申告前に、相続後に全部又は一部の相続財産を評価通達の定める方法による評価額とは異なる額で売却した場合において、上記評価額に従って算出した額で申告をすべきかどうか、いかなる場合にこれと異なる額で申告をすべきか、異なる額で申告をするとしていかなる額で申告すべきかが一切明らかでないこととなるし、同様に、相続税申告後に相続財産を売却した場合に、その売却額に従って算出した額で修正申告をすべきかどうかも明らかでない。また、納税者側が、評価通達の定める方法による評価額に依って申告をした場合には、事後的に課税庁の判断で上記評価額とも売却額とも異なる額を前提とした予測可能性のない更正処分を受ける危険を負わなければならない。評価通達6という極めて抽象的な規定を除けば、法令にも評価通達その他の通達にもかかる事態が具体的に想定されているとは解し難い点も併せて考えれば、納税者側が租税回避行為をしていたような場合は別として、納税者がかかる不安定な地位に置かれ、不利益を受けるのは、申告納税制度や評価通達の趣旨に照らし、強い疑問が残るものといわざるを得ない。

カ　以上の点を考慮すれば、本件のように、相続財産となるべき株式売却に向けた交渉が相続開始前から進行しており、相続開始後に実際に相続開始前に合意されていた価格で売却することができ、かつ、当該価格が評価通達の定める方法による評価額を著しく超えていたという事実をもってしても、直ちに納税者側に不当ないし不公平な利得があるという評価をすることは相当ではなく、評価通達6を納税者の不利に適用するに当たっては、上記オで説示したような不均衡や不利益等を納税者に甘受させるに足りる程度の一定の納税者側の事情が必要と解すべきである。例えば、被相

続人の生前に実質的に売却の合意が整っており、かつ、売却手続を完了することができたにもかかわらず、相続税の負担を回避する目的をもって、他に合理的な理由もなく、殊更売却手続を相続開始後まで遅らせたり、売却時期を被相続人の死後に設定しておいたりしたなどの場合であるとか、最高裁令和4年判決の事例のように、納税者側が、それがなかった場合と比較して相続税額が相当程度軽減される効果を持つ多額の借入れやそれによる不動産等の購入といった積極的な行為を相続開始前にしていたという程度の事情が特段の事情として必要なものと解される。

(3) **本件算定報告額による本件相続株式の評価の適否**

以上を踏まえて検討するに、本件ではO社株式の売却手続が進行中に本件被相続人が死亡しているところ、その手続が遅れたとか、本来は本件被相続人の生前に売却手続を完了することができたといった事情は認められない。本件相続において、本件被相続人が本件相続開始日以前に行った行為は、本件基本合意及びその後の本件買収監査への協力にとどまるところ、これらの行為は、本件相続開始日以降に行われた本件相続株式の売却の結果を含めて評価したとしても、それがなかった場合と比べて本件相続税の金額を軽減する効果を持つものではない。よって、本件において特段の事情はないものというほかはないから、本件相続株式の価額については本件通達評価額によって評価すべきであり、評価通達6を適用して本件算定報告額を用いて本件相続株式を評価した本件各更正処分等は、最高裁令和4年判決の示した判断枠組みに照らし、平等原則という観点から違法である。

(4) **被告の主張に対して**

ア　被告は、最高裁令和4年判決は租税負担の軽減を意図して納税者側が行為をしたことを評価通達6の適用の必須の要素とはしていないとした上で、評価通達が、客観的な交換価値を端的に評価し得る場合にはそれらによることが最も望ましいという考えを前

提にしていることからすれば、相続開始時において、売買当事者間の主観的事情を離れた当該株式の客観的な交換価値を反映した取引価格が明示されていることなどから当該株式の客観的な交換価値と評価し得る価格が明らかになっているという事情がある場合には、特段の事情があることになる旨主張する。

　しかしながら、評価通達は、財産の種類ごとに評価方法を定めているところ、不動産や取引相場のない株式など個別性の高い財産に関しても、それを前提に画一的な評価方法を定めており、直近に客観的な交換価値を反映した同種の取引事例があればそれを参照するなどとはしていない。例えば、評価通達が、市街地的形態を形成する地域にある宅地の価格について、路線価を用いて評価するという手法を採用しているのは公知の事実であるところ、その路線価の算定の過程において、その参考となる公示価格を求める際に取引事例比較法が用いられるなどとされているという点で客観的な交換価値を把握しようとしているといい得るが、そうであるからといって、個別事案における財産評価に当たり、評価通達6に該当する場合を除き、評価通達の定める方法による評価額ではなく、個別に取引事例を参照するなどして客観的な交換価値を評価すべき場合があることを評価通達が想定しているとはいえない。

　そもそも、個別性の高い財産に関しては、市中の不動産などのように一定の市場が形成され、比較的客観的価値が把握しやすいと思われるものや、競売入札などによる売買であったとしても、実際の売却価格の決定は大なり小なり売主側、買主側双方の資力、取引の必要性や緊急性、他の取引相手候補者の有無や動向などの事情によって左右されることに照らせば、客観的な交換価値と評価し得る価格が明らかになっている場合がいかなる場合を指すのか自体曖昧といわざるを得ず、そうであるからこそ、評価通達は、客観的な交換価値に近似する価格を比較的容易にかつ保守的に把

握するため、路線価方式などの評価方法をあらかじめ定めているものと解される。

　本件についてみても、O社株式の売却価格については、他の企業から声がかかっていたという背景もあってか、アドバイス契約先の銀行の担当者は少なくとも全部で100億円程度と見積もっており、本件被相続人は、V社が提示した価格について「もうちょっと出せないか（70億円）」などと述べていたが、V社側が、株価算定を依頼した有限責任監査法人から将来的キャッシュフローを見据えて63億円（純資産13億円、のれん代50億円）が限度であると伝えられ、自社の事業計画や株主への説明責任もあることから、この金額以上で購入はできないと述べたために同価額で決まったという事実が認められ、これらの事情からは、売却価格が主観的事情を捨象して決められた客観的な交換価値そのものであるとまでは認められない。むしろ、O社株式の全部という売却対象物は、本件被相続人らのみならず、その同族関係者ではない者も含むO社の株主全員が売却を決意しなければ売りに出ないものであり、買い手もO社の事業を承継する能力及び多額の資力を有する者と極めて限定されるものであるところ、医薬品卸を主要事業とするV社は調剤薬局を主要事業とするO社と40年にわたって良好な関係を保っており、同じ東北地方を事業エリアとしていて処方元も同一であって、V社が提示した上記価格もシナジー効果を加えて算出したものであること、他に同額程度の購入価格を提示した候補者が複数いるなどの事情もないことからすれば、かなり限定された特殊な状況を踏まえて合意された金額とすらいい得るものである。以上の点からすれば、本件売却価格が公開株式に準ずる程度に当事者の主観的事情を離れた本件相続株式の客観的な交換価値を反映した取引価格であると評価することは困難というほかはない。

　もとより、被告（処分行政庁）自身、本件売却価格に個別事情

が反映されていることは否定せず、本件相続株式の1株当たりの時価について、本件売却価格ではなくそれより低い本件算定報告額とする旨主張しているのであるが、そのことからみても、本件相続開始日において、売買当事者間の主観的事情を離れた本件相続株式の客観的な交換価値を反映した取引価格が明らかであったなどとはいうことは困難であり、本件算定報告額がこれに当たると断ずることも直ちにはできない。

イ　被告は、他の納税者との実質的公平という観点に照らし、①既に交換価値が顕れているという意味で本件相続株式と同様の状況にある上場株式等を相続した納税者、②本件相続株式の譲渡契約後に本件相続が発生した場合や本件相続株式の購入資金を用意している買主側に相続が発生した場合などと比べても看過し難い不均衡が生ずるとする。

　しかしながら、①前記アで述べたとおり、本件売却価格が上場株式の株価と同程度に客観的な交換価値を反映したものということはできないし、そもそも財産の種類・性質が異なる上場株式を有する納税者と取引相場を有しない本件相続株式を相続した原告らとを比較してその間の公平を論ずるのは適当ではない。また、②本件売却価格相当額の現金ないし預金が課税対象財産になる場合と本件とを比較すれば納税額に不均衡が生ずることは被告が指摘するとおりであるが、これは相続対象財産については相続開始日を基準日にして評価すること、財産の種類ごとに評価方法が異なること及び評価通達の定める方法では現金ではない評価困難な財産がその時価相当額の現金ないし預金よりもかなり保守的に評価されることに伴う不可避的な現象であって、非上場株式や不動産など、現金や上場株式のように客観的な交換価値が明確な財産以外の個別性の強い財産を相続した者全てに当てはまるものであるから、そのうち一部の者について課税庁が例外的扱いをするためには、租税回避行為のような納税者側の一定の作為が特段の事

情として必要であるとする前記判断を左右する指摘ということはできない。

(5) **小括**

以上のとおり、本件相続において、本件被相続人及び原告らについて、評価通達の定める方法と異なる方法によって本件相続株式を評価すべき特段の事情は見当たらないから、本件相続株式の価額については、本件通達評価額によって定められるべきである。

第3

会社規模の判定

Question 50 原則的評価方式

同族株主等と判定された者（株主）が所有する株式等については、議決権割合が5％未満の一定の少数株主を除き原則的評価方式により評価すると思いますが、原則的評価方式とは、どのような評価方式のことをいいますか。

A 原則的評価方式とは、一つの評価方式をいうのではなく「純資産価額方式」、「類似業種比準方式」及びこれらの方式を併せた「併用方式」のことをいいますが、同族株主等が所有している評価会社の株式について、これらの原則的評価方式のうち、いずれの方式が適用されるかは、評価対象となっている会社の業種、取引金額、従業員数及び所有する資産の多寡により決まるとされています。

このように同族株主等が所有する株式の評価方法を会社規模に応じて区分するとしたのは、評価会社は事業内容や所有している資産規模及び負っている債務など個々で異なり、上場会社に準ずるものから従業員1～3人の零細企業まで千差万別ですので、このような中で非上場会社の株式を業種や会社規模等に関係なく同一の評価方法により評価するとした場合には、業務内容や大会社、中会社及び小会社などの規模に係る特性を株価に反映することができなくなり、適正時価の見地から適当ではないと考えられるからです。

そこで、評価通達では評価会社が行っている事業内容に応じて所有している資産の帳簿価額、1年間の取引金額及び従業員数などにより大会社・中会社・小会社に区分して会社規模に応じた評価方式を適用して株価を算定することとしています。

一方で、株式を所有する目的が経営支配でない従業員、得意先など

の同族株主等以外の株主及び同族株主等のうちの一定の少数株主については、業種や会社規模に関係なく特例的評価方式である配当還元方式により評価することになります。

〔原則的評価方式〕

会社規模＼株主等	同族株主等	左記以外
大会社	原　則：類似業種比準方式	配当還元方式
	選択可：純資産価額方式	
中会社(注)	原　則：併用方式（類似業種比準価額×L(注)＋純資産価額×（1－L））	
	選択可：純資産価額方式	
小会社	原　則：純資産価額方式	
	選択可：併用方式（純資産価額×0.5＋類似業種比準価額×0.5）	

(注)　中会社については、会社区分がさらに3つに区分され（Lの割合は0.9、0.75、0.6のいずれかになります。）、大会社により近い中会社ほど類似業種比準価額が重視されます。

Question 51 特定の評価会社

同族株主等が所有する株式は、原則的評価方式（純資産価額方式、類似業種比準方式及び併用方式）により評価しますが、具体的には、業種に応じて大会社、中会社及び小会社などの会社規模によって決まると聞いています。

例えば、一般の会社と異なり、土地や株式を多く所有していたり、開業後間もない会社なども同様に評価しますか。

A 非上場会社の株式の価額は、①上場会社に準ずるような大会社の株式は、上場会社とのバランスを考慮した「類似業種比準方式」、②個人事業に準ずるような小会社の株式は、個人が所有する財産とのバランスを考慮した「純資産価額方式」、③大会社と小会社との中間にある中会社の株式は、大会社の評価方式と小会社の評価方式を併用した「併用方式」により評価することとされています。

しかしながら、社会一般で活動している会社の中には、通常の営業活動を行っているような一般の会社と比べて、所有している資産のうち、株式、土地など特定の資産を偏って多く所有していたり、また、営業活動の内容において極めて特徴的な会社（開業前又は清算中など）もあり、会社規模等の観点から区分（大会社、中会社及び小会社）して評価方式を決めるということだけでは、その会社の実態を反映した適正な株式評価を行うことができません。

そこで、評価通達は一般と異なる会社を「特定の評価会社」（詳細は494ページ以下）として7つ掲げ、一般の評価会社の株式の評価方式とは異なる方式によってそれぞれ評価します（評基通189）。

なお、この特定会社のうち(1)～(5)については、同族株主等と判定さ

れた場合のみ、それぞれ定める評価方式により評価しますが、同族株主等以外の株主については配当還元方式により評価します。

(1) 比準要素数1の会社

原則：純資産価額

選択：類似業種比準価額×0.25＋純資産価額×0.75

(2) 株式保有特定会社

原則：純資産価額

選択：S_1+S_2方式による価額

(3) 土地保有特定会社

純資産価額

(4) 開業後3年未満の会社

純資産価額

(5) 比準要素数0の会社

純資産価額

(6) 開業前又は休業中の会社^(注)

純資産価額

(7) 清算中の会社^(注)

原則：清算分配分込額の複利現価の額

選択：純資産価額

(注)　「開業前又は休業中の会社」及び「清算中の会社」は、「同族株主以外の株主」が取得した場合であっても、「配当還元方式」の適用はなく、それぞれの定められた方法により評価します。

Question 52　会社規模等の判定

　原則的評価方式とは、「純資産価額方式」、「類似業種比準方式」及びこれらを併せた「併用方式」のことをいいますが、具体的にいずれの方式が適用されるかは、評価会社の業種及び規模（純資産価額・取引金額・従業員数）によると聞きました。
　この場合の業種及び規模の基準について教えてください。

A　原則的評価方式とは、同族株主等と判定された株主に適用される評価方式のことをいいますが、一つの評価方式のことをいうのではなく「純資産価額方式」、「類似業種比準方式」及び「併用方式」のことをいいます。原則的評価方式のうち、いずれを採用するかは、評価会社の業種に応じた会社規模によって決まります。

　具体的には、評価対象となっている会社の業種（「卸売業」、「小売・サービス業」、「卸売業、小売・サービス業以外」）に応じて次の3要素に基づいて判定することとされています。

　イ　従業員基準…………直前期末以前1年間における従業員数
　ロ　純資産価額（帳簿価額）基準……直前期末における総資産価額
　ハ　取引金額基準…………直前期末以前1年間における取引金額

　評価会社の事業規模が「大会社」「中会社」又は「小会社」のいずれであるかを判定するにあたっては、まず、その会社の業種が「卸売業」、「小売・サービス業」及び「卸売業、小売・サービス業以外」のうちのどこに属するか判定します。次いで、それぞれの業種ごとに定められた3つの判定要素（「従業員数」、「直前期末における総資産価額」及び「直前期末以前1年間の取引金額」）の基準を評価会社に当

てはめることにより会社規模を判定します。このように業種ごとで3つの判定要素（「従業員数」、「直前期末における総資産価額」及び「直前期末以前1年間の取引金額」）の基準が異なるのは、一般的に卸売業は、資産規模や取引金額が大きくなるのに対し、小売・サービス業等は、卸売業に比べて資本投下額が低いことから、判定3要素を業種に関係なく同一とした場合にはその業種ごとの特性が株価に反映されなくなるからと考えられています。

そこで、3つの業種に区分した上で、それぞれの判定要素の基準に基づき会社規模を判定することとしているものです。

なお、上記業種ごとの具体的な判定は、「株式評価明細書第1表の2」を用いて行うことになります。

〔会社を区分する基準〕

規模区分	区分の内容	業種	総資産価額（帳簿価額によって計算した金額）及び従業員数	直前期末以前1年間における取引金額
大会社	従業員数が70人以上の会社又は右のいずれかに該当する会社	卸売業	20億円以上（従業員数が35人以下の会社を除く。）	30億円以上
		小売・サービス業	15億円以上（従業員数が35人以下の会社を除く。）	20億円以上
		上記以外	15億円以上（従業員数が35人以下の会社を除く。）	15億円以上

規模区分	区分の内容	業種	総資産価額（帳簿価額によって計算した金額）及び従業員数	直前期末以前1年間における取引金額
中会社	従業員数が70人未満の会社で右のいずれかに該当する会社（大会社に該当する場合を除く。）	卸売業	7,000万円以上20億円未満（従業員数が5人以下の会社を除く。）	2億円以上30億円未満
		小売・サービス業	4,000万円以上15億円未満（従業員数が5人以下の会社を除く。）	6,000万円以上20億円未満
		上記以外	5,000万円以上15億円未満（従業員数が5人以下の会社を除く。）	8,000万円以上15億円未満
小会社	従業員数が70人未満の会社で右のいずれにも該当する会社	卸売業	7,000万円未満又は従業員数が5人以下	2億円未満
		小売・サービス業	4,000万円未満又は従業員数が5人以下	6,000万円未満
		上記以外	5,000万円未満又は従業員数が5人以下	8,000万円未満

(参考)

第1表の2　評価上の株主の判定及び会社規模の判定の明細書（続）　会社名

（取引相場のない株式（出資）の評価明細書）

（令和六年一月一日以降用）

第3　会社規模の判定

3．会社の規模（Lの割合）の判定

	項　　目	金　　額	項　　目	人　　数
判定要素	直前期末の総資産価額（帳簿価額）	千円	直前期末以前1年間における従業員数	人
	直前期末以前1年間の取引金額	千円		［従業員数の内訳］ ［継続勤務従業員数］＋［継続勤務従業員以外の従業員の労働時間の合計時間数］ （　　人）＋（　　　　時間）／1,800時間

	㋑　直前期末以前1年間における従業員数に応ずる区分	70人以上の会社は、大会社（㋺及び㋩は不要） 70人未満の会社は、㋺及び㋩により判定					
判定基準	㋺　直前期末の総資産価額（帳簿価額）及び直前期末以前1年間における従業員数に応ずる区分			㋩　直前期末以前1年間の取引金額に応ずる区分			会社規模とLの割合（中会社）の区分
	総資産価額（帳簿価額）			従業員数	取　引　金　額		
	卸売業	小売・サービス業	卸売業、小売・サービス業以外		卸売業	小売・サービス業	卸売業、小売・サービス業以外	
	20億円以上	15億円以上	15億円以上	35人超	30億円以上	20億円以上	15億円以上	大　会　社
	4億円以上 20億円未満	5億円以上 15億円未満	5億円以上 15億円未満	35人超	7億円以上 30億円未満	5億円以上 20億円未満	4億円以上 15億円未満	0.90 中会社
	2億円以上 4億円未満	2億5,000万円以上 5億円未満	2億5,000万円以上 5億円未満	20人超 35人以下	3億5,000万円以上 7億円未満	2億5,000万円以上 5億円未満	2億円以上 4億円未満	0.75
	7,000万円以上 2億円未満	4,000万円以上 2億5,000万円未満	5,000万円以上 2億5,000万円未満	5人超 20人以下	2億円以上 3億5,000万円未満	6,000万円以上 2億5,000万円未満	8,000万円以上 2億円未満	0.60
	7,000万円未満	4,000万円未満	5,000万円未満	5人以下	2億円未満	6,000万円未満	8,000万円未満	小　会　社

・「会社規模とLの割合（中会社）の区分」欄は、㋺欄の区分（「総資産価額（帳簿価額）」と「従業員数」とのいずれか下位の区分）と㋩欄（取引金額）の区分とのいずれか上位の区分により判定します。

判定	大会社	中　会　社			小　会　社	
		L　の　割　合				
		0.90	0.75	0.60		

4．増（減）資の状況その他評価上の参考事項

Question 53　業種区分の判定

　原則的評価方式の計算においては、業種ごとに定めた３要素の基準に従って大会社、中会社、小会社の判定を行い、具体的に適用される評価方式を決めることになりますが、業種区分（「卸売業」、「小売・サービス業」及び「それ以外」）の判定はどのようにして行いますか。

A　評価会社の業種の判定、すなわち「卸売業」、「小売・サービス業」又は「卸売業、小売・サービス業以外」のいずれに属するかについては、その会社の直前期末以前１年間における取引金額が、総務省で公表している日本標準産業分類のどの業種に該当しているかを判定することにより行われます。

　ただし、実務的には、国税庁から平成29年６月13日付の資産評価企画官情報として「類似業種比準価額計算上の業種目及び類似業種の株価等の計算方法について（情報）」が公表されていますので、評価会社がどの業種に該当するかの判定については同情報の中の「日本標準産業分類の分類項目と類似業種比準価額計算上の業種目との対比表（平成29年分）」（以下「業種目対比表」といいます。161ページ以降参照）に基づき判定することになります。

　なお、評価会社の中には、複数の業種を兼業している会社もありますが、このような場合には、それらの取引金額のうち最も多い取引金額に係る業種により業種区分を判定します。

「類似業種比準価額計算上の業種目及び類似業種の株価等の計算方法について（情報）」

1、2及び4省略

3 類似業種株価等通達の業種目分類等

> 類似業種株価等通達の業種目及び標本会社の業種目は、原則として、日本標準産業分類に基づいて区分している。

(1) 類似業種株価等通達の業種目及び標本会社の業種目の分類

類似業種株価等通達の業種目及び標本会社の業種目は、原則として、日本標準産業分類(注)に基づいて区分している。

(注) 日本標準産業分類は、統計調査の結果を産業別に表示する場合の統計基準として、事業所において行われる財及びサービスの生産又は提供に係る全ての経済活動を分類するものであり、統計の正確性と客観性を保持し、統計の相互比較性と利用の向上を図ることを目的として、総務大臣が公示している。

なお、日本標準産業分類は、以下の総務省統計局のホームページで閲覧することができる。

【www.soumu.go.jp/toukei_toukatsu/index/seido/sangyo/H25index.htm（平成29年6月現在）】

(2) 評価通達の改正に伴う業種目の判定等

標本会社の事業が該当する業種目は、これまで単体決算による取引金額に基づいて判定していた。

平成29年4月27日付評価通達改正により、類似業種の比準要素については、財務諸表の数値を基に計算することとした上で、連結決算を行っている会社については、その数値を反映させることとしたことから、標本会社の事業が該当する業種目についても、連結決算を行っている会社については、連結決算による取引金額に基づいて判定することとした。

また、業種目の判定を行った結果、標本会社が少数となる業種目については、特定の標本会社の個性が業種目の株価等に強く反映されることとなることから、このような影響を排除するため、業種目の統合を行った。

(3) 平成29年分以降の類似業種比準価額計算上の業種目分類

上記(2)の結果、平成29年分の類似業種比準価額計算上の業種目は、別表「日本標準産業分類の分類項目と類似業種比準価額計算上の業種目との対比表（平成29年分）」のとおりとなり、評価会社の類似業種の業種目については、別表に基づき判定することとなる。

(注) 評価会社の類似業種の業種目については、「直前期末以前1年間における取引金額」により判定することとなるが、当該取引金額のうちに2以上の業種目に係る取引金額が含まれている場合には、取引金額全体のうちに占める業種目別の取引金額の割合が50％を超える業種目とし、その割合が50％を超える業種目がない場合には、次に掲げる場合に応じたそれぞれの業種目となる（評価通達181-2）。

① 評価会社の事業が一つの中分類の業種目中の2以上の類似する小分類の業種目に属し、それらの業種目別の割合の合計が50％を超える場合

その中分類の中にある類似する小分類の「その他の○○業」

② 評価会社の事業が一つの中分類の業種目中の2以上の類似しない小分類の業種目に属し、それらの業種目別の割合の合計が50％を超える場合（①に該当する場合を除く。）

その中分類の業種目

③ 評価会社の事業が一つの大分類の業種目中の2以上の類似する中分類の業種目に属し、それらの業

種目別の割合の合計が50%を超える場合

　　　　その大分類の中にある類似する中分類の「その他の〇〇業」

　④　評価会社の事業が一つの大分類の業種目中の2以上の類似しない中分類の業種目に属し、それらの業種目別の割合の合計が50%を超える場合（③に該当する場合を除く。）

　　　　その大分類の業種目

　⑤　①から④のいずれにも該当しない場合

　　　　大分類の業種目の中の「その他の産業」

※　上記判定の際、小分類又は中分類の業種目中「その他の〇〇業」が存在する場合には、原則として、同一の上位業種目に属する業種目はそれぞれ類似する業種目となる。ただし、「無店舗小売業」（中分類）については、「小売業」（大分類）に属する他の中分類の業種目とは類似しない業種目であることから、他の中分類の業種目の割合と合計することにより50%を超える場合は、④により「小売業」となる。

（参考）　評価会社の規模区分を判定する場合の業種の分類

　　取引相場のない株式は、会社の規模に応じて区分し、原則として、大会社の株式は類似業種比準方式により、小会社の株式は純資産価額方式により、中会社の株式はこれらの併用方式により、それぞれ評価することとしている。

　　この場合における会社の規模の判定要素（「従業員数」、「総資産価額（帳簿価額によって計算した金額）」及び「直前期末以前1年間における取引金額」）の数値基準については、「卸売業」、「小売・サービス業」及び「卸売業、小売・サービス業以外」の三つの業種ごとに定めている。

　　なお、評価会社がどの業種に該当するかについては、別表のとおりとなる。

(別表) 日本標準産業分類の分類項目と類似業種比準価額計算上の業種目との対比表 (平成29年分)

日本標準産業分類の分類項目	類似業種比準価額計算上の業種目		規模区分を判定する場合の業種
大分類 / 中分類 / 小分類	大分類 / 中分類 / 小分類	番号	
A 農業, 林業	その他の産業	113	卸売業、小売・サービス業以外
01 農業			
011 耕種農業			
012 畜産農業			
013 農業サービス業 (園芸サービス業を除く)			
014 園芸サービス業			
02 林業			
021 育林業			
022 素材生産業			
023 特用林産物生産業 (きのこ類の栽培を除く)			
024 林業サービス業			
029 その他の林業			
B 漁業	その他の産業	113	卸売業、小売・サービス業以外
03 漁業 (水産養殖業を除く)			
031 海面漁業			
032 内水面漁業			
04 水産養殖業			
041 海面養殖業			
042 内水面養殖業			
C 鉱業, 採石業, 砂利採取業	その他の産業	113	卸売業、小売・サービス業以外
05 鉱業, 採石業, 砂利採取業			
051 金属鉱業			
052 石炭・亜炭鉱業			
053 原油・天然ガス鉱業			
054 採石業, 砂・砂利・玉石採取業			
055 窯業原料用鉱物鉱業 (耐火物・陶磁器・ガラス・セメント原料用に限る)			
059 その他の鉱業			
D 建設業	建設業	1	卸売業、小売・サービス業以外
06 総合工事業	総合工事業	2	
061 一般土木建築工事業			
062 土木工事業 (舗装工事業を除く)	その他の総合工事業	4	
063 舗装工事業			
064 建築工事業 (木造建築工事業を除く)	建築工事業 (木造建築工事業を除く)	3	
065 木造建築工事業	その他の総合工事業	4	
066 建築リフォーム工事業			
07 職別工事業 (設備工事業を除く)	職別工事業	5	
071 大工工事業			
072 とび・土工・コンクリート工事業			
073 鉄骨・鉄筋工事業			
074 石工・れんが・タイル・ブロック工事業			
075 左官工事業			
076 板金・金物工事業			
077 塗装工事業			
078 床・内装工事業			
079 その他の職別工事業			

第3 会社規模の判定

日本標準産業分類の分類項目		類似業種比準価額計算上の業種目		規模区分を判定する場合の業種
大　分　類　　中　分　類　　　　小　分　類		大　分　類　　中　分　類　　　　小　分　類	番号	
（D　建設業）		（建設業）		
08　設備工事業		設備工事業	6	卸売業、小売・サービス業以外
	081　電気工事業	電気工事業	7	
	082　電気通信・信号装置工事業	電気通信・信号装置工事業	8	
	083　管工事業（さく井工事業を除く）	その他の設備工事業	9	
	084　機械器具設置工事業			
	089　その他の設備工事業			
E　製造業		製造業	10	
09　食料品製造業		食料品製造業	11	
	091　畜産食料品製造業	畜産食料品製造業	12	
	092　水産食料品製造業	その他の食料品製造業	14	
	093　野菜缶詰・果実缶詰・農産保存食料品製造業			
	094　調味料製造業			
	095　糖類製造業			
	096　精穀・製粉業			
	097　パン・菓子製造業	パン・菓子製造業	13	
	098　動植物油脂製造業	その他の食料品製造業	14	
	099　その他の食料品製造業			
10　飲料・たばこ・飼料製造業		飲料・たばこ・飼料製造業	15	
	101　清涼飲料製造業			
	102　酒類製造業			
	103　茶・コーヒー製造業（清涼飲料を除く）			
	104　製氷業			
	105　たばこ製造業			
	106　飼料・有機質肥料製造業			
11　繊維工業		繊維工業	16	卸売業、小売・サービス業以外
	111　製糸業，紡績業，化学繊維・ねん糸等製造業			
	112　織物業			
	113　ニット生地製造業			
	114　染色整理業			
	115　綱・網・レース・繊維粗製品製造業			
	116　外衣・シャツ製造業（和式を除く）			
	117　下着類製造業			
	118　和装製品・その他の衣服・繊維製身の回り品製造業			
	119　その他の繊維製品製造業			
12　木材・木製品製造業（家具を除く）		その他の製造業	51	
	121　製材業，木製品製造業			
	122　造作材・合板・建築用組立材料製造業			
	123　木製容器製造業（竹，とうを含む）			
	129　その他の木製品製造業（竹，とうを含む）			
13　家具・装備品製造業		その他の製造業	51	
	131　家具製造業			
	132　宗教用具製造業			
	133　建具製造業			
	139　その他の家具・装備品製造業			

日本標準産業分類の分類項目		類似業種比準価額計算上の業種目		規模区分を判定する場合の業種
大分類 / 中分類 / 小分類		大分類 / 中分類 / 小分類	番号	
(E 製造業)		(製造業)		
14 パルプ・紙・紙加工品製造業		パルプ・紙・紙加工品製造業	17	卸売業、小売・サービス業以外
	141 パルプ製造業			
	142 紙製造業			
	143 加工紙製造業			
	144 紙製品製造業			
	145 紙製容器製造業			
	149 その他のパルプ・紙・紙加工品製造業			
15 印刷・同関連業		印刷・同関連業	18	
	151 印刷業			
	152 製版業			
	153 製本業,印刷物加工業			
	159 印刷関連サービス業			
16 化学工業		化学工業	19	
	161 化学肥料製造業	その他の化学工業	23	
	162 無機化学工業製品製造業	その他の化学工業	23	
	163 有機化学工業製品製造業	有機化学工業製品製造業	20	
	164 油脂加工製品・石けん・合成洗剤・界面活性剤・塗料製造業	油脂加工製品・石けん・合成洗剤・界面活性剤・塗料製造業	21	
	165 医薬品製造業	医薬品製造業	22	
	166 化粧品・歯磨・その他の化粧用調整品製造業	その他の化学工業	23	
	169 その他の化学工業			
17 石油製品・石炭製品製造業		その他の製造業	51	
	171 石油精製業			
	172 潤滑油・グリース製造業（石油精製業によらないもの）			
	173 コークス製造業			
	174 舗装材料製造業			
	179 その他の石油製品・石炭製品製造業			
18 プラスチック製品製造業（別掲を除く）		プラスチック製品製造業	24	
	181 プラスチック板・棒・管・継手・異形押出製品製造業			
	182 プラスチックフィルム・シート・床材・合成皮革製造業			
	183 工業用プラスチック製品製造業			
	184 発泡・強化プラスチック製品製造業			
	185 プラスチック成形材料製造業（廃プラスチックを含む）			
	189 その他のプラスチック製品製造業			
19 ゴム製品製造業		ゴム製品製造業	25	
	191 タイヤ・チューブ製造業			
	192 ゴム製・プラスチック製履物・同附属品製造業			
	193 ゴムベルト・ゴムホース・工業用ゴム製品製造業			
	199 その他のゴム製品製造業			

第3 会社規模の判定

日本標準産業分類の分類項目	類似業種比準価額計算上の業種目		規模区分を判定する場合の業種
大分類 　中分類 　　小分類	大分類 　中分類 　　小分類	番号	
（E 製造業）	（製造業）		
20　なめし革・同製品・毛皮製造業			
201　なめし革製造業			
202　工業用革製品製造業（手袋を除く）			
203　革製履物用材料・同附属品製造業			
204　革製履物製造業	その他の製造業	51	
205　革製手袋製造業			
206　かばん製造業			
207　袋物製造業			
208　毛皮製造業			
209　その他のなめし革製品製造業			
21　窯業・土石製品製造業	窯業・土石製品製造業	26	
211　ガラス・同製品製造業	その他の窯業・土石製品製造業	28	
212　セメント・同製品製造業	セメント・同製品製造業	27	
213　建設用粘土製品製造業（陶磁器製を除く）			
214　陶磁器・同関連製品製造業			
215　耐火物製造業			卸売業、小売・サービス業以外
216　炭素・黒鉛製品製造業	その他の窯業・土石製品製造業	28	
217　研磨材・同製品製造業			
218　骨材・石工品等製造業			
219　その他の窯業・土石製品製造業			
22　鉄鋼業			
221　製鉄業			
222　製鋼・製鋼圧延業			
223　製鋼を行わない鋼材製造業(表面処理鋼材を除く)	鉄鋼業	29	
224　表面処理鋼材製造業			
225　鉄素形材製造業			
229　その他の鉄鋼業			
23　非鉄金属製造業			
231　非鉄金属第1次製錬・精製業			
232　非鉄金属第2次製錬・精製業（非鉄金属合金製造業を含む）			
233　非鉄金属・同合金圧延業（抽伸，押出しを含む）	非鉄金属製造業	30	
234　電線・ケーブル製造業			
235　非鉄金属素形材製造業			
239　その他の非鉄金属製造業			
24　金属製品製造業	金属製品製造業	31	
241　ブリキ缶・その他のめっき板等製品製造業	その他の金属製品製造業	33	
242　洋食器・刃物・手道具・金物類製造業			
243　暖房・調理等装置、配管工事用付属品製造業			
244　建設用・建築用金属製品製造業（製缶板金業を含む）	建設用・建築用金属製品製造業	32	
245　金属素形材製品製造業			
246　金属被覆・彫刻業、熱処理業(ほうろう鉄器を除く)			
247　金属線製品製造業（ねじ類を除く）	その他の金属製品製造業	33	
248　ボルト・ナット・リベット・小ねじ・木ねじ等製造業			
249　その他の金属製品製造業			

日本標準産業分類の分類項目	類似業種比準価額計算上の業種目	番号	規模区分を判定する場合の業種
大 分 類 　中 分 類 　　小 分 類	大 分 類 　中 分 類 　　小 分 類		
（E 製造業）	（製造業）		
25　はん用機械器具製造業			
251　ボイラ・原動機製造業	はん用機械器具製造業	34	
252　ポンプ・圧縮機器製造業			
253　一般産業用機械・装置製造業			
259　その他のはん用機械・同部分品製造業			
26　生産用機械器具製造業	生産用機械器具製造業	35	
261　農業用機械製造業（農業用器具を除く）			
262　建設機械・鉱山機械製造業	その他の生産用機械器具製造業	37	
263　繊維機械製造業			
264　生活関連産業用機械製造業			
265　基礎素材産業用機械製造業			
266　金属加工機械製造業	金属加工機械製造業	36	
267　半導体・フラットパネルディスプレイ製造装置製造業	その他の生産用機械器具製造業	37	
269　その他の生産用機械・同部分品製造業			
27　業務用機械器具製造業			
271　事務用機械器具製造業			
272　サービス用・娯楽用機械器具製造業			
273　計量器・測定器・分析機器・試験機・測量機械器具・理化学機械器具製造業	業務用機械器具製造業	38	
274　医療用機械器具・医療用品製造業			卸売業、小売・サービス業以外
275　光学機械器具・レンズ製造業			
276　武器製造業			
28　電子部品・デバイス・電子回路製造業	電子部品・デバイス・電子回路製造業	39	
281　電子デバイス製造業	その他の電子部品・デバイス・電子回路製造業	42	
282　電子部品製造業	電子部品製造業	40	
283　記録メディア製造業	その他の電子部品・デバイス・電子回路製造業	42	
284　電子回路製造業	電子回路製造業	41	
285　ユニット部品製造業	その他の電子部品・デバイス・電子回路製造業	42	
289　その他の電子部品・デバイス・電子回路製造業			
29　電気機械器具製造業	電気機械器具製造業	43	
291　発電用・送電用・配電用電気機械器具製造業	発電用・送電用・配電用電気機械器具製造業	44	
292　産業用電気機械器具製造業			
293　民生用電気機械器具製造業	その他の電気機械器具製造業	46	
294　電球・電気照明器具製造業			
295　電池製造業			
296　電子応用装置製造業			
297　電気計測器製造業	電気計測器製造業	45	
299　その他の電気機械器具製造業	その他の電気機械器具製造業	46	
30　情報通信機械器具製造業	情報通信機械器具製造業	47	
301　通信機械器具・同関連機械器具製造業			
302　映像・音響機械器具製造業			
303　電子計算機・同附属装置製造業			

第3　会社規模の判定

日本標準産業分類の分類項目			類似業種比準価額計算上の業種目		番号	規模区分を判定する場合の業種
大分類			大分類			
	中分類			中分類		
		小分類			小分類	
（E 製造業）			（製造業）			
	31 輸送用機械器具製造業		輸送用機械器具製造業		48	
		311 自動車・同附属品製造業		自動車・同附属品製造業	49	
		312 鉄道車両・同部品製造業	その他の輸送用機械器具製造業		50	
		313 船舶製造・修理業，舶用機関製造業				
		314 航空機・同附属品製造業				
		315 産業用運搬車両・同部品・附属品製造業				
		319 その他の輸送用機械器具製造業				
	32 その他の製造業		その他の製造業		51	卸売業、小売・サービス業以外
		321 貴金属・宝石製品製造業				
		322 装身具・装飾品・ボタン・同関連品製造業（貴金属・宝石製を除く）				
		323 時計・同部分品製造業				
		324 楽器製造業				
		325 がん具・運動用具製造業				
		326 ペン・鉛筆・絵画用品・その他の事務用品製造業				
		327 漆器製造業				
		328 畳等生活雑貨製品製造業				
		329 他に分類されない製造業				
F 電気・ガス・熱供給・水道業						
	33 電気業		電気・ガス・熱供給・水道業		52	卸売業、小売・サービス業以外
		331 電気業				
	34 ガス業					
		341 ガス業				
	35 熱供給業					
		351 熱供給業				
	36 水道業					
		361 上水道業				
		362 工業用水道業				
		363 下水道業				
G 情報通信業			情報通信業		53	
	37 通信業		その他の情報通信業		59	
		371 固定電気通信業				
		372 移動電気通信業				
		373 電気通信に附帯するサービス業				
	38 放送業		その他の情報通信業		59	小売・サービス業
		381 公共放送業（有線放送業を除く）				
		382 民間放送業（有線放送業を除く）				
		383 有線放送業				
	39 情報サービス業		情報サービス業		54	
		391 ソフトウェア業		ソフトウェア業	55	
		392 情報処理・提供サービス業		情報処理・提供サービス業	56	
	40 インターネット附随サービス業		インターネット附随サービス業		57	
		401 インターネット附随サービス業				

日本標準産業分類の分類項目	類似業種比準価額計算上の業種目		規模区分を判定する場合の業種
大 分 類 　中　分　類 　　小　分　類	大 分 類 　中　分　類 　　小　分　類	番　号	
（G　情報通信業）	（情報通信業）		
41　映像・音声・文字情報制作業			
411　映像情報制作・配給業	映像・音声・文字情報制作業	58	小売・サービス業
412　音声情報制作業			
413　新聞業			
414　出版業			
415　広告制作業			
416　映像・音声・文字情報制作に附帯するサービス業			
H　運輸業，郵便業	運輸業，郵便業	60	
42　鉄道業	その他の運輸業，郵便業	64	
421　鉄道業			
43　道路旅客運送業			
431　一般乗合旅客自動車運送業	その他の運輸業，郵便業	64	
432　一般乗用旅客自動車運送業			
433　一般貸切旅客自動車運送業			
439　その他の道路旅客運送業			
44　道路貨物運送業			
441　一般貨物自動車運送業	道路貨物運送業	61	
442　特定貨物自動車運送業			
443　貨物軽自動車運送業			
444　集配利用運送業			
449　その他の道路貨物運送業			
45　水運業			
451　外航海運業	水運業	62	卸売業、小売・サービス業以外
452　沿海海運業			
453　内陸水運業			
454　船舶貸渡業			
46　航空運輸業			
461　航空運送業	その他の運輸業，郵便業	64	
462　航空機使用業（航空運送業を除く）			
47　倉庫業	その他の運輸業，郵便業	64	
471　倉庫業（冷蔵倉庫業を除く）			
472　冷蔵倉庫業			
48　運輸に附帯するサービス業			
481　港湾運送業	運輸に附帯するサービス業	63	
482　貨物運送取扱業（集配利用運送業を除く）			
483　運送代理店			
484　こん包業			
485　運輸施設提供業			
489　その他の運輸に附帯するサービス業			
49　郵便業（信書便事業を含む）	その他の運輸業，郵便業	64	
491　郵便業（信書便事業を含む）			
I　卸売業，小売業	卸売業	65	卸売業
50　各種商品卸売業	各種商品卸売業	66	
501　各種商品卸売業			

第3　会社規模の判定

167

日本標準産業分類の分類項目			類似業種比準価額計算上の業種目			規模区分を判定する場合の業種
大分類	中分類	小分類	大分類	中分類 小分類	番号	
(I 卸売業, 小売業)			(卸売業)			
	51 繊維・衣服等卸売業			繊維・衣服等卸売業	67	卸売業
		511 繊維品卸売業（衣服，身の回り品を除く）				
		512 衣服卸売業				
		513 身の回り品卸売業				
	52 飲食料品卸売業			飲食料品卸売業	68	
		521 農畜産物・水産物卸売業		農畜産物・水産物卸売業	69	
		522 食料・飲料卸売業		食料・飲料卸売業	70	
	53 建築材料，鉱物・金属材料等卸売業			建築材料，鉱物・金属材料等卸売業	71	
		531 建築材料卸売業		その他の建築材料，鉱物・金属材料等卸売業	73	
		532 化学製品卸売業		化学製品卸売業	72	
		533 石油・鉱物卸売業		その他の建築材料，鉱物・金属材料等卸売業	73	
		534 鉄鋼製品卸売業				
		535 非鉄金属卸売業				
		536 再生資源卸売業				
	54 機械器具卸売業			機械器具卸売業	74	
		541 産業機械器具卸売業		産業機械器具卸売業	75	
		542 自動車卸売業		その他の機械器具卸売業	77	
		543 電気機械器具卸売業		電気機械器具卸売業	76	
		549 その他の機械器具卸売業		その他の機械器具卸売業	77	
	55 その他の卸売業					
		551 家具・建具・じゅう器等卸売業		その他の卸売業	78	
		552 医薬品・化粧品等卸売業				
		553 紙・紙製品卸売業				
		559 他に分類されない卸売業				
			小売業		79	
	56 各種商品小売業					小売・サービス業
		561 百貨店，総合スーパー		各種商品小売業	80	
		569 その他の各種商品小売業（従業者が常時50人未満のもの）				
	57 織物・衣服・身の回り品小売業					
		571 呉服・服地・寝具小売業		織物・衣服・身の回り品小売業	81	
		572 男子服小売業				
		573 婦人・子供服小売業				
		574 靴・履物小売業				
		579 その他の織物・衣服・身の回り品小売業				
	58 飲食料品小売業					
		581 各種食料品小売業		飲食料品小売業	82	
		582 野菜・果実小売業				
		583 食肉小売業				
		584 鮮魚小売業				
		585 酒小売業				
		586 菓子・パン小売業				
		589 その他の飲食料品小売業				

日本標準産業分類の分類項目	類似業種比準価額計算上の業種目		規模区分を判定する場合の業種
大分類 　中分類 　　小分類	大分類 　中分類 　　小分類	番号	
（Ｉ　卸売業，小売業）	（小売業）		
59　機械器具小売業			
591　自動車小売業			
592　自転車小売業	機械器具小売業	83	
593　機械器具小売業（自動車，自転車を除く）			
60　その他の小売業	その他の小売業	84	
601　家具・建具・畳小売業			
602　じゅう器小売業	その他の小売業	86	
603　医薬品・化粧品小売業	医薬品・化粧品小売業	85	小売・サービス業
604　農耕用品小売業			
605　燃料小売業			
606　書籍・文房具小売業	その他の小売業	86	
607　スポーツ用品・がん具・娯楽用品・楽器小売業			
608　写真機・時計・眼鏡小売業			
609　他に分類されない小売業			
61　無店舗小売業			
611　通信販売・訪問販売小売業	無店舗小売業	87	
612　自動販売機による小売業			
619　その他の無店舗小売業			
Ｊ　金融業，保険業	金融業，保険業	88	
62　銀行業	銀行業	89	
621　中央銀行			
622　銀行（中央銀行を除く）	銀行業	89	
63　協同組織金融業			
631　中小企業等金融業	その他の金融業，保険業	91	
632　農林水産金融業			
64　貸金業，クレジットカード業等非預金信用機関			
641　貸金業			
642　質屋	その他の金融業，保険業	91	
643　クレジットカード業，割賦金融業			卸売業、小売・サービス業以外
649　その他の非預金信用機関			
65　金融商品取引業，商品先物取引業			
651　金融商品取引業	金融商品取引業，商品先物取引業	90	
652　商品先物取引業，商品投資顧問業			
66　補助的金融業等			
661　補助的金融業，金融附帯業	その他の金融業，保険業	91	
662　信託業			
663　金融代理業			
67　保険業（保険媒介代理業，保険サービス業を含む）			
671　生命保険業			
672　損害保険業	その他の金融業，保険業	91	
673　共済事業・少額短期保険業			
674　保険媒介代理業			
675　保険サービス業			

第3　会社規模の判定

日本標準産業分類の分類項目	類似業種比準価額計算上の業種目		規模区分を判定する場合の業種
大分類／中分類／小分類	大分類／中分類／小分類	番号	
K 不動産業，物品賃貸業	不動産業，物品賃貸業	92	卸売業，小売・サービス業以外
68 不動産取引業	不動産取引業	93	
681 建物売買業，土地売買業			
682 不動産代理業・仲介業			
69 不動産賃貸業・管理業	不動産賃貸業・管理業	94	
691 不動産賃貸業（貸家業，貸間業を除く）			
692 貸家業，貸間業			
693 駐車場業			
694 不動産管理業			
70 物品賃貸業	物品賃貸業	95	
701 各種物品賃貸業			
702 産業用機械器具賃貸業			
703 事務用機械器具賃貸業			
704 自動車賃貸業			
705 スポーツ・娯楽用品賃貸業			
709 その他の物品賃貸業			
L 学術研究，専門・技術サービス業	専門・技術サービス業	96	小売・サービス業
71 学術・開発研究機関			
711 自然科学研究所			
712 人文・社会科学研究所			
72 専門サービス業（他に分類されないもの）	専門サービス業（純粋持株会社を除く）	97	
721 法律事務所，特許事務所			
722 公証人役場，司法書士事務所，土地家屋調査士事務所			
723 行政書士事務所			
724 公認会計士事務所，税理士事務所			
725 社会保険労務士事務所			
726 デザイン業			
727 著述・芸術家業			
728 経営コンサルタント業，純粋持株会社			
729 その他の専門サービス業			
73 広告業	広告業	98	
731 広告業			
74 技術サービス業（他に分類されないもの）	専門・技術サービス業	96	
741 獣医業			
742 土木建築サービス業			
743 機械設計業			
744 商品・非破壊検査業			
745 計量証明業			
746 写真業			
749 その他の技術サービス業			
M 宿泊業，飲食サービス業	宿泊業，飲食サービス業	99	小売・サービス業
75 宿泊業	その他の宿泊業，飲食サービス業	104	
751 旅館，ホテル			
752 簡易宿所			
753 下宿業			
759 その他の宿泊業			

日本標準産業分類の分類項目	類似業種比準価額計算上の業種目		規模区分を判定する場合の業種
大分類 　中分類 　　小分類	大分類 　中分類 　　小分類	番号	
(M 宿泊業，飲食サービス業)	(宿泊業，飲食サービス業)		
76 飲食店	飲食店	100	
761 食堂，レストラン（専門料理店を除く）	食堂，レストラン（専門料理店を除く）	101	
762 専門料理店	専門料理店	102	
763 そば・うどん店			
764 すし店			小売・サービス業
765 酒場，ビヤホール	その他の飲食店	103	
766 バー，キャバレー，ナイトクラブ			
767 喫茶店			
769 その他の飲食店			
77 持ち帰り・配達飲食サービス業			
771 持ち帰り飲食サービス業	その他の宿泊業，飲食サービス業	104	
772 配達飲食サービス業			
N 生活関連サービス業，娯楽業	生活関連サービス業，娯楽業	105	
78 洗濯・理容・美容・浴場業			
781 洗濯業			
782 理容業			
783 美容業	生活関連サービス業	106	
784 一般公衆浴場業			
785 その他の公衆浴場業			
789 その他の洗濯・理容・美容・浴場業			
79 その他の生活関連サービス業			
791 旅行業			
792 家事サービス業			
793 衣服裁縫修理業			小売・サービス業
794 物品預り業	生活関連サービス業	106	
795 火葬・墓地管理業			
796 冠婚葬祭業			
799 他に分類されない生活関連サービス業			
80 娯楽業			
801 映画館			
802 興行場（別掲を除く），興行団			
803 競輪・競馬等の競走場，競技団	娯楽業	107	
804 スポーツ施設提供業			
805 公園，遊園地			
806 遊戯場			
809 その他の娯楽業			
O 教育，学習支援業			
81 学校教育			
811 幼稚園			
812 小学校			
813 中学校			
814 高等学校，中等教育学校	教育，学習支援業	108	小売・サービス業
815 特別支援学校			
816 高等教育機関			
817 専修学校，各種学校			
818 学校教育支援機関			
819 幼保連携型認定こども園			

日本標準産業分類の分類項目	類似業種比準価額計算上の業種目		規模区分を判定する場合の業種
大分類 / 中分類 / 小分類	大分類 / 中分類 / 小分類	番号	
(O 教育, 学習支援業) 　82 その他の教育, 学習支援業 　　821 社会教育 　　822 職業・教育支援施設 　　823 学習塾 　　824 教養・技能教授業 　　829 他に分類されない教育, 学習支援業	(教育, 学習支援業) 教育, 学習支援業	108	小売・サービス業
P 医療, 福祉 　83 医療業 　　831 病院 　　832 一般診療所 　　833 歯科診療所 　　834 助産・看護業 　　835 療術業 　　836 医療に附帯するサービス業 　84 保健衛生 　　841 保健所 　　842 健康相談施設 　　849 その他の保健衛生 　85 社会保険・社会福祉・介護事業 　　851 社会保険事業団体 　　852 福祉事務所 　　853 児童福祉事業 　　854 老人福祉・介護事業 　　855 障害者福祉事業 　　859 その他の社会保険・社会福祉・介護事業	医療, 福祉（医療法人を除く）	109	小売・サービス業
Q 複合サービス事業 　86 郵便局 　　861 郵便局 　　862 郵便局受託業 　87 協同組合（他に分類されないもの） 　　871 農林水産業協同組合（他に分類されないもの） 　　872 事業協同組合（他に分類されないもの）			
R サービス業（他に分類されないもの） 　88 廃棄物処理業 　　881 一般廃棄物処理業 　　882 産業廃棄物処理業 　　889 その他の廃棄物処理業	サービス業（他に分類されないもの） その他の事業サービス業	110 112	小売・サービス業
89 自動車整備業 　　891 自動車整備業	その他の事業サービス業	112	
90 機械等修理業（別掲を除く） 　　901 機械修理業（電気機械器具を除く） 　　902 電気機械器具修理業 　　903 表具業 　　909 その他の修理業	その他の事業サービス業	112	
91 職業紹介・労働者派遣業 　　911 職業紹介業 　　912 労働者派遣業	職業紹介・労働者派遣業	111	

日本標準産業分類の分類項目	類似業種比準価額計算上の業種目		規模区分を判定する場合の業種
大分類 　中分類 　　小分類	大分類 　中分類 　　小分類	番号	
（R　サービス業（他に分類されないもの））	（サービス業（他に分類されないもの））		
92　その他の事業サービス業 　　921　速記・ワープロ入力・複写業 　　922　建物サービス業 　　923　警備業 　　929　他に分類されない事業サービス業	その他の事業サービス業	112	小売・サービス業
93　政治・経済・文化団体			
94　宗教			
95　その他のサービス業 　　951　集会場 　　952　と畜場 　　959　他に分類されないサービス業	その他の事業サービス業	112	
96　外国公務			
S　公務（他に分類されるものを除く） 　97　国家公務 　98　地方公務			
T　分類不能の産業 　99　分類不能の産業 　　999　分類不能の産業	その他の産業	113	卸売業、小売・サービス業以外

Question 54 業種区分の判定(兼業している場合)

評価会社の直前期末以前1年間の売上高は下記のとおりですが、会社規模を判定する場合の業種区分の判定は、どのように行いますか。

課税時期の直前期末以前1年間の総取引金額　1,180,000千円 ｛ 450,000千円(卸売業)
380,000千円(サービス業)
350,000千円(上記以外)

A

評価会社が「卸売業」、「小売・サービス業」、「卸売業、小売・サービス業以外」のいずれの業種に該当するかは、直前期末以前1年間の取引金額に基づいて判定します。

ただし、評価会社が兼業していて、その取引金額のうちに2以上の業種に係る取引金額が含まれている場合には、それらの取引金額のうち最も多い取引金額に係る業種によって判定します。

したがって、ご質問の場合の評価会社の業種は、「卸売業」と判定されることになります。

Question 55　業種区分の判定（業種変更した場合）

評価会社が課税時期の直前期中に下記のように小売業から卸売業に業種変更した場合に、業種区分の判定はどのようにするのでしょうか。

業種変更前の売上高……150,000千円（小売業）

業種変更後の売上高……130,000千円（卸売業）

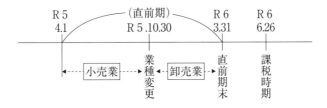

A　課税時期の直前期中に評価会社が「小売業」から「卸売業」に業種変更した場合でも、業種変更後の業種により業種区分の判定を行うのではなく、あくまで「直前期末以前の1年間の取引金額」に基づいて業種区分の判定を行います。

ご質問の場合には、その会社の課税時期の直前期末以前1年間における取引金額を「小売・サービス業」に係るものと「卸売業」に係るものとに区分し、その取引金額の多い方の業種により業種区分の判定を行います。

したがって、ご質問の場合の評価会社の業種は、「小売・サービス業」と判定されることになります。

Question 56 業種区分の判定（医療法人の場合）

評価会社が医療法人であった場合には、「卸売業」、「小売・サービス業」及び「それら以外」の業種のうち、いずれの業種区分に該当することになりますか。

評価会社の会社規模を判定する場合の業種区分は、原則として、日本標準産業分類に基づいて判定するとされています。

日本標準産業分類の平成20年4月の第12次改訂によれば、病院などの医療法人は「P　医療、福祉」業に分類されており、日本標準産業分類の改正に基づいて国税庁が作成した「(別表) 日本標準産業分類の分類項目と類似業種比準価額計算上の業種目との対比表（平成29年分）」(161ページ以降参照) によれば、「P　医療、福祉」業は、「小売・サービス業」に該当するとされています。

Question 57 総資産価額基準（割引手形勘定がある場合）

会社規模の判定は、業種区分に応じて「総資産価額（帳簿価額によって計算した金額）」、「従業員数」及び「直前期末以前1年間における取引金額」の3つの要素ごとに定めた基準により行うとされていますが、このうち「総資産価額（帳簿価額によって計算した金額）」の算定において評価会社が割引手形勘定等を設けている場合はどのように計算しますか。

A 評価会社が流動負債に割引手形勘定を設けているときと受取手形勘定から割引手形を控除して注記表示している場合では、次のとおり貸借対照表に計上される受取手形勘定の金額が変わってきます。

〔割引手形勘定を設ける場合〕

現金預金　×××　　／　　割引手形　×××

〔受取手形勘定から直接減額する場合〕

現金預金　×××　　／　　受取手形　×××

そうなると、割引手形勘定を設けている場合と設けていない場合とでは「総資産価額（帳簿価額によって計算した金額）」の金額が異なることになりますが、仮に評価会社の会計上の処理として割引手形勘定を設けている場合であっても、評価通達では、総資産価額は各資産の確定決算上の帳簿価額によるとされていますので、受取手形の帳簿価額から割引手形の金額を控除しないで貸借対照表の総資産価額（帳簿価額によって計算した金額）をそのまま採用します。

このように扱うのは、「総資産価額（帳簿価額によって計算した金

額）」算定は、会社規模等の区分を判定をする際の3要素の1つであり、株価算定のために直接使用する数値ではなく、評価会社の会社規模に応じた適切な評価方式を適用できるよう、その判定基準の一つとして定められているからです。

したがって、課税上の弊害がない限り、ある程度の簡便性に配慮することも必要と考えられることから、「総資産価額（帳簿価額によって計算した金額）」とは、評価会社が適用している会計処理に基づく帳簿価額の合計額によることが原則とされています。

結果として、評価勘定を設けている場合であっても、受取手形の帳簿価額から割引手形勘定の金額を控除せずに「総資産価額（帳簿価額によって計算した金額）」を計算することになりますので、割引手形勘定を設けている場合には、直接控除している場合と比べて総資産価額が大きくなります。

Question 58 総資産価額基準（圧縮記帳している場合）

評価会社が収用等に伴い代替資産等を取得した場合等において、いわゆる圧縮記帳により会計処理を行っている場合がありますが、会社規模の判定をするときの、「総資産価額（帳簿価額によって計算した金額）」はどのように計算するのでしょうか。

A　法人が収用等に伴い代替資産等を取得した場合や特定の資産を買い換えた場合等には、いわゆる圧縮記帳が認められていますが、この場合には、法人の貸借対照表上への記載は、次の3つの方法のうちいずれかを選択することになります。

① 損金経理により取得した資産の帳簿価額を直接減額する方法
② 損金経理により圧縮記帳引当金勘定に繰り入れる方法
③ 確定決算における利益処分により積立金として積み立てる方法

〔直接減額する場合〕

　　　　土地圧縮損　×××　　／　　土地　×××

〔引当金方式による場合〕

　　　土地圧縮損　×××　　／　　土地圧縮引当金　×××

上記のような貸借対照表の表示を前提にした場合、圧縮記帳金額について、資産の帳簿価額から控除する方法を採用した場合と引当金や積立金として処理した場合には、「総資産価額（帳簿価額によって計算した金額）」の金額が異なることになります。

しかしながら、会社規模を判定する場合の「直前期末の総資産価額（帳簿価額によって計算した金額）」の金額は、株価を算定するために直接使用する数値ではなく、評価会社の会社規模に応じて適切な評価

方式を適用できるよう、その判定基準として定めているものです。

　したがって、課税上の弊害がない限り、ある程度の簡便性に配慮することも必要と考えられることから、各資産の確定決算上の帳簿価額の合計額に基づいて計算するとされています。

　上記より、評価通達では会社の採用した会計処理の方法に基づいて「総資産価額（帳簿価額によって計算した金額）」を算定するとされていることから圧縮記帳引当金勘定に繰り入れた金額及び圧縮記帳積立金として積み立てた金額並びに翌事業年度以降に代替資産等を取得する予定であるとして特別勘定に繰り入れた金額は、資産の帳簿価額の合計額から控除しないで計算します（評価明細書通達第１表の２－１(1)(注)４）。

Question 59 総資産価額基準（減価償却累計額等を間接法で表示している場合）

固定資産の減価償却累計額や貸倒引当金の貸借対照表への表示については、直接法と間接法がありますが、この場合、直接法と間接法を採用した場合では資産の帳簿価額の合計額に差が生じます。

このような場合には、「総資産価額（帳簿価額）」はどのように計算するのでしょうか。

A　「総資産価額（帳簿価額によって計算した金額）」は、課税時期の直前に終了した事業年度の末日（直前期末）における評価会社の各資産の確定決算上の帳簿価額の合計額をいいます。

この場合において、評価会社の会計処理の違いにより、実質的に保有する資産の価値は同じであるにもかかわらず、評価会社の総資産価額（帳簿価額によって計算した金額）に開差が生じてしまいます。

例えば、減価償却や貸倒引当金は、会計処理の違い（直接法を採用するか間接法を採用するか）により資産価額（帳簿価額によって計算した金額）に開差が生じますが、それぞれ次のように計算するのが相当とされています。

1　減価償却の場合

会社が採用する会計上の処理の違いにより、総資産価額（帳簿価額によって計算した金額）に開差が生じます。

〔直接減額方式を採用している場合〕

　　　　減価償却　×××　　／　　建物　×××

〔間接控除方式を採用している場合〕

　　　減価償却　×××　　　／　　　減価償却累計額　×××

　原則的には会社の採用した貸借対照表の帳簿価額そのものを採用しますが、固定資産については、金額が大きいことから減価償却累計額を間接控除方式によって表示している場合には、直接減額方式を基本として資産の帳簿価額の合計額から減価償却累計額を控除して、「総資産価額（帳簿価額）」の金額を計算するとされています。

2　貸倒引当金

　会社が採用する会計上の処理の違いにより、総資産価額（帳簿価額によって計算した金額）に開差が生じます。

〔直接控除法〕

　　　貸倒引当金繰入　×××　　　／　　　売掛金　×××

〔間接控除法〕

　　　貸倒引当金繰入　×××　　　／　　　貸倒引当金　×××

　売掛金、受取手形、貸付金等に対する貸倒引当金についても直接控除法と間接控除法が認められていますが、貸倒引当金については、間接控除法を基本として、売掛金、受取手形、貸付金等から貸倒引当金を控除する直接控除法を採用している場合には、資産の帳簿価額の合計額に貸倒引当金の額を加算して「総資産価額（帳簿価額によって計算した金額）」の金額を計算します。

　すなわち、売掛金、受取手形、貸付金等から貸倒引当金を控除しないで「総資産価額」の金額を計算します。

　なお、前払費用、繰延資産、税効果会計の適用による繰延税金資産

など、確定決算上の資産として計上されている資産については、そのまま、帳簿価額の合計額に含めて「総資産価額（帳簿価額によって計算した金額）」の金額を計算します（評価明細書通達　第１表の２－１(1)(注)１、２）。

Question 60 総資産価額基準（評価会社が直前期中に合併している場合）

評価会社が次のように課税時期の直前期中に合併している場合には、会社規模等の区分判定上、「総資産価額（帳簿価額）」は、どのように計算しますか。

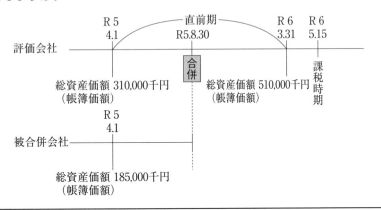

A 評価会社が課税時期直前の事業年度中に合併している場合には、課税上弊害があると認められる場合を除き、合併後の評価会社の直前期末における総資産価額（帳簿価額）を採用します。

したがって、ご質問の場合の「総資産価額（帳簿価額によって計算した金額）」は510,000千円となります。

また、会社規模を判定する3要素の1つである取引金額の算定においても合併後の評価会社の売上高と合併前の2つの会社の売上高を合計して「直前期末以前1年間の取引金額」を計算するとされています。

Question 61 従業員基準（対象となる従業員）

会社規模の判定の1つの要素である従業員数について、1年間通して働いているアルバイト及びパート従業員については、従業員数の算定上、どのように扱いますか。

A 「従業員数」は、直前期末以前1年間において、その期間継続して評価会社に勤務していた従業員（就業規則等で定められた1週間当たりの労働時間が30時間未満である従業員を除きます。以下「継続勤務従業員」といいます。）の数に、直前期末以前1年間において評価会社に勤務していたアルバイト及びパートなど（継続勤務従業員を除きます。）の1年間における労働時間の合計時間数を従業員1人当たり年間平均労働時間数（1,800時間）で除して求めた数を加算した数とします。

ご質問の場合は、アルバイト及びパート従業員の1週間当たりの労働時間が30時間以上であれば継続勤務従業員として計算することになりますが、そうでなければ勤務時間の合計時間数に含めて計算します。

なお、従業員数は次の算式で求めることができますが、計算の結果、例えば、5.1人となる場合には従業員数「5人超」に、4.9人となる場合には「5人以下」として判定します。

項　目	人　数
直前期末以前1年間における従業員数	_____ 人 〔従業員数の内訳〕 $\begin{pmatrix}継続勤務\\従業員数\end{pmatrix}$ $\begin{pmatrix}継続勤務従業員以外の従業\\員の労働時間の合計時間数\end{pmatrix}$ （　　　人）＋ $\dfrac{(\qquad\qquad 時間)}{1,800時間}$

Question 62 従業員基準（従業員数）

会社の規模を判定する3要素の1つである従業員数は、課税時期の直前1年間に評価会社に勤務していた従業員数によって計算すると聞いています。

評価会社に下記のようなアルバイト等（全て1週間の労働時間数は30時間未満）がいた場合には、従業員数はどのように計算しますか。

(1) 正社員　5名
(2) パート・アルバイト等　28名（直前期末以前1年間の総労働時間20,252時間）

A

　　会社規模を判定する要素の一つである従業員数が70人以上の会社は、それだけで大会社と判定されますが、それ未満の場合には、従業員数、総資産価額及び取引金額の基準も考慮して、会社規模を判定します。

この場合の評価会社の従業員数は、課税時期の直前期末以前1年間の勤務状況によって判定します。

具体的には、課税時期の直前期末以前1年間を通じて継続して勤務していた従業員で、かつ就業規則等で定められた1週間当たりの労働時間数が30時間以上である従業員（継続勤務従業員）については、従業員数を1としてカウントし、他の従業員については、これらの従業員のその1年間の労働時間の合計時間数を1,800時間で除した数値を従業員数としてカウントします。

なお、従業員とは勤務時間の長短及び雇用形態が常勤か非常勤かにかかわらず、評価会社との雇用契約に基づき使用される個人で賃金を支払われる者をいいますので、社長、理事長並びに法人税法施行令第

71条《使用人兼務役員とされない役員》1項、一号、二号及び四号に掲げる役員（**36**ページ参照）は、従業員に含まれません。

これを図示すれば、以下のとおりになります。

勤務形態等の区分		従業員数の判定
直前期末以前1年間継続勤務していた従業員	1週間当たりの所定労働時間が30時間以上の者（継続勤務従業員）	従業員それぞれを従業員数1としてカウント
	1週間当たりの所定労働時間が30時間未満の者（パートタイマーなど）	これらの従業員の1年間の労働時間の合計時間数を1,800時間で除した数を従業員数としてカウント
直前期末以前1年間継続勤務していなかった従業員	日々雇い入れる者、中途入退職者など	

ご質問の場合には、下記計算式により評価会社の従業員数は16人超となります。

$$\begin{pmatrix}\text{直前期末以前1年間}\\\text{の継続勤務従業員の数}\end{pmatrix} \quad + \quad \begin{pmatrix}\text{継続勤務従業員以外の従業}\\\text{員の直前期末以前1年間に}\\\text{おける労働時間の合計時間}\end{pmatrix} \quad \begin{pmatrix}\text{評価会社の}\\\text{従業員数}\end{pmatrix}$$

$$5人 \quad + \quad \frac{20,252時間}{1,800時間}（11.2人） \quad = \quad 16人$$

Question 63 従業員基準（従業員の範囲）

従業員数の計算において、次の者はいずれの会社の従業員としてカウントしますか。
(1) 出向中の者
(2) 人材派遣会社より派遣されている者

1 出向中の者

従業員数基準における従業員とは、原則として、評価会社との雇用契約に基づき使用される個人で賃金が支払われる者をいいますので、原則的には評価会社の従業員数に含まれます。ただし、出向元との雇用関係が解消され、出向先で雇用されている出向者の場合には、出向先の従業員としてカウントすることになります。

2 人材派遣会社より派遣されている者

「労働者派遣事業の適正な運用の確保及び派遣労働者の就業条件の整備等に関する法律（昭和60年法律第88号）」（労働者派遣法）による労働者派遣事業における派遣元事業所と派遣労働者の関係は、次の2通りの場合が考えられます。

(1) 通常は労働者派遣の対象となる者が派遣元事業所に登録されるのみで、派遣される期間に限り、派遣元事業所と登録者の間で雇用契約が締結され賃金が支払われる場合
(2) 労働者派遣の対象となる者が派遣元事業所との雇用契約関係に基づく従業員（社員）であり、派遣の有無にかかわらず、派遣元事業所から賃金が支払われる場合

上記2つの場合における評価通達178(2)の従業員数の計算について、(1)の場合に該当する者は、派遣元事業所の「継続勤務従業員以外の従業員」となり、(2)の場合に該当する者は、派遣元事業所の「継続勤務従業員」となります。

したがって、(1)及び(2)のいずれの場合も派遣元事業所の従業員としてカウントすることになります。

3　派遣先事業所における従業員の取扱い

評価通達178(2)の「評価会社に勤務していた従業員」とは、評価会社において使用される個人（評価会社内の使用者の指揮命令を受けて労働に従事するという実態をもつ個人をいいます。）で、評価会社から賃金を支払われる者（無償の奉仕作業に従事している者以外の者をいいます。）をいいますので、派遣社員はこの意味において派遣先事業所の従業員とはいえません。しかしながら、派遣先事業所にとって労働力の確保は、会社経営の基礎となるもので、その雇用形態は、正社員としてだけでなく臨時、パートタイマー、アルバイトの採用など多様化しており、派遣労働者の受入れもその一環であると認められることから、実質的に派遣先における従業員と認めても差し支えないと考えられます。

したがって、派遣労働者を受け入れている評価会社における従業員数基準の適用については、受け入れた派遣労働者の勤務実態に応じて「継続勤務従業員」と「それ以外の従業員」に区分した上で派遣先会社の従業員に含めても差し支えないと考えられます。

(参考) 派遣労働者の雇用関係等と従業員の判定

(1) 派遣元事業所

派遣元における派遣労働者の雇用関係等				派遣元事業所における従業員基準の判定
派遣時以外の雇用関係	賃金の支払い	派遣時の雇用関係	賃金の支払い	
なし	なし	あり	あり	継続勤務従業員以外
あり	あり	あり	あり	継続勤務従業員

(2) 派遣先事業所

　勤務実態に応じて「継続勤務従業員」と「それ以外の従業員」に区分した上で従業員数を計算する。

Question 64 取引金額基準（対象となる売上）

会社規模を判定するための1つの要素である「取引金額基準（1年間における取引金額）」とは、評価会社の総収入金額のことをいいますか。

A 会社規模を判定するための1つの要素である「取引金額」は、評価会社の課税時期の直前期末以前1年間における事業上の収入金額（売上高）を記載します。

この場合の事業上の収入金額とは、その会社の目的とする事業に係る収入金額（金融業及び証券業については収入利息及び収入手数料）のことをいいます。

この取扱いによると、例えば、本業が製造業である会社について、たまたま空いていた土地を駐車場の用に供し、一時的に賃貸収入をあげていたとしても、その会社の主たる目的とする事業に係る収入金額ではないので、「直前期末以前1年間の取引金額」に含めないことになります。

また、所有していた固定資産等を譲渡等して利益を得たとしても、それは本業とは異なり臨時的・偶発的なものですので、譲渡対価の額は「直前期末以前1年間の取引金額」に含めません。

Question 65 取引金額基準(評価会社が直前期中に合併している場合)

評価会社が次のように課税時期の直前期中に合併している場合には、「直前期末以前1年間の取引金額」は、どのように算定しますか。

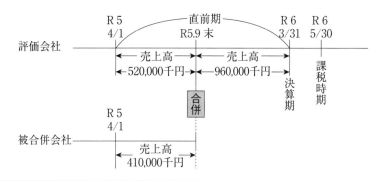

A 評価会社が課税時期直前の事業年度中に合併している場合には、課税上弊害がない限り、合併後の評価会社の売上高と合併前の2つの会社の売上高を合計して「直前期末以前1年間の取引金額」を算定します。

したがって、ご質問の場合は2つの会社の事業年度が同一ですので、合併前の期間売上高(520,000千円+410,000千円)と合併後の売上高(960,000千円)の合計額1,890,000千円をもって「直前期末以前1年間の取引金額」とします。

また、評価会社の直前期末における「総資産価額(帳簿価額)」の算定においても、合併直後の直前期末における評価会社の総資産価額(帳簿価額)により会社規模を判定するとされています。

Question 66 取引金額基準（評価会社が事業年度を変更している場合）

評価会社が課税時期の直前期中に次のように事業年度を変更している場合には、「直前期末以前１年間における取引金額」はどのように計算しますか。

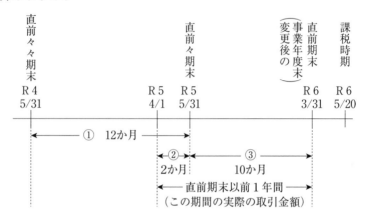

A 「直前期末以前１年間における取引金額」とは、その期間における評価会社の目的とする事業に係る収入金額（金融業・証券業については収入利息及び収入手数料）をいいますので、事業年度の変更の有無にかかわらず、実際の課税時期の直前期末以前１年間の取引金額によって計算します。

したがって、ご質問の場合における、直前期末以前１年間の取引金額は、令和６年３月31日から１年間遡った令和５年４月１日からの実際の取引金額（図の②＋③）により計算することになります。

ただし、令和５年４月１日から令和５年５月31日まで（図の②）の間の月別取引金額を計算することが困難な場合には、この期間に対応

する取引金額について、令和4年6月1日から令和5年5月31日まで（図の①）の間の取引金額を月数あん分して求めた金額によっても差し支えありません。

　ちなみに月数を按分して計算する方法は、月別の取引金額を計算することが困難なケースに限ることとし、選択ではありません。法人の場合、売上金額を帳簿に記帳することは義務とされていますのでただし書のケースに該当することは少ないと思われます。

〔原則〕

　課税時期の直前期末以前1年間（令和5年4月1日〜令和6年3月31日まで）の実際の取引金額

〔例外〕

　②の期間の取引金額を明確に把握することができないとき

　令和5年6月1日〜令和6年3月31日までの実際の取引金額及び令和4年6月1日から令和5年5月31日までの取引金額（12か月）を月数あん分（2か月）して求めた金額の合計額

$$\boxed{\text{令和5.6/1〜令和6.3/31までの実際の取引金額}} + \boxed{\frac{\text{①の期間の取引金額}}{12か月} \times 2か月}$$

Question 67 会社判定の順序

これまでの説明で会社規模の判定は、「総資産価額(帳簿価額)」、「従業員」、「取引金額」の3要素に基づいて行われることは理解しましたが、判定の順序はどのようになっていますか。

現行の評価通達による大会社、中会社(Lの割合を含みます。)及び小会社の区分は、次のとおりです。

1 従業員数が70人以上の会社は、他の2要素(総資産価額及び取引金額)にかかわらず大会社とします。

2 従業員が70人未満の会社は、それぞれ次によります。
　まず、総資産価額(帳簿価額)基準と従業員数基準のどちらか低い基準を採用し、次に当該基準と取引金額基準の高い基準を採用して、会社規模を判定します。
　なお、中会社と判定された会社は、さらに3つに区分され、Lの割合が0.9、0.75、0.6のいずれかの会社になります。

(注) Lの割合とは、中会社をさらに区分するための基準で中会社の株価を併用方式により計算する場合において、類似業種比準価額を重視する割合をいいます。

○ 卸売業の場合

総資産価額 及び従業員数＼取引金額	2億円 未満	2億円以上 3億5千万円未満	3億5千万以上 7億円未満	7億円以上 30億円未満	30億円 以上
・7,000万円未満又 　は5人以下	小会社	中会社「小」 （L＝0.60）	中会社「中」 （L＝0.75）	中会社「大」 （L＝0.90）	大会社
・7,000万円以上 ・5人以下を除く					
・2億円以上 ・20人以下を除く					
・4億円以上 ・35人以下を除く					
・20億円以上 ・35人以下を除く					

○ 小売・サービス業の場合

総資産価額 及び従業員数＼取引金額	6,000万 円未満	6,000万円以上 2億5千万円未満	2億5千万以上 5億円未満	5億円以上 20億円未満	20億円 以上
・4,000万円未満又 　は5人以下	小会社	中会社「小」 （L＝0.60）	中会社「中」 （L＝0.75）	中会社「大」 （L＝0.90）	大会社
・4,000万円以上 ・5人以下を除く					
・2億5千万以上 ・20人以下を除く					
・5億円以上 ・35人以下を除く					
・15億円以上 ・35人以下を除く					

第3　会社規模の判定

○ 卸売業、小売・サービス業以外の業種の場合

総資産価額 及び従業員数＼取引金額	8,000万円未満	8,000万円以上 2億円未満	2億円以上 4億円未満	4億円以上 15億円未満	15億円以上
・5,000万円未満又は5人以下	小会社	中会社「小」 （L＝0.60）	中会社「中」 （L＝0.75）	中会社「大」 （L＝0.90）	大会社
・5,000万円以上 ・5人以下を除く					
・2億5千万円以上 ・20人以下を除く					
・5億円以上 ・35人以下を除く					
・15億円以上 ・35人以下を除く					

Question 68 会社規模の判定の具体例

A社が保有する資産の状況及び取引金額並びに従業員数は、次のとおりです。

この場合の会社規模の判定の判定及び「第1表の2 評価上の株主の判定及び会社規模の判定の明細書(続)」の記載の仕方について教えてください。

・業種:「卸売業、小売・サービス業以外」
・従業員:18人
・総資産価額(帳簿価額): 4億円
・1年間の取引金額: 3億8,000万円

1 会社規模の判定

会社規模の判定は、具体的には、「第1表の2 評価上の株主の判定及び会社規模の判定の明細書(続)」の記載に沿って下記の順序で行うことになります。

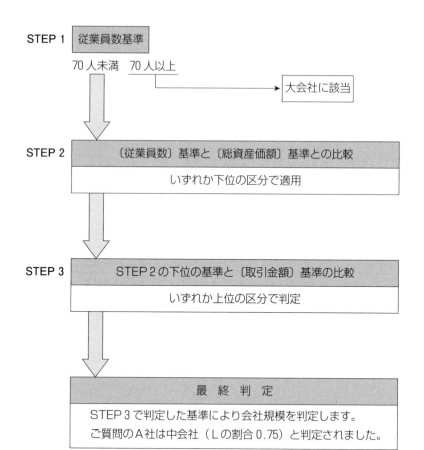

2 「第1表の2 評価上の株主の判定及び会社規模の判定の明細書(続)」の記載例

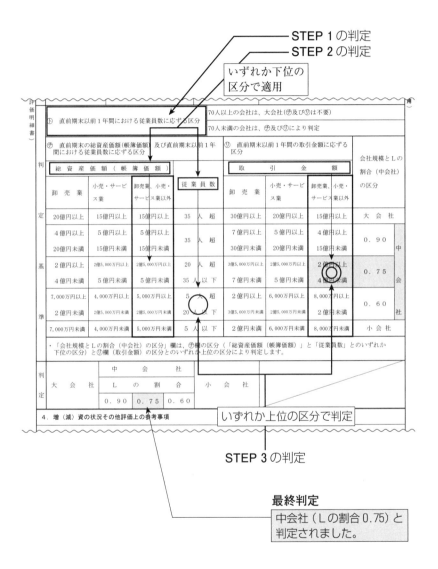

第4

評価方式（類似業種比準方式・純資産価額方式・配当還元方式）の計算

Question 69 類似業種比準方式

類似業種比準方式の考え方を教えてください。

A 「類似業種比準方式」は、原則として、同族株主等が所有する「大会社」の株式の評価額を計算するのに用いられる方式です。「大会社」は、いわば上場会社に準ずるような規模の大きな会社であることから、その株式が正常な状態で取引されるとすれば上場株式等の株価を指標として取引が行われる可能性が高いと考えられます。したがって、大会社の株式は、原則として「類似業種比準価額」によって評価することとされています。

具体的には、評価しようとする会社（以下「評価会社」といいます。）と事業内容が類似する業種（以下「類似業種」といいます。）に属する複数の上場会社の株価の平均額及び同じ複数の類似業種の上場会社の比準3要素（「1株当たりの配当金額」、「1株当たりの年利益金額」及び「1株当たりの純資産価額」）の金額を用いて計算することとされています。

このように「類似業種比準方式」は、上場会社のような規模の大きな「大会社」の株式の評価に適していると考えられていますが、それ以外の「中会社」、「小会社」についても、偶発的に生じる相続税等の株式評価に関しては、会社が事業を継続している以上、ある程度、上場会社の株価を考慮する必要があることから、「大会社」以外の会社についても納税者の選択によりその計算の一部に「類似業種比準方式」による価額を採用することを認めています。

〔類似業種比準方式により評価することができる会社〕

会　社	原　則	納税者選択
大　会　社	類似業種比準価額	純資産価額（80％評価不可）
中　会　社	類似業種比準価額×L$^{(注1)}$＋純資産価額（80％評価可）×（1－L）	純資産価額(80％評価不可)×L$^{(注1)}$＋純資産価額（80％評価可）×（1－L）
小　会　社	純資産価額（80％評価可）$^{(注2)}$	類似業種比準価額×0.5＋純資産価額（80％評価可）×0.5
比準要素数1の会社	純資産価額（80％評価可）	類似業種比準価額×0.25＋純資産価額（80％評価可）×0.75
株式保有特定会社	純資産価額	S_1（修正類似業種比準価額）＋S_2方式

（注1）「L」とは、中会社をさらに3つに区分するためのもので類似業種比準価額を重視する割合により0.9、0.75、0.6のいずれかになります。

（注2）「80％評価可」とは、株式の所有者とその同族関係者の有する議決権の合計数が評価会社の議決権総数の50％以下である場合に、純資産価額の80％により評価することができることをいいます。

（注3）「同族株主等以外の株主」が取得した株式については、「配当還元方式」により評価することとされていますので、原則として類似業種比準方式により計算することはできません。

Question 70 類似業種比準方式（計算方法）

類似業種比準方式の具体的な計算方法を教えてください。

　類似業種比準価額方式の計算は、評価通達180に規定されていますが具体的には次のとおりです。

1　類似業種比準方式の計算式

　類似業種比準方式は、類似業種の株価を基本として、評価しようとする会社（以下「評価会社」といいます。）の「1株当たりの配当金額」、「1株当たりの年利益金額」及び「1株当たりの純資産価額（帳簿価額）」と事業内容が類似している上場会社の「1株当たりの配当金額」、「1株当たりの年利益金額」及び「1株当たりの純資産価額（帳簿価額）」を比準させて、評価会社の株価を計算する方式をいいます。

　その計算式は、次頁のとおりですが、計算式のうち類似業種の株価「A」、類似業種の1株当たりの配当金額「B」、類似業種の1株当たりの年利益金額「C」及び類似業種の1株当たりの純資産価額「D」（以下「類似業種の株価等」といいます。）の数値は、上場会社のこれらの数値を類似業種ごとに平均化したものです。

　ちなみに、類似業種の株価等は、国税庁が年別又は月別に算定し「令和6年分の類似業種比準価額計算上の業種目及び業種目別株価等について」（以下「類似業種株価等通達」といいます。）として公表しています。

　具体的には、付録資料（**686**ページ以降）を参考にしてください。

○ **類似業種比準方式の計算式**

$$A \times \dfrac{\dfrac{ⓑ}{B} + \dfrac{ⓒ}{C} + \dfrac{ⓓ}{D}}{3} \times 0.7^{(注)} \times \dfrac{\text{資本金等の額}}{50}$$

（類似業種の株価）→ A
（配当金額）、（利益金額）、（純資産価額）
（1株50円とした場合の株式数）→ 資本金等の額／50

「A」＝類似業種の株価
「B」＝類似業種の1株当たりの配当金額
「C」＝類似業種の1株当たりの年利益金額
「D」＝類似業種の1株当たりの純資産価額

（類似業種株価等通達で公表されます。）

「ⓑ」＝評価会社の1株当たりの配当金額
「ⓒ」＝評価会社の1株当たりの年利益金額
「ⓓ」＝評価会社の1株当たりの純資産価額

（注） 算式中の「0.7」は大会社の株価を算定する場合で、中会社の株式を評価する場合には「0.6」、小会社の株式を評価する場合には「0.5」とします。

これは、類似業種比準方式による計算が株価の様々な価格形成要因のうち、3要素だけを比準要素としていること及び非上場株式の非市場性を考慮し、評価の安全性を図るための斟酌と考えられています。

なお、この割合は、中会社の規模に応じて類似業種比準価額を重視するLの割合（0.9、0.75、0.6）とは異なりますので注意してください。

2 類似業種比準方式の計算における1株当たりの株価等

計算式の「A」、「B」、「C」、「D」、「ⓑ」、「ⓒ」及び「ⓓ」の金額は、1株当たりの価額（金額）として求められますが、この場合の1株当たりの価額（金額）とは、資本金等の額（法人税法第2条《定義》第16号に規定する資本金等の額をいいます。）を1株50円とした場合の株式数で除して算定した数値です。これは、国税庁から公表さ

れている「B 配当金額」、「C 年利益金額」及び「D 純資産価額」の全てが１株当たりの資本金の額等を50円とした場合の金額として算出されていることから、評価会社の１株当たりの「Ⓑ 配当金額」、「Ⓒ 年利益金額」及び「Ⓓ 純資産価額」についても同じ基準で算出する必要があり、この点を配慮して、資本金等の額を１株50円とした場合の株式数により計算するとされています。

したがって、評価会社の１株当たりの資本金等の額が50円以外の金額である場合には、評価会社の資本金等の額を50円で除して求めた株式数により評価会社の１株当たりの「Ⓑ 配当金額」、「Ⓒ 年利益金額」及び「Ⓓ 純資産価額（帳簿価額）」を計算する必要があります。

また、評価会社が自己株式を保有する場合には、取得資本金額控除後の資本金の額等により「１株当たりの資本金の額等を50円とした場合の株式数」を計算し、併せて発行済株式数の計算においても自己株式数を控除します。

> **(注) 取得資本金額**
> 　「取得資本金額」は次の算式により計算することとされています（法令８①二十）。
>
> $$\frac{\text{自己株式取得直前の資本金の額等}}{\text{自己株式取得直前}\ -\ \text{自己株式取得直}\ \text{の発行済株式数}\ \ \ \text{前の自己株式数}} \times 取得自己株式数$$

ちなみに、類似業種比準方式の計算において、１株当たりの平均株価及び比準３要素の金額を資本金の額だけでなく、資本積立金を含めた資本金等の額を50円で除して求めた株式数により除して求めた数値としたのは、平成18年の会社法の施行により、株式会社の資本金の額が1,000万円を下回ることを禁止した最低資本金制度がなくなり、資本金を資本準備金等に振り替え、資本金の額をゼロとすることも可能

となったことから、類似業種の株価及び各比準要素の数値の計算においては従来の資本金だけを基礎とするよりも資本準備金をも含め資本金等の額を採用した方が、課税の公平及び適正な株価の算定の見地から合理的と考えられているためです。

> **(注) 資本金等の額**
> 　平成18年度の法人税法関係法令の改正により改正前の「資本の金額」と「資本積立金額」の合計額と同様の概念として、「資本金等の額」が新たに定義されました。

　さらに、平成29年の評価通達の改正により国税庁から公表されている「類似業種の株価等」の数値は、上場会社については、連結決算に係る財務情報を公表することが原則義務付けられていることから財務諸表の数値により計算することとされました。

　一方で、評価会社の1株当たりの比準3要素の金額は、1株当たりの資本金等の額が50円以外の場合には、1株当たりの資本金等の額を50円とした場合の発行済株式数により計算することとされています。この点、評価会社の1株当たりの比準要素金額と類似業種株価（財務諸表に基づく数値とすること）とのバランスから、上場会社であっても1株当たりの資本金の額等が50円以外の場合には、1株当たりの資本金の額等の金額を50円とした場合の発行済株式数に基づき計算することとしています。

　なお、非上場会社である評価会社には、原則として、上場会社のような監査義務は課されておらず、利益計算の恣意性を排除し、評価会社の株式を同一の算定基準により評価することが合理的であることに鑑み、納税者利便の観点から評価会社の1株当たりの配当金額、利益金額及び簿価純資産価額については、従来どおり法人税等の申告書の

数値に基づき計算することとされています（**224**ページ参照）。

（参考法令等）

> **法人税法施行令第 8 条《資本金等の額》**
> 一〜十九　省略
> 二十　法第24条第 1 項第五号から第七号までに掲げる事由（以下この号において「自己株式の取得等」という。）により金銭その他の資産を交付した場合の取得資本金額（次に掲げる場合の区分に応じそれぞれ次に定める金額をいい、当該金額が当該自己株式の取得等により交付した金銭の額及び金銭以外の資産の価額（適格現物分配に係る資産にあつては、その交付の直前の帳簿価額）の合計額を超える場合には、その超える部分の金額を減算した金額とする。）
> 　イ　当該自己株式の取得等をした法人が一の種類の株式を発行していた法人（口数の定めがない出資を発行する法人を含む。）である場合　当該法人の当該自己株式の取得等の直前の資本金等の額を当該直前の発行済株式又は出資（自己が有する自己の株式を除く。）の総数（出資にあつては、総額）で除し、これに当該自己株式の取得等に係る株式の数（出資にあつては、金額）を乗じて計算した金額（当該直前の資本金等の額が零以下である場合には、零）
> 　ロ　当該自己株式の取得等をした法人が二以上の種類の株式を発行していた法人である場合　当該法人の当該自己株式の取得等の直前の当該自己株式の取得等に係る株式と同一の種類の株式に係る種類資本金額を当該直前の当該種類の株式（当該法人が当該直前に有していた自己の株式を除く。）の総数で除し、これに当該自己株式の取得等に係る当該種類の株式の数を乗じて計算した金額（当該直前の当該種類資本金額が零以下である場合には、零）
> 二十一〜二十二　省略

Question 71 比準要素の比重割合の変更

現行の類似業種比準方式の算式では、比準要素（B配当、C利益、D純資産価額）を均等に採用し、各要素数を3で除していますが、改正前は次のとおり、利益金額を重視していたと聞いています。

現在の方式になったのはいつからで、変更となった理由を教えてください。

【改正前の算式】

$$A \times \left(\frac{\frac{B}{B} + \frac{C}{C} \times 3 + \frac{D}{D}}{5} \right) \times 0.7$$

【改正後の算式】

$$A \times \left(\frac{\frac{B}{B} + \frac{C}{C} + \frac{D}{D}}{3} \right) \times 0.7$$

A

類似業種比準方式における3つの比準要素である配当金額、利益金額及び簿価純資産価額の比重は、平成12年の評価通達改正以前においては株価形成に与える影響度が等しいものとして取り扱っていました。

その後、平成12年の評価通達の改正時に、上場会社のデータに基づき検証作業等を行ったところ、これらの要素の比重を1：3：1とした場合が最も適正に株価の算定がなされると認められたことから、この比重により計算すること（改正前の算式）とされていました。

また、平成29年において、平成12年の評価通達の改正時と同様に、上場会社のデータに基づき、個別の上場会社について、これらの要素の比重をどのように採用すると最も当該上場会社の株価に近似するか、それぞれの要素の比重を変えて検証作業を行ったところ1：1：1という比重が最も実際の株価と評価額との乖離が少なく、適正に「時価」が算出されると認められたことから、これを踏まえて類似業種比

準方式の算式が現行のように改正されました。

　なお、現行の算式は平成29年1月1日以降の相続、遺贈又は贈与により株式等を取得した場合に適用されています。

Question 72 類似業種株価の選択（課税時期の属する月以前2年間の平均株価）

従前の類似業種比準方式の算式では、類似業種の株価Aは「課税時期の属する月以前3か月間の各月の類似業種の株価のうち最も低いものを採用する（ただし、前年平均株価も選択できる。）」とされていましたが平成29年からは、「課税時期の属する月以前2年間の平均株価」も選択できるようになりました。

平成29年の評価通達の改正で「課税時期の属する月以前2年間の平均株価」が加えられた理由を教えてください。

A 従来から、類似業種比準価額の計算の基となる類似業種の株価Aについては、類似業種比準価額の計算において上場会社の株価の急激な変動による影響を緩和する趣旨から、一定の選択肢を設けていたところです。

しかしながら、最近の株価の動向を踏まえると、株価の急激な変動を平準化するには、2年程度必要と考えられること及び現行においても課税時期が12月の場合には、前年平均株価の計算上、前年の1月までの株価を考慮しており、実質的に2年間の株価を考慮していることから、課税時期の属する月以前2年間の平均株価を選択可能とすることにしました。

なお、類似業種株価Aの選択の追加（課税時期の属する月以前2年間の平均株価の採用）は、平成29年1月1日以後の相続、遺贈又は贈与により株式等を取得した場合に適用されます。

Question 73 類似業種比準方式（標本会社）

国税庁より公表される類似業種株価等通達で定めている類似業種の株価「A」、類似業種の1株当たりの配当金額「B」、類似業種の1株当たりの利益金額「C」及び類似業種の1株当たりの純資産価額「D」（以下、「類似業種の株価等」といいます。）は、上場会社の類似業種の株価等を参考に計算されていると聞いていますが、上場会社の全ての株価等を参考にしているのですか。

A 類似業種株価等通達で定めている類似業種の株価等は、金融商品取引所に株式を上場している全ての会社の株価及び比準3要素の価額（金額）に基づいて作成されています。

ただし、類似業種の株価等を適正に求めることができない会社は、標本会社より除外されることになっています。

(1) 標本会社

金融商品取引所に株式を上場しているすべての会社（内国法人）が対象となっています。ただし次の(2)を除きます。

（参考）　金融商品取引所名及び取引市場名

金融商品取引所名	取引市場名
東京証券取引所	東京第一部、東京第二部、マザーズ、JASDAQ、Tokyo PRO Market
名古屋証券取引所	名古屋第一部、名古屋第二部、セントレックス
福岡証券取引所	福岡、Q－Board
札幌証券取引所	札幌、アンビシャス

(2) 標本会社から除外する会社

次のイ～ホの会社は、標本会社から除外されています。

イ　その年中に上場廃止することが見込まれる会社

　上場廃止することが予定されている会社は、毎日の最終価格の各月ごとの平均額を12月まで求められないため除外されています。

ロ　前々年中途（前々年3月以降）に上場した会社

　類似業種株価通達等では、「前年の平均株価」及び「課税時期の属する月以前2年間の平均株価」を公表していますが、前々年の中途で上場した場合には、「課税時期の属する月以前2年間の平均株価」が求められないことから除外されています。

ハ　設立後2年未満の会社

　「1株当たりの配当金額」は、直前期末以前2年間における剰余金の年配当金額の平均としていますが、設立後2年未満の会社については、2年分の配当金額の平均が計算できず、類似業種の1株当たりの配当金額を求められないことから除外されています。

ニ　1株当たりの配当金額、1株当たりの年利益金額及び1株当たりの純資産価額のいずれか2以上が0又はマイナスである会社

　類似業種比準方式の計算において評価会社と比較する上場会社は、正常な経営活動を行っている会社を前提としています。したがって、「1株当たりの配当金額」、「1株当たりの年利益金額」及び「1株当たりの純資産価額」の3要素のうち過半を欠いている会社については、類似業種の株価等を計算することは不適当と考えられること

から除外されています。

ホ　資本金の額等が０又はマイナスである会社

　各標本会社の「株価」、「１株当たりの配当金額」、「１株当たりの年利益金額」及び「１株当たりの純資産価額」は、１株当たりの資本金の額等を50円とした場合の株式数を前提に計算された数値であることから、資本金の額等が０又はマイナスの場合は比準３要素の金額も０又はマイナスとなってしまいます。このような０又はマイナスの会社の株価等を含めて類似業種の株価等を計算することは不適当と考えられることから除外されています。

ヘ　他の標本会社に比し、業種目の株価等に著しく影響を及ぼしていると認められる会社

　類似業種の株価等は、業種目ごとに各標本会社の株価等の平均額に基づき算定されていますが、特定の標本会社の株価等が他の標本会社の株価等と比較して著しく高い場合には、当該特定の標本会社の株価等が業種目の株価等に著しい影響を及ぼすことになります。

　そこで、このような場合、当該特定の標本会社の個性が業種目の株価等に強く反映されることになることから、このような影響を排除するため、統計的な処理に基づき株価等が外れ値となる会社は除外されています。(注)

> (注)　一般的な統計学の手法に基づき、株価等について対数変換したうえで、平均値と標準偏差を求め、平均値から標準偏差の３倍を超える乖離のある株価等を外れ値としています。

Question 74 類似業種株価通達で公表されている「A」、「B」、「C」及び「D」の計算根拠

類似業種株価「A」及び類似業種の1株当たりの配当金額「B」、同年利益金額「C」及び同純資産価額「D」は、国税庁が作成する類似業種株価通達等により公表されていますが、これらの株価等の算定はどのようにして計算されていますか。

A 類似業種比準方式の計算は、国税庁から公表されている類似業種株価等通達の数値に基づいて行われますが、この公表数値は、次のとおり各標本会社の株価及び比準3要素の金額を業種別に平均して算定した数値とされています。

1 類似業種の株価「A」

各標本会社の前年の平均株価、各月以前2年間の平均株価及び各月の平均株価（1株当たりの資本金等の額が50円以外の金額であるときは、1株当たりの資本金の額等を50円として計算した金額）を業種目別に平均して公表しています。

2 類似業種の1株当たりの配当金額「B」

各標本会社の財務諸表（連結決算の場合は、連結決算に基づく財務諸表。以下同じです。）から、2年間の剰余金の配当金額の合計額の2分の1に相当する金額を、発行済株式数（自己株式を有する場合には、自己株式の数を控除した株式数をいいます。なお、1株当たりの資本金の額等が50円以外の金額であるときは、資本金の額等を50円で除して計算した数とします。以下3及び4について同じです。）で除

3　類似業種の1株当たりの年利益金額「C」

各標本会社の財務諸表から、税引前当期純利益（連結決算の場合、税金等調整前当期純利益）の額を発行済株式数で除した金額について、業種目別に平均して算出し公表しています。

4　類似業種の1株当たりの純資産価額「D」

各標本会社の財務諸表から、純資産の部の合計額を発行済株式数で除した金額について、業種目別に平均して算出し公表しています。

○　公表値の具体的な計算例

≪設例≫

業種目番号□□業●●番（小分類）の類似業種株価等を作成する手順は次のとおりです。なお、標本会社は甲社、乙社、丙社の3社と仮定します。

	甲社	乙社	丙社
①資本金の額等	（百万円） 300,000	（百万円） 120,000	（百万円） 80,000
②発行済株式数	（千株） 3,000	（千株） 1,500,000	（千株） 10,000
③1株当たりの資本金の額等（①／②）	（円） 100,000	（円） 80	（円） 8,000
④1株当たりの資本金の額等を50円とした場合の発行済株式数（①／50円）	（百万株） 6,000	（百万株） 2,400	（百万株） 1,600

⑤株価（令和1年1月分の平均額）	（円）900,000	（円）400	（円）56,000
⑥配当金額	（百万円）15,000	（百万円）12,000	（百万円）4,800
⑦利益金額	（百万円）150,000	（百万円）72,000	（百万円）80,000
⑧簿価純資産価額	（百万円）1,200,000	（百万円）600,000	（百万円）240,000
⑨1株当たりの配当金額（⑥／②）	（円）5,000	（円）8	（円）480
⑩1株当たりの利益金額（⑦／②）	（円）50,000	（円）48	（円）8,000
⑪1株当たりの簿価純資産価額（⑧／②）	（円）400,000	（円）400	（円）24,000

　各標本会社の1株当たりの資本金の額等（株主の拠出資本の額）の多寡による株価、1株当たりの配当金額、1株当たりの年利益金額及び1株当たりの純資産価額の相違をなくす必要があることから、各標本会社の株価、1株当たりの配当金額、1株当たりの年利益金額及び1株当たりの純資産価額を1株当たりの資本金の額等を50円とした場合の金額に換算して平均する。

(□□業●●番の株価「A」の計算)

甲社　900,000円　×　$\dfrac{50円}{100,000円}$　＝　450円
　　　　　　　　　　(300,000百万円÷3,000千株)

乙社　400円　×　$\dfrac{50円}{80円}$　＝　250円
　　　　　　　　(120,000百万円÷1,500,000千株)

丙社　56,000円　×　$\dfrac{50円}{8,000円}$　＝　350円
　　　　　　　　　(80,000百万円÷10,000千株)

(3社平均) 350円 (令和1年1月分)

(□□業●●番の1株当たりの配当金額「B」の計算)

甲社　15,000百万円　÷　6,000百万株　＝　2.5円
乙社　12,000百万円　÷　2,400百万株　＝　5.0円
丙社　4,800百万円　÷　1,600百万株　＝　3.0円

(3社平均) 3.5円

(□□業●●番の1株当たりの年利益金額「C」の計算)

甲社　150,000百万円　÷　6,000百万株　＝　25円
乙社　72,000百万円　÷　2,400百万株　＝　30円
丙社　80,000百万円　÷　1,600百万株　＝　50円

(3社平均) 35円

(□□業●●番の1株当たりの純資産価額「D」の計算)

甲社　1,200,000百万円　÷　6,000百万株　＝　200円
乙社　600,000百万円　÷　2,400百万株　＝　250円
丙社　240,000百万円　÷　1,600百万株　＝　150円

(3社平均) 200円

類似業種比準価額計算上の業種目及び業種目別株価等(令和6年分)

(単位:円)

業種目 大分類 / 中分類 / 小分類			番号	〔B〕配当金額	〔C〕利益金額	〔D〕簿価純資産価額	A(株価) 令和6年1月分
○	○	業	■■	2.4	22	174	266 253
	△ △	業	▲▲	2.4	18	180	219 208
	□ □	業	●●	3.5	35	200	350 334
	その他の○○業		××	2.3	22	160	307 301

第4 評価方式(類似業種比準方式・純資産価額方式・配当還元方式)の計算

Question 75 標本会社の配当、利益及び純資産価額

国税庁が公表している類似業種株価等通達の「配当金額B」、「利益金額C」及び「純資産価額D」は、平成29年の評価通達の改正前までは法人税の課税所得金額等を基に算定されていたと思いますが、改正によりどのように変わったのか教えてください。

A 平成29年の評価通達の改正以前の規定によると、類似業種株価通達等で公表されている比準要素の数値は、評価会社と同様に法人税の課税所得等を基に算定するとされていましたが、平成29年の評価通達改正により財務諸表の数値により計算することとされました。改正された理由は次のとおりです。

上場会社については、連結決算に係る財務情報を公表することが原則義務付けられていますが、投資判断にあたってはその情報が重視されて株価の形成要素となっています。したがって、より適切な時価を算出するために、類似業種の比準要素の数値について、連結決算の数値を反映させることとしました。

これと併せて上場会社は、原則として監査義務が課せられており、利益計算の恣意性は排除されていることを考慮し、類似業種の比準要素の計算については、これまでの法人税の課税所得金額等から財務諸表の数値を基に計算することに変更したうえで、連結決算を行っている場合には、その数値を反映させることにしました。

具体的には、類似業種の1株当たりの利益金額については、市場において当期純利益が株価の分析対象とされていること及び課税所得金額が税引前当期純利益に基づき計算されていることとのバランスから、税引前当期純利益（連結決算を行っている場合には税金等調整前当期

純利益）を基に計算することになりました。

　また、類似業種の1株当たりの純資産価額（帳簿価額によって計算した金額）（以下「簿価純資産価額」といいます。）については、企業会計上の純資産が資産と負債の差額に基づく概念であることを踏まえ、財務諸表における資産と負債の差額である純資産の部の合計額を基に計算することになりました。

> (注1)　類似業種の比準要素の数値の算出に当たっては、配当金額等を発行済株式数で除した1株当たりの金額に基づき計算しています。この発行済株式数は、評価会社の1株当たりの資本金等の額が50円以外の場合には、1株当たりの資本金等の額を50円とした場合の発行済株式数により計算することとしています。一方で、上場会社の比準要素については、連結決算及び財務諸表に基づく数値を反映させる必要から、1株当たりの資本金の額等が50円以外の場合には、1株当たりの資本金の額等の金額を50円とした場合の発行済株式数に基づき計算することとしました。
>
> (注2)　非上場会社である評価会社には、原則として、上場会社のような監査義務は課せられておらず、利益計算の恣意性を排除し、評価会社の株式を同一の算定基準により評価することが合理的であることに鑑み、納税者利便の観点から、評価会社の1株当たりの配当金額、利益金額及び簿価純資産価額については、従来どおり法人税等の数値に基づき計算します。

　なお、上記のように国税庁から公表される類似業種の比準3要素の算定方法に変更はありますが、類似業種比準方式の計算は、従前と同様で変更はありませんので実務上の影響はほとんどありません。

Question 76 評価会社の配当、利益及び純資産価額

類似業種比準方式の計算では、評価会社の1株当たりの「配当金額Ⓑ」、「年利益金額Ⓒ」、「純資産価額Ⓓ」を算定する必要がありますが、これらの価額は、評価会社の「配当金額」の総額、「年利益金額」の総額、「純資産」の総額を発行済株式数で除して求めます。

この場合の発行済株式数は、実際に会社が発行している株式数を用いればよいのですか。

A 類似業種比準方式の算式中における各要素の金額は、いずれも「1株当たりの資本金等の額が50円とした場合」の発行済株式数を基に計算するとされており、単純に発行済株数の総数により1株当たりの「配当金額Ⓑ」、「年利益金額Ⓒ」、「純資産価額Ⓓ」を算定するのではありません。その理由は以下のとおりです。

1 昭和58年4月の改正

評価通達では、昭和58年4月の改正前までは類似業種の株価(A)、類似業種の1株当たりの配当金額(B)、利益金額(C)及び純資産価額(D)並びに評価会社の1株当たりの配当金額(Ⓑ)、利益金額(Ⓒ)及び純資産価額(Ⓓ)を1株の券面額を50円とした場合の株式数により計算していましたが、昭和58年の評価通達の改正によりこれを、1株当たりの資本金の額を50円とした場合の株式数により計算することに変更しました(評基通180、182、183、183-2)。

これは、昭和56年の商法第284条ノ2の改正(昭和57年10月施行)により、額面株式、無額面株式にかかわらず、有償の新株発行においては、原則として、発行価額のすべてが資本に組み入れられることに

なり、券面額の総額（券面額×発行済株式数）が資本金額と一致しない場合が生ずることになったからと考えられています。

この改正商法によった場合、1株当たりの券面額を基として計算したときは、資本組入額の違いによって1株当たりの評価額に差異が生ずることになるので、上場会社（標本会社）及び評価会社ともに、1株当たりの資本金の額を50円とした場合の株式数を基として、すべての計算を行うこととしたものです。

（参考） 昭和56年の商法第284条ノ2 （抜粋）

改正後	改正前
会社ノ資本ハ本法ニ別段ノ定アル場合ヲ除クノ外発行済株式ノ発行価額ノ総額トス 2　株式ノ発行価額ノ二分ノ一ヲ超エザル額ハ資本ニ組入レザルコトヲ得但シ額面株式ニ付テハ券面額、会社ノ設立ニ際シテ発行スル無額面株式ニ付テハ五万円ヲ超ユル部分ニ限ル	会社ノ資本ハ本法ニ定アル場合ヲ除ク外発行済額面株式ノ株金総額及発行済無額面株式ノ発行価額ノ総額トス 2　無額面株式ニ付テハ其ノ発行価額ノ四分ノ一超エザル額ヲ資本ニ繰入レザルコトヲ得設立ニ際シテ無額面株式ヲ発行スルトキハ其ノ最低発行価額ヲ超ユル部分ニシテ其ノ発行価額ノ四分ノ一ヲ超エザル額ニ付亦同ジ

2　平成18年の会社法の改正

その後、平成18年の会社法の施行により株式会社の最低資本金制度（最低1,000万円）がなくなり、資本金を資本準備金等に振り替えたり、資本金の額をゼロとする会社も認められるようになりました。

したがって、資本金の額を50円とした場合の株式数により1株当たりの各要素の金額を計算した場合、資本準備金の金額は考慮しないので適正な株価を算出することができなくなりました。

そこで、平成18年の評価通達の改正により類似業種の株価及び各比準要素の数値の計算においては、従来の「資本金の額」ではなく、法人税法第2条《定義》第16号に規定する「資本金等の額」を用いて「1株当たりの資本金の額を50円とした場合の株式数」を計算し、その株式数を基に算出することに改められました。

　「資本金等の額」とは、平成18年度の法人税法関係法令の改正前の「資本の金額」と「資本積立金額」の合計額と同様の概念をいい、具体的には、直前期の法人税の申告書「別表五(一)　利益積立金及び資本金等の額の計算に関する明細書」Ⅱの「資本金等の額の計算に関する明細書」の「差引翌期首現在資本金等」の額をいいます。

(参考)

利益積立金額及び資本金等の額の計算に関する明細書	事業年度	： ：	法人名	

Ⅰ　利益積立金額の計算に関する明細書

区　分	期首現在利益積立金額 ①	当期の増減 減 ②	当期の増減 増 ③	差引翌期首現在利益積立金額 ①−②+③ ④
利　益　準　備　金　1	円	円	円	円
積　立　金　2				
3				
4				

Ⅱ　資本金等の額の計算に関する明細書

区　分	期首現在資本金等の額 ①	当期の増減 減 ②	当期の増減 増 ③	差引翌期首現在資本金等の額 ①−②+③ ④
資本金又は出資金　32	円	円	円	円
資　本　準　備　金　33				
34				
35				
差　引　合　計　額　36				

Question 77 類似業種比準方式（自己株式がある場合）

類似業種比準方式の計算は、1株当たりの資本金等の額を50円とした場合の株式数を前提に、類似業種の株価を基に比準3要素の割合を乗じて株価を算定しますが、評価会社が自己株式を保有している場合、1株当たりの資本金等の額はどのように算定しますか。

A 会社が自己株式を保有している場合の貸借対照表の記載について、平成18年の改正前までは法人税法上、自己株式は資産の部に計上することとされていたため、類似業種の株価、各比準要素の数値及び発行済株式数の計算においては、自己株式の価額に相当する金額及び自己株式数について何ら修正せずに評価していましたが、平成18年度の法人税法関係法令の改正により、平成18年4月1日以後に自己株式を取得した場合には、資本金等の額から取得した自己株式に対応する資本金等の額（取得資本金額）(注)を控除するように表示の仕方が変更されました。

これに伴い、類似業種比準方式においても、評価会社が自己株式を保有する場合には、自己株式の価額に相当する取得資本金額を控除した後の資本金等の額により「1株当たりの資本金等の額を50円とした場合の株式数」を計算することとし、併せて、発行済株式数の計算においても自己株式数を控除することに改められました。

(注) 法人税法上、「取得資本金額」は、次の算式により計算することとされています（法令8①二十）。

《算式》

$$\text{取得資本金額} = \frac{\text{自己株式取得直前の資本金等の額}}{\text{自己株式取得直前の発行済株式数} - \text{自己株式取得直前の自己株式数}} \times \text{取得自己株式数}$$

※ なお、上記により算定した金額が自己株式の取得等により交付した金銭の額及び金銭以外の資産の価額（適格現物分配に係る資産にあっては、その交付直前の帳簿価額）の合計額を超える場合には、その超える部分の金額を減算した金額とします。

なお、資本金等の額から、取得した自己株式に対応する資本金等の額（取得資本金額）を控除した結果、「資本金等の額」がマイナスとなる可能性があります。

その主な原因としては、上場されている自己株式を市場取引により取得した場合に、その取得対価の全額を「資本金等の額」から控除することとなるため、「資本金等の額」を上回る価額で取得したようなときには、「資本金等の額」がマイナスとなることが考えられます。

このような場合について、平成18年12月22日付の国税庁の資産評価企画官情報で次のように解説されています。

「仮に『資本金等の額』が負の値となったとしても、その結果、算出された株価（1株当たりの資本金等の額を50円とした場合の株価）に、同じ資本金等の額を基とした負の値（1株当たりの資本金等の額の50円に対する倍数）を乗ずることにより約分されるため、結果として適正な評価額が算出されることとなります。」

なお、資本金等の額がマイナスとなる場合の計算は、Q113（304ページ）を参照してください。

Question 78 直前期末の発行済株式数が多く、1株当たりの資本金等の額が1円未満となる場合

類似業種比準価額の計算は、実務においては株式評価明細書の表示単位未満の端数を切り捨てて行いますが、甲社は資本金等の額が300万円で発行済株式数が450万株であるため、資本金等の額を発行済株式数で除すと1株当たりの資本金等の額は1円未満となり、記載表示単位未満の端数を切り捨てると0円となってしまいます。

単位未満の端数を切り捨てたことにより1株当たりの資本金等の額が0円となり、その結果、類似業種比準価額は算定されないことになりますが問題ありませんか。

第4表 類似業種比準価額等の計算明細書　　会社名　甲社

取引相場	1. 1株当たりの資本金等の額等の計算	直前期末の資本金等の額 ① 千円	直前期末の発行済株式数 ② 株	直前期末の自己株式数 ③ 株	1株当たりの資本金等の額 ④ (①÷(②−③)) 円	1株当たりの資本金等の額を50円とした場合の発行済株式数 ⑤ (①÷50円) 株
		3,000	4,500,000	0	0	60,000

A

第4表「類似業種比準価額等の計算明細書」の記載に当たり、各欄の金額は記載方法に定めのあるものを除き、各欄の表示単位未満の端数を切り捨てて記載します。その際に、表示単位未満の端数を切り捨てることにより株価が0となる場合には、当該端数を切り捨てず、分数により記載します。

ただし、納税義務者の選択により、当該計算については小数により記載することもできます。なお、当該金額を小数により記載する場合には、小数点以下の金額のうち、直前期末の発行済株式数の桁数に相当する数の位未満の端数を切り捨てたものを当該各欄に記載します（端数処理の例を参照）。

ご質問のケースでは、円単位未満を切り捨てることにより④の1株

当たりの資本金等の額が０となるため、次のように記載して計算することが相当です。

〔端数処理の例〕

④の金額：3,000,000円 ÷ 4,500,000株 ＝ 0.6666666|666……
　　　　　　　　　　　　　　　　　　　　　　　　　切り捨て

※ ご質問の場合、発行済株式数（②－③）が７桁であるため、その桁数（小数点以下第７位）未満の端数を切り捨てた金額を④の金額とします。

第４表　類似業種比準価額等の計算明細書　　　会社名　甲社

取引相場	1.1株当たりの資本金等の額等の計算	① 直前期末の資本金等の額	② 直前期末の発行済株式数	③ 直前期末の自己株式数	④ 1株当たりの資本金等の額（①÷（②－③））	⑤ 1株当たりの資本金等の額を50円とした場合の発行済株式数（①÷50円）	令和六年
		3,000 千円	4,500,000 株	0 株	0.6666666 円	60,000 株	

このようなケースで株価が算出されない原因は、資本金等の額に対して発行済株式数が非常に多く、記載の便宜上、簡便性を重視して端数処理した結果０円となったものです。

そこで、表示単位未満を切り捨てずに、本来計算されるべき数値に基づいて１株当たりの資本金等の額を計算した場合に株価が算出される時には、課税上の公平の観点からも端数処理しないで類似業種比準価額の計算をすることが至極妥当と考えられます。

Question 79 類似業種比準方式（業種目の判定）

類似業種比準方式は、類似する上場会社の株価、配当金額、利益金額、純資産額を基にして評価会社の株価を算定する方式ですから、まずは評価会社の業種を判定しなければなりません。この場合の評価会社の業種目の判定はどのようにして行いますか。

A 評価会社の業種目については、会社規模の判定の際と同様に「直前期末以前1年間における取引金額」に基づき、原則として「日本標準産業分類」に区分される業種によって判定するとされていますが、具体的には、国税庁長官が定める別表「日本標準産業分類の分類項目と類似業種比準価額計算上の業種目との対比表（平成29年分）」（161ページ以降参照。以下、「業種目対比表」といいます。）に従って該当する業種目を決定します。

この場合の類似業種は、大分類、中分類及び小分類に区分して定める業種（以下「業種目」といいます。）のうち、評価会社の営む業種と同じ業種目とし、その業種目が小分類に区分されている場合には、小分類の業種目を、また、その業種目が小分類に区分されていない業種目にあっては、中分類の業種目をさらに中分類の業種目に区分されない業種にあっては、大分類の業種目をそれぞれ評価会社の類似業種とします。

ただし、納税義務者の選択により、該当する業種が小分類の業種目である場合には、その業種目が属する中分類の業種目を、また、その業種が中分類の業種目である場合には、その業種目の属する大分類の業種目を、それぞれ類似業種とすることができます（評基通181）。

これは、類似業種比準方式の計算のための業種目は、上場会社にお

ける業種別分布を基として細分化していますが、事業内容が多岐にわたる中小企業の業種別分布の実態をみると業種によっては必ずしも上場会社のそれとは同一ではなく、また、最近は企業の事業内容に多角化傾向が見られることから、細分された業種目だけを適用するよりも、広くその業種目の属する上位分類の類似業種とする方が事業内容に即した評価が得られる場合があることを考慮してのことです。

例えば、下記の例で評価会社の業種が小分類に区分されている「自動車・同附属品製造業　49」に該当する場合には、その業種目とその業種目の属する中分類の業種目である「輸送用機械器具製造業　48」を採用し、それぞれの比準要素を基として算出した株価のうち、価額が低くなる方の業種目を実際に採用する業種目とすることができます。

○　類似業種比準価額計算上の業種目

大分類	中分類	小分類	番号
製造業			10
〜〜〜	〜〜〜	〜〜〜	〜〜
	情報通信機械器具製造業		47
	輸送用機械器具製造業		48
		自動車・同附属品製造業	49
		その他の輸送用機械器具製造業	50
	その他の製造業		51

Question 80 類似業種比準方式
（兼業している場合の業種目の判定）

業種目の判定は、「直前期末以前1年間における取引金額」により業種目対比表を用いて判定すると聞いていますが、取引金額のうちに2以上の業種目に係る取引金額が含まれている場合には、どのように行いますか。

評価会社の業種目の判定は、「直前期末以前1年間における取引金額」を基礎として業種目対比表を用いて判定しますが、当該取引金額のうちに2以上の業種目に係る取引金額が含まれている場合には、取引金額全体のうちに占める業種目別の取引金額の割合が50％を超える業種目とし、その割合が50％を超える業種目がない場合には、次に掲げる場合に応じたそれぞれの業種目となります（評基通181-2）。

1　取引総額の50％を超える業種目がある場合

　50％超の業種目

2　取引総額の50％を超える業種目がない場合

(1)	評価会社の事業が一つの中分類の業種目中の2以上の類似する小分類の業種目に属し、これらの業種別の取引金額が取引総額の50％を超える場合

　その中分類の中にある類似する小分類の「その他の○○業」

○ 評価会社の業種目と業種目別の割合

業　種　目	業種目別の　割合
有機化学工業製品製造業	45%
医薬品製造業	30%
不動産賃貸業・管理業	25%

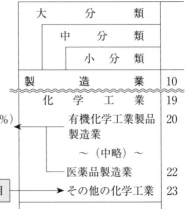

|(2)|評価会社の事業が一つの中分類の業種目中の2以上の類似しない小分類の業種目に属し、それら業種別の取引金額が取引総額の50%を超える場合（(1)に該当する場合を除きます。）|

その小分類が属している中分類の業種目

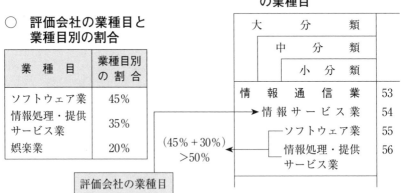

(3)	評価会社の事業が一つの大分類の業種目中の2以上の類似する中分類の業種目に属し、それらの業種別の取引金額が取引総額の50%を超える場合

その大分類の中にある類似する中分類の「その他の○○業」

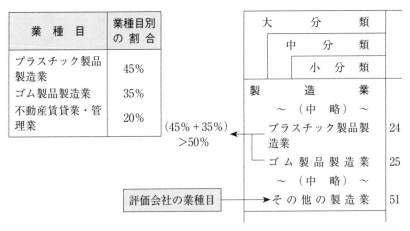

(4)	評価会社の事業が一つの大分類の業種目中の2以上の類似しない中分類の業種目に属し、それらの業種別の取引金額が取引総額の合計が50%を超える場合（(3)に該当する場合を除きます。）

その中分類が属している大分類の業種目

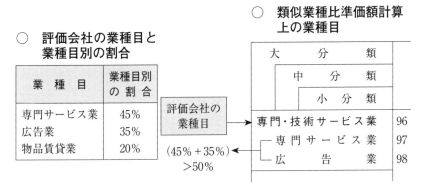

(5) (1)から(4)のいずれにも該当しない場合

大分類の業種目の中の「その他の産業」。

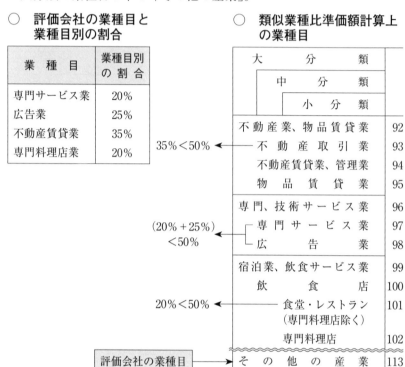

Question 81 類似業種比準方式（業種目の判定と業種分類の判定の違い）

類似業種比準方式の計算においては、まず評価会社の業種目を判定する必要がありますが、具体的には「直前期末以前1年間の取引金額」に基づき、類似業種株価等通達で定める業種目のどの区分に属するのか判定します。

この類似業種株価等通達で定める業種目の判定と評価会社の会社規模（大会社、中会社、小会社）を判定する場合の業種分類（「卸売業」、「小売・サービス業」、「それ以外」）の判定に違いはありますか。

A 「業種分類」の判定と「業種目」の判定は、ともに「直前期末以前1年間の取引金額」に基づいて判定しますが、兼業をしている場合の取扱いに違いがあります。

すなわち、会社の規模を判定する場合の業種分類（「卸売業」、「小売・サービス業」、「それ以外」）の判定は、取引金額のうちに2つ以上の業種に係る取引金額が含まれている場合には、それらの取引金額のうち、最も多い取引金額に係る業種によって判定するとされています。

一方、業種目の判定は、取引金額のうちに2つ以上の業種に係る取引金額が含まれている場合において、取引金額の総額のうちに占める業種目別の取引金額の割合が50％を超えている場合には、当該業種目とし、その割合が50％を超える業種目がない場合には、次によるとされています。したがって、業種目の判定は、取引金額の最も多い業種目によって判定するのではありません。

		兼　業　割　合	業種目の判定
50％超える業種目がない場合	イ	評価会社の事業が1つの中分類の業種目中の2以上の類似する小分類の業種目に属し、それらの業種目の割合の合計が50％を超える場合	その中分類の中にある類似する小分類の「その他の〇〇業」(注)
	ロ	評価会社の事業が1つの中分類の業種目中の2以上の類似しない小分類の業種目に属し、それらの業種目の割合の合計が50％を超える場合	その中分類の業種目
	ハ	評価会社の事業が1つの大分類の業種目中の2以上の類似する中分類の業種目に属し、それらの業種目の割合の合計が50％を超える場合	その大分類の中にある類似する中分類の「その他の〇〇業」(注)
	ニ	評価会社の事業が1つの大分類の業種目中の2以上の類似しない中分類の業種目に属し、それらの業種目の割合の合計が50％を超える場合	その大分類の業種目
	ホ	イからニのいずれにも該当しない場合	その大分類の業種目の中の「その他の産業」

（注）　上記判定に当たり、小分類又は中分類の業種目に「その他の〇〇業」がある場合には、原則として、同一の上位業種目の中で複数の事業を行っていれば、その業種目はそれぞれ類似しているとみなされ「その他の〇〇業」と判定します。ただし、「無店舗小売業」（中分類）については、「小売業」（大分類）に属する他の中分類の業種目とは類似していないことから、他の中分類の業種目の割合と合計することにより50％を超える場合には大分類の「小売業」となります。

Question 82 類似業種比準方式（医療法人の業種目番号）

医療法人は、会社の規模を判定する場合の業種区分は「小売・サービス業」として区分されるようですが、類似業種比準方式の計算において採用する業種目は何になりますか。

A 業種区分及び業種目の判定は、日本標準産業分類に従って行いますが、医療法人は病院ですので、本来であれば「P医療、福祉」（業種番号109）に属することになるかと思われます。

ただし、類似業種株価等通達の業種目欄の大分類：医療・福祉（109）の内容を見ますと「保健衛生・社会保険・社会福祉及び介護に関するサービスを提供するもの（医療法人を除く）」と記載されています。

したがって、医療法人は、医療・福祉（業種番号109）には該当しないことになりますが、それ以外に適当な業種が見当たらないことから「その他の産業（113）」を採用することになります。

Question 83 類似業種比準方式 （採用する類似業種の株価Ａ）

類似業種比準方式の計算において、基本となる類似業種の株価「Ａ」は、類似業種株価等通達により公表されていますが、この株価「Ａ」の採用にあたり注意すべき事項はありますか。

A 「類似業種比準方式」の計算にあたって実際に採用する類似業種の株価「Ａ」は、課税時期の属する月以前3か月間の各月の「平均株価」、「前年平均株価」及び「課税時期の属する月以前2年間の平均株価」のうち最も低い価額によるとされています（評基通182）。

この場合の各月の「平均株価」及び「前年平均株価」並びに「課税時期の属する月以前2年間の平均株価」は、業種目（標本となる上場会社について毎年、事業内容に応じて見直しを行ったもの）ごとにそれぞれの業種目に属する上場会社（標本会社）の毎日の最終価格の各月の平均額（1株当たりの資本金の額等を50円として計算した金額）を基に計算し、国税庁より類似業種株価等通達として公表されています。

なお、「課税時期の属する月以前2年間の平均株価」が選択可能となったのは、平成29年4月の評価通達の改正からであり、適用は平成29年1月1日以後の相続、遺贈又は贈与が対象です。

また、類似業種の株価「Ａ」は、業種目ごとに各年分の標本会社である上場会社の平均株価を基に算定されていますので、標本会社である上場会社の選定に異動があった（例えば、事業内容に変更があった会社、上場廃止となった会社、新規に上場された会社があった等）業

種目については、前年分と当年分については標本会社等が異なることになります。

その結果、例えば令和6年1月10日の類似業種株価を算定する場合、令和5年の11月分及び12月分の平均株価と令和5年分として既に公表されていた11月分及び12月分の平均株価とでは数値が異なっていますので、採用する課税年分を誤らないことが重要です。

これを図により例示すれば、次のとおりになります。

(1) **令和5年分の類似業種株価**（標本会社の令和4年分の財務諸表のデータに基づき作成）

	令和5年			令和6年	
各月	10月	11月	12月	1月	2月
A平均株価	1019	964	990		

(2) **令和6年分の類似業種株価**（標本会社の令和5年分の財務諸表のデータに基づき作成）

	令和5年			令和6年	
各月	10月	11月	12月	1月	2月
A平均株価		990	1012	1005	990

上記のうち、(1)の11月及び12月分株価は、課税時期が令和5年中にある場合に採用します。

また、(2)の11月及び12月分株価は、課税時期が令和6年の1月及び2月中（この場合は12月の株価のみ）にある場合に採用します。

Question 84 1株当たりの配当金額(Ⓑ)（採用する事業年度）

評価会社の「1株当たりの配当金額(Ⓑ)」は、直前の事業年度に係る配当金に基づき計算しますか。

A 評価会社の「1株(50円)当たりの配当金額(Ⓑ)」は、その会社の直前期末以前2年間における剰余金の配当金額の合計額の1/2に相当する金額を直前期末における発行済株式数（1株当たりの資本金等の額を50円とみなして計算した株式数）で除して計算した金額とされています。

なお、直前期末以前2年間における剰余金の配当金額のうち、特別配当や記念配当等などの配当で、将来毎期継続することが予想できない金額は除くとされています。

《算式》

$$\frac{\text{直前期末以前2年間の配当金額の合計額}}{2} \div \text{1株当たりの資本金等の額を50円とした場合の発行済株式数（資本金等の額÷50円）}$$

上記算式において、直前期末以前2年間の配当金額の合計額の計算に当たり特別配当、記念配当等の名称による配当金額のうち、将来毎期継続することが予想できない金額を除くとしているのは、評価会社の正常な経営活動に基づく配当支払能力により株価を算定しようとするものであり、臨時的、偶発的な配当金額まで含めた場合には、正常な配当支払能力による「1株当たりの配当金額」が算定できなくなる

からです。

　また、配当金額を過去2年間の平均配当金額によることとしているのは、直前の事業年度のみの配当金額を採用することによる評価の不安定性を排除し、一定の期間における配当金額を平均することによって会社の実態に合った標準的な配当金額を求め、その配当金額を上場株式のそれと比較することによって安全性の高い評価を行うためと考えられています。

Question 85　1株当たりの配当金額(Ⓑ)(剰余金の配当)

「1株当たりの配当金額(Ⓑ)」を計算する場合の評価会社の「剰余金の配当金額」とは、具体的には何をいいますか。

A　評価通達の規定によると、平成18年分までは、「1株(50円)当たりの配当金額(Ⓑ)」は、「直前期末以前2年間におけるその会社の利益の年配当金額」を基として計算するとされていました。しかし、平成18年に施行された会社法の規定では、「配当」は旧商法が採っていた各事業年度の決算で確定した「利益処分による配当」ではなく、「剰余金の配当」とされ、株主総会の決議があればいつでも何回でも株主に配当することができることに変更されました。

これに伴い、類似業種比準方式の計算における「1株(50円)当たりの配当金額(Ⓑ)」については、「直前期末以前2年間における剰余金の配当金額」を基に計算することに改められました。

また、会社法の規定による「配当」は、株主に対する利益の配当だけではなく、資本金や資本準備金の減少によって生じた剰余金の処分や資本金の払戻しも「剰余金の配当」に含めることとされたため、「1株当たりの配当金額」を計算する場合には、剰余金の配当のうち資本の払戻しに該当するものを除くとされました。

Question 86 １株当たりの配当金額(Ⓑ)(株主優待券)

「１株当たりの配当金額(Ⓑ)」の計算に当たり、株主優待利用券等による経済的利益も、評価会社の剰余金の配当金額に含めますか。

A 評価会社の「１株(50円)当たりの配当金額(Ⓑ)」は、その会社の直前期末以前２年間の「剰余金の配当金額」の１／２に相当する金額により計算します。

株主優待利用券は、法人の利益の多寡にかかわらず法人の株主に供与され、株式に対する剰余金の配当又は分配とは認め難いことから、評価会社の剰余金の配当金額に加算する必要はありません。

Question 87 1株当たりの配当金額(Ⓑ)(計上時期)

直前期末以前2年間における剰余金の配当金額は、会社が実際に配当金の支払いを行った時で計算するのか、それとも配当金交付の効力が発生した時で計算するのかどちらでしょうか。

A 「1株(50円)当たりの配当金額(Ⓑ)」を計算するための基となる直前期末以前2年間における剰余金の配当金額は、各事業年度中に配当金交付の効力(株主総会で配当金の支払の決議がされたものをいいます。)が発生している金額の合計額により計算することとされています。

したがって、例えば、配当金交付の効力が生じたのが直前の事業年度、実際に支払ったのが当該事業年度だった場合には、既に直前期の事業年度に配当金交付の効力が生じていますので当該配当金については、直前期に係る剰余金の配当金額に含めることになります。

なお、具体的な、直前期末以前2年間における剰余金の配当金額の計算については、次のようになります。

(参考) 課税時期が令和6年3月31日の場合

※ 定時株主総会決議による配当の支払いのみと仮定。

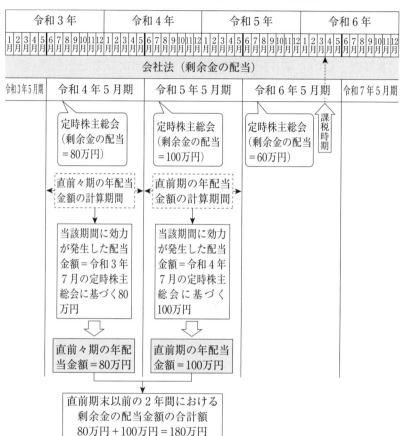

Question 88　1株当たりの配当金額（Ⓑ）（自己株式の取得によるみなし配当の金額がある場合）

評価会社が自己株式の取得に当たり金銭等の交付をした場合、資本金等の金額を超える部分については、みなし配当として扱われると思いますが、このみなし配当の金額は、「1株当たりの配当金額（Ⓑ）」の計算上、剰余金の配当金額に含める必要がありますか。

A　みなし配当とは、法人が自己株式取得に伴い従前の株主に対して金銭等の交付を行った場合において、その交付した金銭等の合計額のうち、自己株式の取得に対応する「資本金等の額」を超える部分の金額をいいます。

（例）　金銭等の交付額が500円の場合のみなし配当額

みなし配当の金額は、自己株式取得にあたって、従前の株主に交付した金銭等の額のうち資本金等の金額を超える部分の金額であり、株主総会の決議等によって、みなし配当の額が決まるのではありません。

すなわち、みなし配当として計算される額は、資本金等の額に左右され一種、課税するための技術的な取扱いであると考えられるので会社法で定義する剰余金の配当額とは異なるものといえます。

また、みなし配当の金額は、自己株式を取得するだけの時に生じるもので、将来にわたり毎期継続することが予想できない配当金額とも

いうことができますので、この点からも「1株(50円)当たりの配当金額(Ⓑ)」の計算上、剰余金の配当金額に含めるのは適当ではありません。

Question 89 1株当たりの配当金額(Ⓑ)(現物分配により資産の移転をした場合)

現物分配により評価会社が資産の移転をした場合、類似業種比準方式における「1株当たりの配当金額Ⓑ」の計算上、その移転した資産の価額を剰余金の配当金額に含める必要がありますか。

A 通常、会社が株主に対して支払う剰余金の配当又はみなし配当は、金銭等により行われるのが通常ですが、会社法上は金銭以外の財産による配当（現物配当）が認められています。現物配当が行われた場合、税務上は現物配当を行った法人において配当の対象となった資産を時価で譲渡したものとして課税関係を考えるのが原則ですが、平成22年度税制改正において、100％グループ内での現物配当は「適格現物分配」として組織再編税制の一環と位置づけられ、課税関係は生じないとされました。

すなわち、現物分配により移転した法人は、資産の帳簿価額により譲渡したとみなされ、一方、資産の分配を受けた法人は、資産の移転を受けたことにより生ずる収益の額を益金の額に算入しないとされています。

なお、適格現物分配とは、内国法人を現物分配法人（現物分配を行う法人）とする現物分配のうち、その現物分配により資産の移転を受ける法人（被現物分配法人）が、その現物分配の直前において現物分配法人との間に完全支配関係（100％の資本関係）を有する内国法人をいうと定義されています（法法２十二の十五）。

ご質問の「1株当たりの配当金額Ⓑ」の計算上、現物分配により評価会社が移転した資産の価額を剰余金の配当金額に含めるかどうかは、

その現物分配の起因となった剰余金の配当（金銭以外の資産の交付）が将来毎期継続することが予想できるかどうかにより判断します。

そして、その配当が将来毎期継続することが予想できると判断した場合には、その現物分配により移転した資産の価額として株主資本等変動計算書に記載された金額を剰余金の配当金額に含めて計算します。

なお、現物分配のうち法人税法第24条第１項第一号から第七号までに規定する「みなし配当」事由によるものについては、会社法上の剰余金の配当金額には該当しないので、通常は、「１株(50円)当たりの配当金額(Ⓑ)」の計算上、剰余金の配当金額に含める必要はありません。

（参考法令等）

> **法人税法第24条《配当等の額とみなす金額》**
> 　法人（公益法人等及び人格のない社団等を除く。以下この条において同じ。）の株主等である内国法人が当該法人の次に掲げる事由により金銭その他の資産の交付を受けた場合において、その金銭の額及び金銭以外の資産の価額（適格現物分配に係る資産にあつては、当該法人のその交付の直前の当該資産の帳簿価額に相当する金額）の合計額が当該法人の資本金等の額のうちその交付の基因となつた当該法人の株式又は出資に対応する部分の金額を超えるときは、この法律の規定の適用については、その超える部分の金額は、第23条第１項第一号又は第二号（受取配当等の益金不算入）に掲げる金額とみなす。
> 一　合併（適格合併を除く。）
> 二　分割型分割（適格分割型分割を除く。）
> 三　株式分配（適格株式分配を除く。）
> 四　資本の払戻し（剰余金の配当（資本剰余金の額の減少に伴うものに限る。）のうち分割型分割によるもの及び株式分配以外のもの並びに出資等減少分配をいう。）又は解散による残余財産の分

配
　五　自己の株式又は出資の取得（金融商品取引法第2条第16項（定義）に規定する金融商品取引所の開設する市場における購入による取得その他の政令で定める取得及び第61条の2第14項第一号から第三号まで（有価証券の譲渡益又は譲渡損の益金又は損金算入）に掲げる株式又は出資の同項に規定する場合に該当する場合における取得を除く。）
　六　出資の消却（取得した出資について行うものを除く。）、出資の払戻し、社員その他法人の出資者の退社又は脱退による持分の払戻しその他株式又は出資をその発行した法人が取得することなく消滅させること。
　七　組織変更（当該組織変更に際して当該組織変更をした法人の株式又は出資以外の資産を交付したものに限る。）
2～4　（省略）

Question 90 1株当たりの配当金額(Ⓑ)(事業年度の変更があった場合)

次のように事業年度の変更があった場合、「1株当たりの配当金額Ⓑ」はどのように計算しますか。

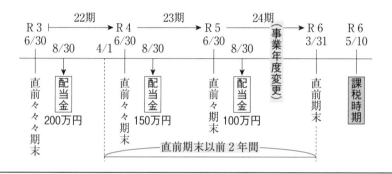

A 「1株(50円)当たりの配当金額(Ⓑ)」は、直前期末以前2年間におけるその会社の剰余金の配当金額の合計額により計算します。

したがって、評価会社が事業年度を変更している場合でも、直前期末以前2年間の期間に配当金交付の効力が生じた剰余金の配当金額に基づいて計算します。ご質問の場合、直前期末以前2年間の配当金額は次のように計算します。

〔令和6年3月31日以前2年間(令和4年4月1日~令和6年3月31日)の剰余金の配当額〕

(令和5年8月30日)　　(令和4年8月30日)
　　100万円　　　＋　　　150万円　　　＝　　250万円

Question 91　1株当たりの配当金額(Ⓑ)の計算例

評価会社の直前期末以前の配当金の支払状況等は下記のとおりですが、この場合の「1株(50円)当たりの配当金額(Ⓑ)」の計算の仕方を教えてください。

1　課税時期　令和6年6月20日
2　評価会社の資本金等

　　直前期末の資本金の額　　　　　　　　5,000万円
　　　〃　　資本準備金の額　　　　　　　1億円
　　　〃　　における発行済株式数　　　　30万株
　　1株当たりの資本金等の額　　　　　　500円

3　評価会社の直前期末以前2年間の配当金額

　　直前期　$\begin{pmatrix}自 & 令5.4.1\\至 & 令6.3.31\end{pmatrix}$　　20,000千円

　　直前期の前期　$\begin{pmatrix}自 & 令4.4.1\\至 & 令5.3.31\end{pmatrix}$　　55,000千円

　　　　　$\begin{pmatrix}普通配当 & 30,000千円\\創立30周年記念配当 & 25,000千円\end{pmatrix}$

ご質問の評価会社の「1株(50円)当たりの配当金額(Ⓑ)」の計算は、次のとおりになります。

1　直前期末以前2年間の年平均配当金額

直前期末以前2年間の間に支払われた配当金額のうち、会社創立30周年記念配当は、将来、毎期継続して行われることが予想できないものなので、直前期末以前2年間における剰余金の配当金額には含めません。

（直前期）　　（直前期の前期）
（20,000千円 ＋ 30,000千円）÷ 2 ＝ 25,000千円

2　1株当たりの資本金等の額を50円とした場合の株式数

　1株当たりの資本金等の額を50円とした場合の株式数の計算に当たっては、資本金だけでなく資本準備金を含めて計算することになります。

（5,000万円 ＋ 1億円）÷ 50円 ＝ 3,000千株

3　1株(50円)当たりの配当金額Ⓑ

25,000千円 ÷ 3,000千株 ＝ <u>8円30銭</u>

（10銭未満の端数は切り捨てます。）

Question 92　1株当たりの年利益金額(ⓒ)（法人税の課税所得）

評価会社の「1株当たりの年利益金額(ⓒ)」とは、会社の損益計算書の利益のことをいいますか、それとも、法人税法上の課税所得金額のことをいいますか。

A　評価会社の「1株(50円)当たりの年利益金額(ⓒ)」は、評価会社の直前期末以前1年間の法人税の課税所得金額又は直前期末以前2年間の各事業年度の法人税の課税所得金額の平均額を基として計算しますが、これを算式で示すと次のとおりです。

《算式》

$$\frac{\text{法人税の課税所得金額（注1）} + \text{課税所得の計算上益金の額に算入されなかった利益の配当等の金額（所得税額に相当する金額を除く。）（注2）} + \text{損金に算入された繰越欠損金の控除額}}{\text{1株当たりの資本金等の額を50円とした場合における発行済株式数（資本金等額÷50円）}}$$

(注1)　「法人税の課税所得金額」の内に、固定資産売却益、保険差益等の非経常的な利益の金額が含まれている場合には、これらの利益の額を除いた金額により算定します。
(注2)　「所得税額に相当する金額」には、復興特別所得税額に相当する金額を含みます。
(注3)　算式中の分子の金額は1,000円未満の端数を切捨てて計算し、計算した「1株当たりの年利益金額ⓒ」は1円未満の端数を切り捨てます。
(注4)　算式中の分子の金額がマイナスとなる場合には、「1株当たりの年利益金額ⓒ」は0とします。

「1株(50円)当たりの年利益金額(Ⓒ)」を計算するにあたり、「法人税の課税所得金額」を基とするとした理由は、非上場会社は、原則として、上場会社のような監査義務は課されていないため、オーナーの意向によって利益操作することが可能です。それを自由に認めたら課税の公平は維持できなくなるため法人税法の規定に従って計算された法人税の課税所得金額を基に計算するとされています。また、類似業種株価通達等で公表される「利益(注)」と評価会社の「利益」は同一の算定基準によって計算されたものを採用することにより適正な比準価額が算出されることになりますが、評価会社の「利益」については、納税者の利便性をも考慮して「法人税の課税所得金額」を採用することとしています。

　なお、評価会社の「1株(50円)当たりの年利益金額(Ⓒ)」の計算上、固定資産の売却益や火災の際の保険差益などの非経常的な利益の金額がある場合には、これを除くとしていますが、こうした取扱いは類似業種比準方式における比準要素としての利益金額は、評価会社の経常的な収益力により計算することとし、これと同様に算定された類似業種の利益金額とを比較することにより、評価会社の経常的な収益力を株価に反映させることを狙いとしているためです。

(注)　従来、評価会社と類似業種株価等通達で公表されている利益金額は、同一の算定基準によって、ともに「法人税の課税所得金額」を採用していましたが、上場会社は、原則として監査義務が課されていて、利益計算の恣意性は排除されていることを考慮し、平成29年4月の評価通達改正により、類似業種の比準要素（国税庁から公表される金額）については、財務諸表の数値を基に計算することとした上で、連結決算を行っている場合には、その数値を反映させることに変更となりました。

Question 93 1株当たりの年利益金額(Ⓒ)(事業年度)

「1株当たりの配当金額(Ⓑ)」は「直前期末以前2年間における剰余金の配当金額の平均額」を基に計算しますが、「1株当たりの年利益金額(Ⓒ)」も同様に「直前期末以前2年間の法人税の課税所得金額の平均額」に基づいて計算しますか。

A 「1株(50円)当たりの年利益金額(Ⓒ)」については、原則として、直前期末以前1年間における法人税の課税所得を基に計算しますが、納税義務者の選択により、直前期末以前2年間の法人税の課税所得金額の平均額を基として「1株(50円)当たりの年利益金額(Ⓒ)」を計算することも可能です。

これは、評価会社の課税時期の直前期末以前1年間の利益金額が、何らかの特殊な事情により、その年だけ著しく大きくなる場合のことを考慮し、その直前期だけの利益に基づいて「1株(50円)当たりの年利益金額(Ⓒ)」を計算することは、会社の経常的な収益力の算定という側面から問題がないとは言えないことから、直前期末以前1年間だけでなく、直前期末以前2年間の利益金額の平均額の採用を選択的に認め評価の安全性を図ったといわれています。

このように、「1株当たりの年利益金額(Ⓒ)」の計算は、直前期末以前1年間の法人税の課税所得を採用するか直前期末以前2年間の法人税の課税所得の平均額を採用するかは選択ですが、「1株当たりの配当金額(Ⓑ)」は、選択ではなく直前期以前2年間の剰余金の配当金額の平均額により計算するとされています。

Question 94　1株当たりの年利益金額（Ⓒ）（事業年度の変更があった場合）

次のように事業年度を変更している場合、「直前期末以前1年間の年利益金額」はどのように計算しますか。

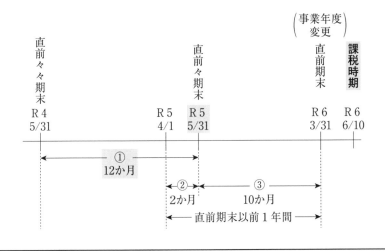

A　「1株(50円)当たりの年利益金額（Ⓒ）」は、評価通達183(2)に定めるところにより、原則として直前期末以前1年間における法人税の課税所得金額（固定資産売却益、保険差益等の非経常的な利益の金額を除きます。）を基に計算します。したがって、ご質問の場合は、課税時期の直前期から1年間遡った令和5年4月1日から令和6年3月31日までの1年間（図の②＋③）における評価会社の法人税の課税所得金額を基に計算することになります。

この場合、令和5年6月1日から令和6年3月31日までの期間は、法人税の申告書を提出する必要がありますので、当該期間の法人税の課税所得金額の数値をそのまま採用すればいいですが、令和5年4月

1日〜5月31日までの2か月間分については、法人税の課税所得金額を計算していませんので問題が生じます。

原則的には、この期間（図の②の2か月間）の実際の課税所得金額を採用することになりますが、算定が困難なときは、②の期間に対応する法人税の課税所得金額を次のとおり計算して求めることも可能と考えられます。

《算式》

直前々期末に終了した事業年度の法人税の課税所得金額（図の①の12か月） × $\dfrac{2\text{か月}}{12\text{か月}}$ ＝ ②の期間に対応する法人税の課税所得金額

Question 95　1株当たりの年利益金額（Ⓒ）（固定資産の譲渡が数回ある場合）

「1株当たりの年利益金額（Ⓒ）」の計算上、法人税の課税所得金額から固定資産売却益、保険差益等の非経常的な利益の金額を除くとされていますが、固定資産の譲渡が1事業年度のうちに数回あり、売却益と売却損があるときはどのように計算しますか。

A　「1株（50円）当たりの年利益金額（Ⓒ）」の計算において非経常的な利益の金額を除外することとしているのは、類似業種比準方式における比準要素としての利益金額は、経常的な収益力によって計算するのが妥当であり、評価会社に生じた臨時偶発的な利益を排除し、評価会社の主たる事業に基づく経常的な収益力を株価に反映させることを狙いとしているためです。

また、国税庁から公表されている「類似業種の1株当たりの年利益金額C」もその趣旨に基づき算定されていますので、同一基準で両者を比準させることにより適正に利益金額が計算される仕組みとなっています。

なお、この場合の非経常的な利益とは、臨時偶発的に生じた個々の利益をいうのではなく、課税時期の直前期末以前1年間における利益のうちの非経常的な利益の総体を指すと考えられます。

したがって、固定資産の譲渡が1事業年度中、数回ある場合には、個々の譲渡の損益を通算してもなお利益の金額があれば、法人税の課税所得金額から控除することになります。

また、種類の異なる非経常的な損益があった場合（例えば、固定資産売却損と保険差益がある場合等）の非経常的な利益とは、先に述べ

たとおり、その総体をいうとされていますので、これら売却損と差益とを通算してなおも非経常的な利益がある場合が該当し、売却損と差益等を通算し、利益が残らない場合には非経常的な利益はないものとして計算します。

Question 96　1株当たりの年利益金額（Ⓒ）（非経常的な損失の取扱い）

「1株当たりの年利益金額（Ⓒ）」の計算において、法人税の課税所得金額から固定資産売却益、保険差益などの非経常的な利益は除くとしていますが、固定資産除却損や売却損など非経常的な損失があった場合には逆にプラスする必要がありますか。

A　「1株（50円）当たりの年利益金額（Ⓒ）」の計算においては、固定資産の売却益や火災保険の際の保険差益などの非経常的な利益については、除外するとされていますが、これは、評価会社の主たる事業に基づく経常的な収益力を株価に反映させることを狙いとしているからです。この考え方からすれば、固定資産除却損や売却損などの非経常的な損失が生じた場合には、法人税の課税所得金額に加算するのが相当と考えられます。ただし、評価通達では、固定資産の売却損や除却損などの非経常的な損失があった場合の取扱いについて特に規定しておらず、また、実際に損失が生じた場合において、当該損失額を課税所得金額に加算することは会社の財政力の観点からみた場合、妥当でないことから非経常的な損失については加算しません。

したがって、非経常的な損失が生じている場合でも、法人税の課税所得に加算することはしませんが、非経常的な利益と非経常的な損失がある場合には、両者を通算し、なおも非経常的な利益が残る場合には法人税の課税所得から控除することになります。

Question 97 １株当たりの年利益金額(Ⓒ)（非経常的な利益の判定）

「１株当たりの年利益金額Ⓒ」の計算において、法人税の課税所得金額のうちに非経常的な利益の金額が含まれているときは、これらの金額を除くとのことですが、次のような勘定科目で表示されている金額はどのように取り扱われるのでしょうか。

1　保険差益
2　土地圧縮特別勘定取崩益
3　投資有価証券売却益
4　受贈益
5　前期損益修正益

A　「１株(50円)当たりの年利益金額(Ⓒ)」を計算する場合、法人税の課税所得金額から非経常的な利益の金額を控除すると規定されていますが、それは評価会社の臨時偶発的な利益の金額を除外した経常的な利益と、上場会社の同様な経常的な利益金額と比準させることにより、評価会社の経常的な収益力を株価に反映させることを狙いとしているからです（評基通183）。

この非経常的な利益に該当するか否かの判断は、損益計算書上の特別利益に計上されている科目であれば画一的に非経常的な利益とみなすのではなく、次のように個々に判定する必要があります。

1　保険差益

建物等の火災によって受け取った保険金等に係る保険差益は、その原因から経常的に生ずるものとは認められませんので、法人税の課税

所得金額から控除するのが相当です。

2　土地圧縮特別勘定取崩益

圧縮特別勘定を取り崩した場合の取崩益は、非経常的な利益に該当すると考えられますが、同一事業年度中に固定資産の売却損又は圧縮損がある場合はこれらを通算し、なお取崩益が残る場合には法人税の課税所得金額から控除することとなります（不動産会社等で毎期、圧縮記帳を行っているような会社を除きます。）。

3　投資有価証券売却益

投資有価証券売却益は、原則として非経常的な利益に該当すると考えられますが、それが毎期継続的に行われているような場合には、名目はともかく、非経常的な利益と見ることはできませんので法人税の課税所得金額から控除しません。

4　受贈益

資本主義経済の中で法人が資産等を無償等で取得したことにより課される受贈益は、基本的に経常的に生じるものとは考え難いです。

例えば、その受贈益が会社の資産整理に伴う私財提供等である場合には、特別なものとして法人税の課税所得金額から控除します。

5　前期損益修正益

前期損益修正益は、臨時偶発的な利益というより経理誤りによる前期損益の修正であり、会社の実体に変化はないので、法人税の課税所得から原則として控除しません。

上記のとおり、ある利益が経常的な利益に該当するか否かは、評価会社の事業内容、その利益の発生源泉、その発生原因たる行為の反復継続性又は臨時偶発性を考慮し、個別に判定することになります。

　なお、移動式クレーン車の貸出事業を営む会社が、クレーン車売却益を「非経常的な利益」に該当するとして法人税の課税所得から控除して１株当たりの利益金額を算定したところ、同利益は「非経常的利益」に当たらないとされた裁決がありますので参考に紹介します。

〔参考判例〕平成29年11月20日　関東信越国税不服審判所裁決

1　本件は、審査請求人が取引相場のない株式の評価に当たり、当該株式の発行会社が行ったクレーン車の売却に係る売却益（本件売却益）が、評価通達に定める類似業種比準価額により評価するときの「評価会社の１株当たりの利益金額」の計算上、法人税の課税所得金額から除くべき非経常的な利益の金額に含まれるとして当該株式を評価し相続税の申告をしたところ、原処分庁が、当該売却益は非経常的な利益の金額には当たらないとして相続税の更正処分等をしたのに対し、同人が、当該更正処分等の全部の取消しを求めた事案である。

2　法令解釈を踏まえ、争点について検討すると、評価通達183《評価会社の１株当たりの配当金額等の計算》の(2)に定める１株当たりの利益金額の計算上、ある利益が非経常的な利益の金額に該当するか否かの判断は、評価会社の事業の内容、その利益の発生原因、その発生原因たる行為の反復継続性又は臨時偶発性等を考慮して判断すべきものであるから、評価会社が本件売却益を固定資産売却益として損益計算書の特別利益に計上していることのみをもって、非経常的な利益の金額に該当すると判断することは相当ではない。

3　移動式クレーン車の貸し出し、オペレーターが揚重作業を行う事業（本件クレーン事業）等を営む評価会社は、本件クレーン事業を営利事業として継続・維持するに当たり、クレーン車の売却による収益力を見越した上で、クレーン車の取得及び売却を、本件クレー

ン事業と一体をなすものとして捉えて、本件クレーン事業の一環としてクレーン車の売却を行っていたものと認められる。なお、評価会社は、本件クレーン事業の一環として、保有している各クレーン車の事業上の必要性、新たなクレーン車取得の必要性及びそれに要する期間や資金、売却依頼の有無やその具体的な条件等の事情を総合的に考慮した上で、その経営判断に基づき、各クレーン車の売却時期や売却方法を決定していたと認められ、下取りによる売却か、下取り以外による売却かによって、上述したクレーン車の売却行為の性質が異なるものではない。

4　以上のとおり、評価会社は、クレーン車の売却を評価会社の経常的な事業である本件クレーン事業の一環として行っており、直前各3事業年度において、毎期、一定の保有台数を超えるクレーン車を繰り返し売却し、その売却台数も年々増加させていたことを考慮すれば、評価会社によるクレーン車の売却は、反復継続的に行われていたと評価するのが相当である。したがって、本件売却益は、非経常的な利益の金額に該当しない。

Question 98　1株当たりの年利益金額（©）（定期的に受領する記念配当）

甲社は、得意先である乙社株式を3,000株所有していますが、乙社は業績が好調なため、毎期配当を株主（甲社）に支払っています。

ところで乙社は、原則として1株当たり3万円の配当金を支払っていますが、5年ごとに記念配当として通常配当に5万円を上乗せして配当金を支払っています。

このような記念配当は、1株当たりの年利益金額の算定上、非経常的利益に該当しますか。

A

ある利益が経常的な利益に該当するか否かは、評価会社の事業内容、その利益の発生源泉、その発生原因たる行為の反復継続性又は臨時偶発性を個別に判定することとされています。

ご質問では、甲社は得意先の乙社株式を3,000株所有しているということですが、それは経営戦略上の判断から所有しているものと考えられます。

ところで、株式を所有している以上、会社から配当金が支払われることは何ら特別なことではなく、それは甲社が乙社の経営支配を目的として株式を所有している場合も同様です。

そして、支払われる配当金の額は、乙社の業種によって当然左右されますので、毎期異なるのが当然とも考えられ、その額の多寡によって非経常的な利益か否かを判定するのは相当ではありません。

一般に事業を継続していく上で、ある得意先との売上が増えたり減少したりするのは当然のことであり、株主が支払いを受ける配当金も同様と考えることができます。

また、ご質問では、5年ごとに記念配当を支払っているということですが、乙社の業績が悪ければその通りに支払われないであろうし、仮に支払われたとしても5年をサイクルに必ず支払われているということになれば定期的とも考えることができるので、非経常的なものと判断するのは相当ではなく、事業の遂行上獲得した利益と同様に解するのが相当です。

　この点からすると、1株当たりの配当金額（Ⓑ）を計算する場合の臨時偶発的に支払われる配当とは取扱いが異なると考えます。

　したがって、ご質問のケースは、5年ごとに記念配当として受領した配当額は非経常的な利益に当たらないものと考えます。

Question 99　1株当たりの年利益金額(Ⓒ)
（譲渡損益調整資産の譲渡等があった場合）

　「1株当たりの年利益金額(Ⓒ)」の計算上、評価会社との間に完全支配関係がある法人に対して、法人税法第61条の11に規定する譲渡損益調整資産を譲渡した場合において、法人税法上繰延べられた譲渡益は、法人税の課税所得金額に加算する必要がありますか。

　また、その後、完全支配関係がある法人において、その譲渡損益調整資産を減価償却した場合や、その譲渡損益調整資産を他に再譲渡した場合に、法人税法上、評価会社の法人税の課税所得金額に計上される譲渡損益調整勘定の戻入益は、「1株当たりの年利益金額(Ⓒ)」の計算上、控除する必要がありますか。

A

　グループ法人税制では、内国法人が譲渡損益調整資産を完全支配関係がある他の内国法人に譲渡した場合には、その譲渡損益調整資産に係る譲渡利益額又は譲渡損失額に相当する金額（譲渡損益額）は、その譲渡した事業年度の所得金額の計算上、繰延べられることになります。この繰延べられた譲渡損益に係る取扱いを簡潔に整理すると次のようになります。

1　法人税法上繰り延べられた譲渡益は、「1株(50円)当たりの年利益金額(Ⓒ)」の計算上、法人税の課税所得金額に加算しない。
2　譲渡損益調整勘定の戻入益は、原則として、「1株(50円)当たりの年利益金額(Ⓒ)」の計算上、非経常的な利益として法人税の課税所得金額から控除する。

　なお、譲渡損益調整勘定の戻入益と戻入損の両方がある場合は、そ

れぞれ非経常的な損益を通算してもなお利益の金額が残るのであれば、その金額を課税所得金額から控除します。

　上記１及び２のような取扱いとするのは次の理由からです。
　「１株(50円)当たりの年利益金額(Ⓒ)」の計算は、原則として、評価会社の直前期末以前１年間における法人税の課税所得金額を基にしますが、非経常的な利益を除外することとしています。
　譲渡損益調整資産とは、固定資産、土地、有価証券（売買目的有価証券を除きます。)、金銭債権及び繰延資産のうち譲渡直前の帳簿価額が1,000万円以上のものをいいますが、通常これらの資産の譲渡益は、非経常的な利益に該当すると考えられますので、これらの利益が法人税の課税所得金額に含まれている場合には控除する必要があります。
　ただし、譲渡損益調整資産に係る利益は、もともと法人税の課税所得に含まれていないので、「１株(50円)当たりの年利益金額(Ⓒ)」の計算上、法人税の課税所得金額から控除する必要はありません。
　また、譲受法人の譲渡損益調整資産に係る償却費の損金算入やその資産の再譲渡があった場合には、繰延べられていた譲渡利益額又は譲渡損失額の一部又は全部が譲渡損益調整勘定の戻入益又は戻入損として評価会社の法人税の課税所得金額に計上されることになりますが、このうち戻入益は、非経常的な利益に該当すると考えられますので「１株(50円)当たりの年利益金額(Ⓒ)」の計算上、他の非経常的な利益と同様に、その金額を法人税の課税所得金額から控除することになります。

Question 100 1株当たりの年利益金額（Ⓒ）の計算（即時償却を適用している場合）

　甲社は、ソーラーシステムを前事業年度中に取得し、既に稼働していますが、直前期末の当該資産の帳簿価額は、生産性向上設備投資促進税制を適用し即時償却を行ったことにより1円となっています。本事業年度に入り、甲社の株価を算定する必要が生じましたが類似業種比準価額の算定に当たり、即時償却の金額を法人税の課税所得の金額に加算する必要がありますか。

A　類似業種比準価額の計算上、比準要素の一つである「1株当たりの年利益金額Ⓒ」の計算は、法人税の課税所得金額を基に計算しますが、固定資産売却益等の非経常的利益の金額があれば、これを控除することとされています（評基通183(2)）。

　この場合において、非経常的な利益金額を法人税の課税所得金額から控除する関係上、非経常的な損失の額については加算する必要があるのでは、という疑念が生じますが、評価通達では非経常的な損失があった場合の取扱いについて特に規定しておらず、また、実際に損失が生じた場合に当該損失額を法人税の課税所得金額に加算して株価を算定するのは会社の財政力の観点から問題があるのであえて加算する必要はないとされています。

　ところで、ご質問の即時償却の金額を法人税の課税所得に加算すべきか否かについてですが、同償却は、措置法で認められた特別なもので、通常の減価償却とは別途行う臨時的なものと考えられます。

　しかし、類似業種比準方式の計算において非経常的な損失額については、法人税の課税所得金額に加算する必要はないとされていますの

で即時償却の金額が大きいとしても、同様に加算する必要はないと考えます。

　なお、注意すべき点は、同一事業年度中に保険差益や固定資産売却益などの利益がある場合です。ご質問のケースにおいて即時償却相当額は、「法人税の課税所得金額」に加算する必要はありませんが、固定資産売却益や保険差益がある場合には、これらの臨時的、偶発的な利益と即時償却及び特別償却の額を相殺する必要があり、相殺後なお利益が残る場合には、当該利益を法人税の課税所得金額から控除することができます。

Question 101 1株当たりの年利益金額(ⓒ)(みなし配当がある場合)

評価会社が所有する株式を株式発行法人に譲渡したことにより、法人税法第24条第1項の規定によるみなし配当として課税される部分の金額があった場合、「1株当たりの年利益金額(ⓒ)」の計算上、そのみなし配当の金額を「益金に算入されなかった剰余金の配当等」(受取配当等の益金不算入額)として法人税の課税所得金額に加算する必要がありますか。

A 株式を発行法人に譲渡した場合、発行法人から受領した金銭等の対価のうち資本金等の価額に対応する部分は譲渡対価の額として扱われ、それ以外の部分については配当(みなし配当)として扱われます。

この場合において、評価会社が所有する株式を発行法人に譲渡した際に生ずるみなし配当については、原則として、受取配当金の益金不算入制度の適用を受けることはできませんが、完全支配関係にある内国法人間との自己株式の取引については、みなし配当についても益金不算入制度の適用を受けることができます。

ところで、このような「みなし配当」の基因となる合併や株式発行法人への株式の譲渡等は、通常、臨時偶発的なものと考えられるため、評価通達上、法人税の課税所得金額から除外する「非経常的な利益」として取扱うことが相当と考えられます。

したがって、原則として、「みなし配当」の金額は「1株(50円)当たりの年利益金額(ⓒ)」の計算において法人税の課税所得金額に含める必要はありません。

なお、「みなし配当」に係る課税上の取扱い（受取配当金の益金不算入）は、完全支配関係者間にある法人間の取引であるか否かによって異なりますので、法人税の課税所得額に加算するか否かの判断にあたっては、次のとおり区別して考える必要があります。

1　益金不算入制度の適用の*ある*「みなし配当」

　100％の完全支配関係にある法人間の自己株式取引において生じた「みなし配当」は、益金不算入制度の適用を受けることができます。したがって、原則的には、別表4により益金不算入の対象となるみなし配当の額を法人税の課税所得金額から減算していると思われますので臨時偶発的な所得と考えられる「みなし配当」の金額を法人税の課税所得金額に加算する必要はありません。

2　益金不算入制度の適用の*ない*「みなし配当」

　上記1以外の法人（100％の完全支配関係にない法人）との自己株式取引において生じた「みなし配当」は、益金不算入制度の適用を受けることができないことから、当該「みなし配当」は、別表4で減算の処理をしておらず法人税の課税所得金額に含まれています。前述したとおり「みなし配当」は、臨時偶発的なものなので評価通達上は、法人税の課税所得の金額から控除するとされています。

　したがって、この場合には、「みなし配当」の金額を法人税の課税所得金額から控除することになります。

Question 102 １株当たりの年利益金額(Ⓒ)(外国子会社等から剰余金の配当等がある場合)

「１株当たりの年利益金額(Ⓒ)」の計算上、外国子会社等から受ける剰余金の配当等の額があるときは、「益金に算入されなかった剰余金の配当等」として法人税の課税所得金額に加算する必要がありますか。

A 平成21年度の税制改正により「外国子会社配当益金不算入制度」が導入されましたが、この制度は、日本の親会社が一定の要件を充たす「外国子会社」から受け取る「剰余金の配当等の額」について、法人税の課税所得金額の計算上、剰余金の配当等の額(外国源泉税控除前)の95％を益金の額に算入しないことができるというものです。

一方で、評価会社が平成21年４月１日以後に開始する事業年度において、法人税法第23条の２第１項の規定の適用を受ける外国子会社から剰余金の配当等の額がある場合には、その配当金は、原則的には経常的に発生するものと考えられることから、法人税の課税所得金額に含めるべきであり、評価会社の「１株当たりの年利益金額(Ⓒ)」の計算上、その受取配当等の益金不算入額を法人税の課税所得金額に加算して計算します。

この場合、株式評価明細書の記載にあたっては、「第４表　類似業種比準価額等の計算明細書」の「２．比準要素等の金額の計算」の「⑬受取配当等の益金不算入額」欄に当該受取配当等の益金不算入額を加算するとともに、加算した受取配当等に係る外国源泉税等の額の支払いがある場合には、当該金額を「⑭左の所得税額」に計上して、

法人税の課税所得金額から控除します。

　ただし、租税特別措置法第66条の８第１項又は同条第２項に規定する特定の外国子会社等から受ける剰余金の配当等のうち、特定課税対象全額に達するまでの金額は、外国子会社合算制度により既に法人税の課税所得金額に加算する必要があります。また、特定課税対象金額を超える部分については、法人税の課税所得に含まれていますので特に調整する必要はありません。

　なお、措置法第66条の９の４第１項及び同条第２項の規定により益金の額に算入しない剰余金の配当等の額についても同様に扱うことになります。

Question 103　1株当たりの年利益金額(ⓒ)(適格現物分配により資産の移転を受けた場合)

　適格現物分配により資産の移転を受けたことにより生ずる収益の額は、法人税法第62条の5第4項により益金不算入とされていますが、「1株当たりの年利益金額(ⓒ)」の計算上、「益金に算入されなかった剰余金の配当等」の金額に加算する必要がありますか。

A　類似業種比準方式における「1株(50円)当たりの年利益金額(ⓒ)」の計算の際に、非経常的な利益の金額を除外することとしているのは、評価会社に臨時偶発的に生じた収益力を排除し、評価会社の営む事業に基づく経常的な収益力を株価に反映させるためです。

　また、ある利益が、経常的な利益又は非経常的な利益のいずれに該当するかは、評価会社の事業の内容、その収益の発生原因、その発生原因たる行為の反復継続性又は臨時偶発性等を考慮し、個別に判断します。

　剰余金の配当による適格現物分配として資産の移転を受けたことにより生ずる収益の額は、法人税法第62条の5第4項により益金不算入とされており、法人税の課税所得金額に含まれていませんので「1株(50円)当たりの年利益金額(ⓒ)」の計算上、「益金に算入されなかった剰余金の配当等」(受取配当等の益金不算入額)として法人税の課税所得金額に加算するとも考えられます。

　しかし、適格現物分配は組織再編成の一形態として位置づけられており、形式的には剰余金の配当という形態をとっているとしても、その収益の発生原因である現物分配としての資産の移転は、通常、組織

再編成を目的としたもので、被現物分配法人（評価会社）を含むグループ法人全体の臨時偶発的な行為であるため、通常、その収益の金額は非経常的な利益であると考えられます。

したがって、法人税法第62条の5第4項により益金不算入とされる適格現物分配により資産の移転を受けたことによる収益の額は、「1株(50円)当たりの年利益金額(Ⓒ)」の計算上、原則として「益金に算入されなかった剰余金の配当等」（受取配当等の益金不算入額）として法人税の課税所得金額に加算する必要はありません。

Question 104 受取配当金の益金不算入の対象金額

評価対象会社が内国法人から配当等を受けた場合には、その受取配当等の額の全部又は一部は、法人税の課税所得金額の計算上、益金に算入しない（受取配当金の益金不算入）こととされています。「1株(50円)当たりの年利益金額」の計算において、加算の対象となる「⑬受取配当等の益金不算入額」について詳しく教えてください。

A 評価会社が内国法人から配当等を受けた場合には、その受取配当等の額の全部又は一部は、課税所得の計算上益金に算入しないこととされています。これは、配当支払法人における配当の支払原資に対する法人税課税と、配当受取法人における受取配当等に対する法人税課税という二重課税の排除を目的として設けられた制度と言われています。

なお、益金不算入の対象となる受取配当等は、配当支払法人において法人税が課税されたもので、かつ、配当受取法人が株主の地位に基づいて受けるものに限られます。したがって、例えば、投資法人や特定目的会社など一定の内国法人からの配当等は、配当支払法人において損金に算入することが認められており、国内において二重課税問題が生じる余地がないことから、受取配当金の益金不算入の規定の適用はありません。

具体的に益金不算入となる金額は、配当等の基因となる株主の態様に応じ、それぞれ次のように定められています（法法23①④）。

	態　様	保有割合	対　象　金　額
1	完全子法人株式等に係る配当等	100%	その全額
2	関連法人株式等に係る配当等	1/3超	関連法人に係る受取配当等の額から当該関連法人株式等に係る負債利子(注)の額を控除した金額
3	1、2、4のいずれにも該当しないその他の株式等に係る配当等	5％超 1/3以下	その受取配当等の額の50％相当額
4	非支配目的株式等に係る配当等	5％以下	その受取配当等の額の20％相当額
5	保険会社が所有する非支配目的株式等に係る配当	5％以下	その受取配当等の額の40％相当額
6	協同組合が有する連合会等に対する普通出資に係る配当	—	その受取配当等の額の50％相当額
7	（参考）証券投資信託	—	証券投資信託に係る配当等は、益金不算入の対象となる金額はありません。

（注）　負債利子の額は、令和4年4月1日以降に開始する事業年度からその関連法人株式等に係る配当等の額の4％相当額とするとされました（法令23①、19①）。ただし、その事業年度に係る支払利子等の額の10％相当額を上限とすることができます（法令19②）。

　上記のとおり、受取配当等の益金不算入の対象は、配当金の種類によって異なりますが、具体的には、法人税申告書別表八(一)で計算することになり、最終的には同表5の金額が対象となります。

(参考)

受取配当等の益金不算入に関する明細書

別表八(一) 令六・四・一以後終了事業年度分

事業年度	・ ・	法人名	

項目	番号	金額
完全子法人株式等に係る受取配当等の額 (9の計)	1	円
関連法人株式等に係る受取配当等の額 (16の計)	2	
その他株式等に係る受取配当等の額 (26の計)	3	
非支配目的株式等に係る受取配当等の額 (33の計)	4	円
受取配当等の益金不算入額 (1)+((2)-(20の計))+(3)×50%+(4)×(20%又は40%)	5	

受取配当等の額の明細

完全子法人株式等

項目	番号					計
法人名	6					
本店の所在地	7					
受取配当等の額の計算期間	8	・ ・ ～ ・ ・	・ ・ ～ ・ ・	・ ・ ～ ・ ・	・ ・ ～ ・ ・	
受取配当等の額	9	円	円	円	円	円

関連法人株式等

項目	番号					計
法人名	10					
本店の所在地	11					
受取配当等の額の計算期間	12	・ ・ ～ ・ ・	・ ・ ～ ・ ・	・ ・ ～ ・ ・	・ ・ ～ ・ ・	
保有割合	13					
受取配当等の額	14	円	円	円	円	円
同上のうち益金の額に算入される金額	15					
益金不算入の対象となる金額 (14)-(15)	16					
(34)が「不適用」の場合又は別表八(一)付表「13」が「非該当」の場合 (16)×0.04	17					
同上以外の場合 (16)/(16の計)	18					
支払利子等の10%相当額 (((38)×0.1)又は(別表八(一)付表「14」))×(18)	19	円	円	円	円	円
受取配当等の額から控除する支払利子等の額 (17)又は(19)	20					

その他株式等

項目	番号					計
法人名	21					
本店の所在地	22					
保有割合	23					
受取配当等の額	24	円	円	円	円	円
同上のうち益金の額に算入される金額	25					
益金不算入の対象となる金額 (24)-(25)	26					

非支配目的株式等

項目	番号					計
法人名又は銘柄	27					
本店の所在地	28					
基準日等	29	・ ・	・ ・	・ ・	・ ・	
保有割合	30					
受取配当等の額	31	円	円	円	円	円
同上のうち益金の額に算入される金額	32					
益金不算入の対象となる金額 (31)-(32)	33					

支払利子等の額の明細

項目	番号	金額
令第19条第2項の規定による支払利子控除額の計算	34	適用・不適用
当期に支払う利子等の額	35	円
国外支配株主等に係る負債の利子等の損金不算入額、対象純支払利子等の損金不算入額又は恒久的施設に帰せられるべき資本に対応する負債の利子の損金不算入額 (別表十七(一)「35」と別表十七(二の二)「29」のうち多い金額)又は(別表十七(二の二)「34」と別表十七の二(二)「17」のうち多い金額)	36	
超過利子額の損金算入額 (別表十七(二の三)「10」)	37	円
支払利子等の額の合計額 (35)-(36)+(37)	38	

（参考）

完全子法人株式等	完全子法人株式等とは、配当等の額の計算期間を通じてその配当等の額の支払を受ける内国法人とその配当等の額を支払う他の内国法人との間に完全支配関係があった場合の当該他の内国法人の株式等をいいます（法法23⑤、法令22の2）。
関連法人株式等	関連法人株式等とは、配当等の額の計算期間を通じて100％グループ内の法人全体で他の内国法人の発行済株式等の3分の1を超える株式等を有している場合の当該他の内国法人の株式等をいいます（完全子法人株式等に該当する場合を除きます。）（法法23⑥、法令22の3）。
非支配目的株式等	非支配目的株式等とは、100％グループ内の法人全体で他の内国法人の発行済株式等の5％以下の株式等を、基準日において有する場合の株式等をいいます（法法23⑦、法令22の3の2）。 ※ 外国株価指数連動型特定株式投資信託以外の特定株式投資信託の受益権は、非支配目的株式等とします（措法67の6）。

（注） 計算期間とは、前回の配当等の額の支払に係る基準日の翌日から今回の配当等の額の支払に係る基準日までの期間をいいます（法令22の2②、22の3②）。

なお、保有期間の判定に当たって、内国法人が次の事由により次に定める法人から他の内国法人の発行済株式等の総数又は総額の3分の1超の移転を受けた場合には、当該法人が当該株式等を有していた期間は、当該内国法人が当該株式等を有していた期間に含めます（法令22の3③）。
① 適格合併　被合併法人
② 適格分割　分割法人
③ 適格現物出資　現物出資法人
④ 適格現物分配　現物分配法人
⑤ 特別の法律に基づく承継　被承継法人

Question 105 「受取配当等の益金不算入額」と「左の所得税額」の記載について

「1株(50円)当たりの年利益金額」の計算では、法人税の課税所得金額(非経常的なものを除く。)に「⑬受取配当等の益金不算入額」を加算し、「⑭左の所得税額」を控除して求めますが、このうち「⑬受取配当等の益金不算入額」及び「⑭左の所得税額」欄の記載の仕方について教えてください。

A 「1株(50円)当たりの年利益金額」の計算では、法人税の課税所得金額(非経常的なものを除く。)に「⑬受取配当等の益金不算入額」を加算し、「⑭左の所得税額」を控除して求めます。このうち「⑭左の所得税額」欄の金額について、受取配当金のうち益金不算入額の対応となった金額に対応する受取配当に係る所得税を控除すべきかという疑問が生じますが、原則として益金不算入の対象となった受取配当金に係る所得税をそのまま記載することになります。したがって、「⑬受取配当等の益金不算入額」及び「⑭左の所得税額」欄の数値は、法人税申告書別表四、六(一)及び八(一)の数値に基づいて記載することになります。

具体的には次のとおりです。

1 「1株(50円)当たりの年利益金額」の「⑬受取配当等の益金不算入額」の欄

「⑬受取配当等の益金不算入額」の欄は別表四の14「受取配当等の益金不算入額」の金額を記載します。

評価明細書	1株50円当たりの年利益金額	直前期末以前2(3)年間の利益金額					比準要素数1の会社・比準要素数0の会社の判定要素の金額		
		事業年度	⑪法人税の課税所得金額	⑫非経常的な利益金額	⑬受取配当等の益金不算入額	⑭左の所得税額	⑮損金算入した繰越欠損金の控除額	⑯差引利益金額(⑪-⑫+⑬-⑭+⑮)	ⓐ又は(ⓐ+ⓑ)÷2	ⓒ 32 円
		直前期	36,873 千円	5,108 千円	850 千円	214 千円	― 千円	32,425 千円		
			36,140 千円	2,308 千円	1,752 千円	430 千円	― 千円	35,154 千円	1株(50円)当たりの年利益金額 ⓒ 又は(ⓐ+ⓑ)÷2の金額	
		直前々期								
		直前々期の前期	千円	千円	千円	千円	千円	千円	ⓒ	32 円

所得の金額の計算に関する明細書(簡易様式)

事業年度	5・5・1 6・4・30	法人名	コマツ株式会社

区　分		総　額 ①	処　　　　分	
			留保 ②	社外流出 ③
当期利益又は当期欠損の額	1	11,786,756 円	6,786,756 円	配当 5,000,000 円
				その他
加算	損金経理をした法人税及び地方法人税(附帯税を除く｡)	2	6,870,700	6,870,700	
	損金経理をした道府県民税及び市町村民税	3	1,183,200	1,183,200	
	損金経理をした納税充当金	4	20,000,000	2,000,000	
	損金経理をした附帯税(利子税を除く)、加算金、延滞金(延納分を除く)及び過怠税	5	5,000		その他 5,000
	減価償却の償却超過額	6	406,000	406,000	
	役員給与の損金不算入額	7			その他
	交際費等の損金不算入額	8	307,965		その他 307,965
	通算法人に係る加算額(別表四付表「5」)	9			外※
		10			
	小　　計	11	28,799,490	28,486,525	外※ 5,312,965
減算	減価償却超過額の当期認容額	12			
	納税充当金から支出した事業税等の金額	13	3,363,600	3,363,600	
	受取配当等の益金不算入額(別表八(一)「5」)	14	850,000		※ 985,200
	外国子会社から受ける剰余金の配当等の益金不算入額(別表八(二)「26」)	15			※
	受贈益の益金不算入額	16			
	適格現物分配に係る益金不算入額	17			

2 「1株(50円)当たりの年利益金額」の「⑭左の所得税額」の欄

「⑭左の所得税額」の欄は、「⑬受取配当等の益金不算入額」欄に記載した剰余金の配当等に対応する所得税額に相当する金額を記載します。

第4 評価方式(類似業種比準方式・純資産価額方式・配当還元方式)の計算 別表四(簡易様式) 令六・四・一以後終了事業年度分

1株当たりの年利益金額の計算明細書

事業年度	⑪法人税の課税所得金額	⑫非経常的な利益金額	⑬受取配当等の益金不算入額	⑭左の所得税額	⑮損金算入した繰越欠損金の控除額	比準要素数1の会社・比準要素数0の会社の判定要素の金額 ⑪-⑫+⑬-⑭+⑮ 又は ⒷかⒸ÷2
直前期	36,873千円	5,108千円	850千円	214千円	32,425千円	Ⓐ 32円
直前々期	36,140千円	2,308千円	1,752千円	430千円	35,154千円	1株(50円)当たりの年利益金額 Ⓑ / Ⓒ÷2 の金額
直前々期の前期	千円	千円	千円	千円	千円	Ⓒ 32円

所得税額の控除に関する明細書

| 事業年度 | 5・5・1 〜 6・4・30 | 法人名 | コマツ株式会社 |

別表六(一) 令六・四・一以後終了事業年度分

区分		収入金額 ①	①について課される所得税額 ②	②のうち控除を受ける所得税額 ③
公社債及び預貯金の利子、合同運用信託、公社債投資信託及び公社債等運用投資信託(特定公社債等運用投資信託を除く。)の収益の分配並びに特定公社債等運用投資信託の受益権及び特定目的信託の社債的受益権に係る剰余金の配当	1	532,500 円	81,552 円	81,552 円
剰余金の配当(特定公社債等運用投資信託の受益権及び特定目的信託の社債的受益権に係るものを除く。)、利益の配当、剰余金の分配及び金銭の分配(みなし配当等を除く。)	2	1,700,000	260,355	214,410
集団投資信託(合同運用信託、公社債投資信託及び公社債等運用投資信託(特定公社債等運用投資信託を除く。)を除く。)の収益の分配	3			
割引債の償還差益	4			
その他	5			
計	6	2,232,500	341,907	295,962

剰余金の配当(特定公社債等運用投資信託の受益権及び特定目的信託の社債的受益権に係るものを除く。)、利益の配当、剰余金の分配及び金銭の分配(みなし配当等を除く。)、集団投資信託(合同運用信託、公社債投資信託及び公社債等運用投資信託(特定公社債等運用投資信託を除く。)を除く。)の収益の分配又は割引債の償還差益に係る控除を受ける所得税額の計算

	銘柄	収入金額 7	所得税額 8	配当等の計算期間 9	(9)のうち元本所有期間 10	所有期間割合 (10)/(9) (小数点以下3位未満切上げ) 11	控除を受ける所得税額 (8)×(11) 12
個別法による場合	株式会社遠藤組	1,200,000 円	183,780 円	12 月	9 月	0.75	137,835 円
	株式会社秋山商事	500,000	76,575	12	12	1.0	76,575

受取配当等の益金不算入に関する明細書

| 事業年度 | 5・5・1 〜 6・4・30 | 法人名 | コマツ株式会社 |

別表八(一) 令六・四・一以

完全子法人株式等に係る受取配当等の額 (9の計)	1	0 円	非支配目的株式等に係る受取配当等の額 (33の計)	4	円
関連法人株式等に係る受取配当等の額 (16の計)	2	0	受取配当等の益金不算入額 (1)+((2)-(20の計))+(3)×50%+(4)×(20%又は40%)	5	850,000
その他株式等に係る受取配当等の額 (26の計)	3	1,700,000			

その他株式等	法人名	21	(株)遠藤組	(株)秋山商事			計
	本店の所在地	22	港区赤坂1	千代田区神田1			
	保有割合	23	25%	22%			
	受取配当等の額	24	1,200,000 円	500,000 円	円		1,700,000 円
	同上のうち益金の額に算入される金額	25	0	0			
	益金不算入の対象となる金額 (24)-(25)	26	1,200,000	500,000			1,700,000

Question 106 受取配当等の益金不算入額より控除所得税額が大きくなるケース

「1株(50円)当たりの年利益金額」の計算においては、「⑬受取配当等の益金不算入額」を加算し、「⑭左の所得税額」を控除することになっていますが、「⑬受取配当等の益金不算入額」の対象となる金額は、受取配当金の種類によって異なります。

例えば、下記の関連法人からの配当のように受取配当額は300,000円で、負債利子の額が280,000円と計算されたとき、受取配当益金不算入の対象は、20,000円となりますが「⑭左の所得税額」は、61,260円を記載してかまいませんか。

支払を受ける法人	配当金	益金不算入額	控除を受ける所得税
完全子会社	400,000円	400,000円	81,680円
関連法人(注)	300,000円	20,000円(注)	61,260円
その他会社	100,000円	20,000円	20,420円

(注) 関連法人株式等から支払いを受けた受取配当等に係る益金不算入額は、次の算式により求められます。

$$\boxed{\text{不算入の対象となる金額}} = 受取配当等 - 関連法人株式等に係る負債利子額$$

A 「1株(50円)当たりの年利益金額」を計算するに当たっては、「⑫法人税の課税所得金額」に「⑬受取配当等の益金不算入額」を加算し、「⑭左の所得税額」を控除することとされています。

この場合において、関連法人から支払いを受けた受取配当金について、当該関連法人株式の取得に係る部分の負債利子が大きく（支払利子額の10％相当額）、結果として、「受取配当益金不算入の対象となる

金額」が「控除所得税額」より低くなる場合には、「⑭左の所得税額」として控除する金額は、受取配当金益金不算入額を限度とすることが相当です。

　それは、「⑭左の所得税額」欄は、「⑬の受取配当等の益金不算入額」欄に記載した剰余金の配当等に対応する金額を記載することとされており、それを超えて記載するとした場合には、対応した金額とは言えなくなるからです。

　したがって、ご質問のケースにおいて控除する所得税額は、20,000円とすることが相当と考えます。

（対象となる受取配当金）　（控除負債利子）　（益金不算入額）　（控除所得税額）
　　300,000円　　　－　280,000円　＝　20,000円　＜　61,260円

Question 107 「1株当たりの年利益金額(Ⓒ)」の計算例

評価会社の直前期末以前2年間の法人税の課税所得は、下記のとおりですが、この場合の「1株(50円)当たりの年利益金額(Ⓒ)」の計算の仕方を教えてください。

1 課税時期　令和6年6月20日
2 評価会社の資本金等

　　直前期末の資本金の額　　　　　　　　5,000万円
　　　〃　　資本準備金の額　　　　　　　1億円
　　　〃　　における発行済株式数　　　　30万株
　　1株当たりの資本金等の額　　　　　　500円

3 評価会社の直前期末以前2年間における法人税の課税所得金額等

区　　　分	直前期 $\begin{pmatrix}自令5・4・1\\至令6・3・31\end{pmatrix}$	直前期の前期 $\begin{pmatrix}自令4・4・1\\至令5・3・31\end{pmatrix}$
⑪ 法人税の課税所得金額	279,560,000円	195,640,000円
⑫ 非経常的な利益金額	35,720,000円	0円
⑬ 配当金の益金不算入額	1,650,000円	1,230,000円
⑭ 上記配当金に係る所得税額	460,000円	320,000円
⑮ 損金に算入した繰越欠損金の控除額	0円	24,680,000円

ご質問の評価会社の「1株(50円)当たりの年利益金額(Ⓒ)」の計算は、次のとおりになります。

1 直前期末の利益金額を基とした1株当たりの年利益金額(Ⓒ)の計算

$$(\underset{\substack{(⑪の\\金額)}}{279,560千円} - \underset{\substack{(⑫の\\金額)}}{35,720千円} + \underset{\substack{(⑬の\\金額)}}{1,650千円} - \underset{\substack{(⑭の\\金額)}}{460千円}) ÷ \underset{\substack{\left(\begin{array}{l}1株当たりの資本金\\等の額を50円とし\\た場合の直前期末に\\おける発行済株式数\end{array}\right)}}{(1億5千万円 ÷ 50円)}$$

$$\underset{\substack{(Ⓒの\\金額)}}{= 81円}\quad = 300万株$$

（1円未満の端数を切り捨てます。）

2 直前期の前期の利益金額を基とした1株当たりの年利益金額(Ⓒ)の計算

$$(\underset{(⑪の金額)}{195,640千円} + \underset{(⑬の金額)}{1,230千円} - \underset{(⑭の金額)}{320千円} + \underset{(⑮の金額)}{24,680千円}) ÷ 300万株$$

$$\underset{\substack{(Ⓒの\\金額)}}{= 73円}$$

（1円未満の端数を切り捨てます。）

3 1株（50円）当たりの年利益金額(Ⓒ)

　前記1の直前期末以前1年間の法人税の課税所得等を基に計算した1株(50円)当たりの年利益金額(Ⓒ)の金額81円より前記2の直前期の前期の法人税の課税所得金額等を基に計算した1株(50円)当たりの年利益金額(Ⓒ)の金額73円の方が低いので2年間の法人税課税所得の平均額を採用した方が納税者有利になります。この結果、評価会社の「1株(50円)当たりの年利益金額(Ⓒ)」は、77円となります。

$$(\underset{(直前期)}{245,030千円} + \underset{(直前期の前期)}{221,230千円}) × \frac{1}{2} ÷ 300万株 = 77円$$

Question 108　1株当たりの純資産価額（帳簿価額）（Ⓓ）（総資産価額とは）

類似業種比準方式の計算の1つの要素である「1株当たりの純資産価額（Ⓓ）」とは、会社が所有している総資産価額から総負債の額を控除して求めるのですか。

A　類似業種比準方式における「1株(50円)当たりの純資産価額（Ⓓ）」とは、会社が所有している総資産の価額（時価）から総負債の価額（時価）を控除して求めるのではなく評価会社の直前期末における資本金等の額を基として計算することとされています。

具体的にこれを算式に示せば次のとおりとなります。

《算式》

$$\frac{\text{法人税法に規定する資本金等の額}^{(注1)} + \text{法人税法に規定する利益積立金額}^{(注2)}}{\text{1株当たりの資本金等の額が50円であるとした場合の発行済株式数（資本金等の額÷50円）}}$$

（注1）「法人税法に規定する資本金等の額」とは、直前期の法人税の申告書別表五(一)「利益積立金額及び資本金等の額の計算に関する明細書」の「Ⅱ　資本金等の額の計算に関する明細書」にある「差引翌期首現在資本金等の額」をいいます（293ページ参照）。
（注2）「法人税法に規定する利益積立金額」とは、直前期の法人税の申告書別表五(一)「利益積立金額及び資本金等の額の計算に関する明細書」の「Ⅰ　利益積立金額の計算に関する明細書」にある「差引翌期首現在利益積立金額」をいいます（293ページ参照）。

なお、利益積立金額に相当する金額がマイナスである場合には、そのマイナスに相当する金額を資本金等の額から控除することとし、そ

の控除後の金額がなおもマイナスとなる場合には、「1株(50円)当たりの純資産価額(Ⓓ)」は0として計算します（評基通183（注3）注2）。

　このように、「1株(50円)当たりの純資産価額(Ⓓ)」を会社の資本の部に区分される純資産価額によって算定することとしているのは本質的には、会社が所有している資産の価額（時価）から負債の価額を控除した純資産価額を用いることが相当と考えられますが、上場会社のそれらを把握するのは困難であることから、純資産価額の計算方法の統一性及びその計算方法の簡便化を図る必要があるため、資本の部を基に計算するとされています。

　したがって、類似業種比準方式の計算で採用する純資産価額は、帳簿価額上の純資産価額（資本金等の額）を基にして算定することになります。

利益積立金額及び資本金等の額の計算に関する明細書

事業年度	： ：	法人名	

別表五(一)　令六・四・一以後終了事業年度分

I　利益積立金額の計算に関する明細書

区　分		期首現在利益積立金額 ①	当期の増減		差引翌期首現在利益積立金額 ①－②＋③ ④
			減 ②	増 ③	
利益準備金	1	円	円	円	円
積立金	2				
	3				
	4				
	5				
	6				
	7				
	8				
	9				
	10				
	11				
	12				
	13				
	14				
	15				
	16				
	17				
	18				
	19				
	20				
	21				
	22				
	23				
	24				
繰越損益金（損は赤）	25				
納税充当金	26				
未納法人税等	未納法人税及び未納地方法人税（附帯税を除く。）	27	△	△	中間 △ / 確定 △	△
	未払通算税効果額（附帯税の額に係る部分の金額を除く。）	28			中間 / 確定	
	未納道府県民税（均等割を含む。）	29	△	△	中間 △ / 確定 △	△
	未納市町村民税（均等割を含む。）	30	△	△	中間 △ / 確定 △	△
差引合計額	31				← 利益積立金の額

II　資本金等の額の計算に関する明細書

区　分		期首現在資本金等の額 ①	当期の増減		差引翌期首現在資本金等の額 ①－②＋③ ④
			減 ②	増 ③	
資本金又は出資金	32	円	円	円	円
資本準備金	33				
	34				
	35				
差引合計額	36				← 資本金等の額

御注意

この表は、通常の場合には次の式により検算ができます。
期首現在利益積立金額合計「31」① ＋ 別表四留保所得金額又は欠損金額「52」 － 中間分・確定分の法人税等、道府県民税及び市町村民税の合計額 ＝ 差引翌期首現在利益積立金額合計「31」④

第4　評価方式（類似業種比準方式・純資産価額方式・配当還元方式）の計算

Question 109 「1株当たりの純資産価額(帳簿価額)(Ⓓ)」の計算例

　評価会社の直前期末における財政状況は次のとおりですが、この場合の「1株当たりの純資産価額(Ⓓ)」の計算の仕方を教えてください。

　1　課税時期　令和6年6月20日
　2　直前期末の資本金等
　　　直前期末の資本金の額　　　　　　　5,000万円
　　　　〃　　資本準備金の額　　　　　　1億円
　　　　〃　　利益積立金の額　　　　　　3億円
　　　　〃　　における発行済株式数　　　30万株
　　　1株当たりの資本金等の額　　　　　500円

　ご質問の評価会社の「1株(50円)当たりの純資産価額(Ⓓ)」は、次のように計算して求めます。

(1)　課税時期の直前期末における評価会社の純資産価額
　イ　資本金等の額
　　150,000,000円
　　資本金等の額は法人税の申告書別表五(一)の「Ⅱ　資本金等の額の計算に関する明細書」にある「差引翌期首現在資本金等の額」の金額を記載します。
　ロ　利益準備金の額
　　300,000,000円
　　利益準備金の額は、法人税の申告書別表五(一)の「Ⅰ　利益積立金額の計算に関する明細書」にある「差引翌期首現在利益積立金

額」の金額を記載します。

(2) 1株（50円）当たりの純資産価額（Ⓓ）

$$(150{,}000千円 + 300{,}000千円) \div \left(\frac{150{,}000千円^{(注)}}{50円} \right)$$

＝150円（1円未満の端数は切捨てます。）

(注) 1株当たりの資本金等の額を50円とした場合の直前期末における発行済株式数により除します。

Question 110　1株当たりの純資産価額(Ⓓ)(寄附修正により利益積立金が変動する場合の調整)

　評価会社である完全支配関係にある親法人から内国法人である子法人に対して寄附があった場合には、親法人は、税務調整（子会社株式の帳簿価額の修正）が必要になり、結果として親法人の利益積立金額は、寄附金に相当する金額だけ増加することとなります。この場合において、「1株当たりの純資産価額(Ⓓ)」の計算上、利益積立金が増加した分を減算するなどの調整を行う必要がありますか。

A　「1株(50円)当たりの純資産価額(Ⓓ)」は、直前期末における法人税法に規定する資本金等の額及び利益積立金額に相当する金額の合計額により計算するとされていますが、これは、評価会社と上場会社（標本会社）との純資産価額の計算方法の統一性及びその計算方法の簡便性を図るためのものです。そのため「1株(50円)当たりの純資産価額(Ⓓ)」は、評価会社の法人税法上の会計処理が適正なものである限り、資本金等の額又は利益積立金額は、基本的に評価会社が行った会計処理どおりに取り扱うことが相当です。

　したがって、完全支配関係にある子法人の寄附に係る税務調整により、評価会社である親法人の利益積立金額が寄附金に相当する金額だけ増加している場合であっても、「1株当たりの純資産価額(Ⓓ)」の計算上、その利益積立金額が増えた部分について調整する必要はありません。

(参考) 子会社株式の簿価修正

平成22年度の税制改正において、完全支配関係（100％の株式を保有）のある法人間で寄附金・受贈益となる金額がある場合には、寄附金を支出した法人側は、その金額を損金不算入（法法37）とされ、また、これを受領した法人側はその金額を益金不算入（法法25の2）とされ、その金額が利益積立金に加算されることになっています。

この規定により、100％グループ内の法人間においては、財産を移転しても課税を受けることはありません。例えば、次図のように、子会社（甲）が子会社（乙）の財産を無償で移転しても、特に課税関係が発生することがありません。

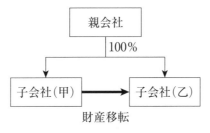
財産移転

ただし、この場合には、親会社が有する子会社の簿価を修正する必要があります。それは、財産の移転によって子会社（甲）の資産が減少し、子会社（乙）の資産が増えることになり、各社の株価に変動が生じます。この状態で親会社が有する子会社（甲）の株式の簿価が財産移転前のままであれば、親会社は子会社（甲）の株式を譲渡して損失を計上したり、又は子会社（乙）の株式を譲渡して利益を計上することが可能となってしまいます。

このような恣意的な損失や利益を防止するために完全支配関係者間で財産の移転があった場合には、子会社株式等の簿価修正が義務付けられています。

111 類似業種比準方式
（財産の提供があった場合の計算）

同族会社に対して無償で財産の提供があったことなどにより株価が上がった場合には、同族株主が所有する株式の価値増加分を、財産の提供者から贈与によって取得したとみなされて贈与税（遺言による場合は相続税）が課されます（相法9、相基通9－2）。

この場合の贈与税の対象となる株式の価値増加部分について、純資産価額方式により計算するのであれば、無償提供が行われる前と行われた後の相続税評価額の差額により求めることができますが、類似業種比準方式の場合にはどのように計算しますか。

会社に財産を無償提供することにより、結果として、株主が所有する株式の価値が増加した場合には、当該価値増加部分が株主に贈与されたものとみなされますが、この場合の課税評価額について、純資産価額方式により株価を算定するのであれば、財産の提供が行われる前と行われた後の相続税評価額を計算し、この差額により求めることができます。

一方、類似業種比準方式の計算は、純資産価額方式に比べ、その増加額（課税評価額）を算定するのは容易ではありません。

ご質問の類似業種比準方式による株式の価値の増加部分の価額は、理論的には①直前期末において財産の無償提供があったものとして計算した類似業種比準価額から、②直前期末において財産の無償提供がないものとして計算した類似業種比準価額を控除した金額により計算できます。

なお、直前期末において財産の無償提供があったものと仮定した場

合の類似業種比準方式の計算上、配当金額(Ⓑ)、利益金額(Ⓒ)及び純資産価額(Ⓓ)は、次により計算するのが相当です。

(1) 1株当たりの配当金額(Ⓑ)及び利益金額(Ⓒ)は、原則として、直前期末において財産の無償提供がなかったものとして計算した類似業種比準価額計算上の金額と同じ金額によります（したがって、配当金額(Ⓑ)と利益金額(Ⓒ)の計算においては、原則、財産の提供前と後で算定値に変わりはありません。）。

　ただし、評価会社が無償取得した財産をその取得前から事業の用に供し贈与者に使用料等を支払っていた場合には、その使用料相当額はなかったものとして利益金額(Ⓒ)の金額を計算します。

(2) 1株当たりの純資産価額(Ⓓ)の金額は、直前期末において財産の無償提供がなかったものとして計算した純資産価額に無償取得した財産の価額（その財産の無償提供について課されるべき法人税等の額を控除した金額）を加算し、当該合計額を直前期末現在の発行済株式数で除して、財産の無償提供があった場合の純資産価額(Ⓓ)を求めます。この場合における無償取得した財産の価額は、類似業種比準方式の比準要素の数値が法人税における税務計算上の確定決算に基づいた数値によるとされていることから、基本的には、法人税の税務計算上の財産の価額、すなわち、その取得時における当該資産の時価により計算することになります。

(参考法令等)

相続税基本通達9-2 《株式又は出資の価額が増加した場合》

　同族会社（法人税法（昭和40年法律第34号）第2条第10号に規定する同族会社をいう。以下同じ。）の株式又は出資の価額が、例えば、次に掲げる場合に該当して増加したときにおいては、その株主又は社員が当該株式又は出資の価額のうち増加した部分に相当する金額を、それぞれ次に掲げる者から贈与によって取得したものとして取り扱うものとする。この場合における贈与による財産の取得の時期は、財産の提供があった時、債務の免除があった時又は財産の譲渡があった時によるものとする。

(1) 会社に対し無償で財産の提供があった場合　当該財産を提供した者
(2) 時価より著しく低い価額で現物出資があった場合　当該現物出資をした者
(3) 対価を受けないで会社の債務の免除、引受け又は弁済があった場合　当該債務の免除、引受け又は弁済をした者
(4) 会社に対し時価より著しく低い価額の対価で財産の譲渡をした場合　当該財産の譲渡をした者

Question 112 類似業種比準方式（類似業種比準価額の計算）

ヤマネ窯業の株式評価に必要なデータは下記のとおりですが、この場合の類似業種比準方式の計算の仕方を教えてください。

1 課税時期　令和6年8月27日
2 ヤマネ窯業(株)の事業内容及び資本金等の額
　　資本金等の額　2億円（発行済株式数　40万株）
　　事業内容　セメント製品製造業
　　従業員数　80名
3 ヤマネ窯業(株)の1株(50円)当たりの配当金額等
　　1株当たりの配当金額(Ⓑ)　　4.0円
　　1株当たりの利益金額(Ⓒ)　　22円
　　1株当たりの純資産価額(Ⓓ)　250円
4 類似業種の株価等

		小分類による業種目	中分類による業種目
類似業種		セメント・同製品製造業（No.27）	窯業、土石製品製造業（No.26）
株価(A)	6年8月分	214円	197円
	6年7月分	225円	212円
	6年6月分	220円	206円
	前年平均	239円	262円
	2年間平均額	235円	243円
年配当金額(B)		2.9円	3.9円
年利益金額(C)		31円	25円
簿価純資産価額(D)		261円	292円

（注）上記表の数値は、設例用に設定したものです。

A ご質問のヤマネ窯業株式会社は、従業員が80名いますので大会社と判定されます。大会社の株式の価額は、類似業種比準方式により計算しますがその計算過程は、次のとおりになります。

1　小分類の業種目（No.27）による場合

採用する類似業種株価(A)は、課税時期の属する月以前3か月間の各月平均株価、前年平均株価及び課税時期以前2年間の平均株価のうち最も低い価額（214円）を採用します。

(株価)　　　　（配当）　　　（利益）　　（簿価純資産）

$$\text{(A)}\ 214\text{円} \times \dfrac{\dfrac{4.0\text{円(®)}}{2.9\text{円(B)}} + \dfrac{22\text{円(©)}}{31\text{円(C)}} + \dfrac{250\text{円(D)}}{261\text{円(D)}}}{3} \times 0.7$$

＝149円80銭（10銭未満は切り捨てます。）

(注)　比準割合は、それぞれ小数点以下2位未満を切り捨てます。
以下2の計算においても同じです。

2　中分類の業種目（No.26）による場合

採用する類似業種株価(A)は、課税時期の属する月以前3か月間の各月平均株価及び前年平均株価及び課税時期以前2年間の平均株価のうち最も低い価額（197円）を採用します。

(株価)　　　　（配当）　　　（利益）　　（簿価純資産）

$$\text{(A)}\ 197\text{円} \times \dfrac{\dfrac{4.0\text{円(®)}}{3.9\text{円(B)}} + \dfrac{22\text{円(©)}}{25\text{円(C)}} + \dfrac{250\text{円(D)}}{292\text{円(D)}}}{3} \times 0.7$$

＝125円40銭（10銭未満は切り捨てます。）

3　1株（50円）当たりの類似業種比準価額

前記1及び前記2の類似業種比準価額の金額のうちいずれか低い方の金額を採用しますが、中分類の業種目（No.26）により算定された類似業種比準価額（1株当たり125円40銭）の方が低いので同価額を採用します。

4　評価会社の1株当たりの類似業種比準価額

評価会社の実際の1株当たりの資本金等の額は500円であり、前記3で計算した1株当たり資本金等の額の50円として計算した場合と異なりますので下記のとおり修正して評価会社の1株当たりの類似業種比準価額を計算します。

$$125円40銭 \times \frac{500円^{(注)}}{50円} = \underline{1,254円}$$

> (注)　評価会社の1株当たりの資本金等の額は次のとおり500円と算定されました。
>
> 　　（資本金等の額）　（発行済株式数）
> 　　　2億円　　÷　　40万株　　＝　500円

Question 113 直前期末の資本金等の額がマイナスとなる場合

　株式を類似業種比準方式に計算する場合、評価会社が自己株式を所有している場合には、当該自己株式に相当する資本金等の額(取得資本金額)を資本金等の額から控除して計算するとされています。

　次の評価会社のように自己株式取得に要した金額が大きく、資本金等の額がマイナスとなる場合の類似業種比準方式の計算の仕方について教えてください。

1　直前期末の発行済株式数（自己株式を控除した株式数）

　　　　　　　　　　　　　　　　　　　　　　　1,000,000株

2　直前期末の資本金等の額　　　　　　　　　　　3億円

3　自己株式に相当する資本金等の額　　　　　　　5億円

4　評価会社の比準3要素の金額

配当金額	利益金額	利益積立金額
2,000万円	1億円	8億円

5　類似業種株価等

株価	配当金額	利益金額	純資産価額
200円	6円	20円	300円

A　ご質問のように資本金等の額から、取得した自己株式に対応する資本金等の額を控除した金額がマイナスとなることがあります。こうしたケースは、自己株式を市場取引により取得した場合において、その対価の額が資本金等の額を上回っていたときなどが考えられます。

ご質問の場合は次のように計算します。

1　評価会社の1株当たりの比準3要素の算定

まず、評価会社の資本金等の額を50円とした場合の発行済株式数を算定し、当該発行済株式数に基づいて比準3要素の金額を算定します。

(1)　資本金等の額を50円とした場合の発行済株式数

　　　（3億円－5億円）÷50円 ＝ △4,000,000株

(2)　比準3要素の1株当たりの金額

　イ　評価会社の1株(50円)当たり配当金額Ⓑ

　　　2,000万円 ÷ △4,000,000株 ＝ △5円

　ロ　評価会社の1株(50円)当たり利益金額Ⓒ

　　　1億円 ÷ △4,000,000株 ＝ △25円

　ハ　評価会社の1株(50円)当たり純資産価額Ⓓ

　　　（3億円－5億円＋8億円）÷ △4,000,000株 ＝ △150円

上記計算の場合、評価会社の資本金等の額がマイナスとなることから、1株当たりの資本金等の額を50円とした場合の発行済株式数もマイナスの値となり、結果として、評価会社の比準3要素のⒷ、Ⓒ、Ⓓの価額のいずれもマイナスの値となります。

2　評価会社の類似業種比準価額の算定

上記で算定した評価会社の比準3要素の金額に基づいて1株当たりの資本金等の額が50円とした場合の類似業種比準価額を計算し、当該価額を実際の1株当たりの資本金等の額による類似業種比準価額に修正します。

(1) 1株当たりの資本金等の額を50円とした場合の比準価額の計算

　類似業種株価等通達で公表されている3要素の金額と上記で算定した評価会社の比準3要素の金額を、類似業種比準価額の算式に当てはめ、評価会社の1株当たりの資本金等の額を50円とした場合の類似業種比準価額を計算します。

$$200円 \times \frac{\frac{△5}{6}+\frac{△25}{20}+\frac{△150}{300}}{3} \times 0.7 = △120円40銭$$

（10銭未満切り捨て）

(2) 1株当たりの類似業種比準価額の算定

　評価会社の本来の1株当たりの資本金等の額は500円であり、前記(1)の類似業種比準方式で前提とした1株当たり50円の金額と異なりますので、1株当たりの資本金等の額を500円とした場合の価額に修正します。

$$△120円40銭 \times \frac{△200円^{(注)}}{50円} = 481円$$

（注）　△2億円÷1,000,000株＝△200円

　このように、資本金等の額がマイナスの値であっても、マイナス値のまま最後まで計算することで、最終的に約分され、正の値の株価が算出されることとなると国税庁では説明しています。

　ちなみに、類似業種株価等通達で公表される類似業種株価「A」及び「比準3要素」の数値は、金融商品取引所に上場されている会社の数値を基に算定されていますが、これらの標本となる会社から資本金等の額が0又はマイナスの会社は除くとされており、国税庁の上記説明との整合性に疑問を感じます。

(注) 株式評価明細書への記載について
　この場合、「取引相場のない株式（出資）の評価明細書」の「第4表 類似業種比準価額等の計算明細書」の作成に当たっては、「1株当たりの資本金等の額」、「2．比準要素等の金額の計算」及び「比準割合の計算」の欄は、マイナスのまま計算します（配当還元方式により評価する場合及び株式等保有特定会社の株式の評価並びに医療法人の出資の評価の場合においても同様に計算します。)。

Question 114 類似業種比準方式（配当金支払の効力等が生じた場合）

類似業種比準方式により株価を算定する場合において、直前期末の翌日から課税時期までの間に、配当金交付の効力が発生した場合には、算定した類似業種比準価額を配当落ちの価額に修正する必要はありますか。

A 直前期末の翌日から課税時期までの間に、配当金支払の効力が発生した場合には、類似業種比準価額は、直前期末の決算書の数値に基づいて算定されたもので配当金の金額を含んでいるため、これを配当落ちの価額に修正する必要があります。また、配当金は未収配当金として評価の対象となるので、二重課税を避ける意味からも修正する必要があります。

また、直前期末の翌日から課税時期までの間に株式の割当てに係る払込期日の経過又は株式無償交付の効力が発生した場合、すなわち、増資等が行われたときには、課税時期の発行済み株式数は直前期末の発行株式数より増加していることになるので類似業種比準方式によって計算した類似業種比準価額について、増資後の価額に修正する必要があります（評基通184）。

この場合の配当落ちの価額の修正、増資等による価額の修正は次のとおり行います。

1 直前期末から課税時期までに配当金支払の効力が生じた場合

（修正）類似業種比準価額 ＝ 類似業種比準方式により計算した評価額 － 配当金額

2 直前期末から課税時期までに株式の割当等の効力が生じている場合

《算式》

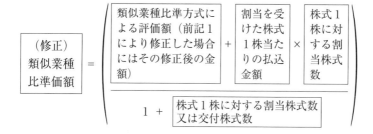

〔類似業種比準価額の修正が必要なケース〕

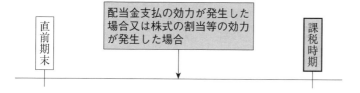

Question 115 類似業種比準価額（類似業種比準価額の修正の計算例）

評価会社の類似業種比準価額及び直前期末以後の増資等の状況は、下記のとおりです。この場合における類似業種比準価額の修正について、教えてください。

1　課税時期　　令和6年6月15日
2　類似業種比準価額　　3,200円
3　評価会社の配当金の支払、増資内容等
(1)　直前期　$\begin{pmatrix}自 & 令5.4.1 \\ 至 & 令6.3.31\end{pmatrix}$
(2)　直前期末の資本金等の額　　1億5,000万円
(3)　課税時期の資本金等の額　　1億8,000万円
(4)　1株当たりの資本金等の額　　500円
(5)　配当金
　　　1株当たりの配当金額　　100円
　　　支払確定日　　令和6年4月10日
(6)　増資内容
　　　株式割当ての基準日　　　　令6.4.30
　　　株式の払込期日　　　　　　令6.5.30
　　　株式の割当て条件　　株式1株に対し新株式0.2株
　　　新株式1株当たりの払込金額　　500円

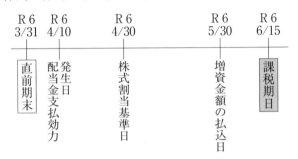

ご質問のケースは、直前期末の翌日から課税時期までの間に配当金支払の効力及び株式の割当等の効力が生じていることから類似業種比準価額を修正する必要があります。

この場合の修正は次のとおり行います。

1 配当金交付の効力が発生したことによる修正

$$\underset{3,200円}{(類似業種比準価額)} - \underset{100円}{(支払配当金)} = \underset{3,100円}{\begin{pmatrix}配当落\\類似業種比準価額\end{pmatrix}}$$

2 増資による修正

$$\frac{\begin{pmatrix}配当落\\類似業種比準価額\end{pmatrix} + \underset{500円}{(払込額)} \times \underset{0.2}{(割当数)}}{1 + \underset{(割当株式数)}{0.2}}$$

＝2,666円（1円未満切り捨て）

3 修正後の類似業種比準価額

修正後の類似業種比準価額は2,666円となります。

> （注）　増資等後の類似業種比準価額は、1株当たり2,666円となり、増資前と比べ下がりますが課税時期現在の株数は1.2倍に増えているので、増資前のベースでみれば3,199円（2,666×1.2）となります。一方、増資がなかった場合の類似業種比準価額は、配当金の支払確定による修正後の3,100円ですが、支払われた配当金は、株主の手持現金として残っていますので、それを加算すれば3,200円となり、増資等の前後による評価はバランスがとれていることがわかります。

Question 116 純資産価額方式

同族株主等が所有する株式を評価する場合には原則的評価方式により評価するとされていますが、その一つである純資産価額方式について教えてください。

A 純資産価額方式の計算は、課税時期における各資産を評価通達に定める評価方法（ただし、評価会社が課税時期前3年以内に取得又は新築した土地及び土地の上に存する権利（以下「土地等」といいます。）並びに家屋及びその附属設備又は構築物（以下「家屋等」といいます。）の価額は、課税時期における通常の取引価額に相当する金額によって評価した金額をいいます。）により算定した価額（相続税評価額）の合計額から課税時期における各負債の金額の合計額及び評価差額に対する法人税額等に相当する金額を控除し、控除後の価額を課税時期における発行済株式数で除して求めます。

この場合の「発行済株式数」は、直前期末でなく、課税時期における実際の発行済株式数（自己株式がある場合には、発行済株式数から自己株式数を控除した株式数をいいます。）をいい、類似業種比準方式の計算における1株当たりの資本金等の額を50円とした場合の株式数ではありません。

類似業種比準方式の計算が上場会社の株価等を基に非上場会社の株価を算定する手法であるのに対し、純資産価額方式は、会社が所有する資産及び負債から直接的に非上場会社の株価を算定する方法です。したがって、純資産価額方式は、会社が所有している資産価値に着目して評価することになるので、不動産や有価証券などの含み益を有する資産を多く所有している会社の株価評価に適しています。

なお、純資産価額方式の計算を具体的に算式で示すと次のとおりになります。

《算式》

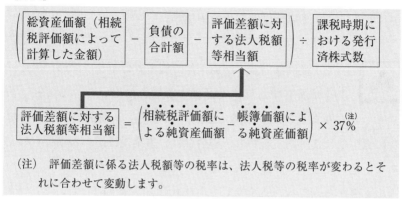

(注) 評価差額に係る法人税額等の税率は、法人税等の税率が変わるとそれに合わせて変動します。

Question 117 純資産価額方式（適用される会社）

同族株主が所有する株式を評価する場合の原則的評価方式の一つに「純資産価額方式」がありますが、純資産価額方式はどのような会社の株式を評価する場合に適用されますか。

A 純資産価額方式は、原則的評価方式の１つですので同族株主等が所有する株式を評価する場合に用いられることは言うまでもありませんが、原則として、「小会社」の株式を評価する場合に適用されます。すなわち、小会社は、事業規模が小規模なものであり、その実態はいわば個人組織の会社ということができます。また、その実態からみても株式を通じて会社財産を完全支配しているといえるため、個人事業者が自らその財産を所有している場合と実質的に変わりはありません。

そこで、このような「小会社」の株式の評価については、個人事業者との課税の公平性に配慮して、課税時期における１株当たりの純資産価額（相続税評価額）によって評価することとされています。

なお、小会社の株式評価にあたっては、選択により、類似業種比準方式との併用（純資産価額×0.5＋類似業種比準価額×0.5）により算定した価額を採用することができます。これは、事業規模が小規模であるとはいえ営利を目的として企業経営活動を行っている以上、上場会社の株価をある程度反映させた方が適正時価の見地から合理性が高いと考えられているからです。

さらに、この「純資産価額方式」による評価は、小会社だけでなく大・中会社の株式の評価についても選択により適用することができるほか、特定の評価会社についても適用されます。

なお、純資産価額方式により評価する会社は次のとおりです。

〔純資産価額方式が適用される会社〕

会　社	原　則	選　択
大会社	類似業種比準価額	純資産価額
中会社	類似業種比準価額×L(注1)＋純資産価額×（1－L）	純資産価額×L(注1)＋純資産価額×（1－L）
小会社	純資産価額	類似業種比準価額×0.5 純資産価額×（1－0.5）
比準要素数1の会社	純資産価額	類似業種比準価額×0.25 純資産価額×0.75
株式等保有特定会社	純資産価額	S_1+S_2方式
土地保有特定会社	純資産価額	－
開業後3年未満及び比準要素数0の会社	純資産価額	－
開業前又は休業中の会社(注2)	純資産価額	－
清算中の会社(注2)	清算分配見込額	例外として純資産価額

（注1）「L」とは、中会社をさらに3つに区分したとき適用される割合で0.9、0.75、0.6のいずれかによります。

（注2）「同族株主等以外の株主」が取得した株式については、「開業前又は休業中の会社」及び「清算中の会社」を除き「配当還元方式」により評価するとされています。

Question 118 純資産価額方式（評価時点）

類似業種比準方式の計算は、直前期又は直前期以前2年間の配当金額、利益金額及び純資産価額を基に株価を算定しますが、純資産価額方式も直前期末の貸借対照表の資産、負債に基づき純資産価額を計算するのですか。

A 純資産価額方式の計算は、課税時期における各資産及び各負債の金額を基として計算することが原則とされています。したがって、原則として評価会社が課税時期において所有する資産及び負債について、仮決算を行い、そこで作成された貸借対照表に基づいて、純資産価額を計算することになります。

ただし、評価会社が課税時期において仮決算を行っていないため、課税時期における資産及び負債の金額が明確でない場合には、直前期末から課税時期までの間に資産及び負債について著しく増減がないため評価額の計算に影響が少ないと認められる場合に限り、直前期末現在の資産及び負債を対象として評価することができるとされています。

また、課税時期が直前期末より直後期末の方が近い場合には、課税時期から直後期末までの間に資産及び負債について著しく増減がないため評価額の計算に影響が少ないと認められる場合に限り直後期末の資産及び負債に基づいて純資産価額を計算することも可能です。

なお、このように直前期末基準又は直後期末基準を採用した場合には、株式保有特定会社や土地保有特定会社の判定における総資産価額等についても、同様に取り扱われることになりますので、後記で説明する特定の評価会社の判定時期と純資産価額の計算時期は同一となります。

ちなみに実務においては、直前期末の貸借対照表の資産、負債に基づき純資産価額を計算することが行われていますが、原則どおり仮決算基準により評価した場合、土地保有特定会社又は株式保有特定会社と判定される会社について、直前期末基準を採用することにより、その判定から外れるような場合には、直前期末基準は採用できない（評価額の計算に影響がでるため）と考えます。

　一方、類似業種比準方式の計算は、必ず直前期の法人税の申告書のデータに基づいて計算するとされていますので直後期末のデータにより計算することはできません。

Question 119 純資産価額方式
（課税時期が直後期末に近い場合）

純資産価額方式は、原則として、課税時期において評価会社が所有する資産及び負債に基づいて計算しますが、直前期末現在の資産及び負債の金額を基として計算しても差し支えないことになっています。次のように課税時期が直後期末に近いような場合において、直後期末現在の資産及び負債の金額に基づいて計算することは可能ですか。

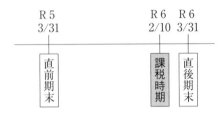

A 純資産価額方式の計算は、原則として、評価会社の課税時期における各資産及び負債について、評価通達の定めに従って算定した価額を基に計算するとされていますが、直前期末から課税時期までの間に資産及び負債の金額について著しい増減がないと認められる場合には、直前期末現在の資産及び負債の金額に基づいて計算しても差し支えないことになっています。

ご質問の場合のように、課税時期が直後期末に非常に近く、課税時期から直後期末までの間に資産及び負債の金額について著しい増減がないと認められる場合（意図的に資産を処分したり債務を増やしたりする等の課税上弊害がある場合を除きます。）には、直後期末の各資産及び負債の金額（相続税評価額）により計算しても差し支えないものと考えます。

なお、直前期末は、課税時期（被相続人の死亡日）より前にあるため、意図的に会社資産を増減させることは、基本的にはできないと考えられますが、直後期末の場合、被相続人の死亡後、会社が所有する不動産を時価より低い価額で処分するなどして意図的に資産を減少させることや、借入金を増やしたりなどして株価操作ができますので、直後期末基準の採用にあたっては配慮が必要です。

　また、原則どおり仮決算基準によると、土地保有特定会社又は株式保有特定会社と判定される会社について、被相続人の死亡後、土地等や株式等を処分することにより直後期末基準において、土地保有特定会社又は株式保有特定会社の判定から外れるケースは、課税上弊害がある場合に該当し、課税時期に仮決算を行って各資産及び各負債の相続税評価額を計算することが相当です。

　一方で、課税時期が会社の決算期と偶然同じだった場合、もはや直前期末基準とすることに合理性はなく、原則どおり課税時期（決算期）における資産及び負債に基づいて評価することが相当です。

Question 120 純資産価額方式（議決権割合が50％以下の同族株主が所有している場合）

純資産価額方式の計算では、株主及びその同族関係者の所有する株式に係る議決権の合計数が評価会社の議決権総数の50％以下である場合に純資産価額の80％により評価することができると聞いています。

この点を詳しく教えてください。

A 評価通達185では、非上場株式を純資産価額方式により計算する場合において、株主及びその同族関係者が所有する株式に係る議決権割合が評価会社の議決権総数の50％以下である場合においては、純資産価額方式より計算した1株当たりの純資産価額の80％相当額によって評価すると規定しています。

この取扱いの理由は次のとおりです。

小会社が同族株主によってのみ経営されている状況は、個人事業者の場合と実質的にはほとんど変わらないということが言えますので、その点では純資産価額方式により評価することに意義があるといえます。

一方で、小会社の中には複数の同族株主グループにより会社経営が行われている会社もあり、このような小会社では、一つの同族株主グループの議決権の合計数だけでは会社を完全支配できないという実態が認められるため、単独の同族株主グループだけで会社支配を行っている場合と比較して会社の支配力という点について格差を設ける必要があります。

そこで、議決権割合の合計が50％以下である同族株主グループに属する株主の取得株式を純資産価額方式により評価する場合には、20％

の評価減を行うこととしているものです。

　なお、この評価減は、同族株主がいない会社の同族株主等（株主及び同族関係者で有する議決権割合が30％未満で15％以上のグループをいいます。）が取得した株式を純資産価額方式により評価する場合にも同様な考え方により適用されます。

Question 121 純資産価額方式（純資産価額の80％により評価できるケース）

純資産価額方式の計算では、同族株主グループが所有する株式に係る議決権の合計数が評価会社の議決権総数の50％以下である場合には、純資産価額の80％相当額により評価できるとされていますが、この評価減は、併用方式の計算などにも適用できますか。

A 株主及びその同族関係者が所有する株式に係る議決権の合計数が評価会社の議決権総数の50％以下である場合における純資産価額×80％相当額の取扱いは、非上場株式を純資産価額方式により評価する場合の取扱いですので、評価通達179で規定する中会社及び大会社の株式評価方法における1株当たりの純資産価額においても適用することができるほか、特定評価会社と判定され、純資産価額方式により株価を計算する場合も適用します。

ただし、純資産価額×80％相当額の取扱いは純資産価額方式の斟酌ですので、類似業種比準価額に代えて純資産価額を採用する場合には適用されません。これは、この評価減が個人事業とその実質が変わらない小会社における同族株主グループの会社支配力の格差に着目して採用されたものであるところから、上場会社の株式価額に比準して評価すべき大会社の株式評価に本来用いるべき性質のものではないことによるものです。

したがって、中会社の株式の評価額のうち類似業種比準方式により評価すべき部分についても適用されません。

また、この取扱いは、開業前又は休業中の会社の株式を評価する場合にも適用されませんので留意してください。

〔純資産価額の80％相当額により評価することができる場合〕

会社	原則	納税者選択
大会社	類似業種比準価額	純資産価額（80％評価不可）
中会社	類似業種比準価額×L＋純資産価額（80％評価可）×（1－L）	純資産価額（80％評価不可）×L＋純資産価額（80％評価可）×（1－L）
小会社	純資産価額（80％評価可）	類似業種比準価額×0.5＋純資産価額（80％評価可）×0.5
比準要素数1の会社	純資産価額（80％評価可）	類似業種比準価額×0.25＋純資産価額（80％評価可）×0.75
株式等保有特定会社	純資産価額（80％評価可）	S_1+S_2方式
土地保有特定会社	純資産価額（80％評価可）	－
開業後3年未満及び比準要素数0の会社	純資産価額（80％評価可）	－
開業前又は休業中の会社	純資産価額（80％評価不可）	－
清算中の会社	清算分配見込額	例外として純資産価額方式（80％評価不可）

Question 122 純資産価額方式（類似業種比準方式の純資産価額（⒟）との違い）

　純資産価額方式の計算は、会社が所有する純資産の価額を発行済株式数で除して計算しますが、類似業種比準方式の計算でも「1株当たりの純資産価額(⒟)」を計算するとされています。

　純資産価額方式の「1株当たりの純資産価額」と類似業種比準方式の「1株当たりの純資産価額(⒟)」の違いについて教えてください。

A　純資産価額方式の計算の基となる純資産価額は、評価会社が所有している資産及び確定している債務を評価通達で定める方法に従って算定した相続税評価額に基づいて評価することになっています。その意味からいえば、評価会社が所有している資産の時価及び負担する法的債務の額が株価の直接的な根拠となっています。

　一方で、類似業種比準方式でいう「1株当たりの純資産価額(⒟)」とは、会社の貸借対照表に記載された資本の部の金額により算定したもので、言わば帳簿価額による純資産価額ということができます。この1株当たりの純資産価額(⒟)は、類似業種比準方式の比準3要素（配当金、利益金、純資産価額）の1つではありますが、この価額(⒟)だけで類似業種比準価額を算定するわけではありません。

　このように類似業種比準方式で用いる評価会社の「1株当たりの純資産価額（帳簿価額）(⒟)」は純資産価額方式の「純資産価額（相続税評価額）」とは異なっていますが、これは、①類似業種株価等通達で公表されている純資産価額を相続税評価額により算定することは現実には困難であること、②恣意性を排除するため客観的な数値が必要なこと、③類似業種比準方式における配当金、利益金、純資産価額の

比準計算は、標準となる上場会社並びに評価会社ともに同じ基準で計算する必要があること及び④納税者の利便性等も考慮して帳簿上の純資産価額を採用することとしています。

　ちなみに、類似業種株価等通達で公表されている「類似業種の１株当たりの純資産価額（帳簿価額）（D）」は、企業会計上の純資産が資産と負債の差額に基づく概念であることを踏まえ、平成29年の評価通達の改正により各標本会社の財務諸表における資産と負債の差額である純資産の部の合計額を基に計算することとされています。

Question 123 資産の総額（相続税評価額と帳簿価額）

純資産価額方式の計算は、原則として、課税時期において評価会社が所有する資産及び負債に基づいて計算するとされていますが、この場合の資産は、貸借対照表に計上されている全ての資産を基に計算しますか。

A 純資産価額方式による「1株当たりの純資産価額（相続税評価額によって計算した金額）」は、課税時期において評価会社が所有する各資産を評価通達等に定める方法により評価した価額（相続税評価額）の合計額から、課税時期における各負債の金額の合計額及び評価差額に対する法人税額等に相当する金額を控除した金額を、課税時期における発行済株式数で除して求めるとされていますが、課税時期において評価会社が所有する資産とは、貸借対照表に計上されている資産の全てを指すのかというのが質問だと思います。

この純資産価額方式の計算において、評価通達が規定する課税時期において評価会社が所有する資産とは、貸借対照表に計上されている資産をいうのではなく、財産価値を有する資産のことをいいます。

具体的には、次のとおりです。

1 総資産価額（相続税評価額によって計算した金額）

相続税評価額によって計算した総資産の価額とは、課税時期における評価会社が所有する各資産を、原則として、相続税法又は評価通達に定める方法によって評価した価額の合計額によります。この場合における評価会社の各資産の価額は、原則として、被相続人（個人）が所有する資産を評価するのと同様な方法（課税時期以前3年以内に取

得した土地等又は家屋等や所有する非上場株式を純資産価額方式で評価する場合の例外が一部あります。）によって評価しますので、帳簿価額のない自然発生的な借地権、特許権、営業権についても評価通達に定めるところによって評価する必要があります。

一方で、繰延資産などの資産のうち財産価値のないものについては、帳簿価額に計上があっても評価しないことになります。

したがって、評価会社の貸借対照表に計上されている資産の全てが対象となるわけではありません。

2 総資産価額（帳簿価額によって計算した金額）

帳簿価額によって計算した総資産の価額とは、財産価値を有するものとして相続税評価額により計上された上記1の各資産の帳簿価額の合計額をいいます。

この場合における帳簿価額とは、税務上、適正に算定した各資産の帳簿価額をいい、例えば、減価償却超過額のある減価償却資産については、その資産の課税時期における帳簿価額にその減価償却超過額に相当する金額を加算するなど、法人税法上、修正する必要がある資産の帳簿価額は、その加算又は減算後の価額、すなわち、税務計算上認められた帳簿価額によります。

なお、総資産価額（相続税評価額によって計算した金額）の計算の基礎とされない繰延資産等のような財産価値のない資産については評価の対象とならないことから帳簿価額にも計上しません。

ところで、純資産価額方式の計算において帳簿価額による総資産価額を計算する理由は、評価差額に対する法人税額等相当額を算定するための「評価差額」の算定にあります。

したがって、資産の帳簿価額が相続税評価額より大きくて、最初か

ら評価差額が生じないことが明らかである場合には、当然に「評価差額に相当する金額」は算出されませんので帳簿価額を算定する必要はありません。

すなわち、帳簿価額の算定は、評価通達186-2で定める「評価差額」を求めるだけのため、言い換えれば、法人税額等相当額を計算するために行います。

(参考) 総資産価額(帳簿価額)の計算上の留意点

1　固定資産の帳簿価額は、その資産の取得価額から減価償却累計額及び特別償却準備金を控除した後の金額によります。

2　減価償却超過額のある減価償却資産については、その資産の課税時期におけるその資産の帳簿価額に減価償却超過額を加算するなど、税務計算上の帳簿価額によります。

3　固定資産で圧縮記帳に係る引当金又は積立金が設けられている資産の帳簿価額は、その資産の帳簿価額から圧縮記帳に係る引当金又は積立金を控除した後の金額とします。

4　財産性のない前払費用、繰延資産、繰延税金資産など評価の対象にしない資産は、帳簿価額にも計上しません。

5　特許権、漁業権、商標権及び出版権などの資産の帳簿価額は、営業権の帳簿価額に含めて記載します。

6　被相続人の死亡により評価会社が生命保険金を受け取る場合には、その生命保険金請求権(未収保険金)の金額を資産の部の「相続税評価額」欄及び「帳簿価額」欄のいずれにも記載します。

Question 124 資産の価額（課税時期以前3年以内に取得した土地等及び建物等）

純資産価額の計算においては、会社が所有する各資産の価額は、評価通達に定める方法に従って計算するとされていますが、評価会社が課税時期以前3年以内に取得した土地等及び建物等については扱いが異なるようです。この点について詳しく教えてください。

A 純資産価額方式の計算にあたって、評価会社が課税時期以前3年以内に取得した土地及び借地権などの土地の上に存する権利（以下「土地等」といいます。）又は新築した家屋及びその附属設備又は構築物（以下「家屋等」といいます。）の価額は、路線価又は固定資産税評価額によって評価するのではなく、これらの各資産の課税時期における「通常の取引価額」に相当する金額によって評価するとされています。

このような取扱いとするのは、純資産価額の計算における評価会社が所有する土地等又は家屋等の「時価」の算定にあたっては、個人が相続する土地等又は家屋等の評価を行う場合に採用される路線価又は固定資産税評価額が唯一の方法であるとは限らないものと考えられ、むしろ、適正な株式評価の見地からは、通常の取引価額（時価）が分かればそれにより評価する方が妥当であり、課税時期の直前（3年以内）に取得（新築）し、「時価」がある程度わかっている土地等や家屋等については、わざわざ、評価の安全性等に配慮して路線価又は固定資産税評価額にまで評価額を下げる必要がないと考えているからです。

したがって、評価通達においても、実務上の簡便性に配慮し、その

土地等や家屋等の帳簿価額（取得価額を前提にした価額）が課税時期における「通常の取引価額」に相当すると認められるときには、帳簿価額に相当する金額によって評価することができるとされています（あくまでも、帳簿価額が「通常の取引価額」に相当すると認められる場合です。）。

なお、この取扱いの適用にあたっては、次の点に留意してください。

（参考） 課税時期以前3年以内に取得した土地等の留意点

> 1　評価会社のたな卸資産に該当する土地等や家屋等については、たとえ、評価会社が課税時期以前3年以内に取得したものであっても、評価通達4の2、132及び133の規定に従って、たな卸資産として評価します。
> 2　「取得」とは、土地等や家屋等を売買により取得する場合に限らず、交換、買換え、現物出資、合併等によってそれらの財産を取得する場合を含みます。
> 3　課税時期以前3年以内とは、被相続人の亡くなった日（課税時期）より3年以前をいうのであり、評価会社の直前期末日から3年以内をいうのではありません。

ちなみに相続、贈与及び譲渡などにより資産（不動産又は株式）を移転させた場合に課税上の前提となる価額は、当事者（法人又は個人）又は原因（譲渡、贈与など）により異なりますが、次のとおりです。

(参考) 相続等により資産を取得した時の評価

取得の態様	土地等及び家屋等を相続、遺贈又は贈与により取得した場合	土地等及び家屋等を負担付贈与等により取得した場合	株式を相続、遺贈又は贈与により取得した場合で、当該株式を純資産価額により計算する場合
根拠条文等	相続税法第22条 評基通11 評基通89ほか	相続税法第22条 個別通達（負担付贈与等通達）	相続税法第22条 評基通185
被相続人等からの取得時期	相続時又は贈与時	贈与時	評価会社が課税時期以前3年以内に取得したもの
評価方法等	路線価等又は固定資産税評価額によって評価	通常の取引価額によって評価（取得価額が通常の取引価額に相当すると認められる場合には取得価額によることができる。）	通常の取引価額によって評価（帳簿価額が通常の取引価額に相当すると認められる場合には帳簿価額によることができる。）

Question 125 資産の価額（評価会社が所有する非上場株式等の純資産価額）

評価会社が非上場株式（例えば、Ａ社株式）を所有している場合において、当該Ａ社株式を純資産価額方式により評価する際に注意すべき点はありますか。

A 評価会社が非上場株式（出資及び転換社債型新株予約権付社債（評価通達197－5⑶ロに定めるもの）を含みます。）を所有している場合において、当該評価会社の株価を純資産価額で計算する場合には、当該評価会社が所有している株式（質問ではＡ社株式）の価額も計算しなければなりません。この場合、評価会社が所有している株式（Ａ社株式）の価額を純資産価額方式により計算するには、評価差額に対する法人税額等相当額を控除することはできません（評基通186－3(注)）。

なお、評価会社が所有する出資や転換社債型新株予約権付社債を純資産価額方式で評価する場合も同様です。

純資産価額方式における評価差額に対する「法人税額等相当額の控除」は、個人が資産を直接所有している場合と、会社が株式の所有を通じて会社の資産を間接的に所有している場合との違いを株価に反映させるために設けられたと考えられています。したがって、そのような評価上の均衡は、「個人」と個人が所有する株式の「発行会社」（評価会社）との関係において考慮すれば足りるのであって、評価会社と評価会社が所有する株式の会社との関係において、さらに重ねてその均衡を考慮する必要はないものと考えられます。

そこで、評価通達186－3㊟では、評価会社が所有する株式を純資産価額方式で計算する場合には、評価差額に対する法人税額等相当額の控除ができないことを明らかにしています。

　この規定は、平成2年8月の評価通達の改正により新設されたものですが、改正前の取扱いにおいては、「法人税額等相当額の控除」が累積的(連鎖的)にできることになっていたので、例えば、評価会社が現物出資をして子会社を設立すると、純資産価額方式の計算では評価会社だけでなく子会社も法人税額等相当額の控除ができたため子会社が多ければ多いほど株価が自動的に引き下げられることになっていました。そこで、連鎖的な法人税額等相当額控除をできなくするために改正されました。

〔法人税額等相当額の控除ができないケース〕

　なお、評価通達186－3㊟の取扱いは、評価会社の株式を純資産価額方式により計算するときの次のような場合にも適用されます。
(1)　評価会社が所有する非上場株式を「併用方式」により評価するときの純資産価額の計算
(2)　株式保有特定会社に該当する評価会社が所有する非上場株式(S_2)の金額の計算

Question 126 資産の価額（併用方式の計算において法人税額等相当額の控除ができないケース）

亡甲は、A社及びB社（ともに非上場）の株式を10,000株及び4,000株所有していましたが、その全てを長男（乙）が相続しました。

A社及びB社はともに中会社で併用方式により評価しますが、亡甲及びA社が所有しているB社株式の評価に際し、注意すべき点があれば教えてください。

なお、相続開始前のA社及びB社の株主構成は次のとおりです。

〔A社（小売業）の株主構成〕

株　主	株式数	議決権数	割　合
亡甲→乙	10,000	100	62.5％
丙	4,000	40	25.0％
丁	2,000	20	12.5％
合計	16,000	160	100.0％

（注）乙、丙及び丁に親族関係はありません。

〔B社（飲食店業）の株主構成〕

株　主	株式数	議決権数	割　合
亡甲→乙	4,000	40	20.0％
A社	8,000	80	40.0％
丁	4,000	40	20.0％
戊	4,000	40	20.0％
合計	20,000	200	100.0％

（注）乙、丁及び戊に親族関係はありません。

A ご質問によると、A社及びB社の株価を算定をするということですが、まず、亡甲からA社及びB社の株式を相続した乙が2つの会社の「同族株主」に該当しているかを判定する必要があります。

A社についてみると、乙はA社の議決権割合の62.5％を所有していますので、「同族株主」と判定されます。したがって、乙が相続したA社株式は併用方式（類似業種比準方式と純資産価額方式の併用）により評価することになります。

次に、B社についてみると、乙単独では議決権割合の20％しか所有していませんが、乙が支配しているA社（同族関係者に該当）が所有するB社株式に係る議決権数も加えると60％となり、「同族株主」と判定されるので、乙が相続したB社株式も併用方式により評価することになります。

最後に問題となるのが、A社が所有しているB社株式の評価です。上記のとおり、A社は乙の同族関係者に該当しているのでB社株式を原則的評価方式により評価すればいいですが、A社が所有しているB社株式の純資産価額の計算については、乙と同様に計算することはできません。すなわち、A社が所有するB社株式の純資産価額の計算に当たっては、法人税額等相当額の控除はできません。

したがって、A社が所有するB社株式の評価に当たっては、純資産価額の算定上、法人税額等相当額の控除はできないため、乙が直接所有しているB社株式の純資産価額の方が必然的にA社が所有するB社株式の純資産価額より高くなります。

なお、乙が相続したA社株式の評価に当たっては、純資産価額の算定上、法人税額等相当額の控除は可能です。

(参考)

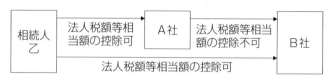

(注) A社が所有するB社株式を評価するに際しては、乙における評価と同様に併用方式により計算しますが、併用方式の純資産価額については、法人税額等相当額の控除はできません。
　　　したがって、乙が相続したB社株式の純資産価額とA社が所有するB社株式の純資産価額は異なることになります。

Question 127 資産の価額（生命保険金を受領した場合）

　A社は代表者を被保険者として生命保険を掛けていました（帳簿価額1,000万円）が代表者が死亡したため保険会社から生命保険金5,000万円が支払われました。この場合、A社の受取る生命保険金は、株式評価明細書の第5表にどのように記載すべきでしょうか。

　また、この生命保険金を原資として、遺族に死亡退職金（3,000万円）が支払われた場合、債務に計上できますか。ちなみに甲社は、繰越決損金が500万円あります。

A　代表者の死亡を保険事故として、会社が受取る生命保険金請求権については、保険事故発生によりその請求権が具体的に確定することになりますので、純資産価額方式（相続税評価額によって計算した金額）の計算上、資産（生命保険金請求権）としてその金額を相続税評価額に計上することになります。

　また、生命保険金請求権の帳簿価額の記載に当たっては、相続税評価額と同額を計上し、評価差額の計算には影響させません。なお、その生命保険金請求権に係る保険料の積立金が帳簿価額に計上されている場合には、その金額は資産から削除します。

　さらに、この生命保険金を原資として、代表者の遺族に死亡退職手当金が支払われた場合には、当該死亡退職金は、純資産価額の計算上、負債として計上することができます。なお、その生命保険金額から支払った退職手当金等の金額を控除した残額について法人税等が課されることになるので、その法人税等についても負債として計上することができます。

　ただし、その評価会社が欠損法人である場合には、当該保険差益の

額から欠損金の額を控除してなお課税所得が生じる場合についてのみ法人税額等を負債に計上することができると考えます。

ご質問のケースは、繰越欠損金が500万円あり、保険差金（1,000万円）と相殺してもなお保険差益が500万円残るため、これに係る法人税等を負債に計上することができます。

保険金		保険積立金		死亡退職金		繰越損失		保険差益
5,000万円	－	1,000万円	－	3,000万円	－	500万円	＝	500万円

保険金に対する法人税額等 ＝ 500万円 × 37％ ＝ 185万円

ちなみに、評価会社が仮決算を行っていないため、課税時期の直前期末における資産及び負債を基として１株当たりの純資産価額（相続税評価額によって計算した金額）を計算する場合にも、同様に生命保険金請求権を資産として計上し、死亡退職金及び保険差益に課される法人税額等を負債に計上することができます。

また、贈与された非上場株式を純資産価額方式で評価する場合には、相続と異なり保険事故が発生していないことから保険金の支払いがありません。したがって、この場合の相続税評価額は、解約返戻金となり、また帳簿価額については積み立てられた保険料（前払保険料）になると思われます。

(参考) 記載例

第5表 1株当たりの純資産価額(相続税評価額)の計算明細書　会社名 A株式会社

(令和六年一月一日以降用)

1. 資産及び負債の金額(課税時期現在)

資産の部				負債の部			
科目	相続税評価額	帳簿価額	備考	科目	相続税評価額	帳簿価額	備考
生命保険金請求権	50,000 千円	50,000 千円		死亡退職金	30,000 千円	30,000 千円	
保険積立金	0	0		保険金に対する法人税等	1,850	1,850	

2. 評価差額に対する法人税額等相当額の計算

相続税評価額による純資産価額 (①-③)	⑤	千円
帳簿価額による純資産価額 ((②+㊀-㊅-④)、マイナスの場合は0)	⑥	千円
評価差額に相当する金額 (⑤-⑥、マイナスの場合は0)	⑦	千円
評価差額に対する法人税額等相当額 (⑦×37%)	⑧	千円

3. 1株当たりの純資産価額の計算

課税時期現在の純資産価額 (相続税評価額) (⑤-⑧)	⑨	千円
課税時期現在の発行済株式数 ((第1表の1の①)-自己株式数)	⑩	株
課税時期現在の1株当たりの純資産価額 (相続税評価額) (⑨÷⑩)	⑪	円
同族株主等の議決権割合(第1表の1の⑤の割合)が50%以下の場合 (⑪×80%)	⑫	円

第4　評価方式(類似業種比準方式・純資産価額方式・配当還元方式)の計算

(取引相場のない株式(出資)の評価明)

Question 128 資産の価額（営業権の評価）

純資産価額方式の計算においては、特許権、商標権及び漁業権等は営業権として一括評価すると聞きましたが、具体的に教えてください。

A

1　意義

営業権とは、通常、暖簾（のれん）とか老舗（しにせ）とか呼ばれている企業の無形財産の一種で、法律上の特権が包含されている場合もありますが全体としては、法律で認められた権利ではなく、いわゆる「事実上の権利」といわれているものです。

そして、一般には、「会社が有する好評、愛顧、信認、顧客関係その他の諸要因によって期待される将来の超過収益力を資本化した価値」であると考えられています。

営業権は有形資産と同様に、企業が所有し又は支配している無形の価値であり、現実においても売買の対象とされており、会計学上も財産目録及び貸借対照表に計上することが認められています。

また、相続税法においても営業権は、財産として扱われ（相基通10－6）、財産評価の客観性の見地から有償取得のものであるか自家創設のものであるかを問わず評価の対象とされています。

2　営業権の評価方法

営業権の相続税評価額については、次の算式により計算するとされています（評基通165）。

《算式》

$$\text{営業権の価額} = \boxed{\text{超過利益金額}} \times \text{営業権の持続年数(原則として10年とする)に応ずる基準年利率による複利年金現価率}$$

$$\boxed{\text{超過利益金額}} = \overset{(1)}{\text{平均利益金額}} \times 0.5 - \overset{(2)}{\text{標準企業者報酬額}} - \overset{(3)}{\text{総資産価額}} \times 0.05$$

　なお、営業権は、医師、弁護士等のようにその者の技術、手腕又は才能等を主とする事業に係る営業権で、その事業者の死亡と共に消滅するものは評価しません。

⑴　**平均利益金額**

　平均利益金額は、課税時期の属する年の前年以前3年間(法人にあっては、課税時期の直前期末以前3年間とします。)における所得の金額の合計額の1/3に相当する金額(その金額が、課税時期の属する年の前年(法人にあっては、課税時期の直前期末以前1年間とします。)の所得の金額を超える場合には、課税時期の属する年の前年の所得の金額とします。)を採用します。この場合における所得の金額は、個人の場合には所得税法第27条《事業所得》第2項に規定する事業所得の金額及び法人にあっては、法人税法第22条《各事業年度の所得の金額》第1項に規定する所得金額に損金に算入された繰越欠損金の控除額を加算した金額とします。)とし、その所得金額に次に掲げる金額が含まれているときは、これらの金額は、いずれもなかったものとみなして加算及び減算した後の金額とします。

イ　非経常的な損益の額
ロ　借入金等に対する支払利子の額及び社債発行差金の償却費の額
ハ　青色事業専従者給与額又は事業専従者控除額(法人にあっては、損金に算入された役員給与の額)

〔平均利益金額の計算〕

① 課税時期の直前期以前3年間の所得金額×1/3
② 課税時期の直前期末以前1年間の所得金額

いずれか低い金額

(2) 標準企業者報酬額

標準企業者報酬額は、超過利益金額の算定に当たり、前記(1)の平均利益金額から控除するためのものですが、次に掲げる平均利益金額の区分に応じて計算した金額をいいます。

平均利益金額の区分	標準企業者報酬額
1億円以下	平均利益金額×0.3 ＋1,000万円
1億円超　3億円以下	〃　　　　×0.2 ＋2,000 〃
3 〃　　　5 〃	〃　　　　×0.1 ＋5,000 〃
5 〃	〃　　　　×0.05＋7,500 〃

なお、上記算式より平均利益金額が5,000万円以下の場合は、標準企業者報酬額が平均利益金額の50％以上の金額となるので、超過利益金額は算出されないことになり、結果として、営業権の価額は算出されません。

〔平均利益金額5,000万円の場合の超過利益金額の計算〕

超過利益金額（0円）＝平均利益金額（5,000万円）×0.5－標準企業者報酬額（2,500万円）※

（※）5,000万円×0.3＋1,000万円＝2,500万円

(3) 総資産価額

総資産価額は、評価通達の定めるところにより評価した課税時期（法人にあっては、課税時期直前に終了した事業年度の末日とします。）における企業の総資産価額とします。

3 営業権の評価の合理性

営業権の評価額は、超過収益力が持続する期間（10年）を前提とした複利年金現価方式により計算しますが、超過利益金額の算定において、平均利益金額に50％を乗じるとしているのは、企業の将来における収益力を過去の収益を基として予測計算する方法をとっていることから、将来における競争相手の出現、需給の変化等の企業が有する将来における危険率を見込んで評価上の安全性に配慮したものです。

また、超過利益金額の算定において標準企業者報酬額及び総資産価額×５％の金額を平均利益金額×50％の金額から控除するのは、企業利益は、経営者の経営手腕と投下資産の有効利用によって稼得されるものであり、企業者の労力に対する報酬部分と資産の運用から生ずる通常の利益部分の合計額を超える部分がその企業における超過収益力と考えられるからです。

そして、超過収益力の計算では、まず、企業者の働きによる部分を控除する必要がありますが、この場合において、企業の恣意による実際報酬額をそのまま控除することは適当でない（一般的に、その企業の利益金額に比例して企業者報酬の額が定められているということができますが、実際には、その額は個々で異なります。）ので、その企業の規模に応じ適当と認められる企業者報酬の額を標準企業者報酬額として規定し、画一的に控除することとしています。

また、総資産価額×５％による控除は、超過収益力の計算上、資産

の運用から生ずる通常の利益部分の金額を控除するためのものですが、資産運用から生ずる利益は企業の種類やその内容によって異なります。そこで、運用利回りに係る利率については、個々に査定するよりも、課税の公平、明瞭性の観点から画一的に適用することが適当であると考えられ、総資産価額に乗じる利率については、5％とされています。

なお、5％とした理由は、当該運用利回りは企業の有する資産の運用利回り（働き）を示す利率を用いるのが適当であると考えられ、平成19年9月に公表された「平成18年度法人企業統計（財務省）」（業種別、規模別資産・負債、資本及び損益表（全産業））を用いて、分子を「経常利益＋支払利子」、分母を「純資産」として計算した総資産利益率を基として算定されています。

(参考)

営業権の評価明細書

第4 評価方式（類似業種比準方式・純資産価額方式・配当還元方式）の計算

（平成二十年分以降用）

事業所所在地又は本店所在地		被相続人等の氏名		相続開始等の年月日	． ．
氏名又は法人名		事業の内容		商号又は屋号	

平均利益金額の計算

年分又は事業年度	① 事業所得の金額又は所得の金額（繰越欠損金の控除額を加算した金額）	② 非経常的な損益の額	③ 支払利子等の額	④ 青色事業専従者給与額等又は損金に算入された役員給与の額	⑤ (①±②+③+④)
					㋑ 円
					㋺
前年分又は直前事業年度					㋩

(㋑+㋺+㋩) × $\frac{1}{3}$ =   円…⑥   平均利益金額 (⑤の金額と⑥の金額のうちいずれか低い方の金額) =   円…⑦

標準企業者報酬額の計算 （標準企業者報酬額表に掲げる平均利益金額の区分に応じ、同表に掲げる算式により計算した金額）

(⑦の金額)

　　　　　円 × 0.　　＋　　　　　,000,000 円

＝　　　　　円…⑧

【標準企業者報酬額表】

平均利益金額の区分	標準企業者報酬額の算式
1億円以下	平均利益金額×0.3+10,000,000円
1億円超 3億円以下	平均利益金額×0.2+20,000,000円
3億円超 5億円以下	平均利益金額×0.1+50,000,000円
5億円超	平均利益金額×0.05+75,000,000円

総資産価額の計算

科　目	相続税評価額	科　目	相続税評価額
	円		円
		合　計	⑨

(平均利益金額(⑦))　　　(標準企業者報酬額(⑧))　　　(総資産価額(⑨))　　　(超過利益金額(⑩))

　　　　　円 × 0.5 －　　　　　円 － [　　　　　円 × 0.05] ＝　　　　　円

(超　過　利　益　金　額(⑩))　　(営業権の持続年数に応ずる基準年利率による複利年金現価率※)　　(営　業　権　の　価　額)

　　　　　円 ×　　　　　＝　　　　　円

※ 営業権の持続年数は、原則として、10年とします。

(注) 医師、弁護士等のようにその者の技術、手腕又は才能等を主とする事業に係る営業権で、その事業者の死亡とともに消滅するものは、評価しません。

(資4-29-A4統一)

Question 129 営業権の評価の計算例

株式会社古賀警備保障の株価（純資産価額）の算定の依頼を受けましたが同社は、毎期かなりの利益をあげているため営業権の評価についても考慮しなければなりません。なお、同社の過去3年間の課税所得の状況及び直前期末の財政状況は、次のとおりですが、営業権の評価の仕方及び記載方法について教えてください。

1　（株）古賀警備保障の過去3年間の課税状況

（円）

	課税所得金額	非経常的な利益	支払利子	役員給与の総額
直前々々期	81,750,000	—	1,750,000	12,000,000
直前々期	78,000,000	—	2,000,000	11,000,000
直前期	85,000,000	—	2,500,000	11,500,000

2　（株）古賀警備保障の直前期の貸借対照表

（千円）

資産の部			負債の部		
科目	相続税評価額	帳簿価額	科目	相続税評価額	帳簿価額
現金預金	301,000	301,000	買掛金	41,000	41,000
売掛金	42,000	42,000	支払手形	23,000	23,000
受取手形	8,000	8,000	未払金	11,000	11,000
商品	40,000	40,000	預り金	2,300	2,300
貸付金	4,300	4,300	借入金	138,000	138,000
建物	22,000	15,000	未払法人税等	4,100	4,100
土地等	34,000	28,000			
投資有価証券	13,000	6,500			
合計	464,300	444,800	合計	219,400	219,400

A ご質問の株式会社古賀警備保障に係る営業権の評価について、評価通達165の規定に従って計算を行いましたが、価額は算出されませんでした（相続開始時における10年間の基準年利率は0.01％となっています。）。

なお、営業権の算定経過及び営業権の評価明細書の記載の仕方は次のとおりです。

営業権の評価明細書

被相続人等の氏名	古賀 正男	相続開始等の年月日	6・5・20

事業所所在地又は本店所在地	福岡市博多区吉塚1-○-○	事業の内容	警備保障	商号又は屋号	古賀警備
氏名又は法人名	株式会社 古賀警備保障				

（平成二十年分以降用）

平均利益金額の計算

年分又は事業年度	① 事業所得の金額又は所得の金額（繰越欠損金の控除額を加算した金額）	② 非経常的な損益の額	③ 支払利子等の額	④ 青色事業専従者給与額等又は損金に算入された役員給与の額	⑤ (①±②+③+④)
直前々々期	81,750,000	—	1,750,000	12,000,000	㋑ 95,500,000 円
直前々期	78,000,000	—	2,000,000	11,000,000	㋺ 91,000,000
前年分又は直前事業年度	85,000,000	—	2,500,000	11,500,000	㋩ 99,000,000

(㋑+㋺+㋩) × 1/3 = 95,166,666 円…⑥　　平均利益金額（⑤の金額と⑥の金額のうちいずれか低い方の金額） = 95,166,666 円…⑦

標準企業者報酬額の計算

標準企業者報酬額（標準企業者報酬額表に掲げる平均利益金額の区分に応じ、同表に掲げる算式により計算した金額）

(⑦の金額)
　95,166,666 円 × 0.3 + 10,000,000 円
= 38,549,999 円…⑧

【標準企業者報酬額表】

平均利益金額の区分	標準企業者報酬額の算式
1億円以下	平均利益金額×0.3＋10,000,000円
1億円超 3億円以下	平均利益金額×0.2＋20,000,000円
3億円超 5億円以下	平均利益金額×0.1＋50,000,000円
5億円超	平均利益金額×0.05＋75,000,000円

総資産価額の計算

科目	相続税評価額	科目	相続税評価額
現金預金	301,000,000 円		円
売掛金	42,000,000		
受取手形	8,000,000		
商品	40,000,000		
貸付金	4,300,000		
建物	22,000,000		
土地等	34,000,000		
投資有価証券	13,000,000		
		合計 ⑨	464,300,000

(平均利益金額(⑦))　　　(標準企業者報酬額(⑧))　　(総資産価額(⑨))　　　　　　　　(超過利益金額(⑩))

　95,166,666 円 × 0.5 － 38,549,999 － [464,300,000 円 × 0.05] = 0 円

(超過利益金額(⑩))　　(営業権の持続年数に応ずる基準年利率による複利年金現価率※)　　(営業権の価額)

　0 円 × 9.945 = 0 円

※ 営業権の持続年数は、原則として、10年とします。

(注) 医師、弁護士等のようにその者の技術、手腕又は才能等を主とする事業に係る営業権で、その事業者の死亡とともに消滅するものは、評価しません。

(資4-29-A4統一)

Question 130 資産の価額（法人税の繰戻し還付請求権）

ある事業年度に欠損が生じた場合、その欠損金額をその事業年度開始の日以前1年以内に開始した事業年度に繰戻して法人税額を還付請求できる制度（法人税の繰戻し還付請求）がありますが、課税時期が法人税の申告書を提出期限前である場合において、この法人税の繰戻し還付請求による還付額を資産に計上する必要がありますか。

A 課税時期が、評価会社の直前期の事業年度に係る法人税の申告書の提出期限前である場合には、評価会社が直前期の事業年度に生じた欠損金額について、法人税申告書においてその繰戻しによる還付金の請求を行うか否かは未定の状態といえます。

すなわち、課税時期の直前期に係る事業年度に欠損が生じた場合、その欠損金額について、繰り越すか又は繰り戻すかは法人の任意であり、課税時期において還付金の額が確定していたわけではありません。したがって、繰戻し還付請求権を資産に計上する必要はありません。

また、後に、法人税の申告書において法人税の繰戻し還付請求を行って、直前々期に係る法人税額が還付されることになったとしても、課税時期において未確定の状態であったことには変わりはありませんので、この場合でも資産に計上する必要はありません。

なお、課税時期が法人税の申告書の提出期限後であった場合においては、繰戻し還付請求を行うか欠損金を繰越すか確定しているはずであり、仮に繰戻し還付請求を行っている場合には、還付される法人税額が具体的に確定していることになるので資産に計上することになります。

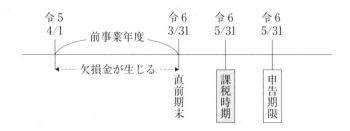

(参考) 欠損金の繰戻し還付制度

「欠損金の繰戻しによる還付」制度は、欠損金が生じた事業年度(欠損事業年度)の欠損金額を、実質的にその前期の事業年度(還付事業年度)の所得と通算して法人税額の計算ができるものであり、還付事業年度から欠損事業年度まで連続して青色申告により確定申告書を提出している法人であることが必要です。

なお、平成4年4月1日から令和8年3月31日までの間に終了する事業年度において生じた欠損金については、解散や事業の全部譲渡等が生じた場合の特例を除き、欠損金の繰戻しによる還付制度の適用が停止されています。ただし、中小企業者等において欠損金額が生じた場合には、この制度の適用が認められています(措法66の12)。

《算式》

$$\begin{pmatrix} \text{還付所得事業年} \\ \text{度の法人税額} \end{pmatrix} \times \frac{\text{欠損事業年度の欠損金額}}{\text{還付所得事業年度の所得金額}} = \text{還付金額}$$

Question 131 資産の価額(即時償却を行った資産)

甲社は、ソーラーシステムを前事業年度中に取得し、既に稼動していますが、直前期の当該資産の帳簿価額は、生産性向上設備投資促進税制を適用し臨時償却を行ったため1円となっています。

本事業年度に入り、甲社の株価(純資産価額)を算定する必要が生じましたが、ソーラーシステムの相続税評価額は、どのように算定したらよいですか。

A 甲社が所有するソーラーシステム(機械装置)は、一般動産と考えられますが、当該資産の相続税評価額は、原則として、売買実例価額、精通者意見価格等を参酌して評価するとされています。ただし、売買実例価額、精通者意見価格等が明らかでない動産については、その動産と同種及び同規格の新品の課税時期における小売価額から、その動産の製造時から課税時期までの期間(その期間に1年未満の端数があるときはその端数を1年とします。)の償却費の額の合計額又は減価の額を控除した金額によって評価します(評基通129)。

そして、償却費の額を計算する場合における耐用年数及び償却方法は、次に掲げるところによります(評基通130)。

(1) 耐用年数

耐用年数は、耐用年数省令に規定する耐用年数(17年)による。

(2) 償却方法

償却方法は、定率法による。

純資産価額方式の計算は、総資産の価額(相続税評価額)から総負

債の価額(相続税評価額)を控除して求めますが、このうち、総資産価額は、課税時期において会社が所有する各資産を評価通達等にしたがって算定した価額の合計額とされています。

　したがって、帳簿価額のない無償取得の借地権、特許権、営業権なども評価通達に従って計算した結果、価額が算出されれば、資産に計上することとされており、それは、帳簿価額が１円のソーラーシステムも同様です。この場合ソーラーシステムは機械装置に該当することから、一般動産として評価通達129及び130を適用して、小売価額から減価償却費等の合計額を控除して算定します(この場合の減価償却は定率法により計算します。)。

　仮に、このような計算手順によって算定された価額が25,000千円だった場合、「取引相場のない株式(出資)の評価明細書」第５表への記載の仕方については、「相続税評価額」欄には、計算された相続税評価額を記載し、「帳簿価額」欄には１円(千円単位なので実際は０)と記載します。

第5表　1株当たりの純資産価額(相続税評価額)の計算明細書　会社名　甲株式会社

1. 資産及び負債の金額(課税時期現在)

資産の部				負債の部			
科目	相続税評価額	帳簿価額	備考	科目	相続税評価額	帳簿価額	備考
機械装置(ソーラシステム)	25,000千円	0千円			千円	千円	

(注)　年の途中で耐用年数省令の改正があった場合には、課税時期の属する年の１月１日に施行されている耐用年数省令により計算します。

Question 132 資産の価額（前払費用）

1株当たりの純資産価額を計算するために会社の貸借対照表を確認したところ、前払費用として130万円が計上されていました。そこで、さらに内訳を調べたところ、次のものが含まれていました。

(1)　旅行券・商品券　　　　　　　　50万円
(2)　営業社員への前渡金　　　　　　10万円
(3)　火災保険料5年分の経過勘定科目　40万円
(4)　借入金の元本及び利息の前払費用　30万円

このような場合において、前払費用を株式評価明細書第5表に資産として計上すべきでしょうか。

A　前払費用とは、一定の契約に基づいて役務の提供を受ける場合に、未だ提供されていない役務に対して支払われた対価のことをいいます。

ところで、純資産価額方式の計算において前払費用を資産として計上するか否かは財産価値を有するか否かによって判断します。

(1) 旅行券・商品券

旅行券・商品券は、得意先に対する謝礼、御礼のために購入したと考えられますが、直前期末時点に会社がそれら商品券等を所有していたとすれば、換金性もあり、財産価値も認められることから資産に計上すべきと考えます。

(2) 営業社員の前渡金

前渡金は、一定の期間分のまとまった金額を事前に担当者に渡して

おき、必要な時にその担当者がその前渡金から支払いをすることによって経理処理の省力化を図るためのものです。

　前渡金は、現金そのものですので資産に計上すべきか否かは、担当者が直前期末時点においてその現金を費消していたか否かによって判断します。

(3)　火災保険料5年分の経過勘定科目

　経過勘定科目である火災保険料を資産に計上するか否かについては、解約返戻金の有無によって判断します。

　例えば、5年分の火災保険料を一括支払いし、2年経過後にその火災保険料を解約するとしてもその解約返戻金は僅少であると思いますので資産に計上するケースは少ないと考えます。

　なお、損害保険料といっても様々なタイプの保険が販売されていますので、解約返戻金の有無及び金額について個々に確認する必要があるかと思います。

(4)　借入金の元本及び利息の期限前支払い

　支払期限より前に元本及び利息を前払いした場合には、支払い義務が生じているわけでもないのに前もって自ら進んで借入金の元本及びそれに係る利息を返済したものと考えることができます。これらの金額は、言い換えれば期限が到来するまで預けてあるもので、仮に返還を求めれば返還されることになると思われますので、財産価値を有するものとして資産に計上するのが相当です。

　なお、上記(1)～(4)の質問と直接関係はありませんが、貸借対照表の資産の部に前払費用として記載されていたものが、株式評価明細書第

5表「1株当たりの純資産価額(相続税評価額の計算明細書)」の資産の部の相続税評価額欄に記載されていない場合には、課税庁はその点に関心を示しますので、資産に計上しなかった理由を明確にしておく必要があります。

Question 133 資産の価額（建物所有者が施設した建物付属設備を建物の評価に含めるべきか）

甲社は、所有している建物が古くなったことから、リフォームを行い、外壁、水道排水工事、内装、床を新しくしました。このうち、資本的支出に該当するものは、建物付属設備として貸借対照表の帳簿価額に計上しています。

このような前提で甲社株式を純資産価額により評価するに際し、建物付属設備を建物と分けて評価する必要がありますか。

A 家屋の所有者が施設した付属設備のうち、その家屋と構造上一体となっている次のものについては、家屋の価額に含めて評価しますが、屋外に設置された電気の配線及びガス・水道の配管並びに家屋から独立して設置された焼却炉等は、構造上一体としていないので個別に評価します（評基通92）。

なお、家屋の相続税評価額は固定資産税評価額によって評価しますので、後から施設した附属設備については、原則的には固定資産税評価額に含まれていると考えます。

〔家屋の価額に含めるもの〕

①電気設備（ネオンサイン、投光器、スポットライト、電話機、電話交換機及びタイムレコーダー等を除きます。）	⑥消火設備
②ガス設備	⑦避雷針設備
③衛生設備	⑧昇降設備
④給排水設備	⑨じんかい処理設備
⑤温湿度調整設備	

なお、原則的な取扱いは、上記のとおりですが、評価会社が課税時期前3年以内に設置した建物附属設備については、家屋に含めて固定資産税評価額で評価するのは相当ではなく、その附属設備の時価と認められる帳簿価額を基に評価するのが相当と考えます。

　ちなみに、家屋と一体として評価する建物附属設備の取扱いは、上記のとおりですが、下記の資産については独立した財産として別途評価します。

① 門、塀等の設備（門、塀、外井戸、野外じんかい処理設備等）

《算式》

$$\left(設備の再建築価額 - 建築時から課税時期までの定率法による償却額\right) \times 70\%$$

② 庭園設備（庭木、庭石、あずまや、庭池等）

《算式》

$$調達価額^{(注)} \times 70\%$$

(注)　「調達価額」とは、庭石などの店頭価格ではなく、課税時期において、その財産をその現況により取得する場合の価額をいいますが、庭先への搬入費や設置費を含めた金額によります。

Question 134 資産の価額（賃借人が設置した建物付属設備）

甲社は、店舗を借りて飲食店を営んでいますが、借店舗の建物付属設備として2,000万円が貸借対照表の資産に計上されています。

甲社株式の純資産価額の計算上、当該建物付属設備を資産に計上する必要がありますか。

なお、建物の賃貸借契約書には、「契約が終了した際は、造作を施す前の原状に回復して明け渡すか、設置した造作を無償で賃貸人に渡さなければならない」旨が記載されています。

A

甲社株式の評価に当たって、賃借人である甲社が賃借建物（店舗）に施した付属設備の工事内容を見ると、内装壁及び床の断熱工事、塗装工事、電気工事、水道排水工事等ですが、これら付属設備は、賃借建物の従たるものとして建物に付合していることが明らかであり、それ自体は建物の構造部分の一部として独立して所有権の客体とならないものと言えます（民法242）。したがって、これらの付属設備を個別に抜き出して単独で資産として計上することは相当ではありません。

もっとも、そうすると本件建物の所有者（貸主）は、本件付属設備を対価の支払いをせずに取得することになるため、甲社（借主）は、貸主に対し有益費償還請求権（民法608②）を有すると考えることができます。ただし、本件賃貸借契約によれば、建物内部改造費、造作、模様替えについて、甲社（借主）は貸主に対してその買取り請求を一切行わないこと及び原状回復は甲社（借主）の費用負担において行うことが定められているので、甲社は、有益費償還請求権を放棄してい

るといえます。

　以上より、本件付属設備の相続税評価額の計上に当たり、有益費償還請求権を資産に計上しなくても問題はありません（参考：平成2年1月22日審判所裁決）。

(参考法令等)

> **民法第242条《不動産の付合》**
> 　不動産の所有者は、その不動産に従として付合した物の所有権を取得する。ただし、権原によってその物を附属させた他人の権利を妨げない。
>
> **民法第608条《賃借人による費用の償還請求》**
> 1　賃借人は、賃借物について賃借人の負担に属する必要費を支出したときは、賃借人に対し、直ちにその償還を請求できる。
> 2　賃借人が賃借物について有益費を支出したときは、賃貸人は賃貸借の終了の時に第196条《占有者による費用の償還請求》第2項の規定に従い、その償還をしなければならない。ただし、裁判所は賃貸人の請求によりその償還について相当の期限を許与することができる。

Question 135 資産の価額（賃借権を資産に計上すべきか）

甲社は、代表者乙が所有するＡ土地をコインパーキング（アスファルト舗装）として使用するため賃借しました。この賃貸借契約は、5年ごとに更新されていましたが、この度、乙が亡くなった時点の残存期間は2年でした。甲社の株価算定に当たりこのような賃借権も資産として計上すべきですか。

A ご質問の趣旨は、駐車場として使用するための賃借権に市場性はなく、また、実際にもＡ土地が存する地域は、賃借権の取引慣行がないため賃借権に財産価値があるとは考え難く、甲社が駐車場用地として代表者乙から賃借している土地に係る賃借権は、同社の株式の評価上、資産として計上する必要はないのではないかということだと思います。

ご質問にあるような雑種地に係る賃借権は、借地借家法によって保護される借地権と比較してその財産価値は低く、また、その賃借権の内容も多種多様であるから、借地権のように同一需要圏内の類似地域における取引慣行とその成熟の程度等を考慮して、その地域における賃借権割合を定めるというようなことはできません。

ただし、一般に雑種地に係る賃借権も譲渡することも可能と考えられることから、取引慣行といえるものがないからといって財産価値がないと考えるのは相当ではありません。また、評価通達87も雑種地に係る賃借権の価額は、原則として、その賃貸借契約の内容、利用状況等を勘案して個々に評価することとしています。

したがって、賃借権は市場性がない又は乏しいことから、取引価格は成立せず、したがって、賃借権に財産価値がないという見方は採用

できません。

　具体的な評価方法としては、アスファルト舗装は比較的容易に設置及び撤去できるものであり、また、減価償却資産の耐用年数等に関する省令に規定する耐用年数も10年であることから、簡易な構築物を所有する目的として地上権に準ずる賃借権以外の賃借権が設定されたものとして評価することが相当です。

　また、課税時点における賃借権の残存期間は2年であることから、A土地に係る賃借権の価額は、自用地価額に法定地上権割合（5％）の1/2の2.5％を乗じて算定することが相当です。

相続税法第23条に定める法定地上権割合

残存期間	地上権割合	残存期間	地上権割合
10年以下	5％	30年超　35年以下	50％
10年超　15年以下	10	35年〃　40年〃	60
15年〃　20年〃	20	40年〃　45年〃	70
20年〃　25年〃	30	45年〃　50年〃	80
25年〃　30年〃	40	50年〃	90
（期間の定めのないもの）			

（参考：平成15年3月25日　仙台不服審判所裁決）

Question 136 借地権の価額(相当の地代に満たない場合)

甲社は借地権の設定(平成15年)に当たり通常の権利金に代えて相当の地代(5,400千円)を支払うこととし、その地代額については、「相当の地代の改訂方法に関する届出書」を提出し固定型を選択しました。

課税時期(令和6年7月1日)では、借地権設定時より地価が上昇しているため、相当地代額の水準は、平成15年より固定したままの実際支払地代額を超えています。この場合、甲社が有する借地権の相続税評価額はどのように算定しますか。

(1) 土地の自用地価額

平成15年分	令和4年分	令和5年分	令和6年分
90,000千円	115,000千円	120,000千円	125,000千円

(2) 借地権割合　60%

A ご質問のケースは、課税時期において実際に支払われている地代額(5,400千円)が土地の価額に見合う相当地代の額の水準を下回っていることから甲社に借り得分があり自然発生借地権が生じています。

この場合の借地権の相続税評価額は相当地代通達4《相当の地代に満たない地代を支払っている場合の借地権の評価》により求めます。

なお、帳簿価額欄には、借地権の設定の際に支払った権利金がありませんので0と記載します。

(1) 相当地代の年額

$$(125{,}000千円 + 120{,}000千円 + 115{,}000千円) \times \frac{1}{3} \times 6\% = 7{,}200千円$$

(2) 通常地代の年額

$$120{,}000千円 \times (1 - 60\%) \times 6\% = 2{,}880千円$$

(3) 実際支払地代の額

5,400千円

(4) 借地権の価額（相続税評価額）

$$125{,}000千円 \times 60\% \times \left(1 - \frac{5{,}400千円 - 2{,}880千円}{7{,}200千円 - 2{,}880千円}\right) = 31{,}250{,}000円$$

(千円)

資産の部			負債の部		
科目	相続税評価額	帳簿価額	科目	相続税評価額	帳簿価額
自然発生借地権	31,250	0			

(参考) 相当地代通達4の算式

$$借地権の価額 = 自用地としての価額 \times 借地権割合 \times \left(1 - \frac{実際支払地代の年額 - 通常地代の年額}{相当地代の年額 - 通常地代の年額}\right)$$

Question 137 借地権の価額（土地の無償返還の届出書が提出されている場合）

A社に土地を貸し付けている同社の代表者甲（A社株式の100％を保有）が令和6年2月に亡くなりました。A社は甲の所有地に借地権を設定していますが、権利金の授受を行わない代わりに将来土地を無償で返還することを約し、「土地の無償返還に関する届出書」を税務署に提出しています。また、地代額は、固定資産税の3倍程度を支払っています。

A社株価算定に当たりこのA社が有している借地権は資産に計上すべきですか。

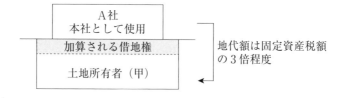

A 借地権の設定に際し「土地の無償返還に関する届出書」が提出されているときにおける借地権の価額は、原則として、貸主と借主が有している共通の価値認識を重視して0と評価することになります。

ただし、土地所有者（貸主）に相続が生じた場合において、同人が同族株主となっている会社に対して当該宅地を貸し付けている時（使用貸借の場合を除きます。）は、当該会社の株式の純資産価額方式の計算上、借地権の価額は0でなく、自用地価額×20％により評価することになります（昭和43年10月28日付直資3－22ほか2課共同「相当の地代を収受している貸宅地の評価について」（以下、「貸宅地通

達」といいます。544ページ参照))。

　そして、この場合の第5表へは借地権価額として自用地価額×20％を相続税評価額欄にのみ記載し、帳簿価額欄は0と記載します。

　一方で、貸宅地の価額は、貸し付けられている土地の状況において使用貸借であれば自用地評価、又は賃貸借であれば自用地価額×80％により評価します（貸宅地の価額を自用地評価する場合には、貸宅地通達の適用はないので加算される借地権はありません。）。

　ご質問のケースを考えると土地所有者（甲）は、A社株式を100％保有していることから、貸宅地通達の適用があります。したがって、A社株式の純資産価額方式の計算に際しては、借地権価額として自用地×20％を相続税評価額に計上する必要があります。

　また、亡甲はA社と将来、土地を無償で返還することを約し、「土地の無償返還に関する届出書」を税務署に提出し、地代も収受していますので、同貸宅地の価額は自用地価額の80％相当額により評価します。

Question 138 借地権の価額（貸宅地通達により計上される借地権が貸ビルの敷地であった場合）

　A社に土地を貸し付けている同社の代表者甲（A社株式の100％を保有）が令和6年8月に亡くなりました。A社は、借地権の設定に際し、権利金の授受に代えて甲に相当の地代を支払っています（その際「相当の地代の改訂方法に関する届出書」を税務署に提出し、地代の改訂型を選択しています。）。この場合には、貸宅地通達の適用があり、A社株式の純資産価額の計算上、借地権として自用地価額の20％相当額を資産に計上する必要があると思いますが、A社がこの借地権上に賃貸ビルを新築して、貸家建付地として利用している場合でも自用地価額の20％相当額により評価しますか。

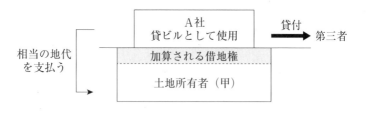

A　借地権の設定に際し、「相当の地代の改訂方法に関する届出書」（地代の改訂型を選択）をしている時には、相当の地代を支払っていることになるため、借地権の価額は0と評価されます。ただし、土地所有者（貸主）に相続が生じた場合において、同人が同族株主となっている会社に対して当該宅地を貸付けている時には、貸宅地通達の適用があります。

　したがって、A社株式の純資産価額方式の計算上、借地権の価額（自用地価額×20％）を資産に計上する必要がありますが、当該借地

権が貸家建付借地権であった場合の評価について貸宅地通達上は、何ら規定がありません。

この点について、貸宅地通達を制定した趣旨からすれば、たとえ貸家建付借地権であっても特殊関係者間の土地評価は、個人と法人を通じて100％顕現することが課税の公平と考えられるため、自用借地権と同様に自用地価額×20％により評価をすることが相当であると考えることもできます。

しかし、建物を賃貸借契約により第三者に貸し付けている貸家の敷地（借地権を含みます。）については、宅地（借地権）の使用収益の一部を借家人が借家に付随して利用しており、土地所有者（借地権者）は、それに相応する土地の利用制限を受けていると考えられることから、一定の減額をすることもやむを得ないと考えられます。

したがって、ご質問の場合には、A社株式の評価において、評価通達28《貸家建付借地権等の評価》の規定に準じて次のとおり計算して求めるのが相当と考えます。

《算式》

純資産価額に計上する貸家建付借地権 ＝ 自用地価額 ×20％ ×（1 － 30％ 借家権割合）

Question 139 借地権の価額（宅地の所有者と株式の所有者が同一でない場合）

　私は父から、父が発行済株式の100％を保有するＡ社株式の一部の贈与を受けましたが、贈与税の申告に当たり、Ａ社株式を純資産価額方式により評価する必要があります。
　Ａ社は、母が所有している土地を賃借し（「土地の無償返還に関する届出書」を提出済です。）、そこに本社建物を建築していますが、この場合のＡ社株式の純資産価額の計算上、Ａ社が有する借地権の評価の取扱いについて教えてください。

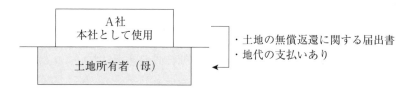

A

　建物所有目的のための土地（宅地）の賃貸借契約の締結に当たり、権利金の授受に代えて「土地の無償返還に関する届出書」が提出されている場合における貸宅地の価額は、自用地としての価額から、その価額の20％に相当する金額（借地借家法上の借地権が存在することにより、土地の自由な使用収益が制約されることに対する評価上の斟酌としての借地権の価額）を控除した金額により評価するとされています。この場合において、被相続人が所有していた土地を被相続人が同族株主である法人に貸し付けている場合には、当該株式の評価上、法人が有する借地権として、自用地価額×20％相当額（相続税評価額）を法人の資産に計上します（この場合、帳簿価額の欄は０となります。）。

貸宅地通達において、こうした取扱いが定められた理由としては、土地を借りた法人が土地所有者（被相続人）によって支配されている場合には、当該被相続人である個人と支配関係にある法人を通じて土地の評価額が100％顕現することが課税の公平上適正であると考えられているからです。この貸宅地通達の要件を整理しますと、次の①から③の要件を充たす場合に限り適用されると考えるのが相当です。
① 　同族会社の株式等を相続等により取得する場合において当該会社の株式を純資産価額方式により評価する場合であること。
② 　被相続人等が同族株主に該当している法人に「相当の地代の方法」又は「土地の無償返還に関する届出書」を提出する方法により土地を貸し付けていること。
③ 　相続等の前の株式所有者と同族法人に土地を貸し付けていた者が同一人であること。

　ご質問の場合には、土地所有者が母ということですので、株式等を贈与した者（父）とＡ社に土地を貸し付けている者（母）が異なりますので、上記③の適用要件を欠くことになります。
　したがって、父から贈与を受けたＡ社株式の純資産価額の計算上、Ａ社が「土地の無償返還に関する届出書」を提出して母より借りている土地の賃借権（借地権）については、Ａ社の資産に計上する必要はありません。
　なお、ご質問の場合は、株式の異動原因が相続ではなく贈与となっていますが、貸宅地通達の趣旨からすれば相続の場合と同様に、贈与についても適用があると考えるべきであり、この場合には、相続を贈与、被相続人を株式の贈与者に読み替えて①～③の要件を具備しているか否か検討すべきと考えられます。

Question 140 借地権の価額(「土地の無償返還に関する届出書」が提出されている共有地に係る借地権価額の計上額)

亡甲が代表を務めるA社(亡甲の持株割合100%)は、亡甲及び長男(乙)が共有(各1/2)で所有する土地を借り、そこに本社を建てていますが、土地の貸借に当たっては、「土地の無償返還に関する届出書」を提出していることから、税務上はA社の借地権価額は0として評価することになります。

ところで、A社株式を純資産価額方式により評価する場合、「貸宅地通達」の適用があると思いますが、計上される借地権(自用地価額×20%)は、亡甲の共有持分2分の1に対応する借地権価額ですか、それとも、土地全部(亡甲と長男乙の持分の合計)に対応する借地権価額相当額とすべきでしょうか。

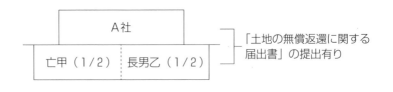

A

A社の株式を純資産価額方式により計算するに際し、A社の資産に計上する借地権相当額(自用地価額×20%)は亡甲の所有する持分(1/2)だけで構いません。

理由

「土地の無償返還に関する届出書」(以下「無償返還届出書」といいます。)が提出されている借地契約は、当事者間において将来無償で借地権を返還することを約したものであることから、借地権の価額は、0として取り扱うこととされ、一方で、その土地に係る貸宅地の価額

の評価に当たっては自用地価額の80％に相当する金額によって評価することとなります（相当地代等通達5、8。ただし、使用貸借の場合には自用地評価。）。

ただし、被相続人が同族株主となっている同族会社に対し土地を貸し付けている場合には、土地の評価額が個人と法人を通じて100％顕現することが、課税の公平上適当と考えられることから、当該同族会社の株式（純資産価額）評価上、被相続人の貸宅地の価額の評価に当たって控除された20％に相当する価額（借地権相当額）を同族会社の資産価額に算入することとされています（貸宅地通達）。

貸宅地通達は、税務上、価値がないものとする借地権価額を一定の要件のもと計上するもので、その要件については厳格である必要があると考えます。したがって、ご質問の場合には、被相続人甲の所有持分（1／2）に係る借地権相当額（自用地価額×20％）はA社株式の総資産価額の計算上、総資産に算入するのが当然ですが、乙はA社株式を所有していないため、貸宅地通達の適用対象ではありませんので、相続人乙の所有（1／2）に係る借地権相当額は純資産価額方式の計算上、A社の資産に計上する必要はありません（平成16年12月　東京国税局　資産税審理事務研修）。

Question 141 借地権の価額(被相続人が同族株主となっている会社の100%子会社に土地を貸付けていた場合)

亡甲が所有していたＡ社株式を評価（純資産価額方式）していますが、Ａ社はＢ社株式を100％所有しているのでＢ社の株式も評価（純資産価額方式）しなければなりません。

ところで、Ｂ社は甲が所有する土地上に建物を所有していますが、その土地の貸借に際し、「土地の無償返還に関する届出書」を提出しています。

この場合、Ａ社が所有するＢ社株式を純資産価額により評価するに際し、亡甲が所有する土地の自用地価額の20％に相当する金額を借地権の価額として資産に計上する必要がありますか。

〔株式の保有関係〕

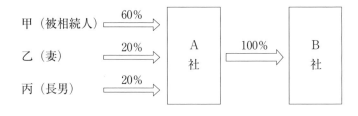

〔土地の権利関係〕

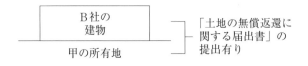

A

被相続人甲は、Ａ社を通じてＢ社を支配していますが、Ｂ社株主ではないことから（評基通188）、貸宅地通達の要件

を満たしません。したがって、B社株式の純資産価額の計算上、借地権として自用地価額の20％相当額を資産の部に計上する必要は無いと考えます。

理由

借地権が設定されている土地について、「土地の無償返還に関する届出書」が提出されている場合は、土地所有者と借地人間において、将来、無償で借地権を返還することを約した契約であることから、当該土地に係る借地権の価額は０とし、また、貸宅地の価額は自用地価額の80％に相当する金額によって評価することとされています（「相当の地代を支払っている場合等の借地権等についての相続税と贈与税の取扱いについて（昭和60年６月５日付直評９ほか）」（以下「相当地代通達」という。）の５、８）。

課税上の考え方からすると、借地権の価額を０とするのであれば、貸宅地の価額は自用地として評価すべきですが、借地借家法の制約、賃貸借契約に基づく利用の制約等を勘案すれば、借地権の引取慣行のない地域においても20％の借地権相当額の控除を認容している（評基通25(1)）こととの権衡上、その土地に係る貸宅地の価額の評価においても20％相当額を控除することが相当であるとの考え方により、自用地の80％相当額により評価することが認められています。

この場合において、土地の貸付けが、被相続人が同族株主となっている同族会社に対するものである場合には、土地の評価額が個人と法人を通じて100％顕現することが課税の公平上適当と考えられることから、被相続人の所有する同社の株式の評価上、自用地価額の20％に相当する金額を借地権の価額として資産の部に計上することとされています（「相当の地代を収受している貸宅地の評価について（昭和42年10月28日付直資３－22ほか）」）。

この取扱いは、被相続人が同族関係者となっている同族会社に対し土地を貸し付けている場合に被相続人の所有する同社の株式を評価する際の借地権の価額についての定めであって、ご質問の場合のように、被相続人が株式を所有していないＢ社株式を評価する際の借地権の価額についての定めではありません。

　したがって、Ａ社株式を評価（純資産価額方式）するに当たっては、Ａ社が保有するＢ社株式も評価（ご質問のケースは純資産価額方式）する必要がありますが、その際に、甲の所有する土地に設定されたＢ社の借地権（「土地の無償返還に関する届出書」を提出済）は資産として計上する必要はありません（平成13年12月14日　東京国税局　資産税審理事務研修資料）。

Question 142 課税時期と直前期末の年分が違う場合等

　純資産価額方式により非上場株式を評価する場合には、実務的には、直前期末における資産及び負債に基づいて計算することが多いと思いますが、直前期末の年分と課税時期の年分が違っているような下記の場合（直前期末は令和5年、課税時期は令和6年）において、各資産の相続税評価額は具体的にどのように評価しますか。

1　課税時期　令和6年3月2日
2　課税時期の直前期末　令和5年11月30日の貸借対照表

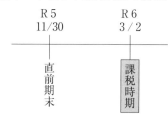

（甲社）　　　　　　　　　　　　　　　　　　　　　　（単位：千円）

資産の部	金額	負債	金額
現金預金	45,000	支払手形	40,000
受取手形	16,800	買掛金	140,000
売掛金	200,000	未払金	8,000
建物	52,000	資本金	100,000
土地	91,000	利益準備金	40,000
有価証券	4,210	別途積立金	50,000
		未処分利益	3,100
（合計）	409,010	（合計）	409,010

(1)　現金預金のうち10,000千円は、定期預金ですが当該定期預金の預金利率等は下記のとおりです。

　　・令和5年9月10日預入、期間1年、満期利率年1.0％、解約利率年0.1％

(2)　受取手形は、手形期日が令和6年8月20日であり、当該受取手形の金

融機関等における割引回収可能額は、16,200千円です。

(3) 建物は、令和3年1月30日に取得しており、取得日から課税時期の令和6年3月2日までは3年を超えていますが、直前期末の令和5年11月30日までの期間では3年を経過していません。

なお、建物の令和6年度の固定資産税評価額は40,000千円、令和5年度の固定資産税評価額は41,000千円、課税時期における通常の取引価額は、52,000千円です。

(4) 土地の評価額は、下記のとおりです。
・令和5年分の路線価に基づき評価した金額……120,000千円
・令和6年分の路線価に基づき評価した金額……125,000千円

(5) 有価証券は、上場されているA社の株式10,000株であり、同株式の評価に必要な資料は次のとおりです。なお、この株式は、令和6年1月に譲渡（証券市場で売買）しており、課税時期には同株式は所有していません。

令和5年11月30日の最終価格	令和5年11月の最終価格の月平均額	令和5年10月の最終価格の月平均額	令和5年9月の最終価格の月平均額
537円	542円	535円	510円

課税時期の最終価格	令和6年3月の最終価格の月平均額	令和6年2月の最終価格の月平均額	令和6年1月の最終価格の月平均額
549円	555円	562円	570円

A 純資産価額方式の計算は、原則的には、課税時期現在における資産及び負債に基づいて計上するとされていますが、直前期末から課税時期の間に資産及び負債について著しく増減がないため、評価額の計算に影響が少ないと認められるときは、直前期末基準による計算も認められています。この場合における各資産及び各負債の金額は、下記イに掲げる相続税評価額及びロに掲げる帳簿価額を

基に計算するとされています。
イ 「相続税評価額」については、課税時期の直前期末の資産及び負債を対象とし、課税時期に適用されるべき相続税の評価基準を適用して計算した金額
ロ 「帳簿価額」については、課税時期の直前期末の資産及び負債の帳簿価額（法人税法の規定に基づく帳簿価額）により計算した金額

ご質問の各資産の相続税評価額は、次のように計算します。

(1) 定期預金の評価（既経過利息の計算方法）

定期預金の価額は、課税時期における預入残高と同時期現在において解約するとした場合の既経過利子（解約利率により計算）の合計額から源泉徴収される所得税額等を控除した金額により評価します（評基通203）。

ご質問における純資産価額の計算上の定期預金の預入期間は、預入日から直前期末までの期間（令和5年9月10日～令和5年11月30日までの81日間）となり、その評価額は次のとおりです。

この場合において、預金利息は、課税時期（令和6年3月2日）までのものを求めるのではなく直前期末現在までの利息を求めます。

$$10,000千円 + 10,000千円 \times 0.1\% \times \frac{81日}{365日} \times (1 - 20.315\%)$$

$= 10,001,768円$

(2) 受取手形の評価（支払期限までの期間を計算する場合の起算点）

受取手形又はこれに類するものの価額は、次の区分に従ってそれぞれ次のとおりに評価します（評基通206）。

① 支払期限の到来している受取手形等又は課税時期から6か月を経過する日までの間に支払期限の到来する受取手形等
   その券面額によって評価します。
② 課税時期から6か月を超えて支払期限の到来する受取手形等
   課税時期において金融機関等において割引を行った場合の割引回収可能額により評価します。

　受取手形の相続税評価額を計算する場合の上記に掲げる支払期限到来までの期間の起算点は、課税時期又は直前期末の翌日からカウントするのかということになりますが、受取手形の評価の場合の起算点は直前期末の翌日（令和5年12月1日）から起算することとなります。
　したがって、本問の場合には、課税時期の直前期末の翌日（令和5年12月1日）から6か月を経過した日は令和6年6月1日となり、一方で受取手形の支払期日は令和6年8月20日であることから、その評価額は割引回収可能額（16,200千円）により評価します。

(3)　建物の評価（課税時期以前3年以内に取得した土地等建物等に該当するか否かの判定）
　純資産価額方式の計算では、評価会社が課税時期以前3年以内に取得又は新築した土地及び借地権などの土地の上に存する権利並びに家屋及びその附属設備又は構築物の価額は、路線価又は固定資産税評価額によるのではなく、これら各資産の通常の取引価額によるとされています。
　この場合に、評価会社が所有している土地等及び建物等を3年以内に取得したかどうかの判定は、評価通達の文言どおり課税時期からさかのぼって判定することになります。

したがって、ご質問のケースにおける課税時期以前3年以内に取得等をした建物等とは、令和3年3月2日以降に取得した建物等が該当することになり、取得した建物等はそれより前ですので、相続税評価額は、固定資産税評価額を採用することになります。

　なお、この場合の建物の固定資産税評価額は、課税時期に適用されるべき相続税の評価基準である令和6年分の固定資産税評価額を用いて評価します。

　40,000千円（令和6年分の固定資産税評価額）×1.0＝40,000千円

(4) 土地の評価（評価基準の採用年分の選択）

　純資産価額方式の計算において直前期末基準を採用した場合の資産の相続税評価額については、直前期末の資産を対象として、課税時期に適用されるべき相続税の評価基準を適用して計算するものとされています。

　したがって、本問の場合には、課税時期（令和6年3月2日）が属する令和6年分の路線価125,000千円に基づき評価することとなります。

(5) 上場株式の評価（課税時期に所有していない資産の評価）

　上場株式についても、前記(4)の土地の場合と同様の取扱い（直前期末に所有する資産を対象として、課税時期に適用されるべき相続税の評価基準を適用して計算）により計算することになります。

　したがって、本問の場合には、課税時期（令和6年3月2日）の最終価格等を基礎として、下記により計算した金額である5,490千円で評価することとなります。

・　課税時期の最終価格、課税時期に属する月以前3か月間の各月の

月中平均額、最も低い価額………549円
・　相続税評価額……549円×10,000株＝5,490千円

　なお、甲社は、令和6年1月にA社株式（上場株式）を譲渡したため、課税時期現在においては同社の株式を所有していませんが、直前期末基準を採用した場合には、課税上弊害がないことを条件に、直前期末において所有している資産に基づいて評価することが認められています。

　この純資産価額方式の計算方法に対し、直前期末から課税時期までの間にA社株式を譲渡したことにより、甲社の株式評価に際して、直前期末から課税時期までの間の資産及び負債の金額に著しい増減が生じ、評価額の計算に与える影響が大きいと認められる場合には、原則どおり、課税時期において仮決算を行う必要があるため、評価時点の特例的取扱いである直前期末基準を採用して、1株当たりの純資産価額（相続税評価額によって計算した金額）の計算を行うことは認められないことになります。

143 純資産価額方式（各資産の相続税評価額）

純資産価額方式の計算において、評価会社が所有している各資産の価額は、原則として、評価通達等に従って評価（相続税評価額）するとされています。

この各資産の相続税評価額の算定について教えてください。

　　　　純資産価額方式の計算における、各資産の相続税評価額の計算をまとめると次のようになります。

（資産の部）

貸借対照表上の価額	科目	第5表上の記載額		算定根拠
		相続税評価額	帳簿価額	
千円 30,000	現金	千円 30,000	千円 30,000	
72,500	預金	72,525	72,500	課税時期における既経過利子の額から源泉所得税相当額（復興特別所得税を含みます。）を控除した金額を加算します（評基通203）。
53,000	受取手形	52,000	53,000	支払期限が6か月を超えるものについては金融機関における割引回収可能額で評価します（評基通206(2)）。
85,000	売掛金	79,200	85,000	貸倒引当金は控除しません。また課税時期における回収不能額を控除して評価します（評基通205）。
5,400	未収入金	5,380	5,400	同　上
4,300	貸付金	3,980	4,300	課税時期における既経過利息の額を加算します（評基通204）。また、課税時期において回収不能額があれば控除して評価します（評基通205）。
1,400	前渡金	1,400	1,400	

貸借対照表上の価額	科 目	第5表上の記載額		算定根拠
		相続税評価額	帳簿価額	
1,500	前払費用	0	0	課税時期において解約返戻金がない損害保険料は、財産価値がないので評価の対象としませんが、借入金の元本及び利息を期日前に前払した場合などは、預け金とみることができますので評価します。
900	仮払金	900	900	直前期末までに交通費、消耗品費等として支払った仮払金は、資産性はありませんが、手元に残っているもの及び固定資産を購入する場合などの手付金は資産として評価します。
49,300	商品	49,300	49,300	たな卸商品として評価します(評基通133)。
3,400	貯蔵品	3,400	3,400	
22,300	建物	8,700	14,300	自用建物は固定資産税評価額により、貸家は固定資産税評価額から借家権価額(30%)を控除して評価します。また、企業会計上、建物附属設備に区分したものでも、家屋と構造上一体となっている附属設備は、家屋の価額に含めて評価します。ただし、課税時期以前3年以内に取得した家屋及び附属設備又は構築物は、課税時期における通常の取引価額(帳簿価額)により評価します。
5,200	建物附属設備	―	―	
	課税時期以前3年以内に取得した建物等	13,200	13,200	
4,500	機械装置	4,500	4,500	原則として再調達価額により評価します(評基通129)。帳簿価額は、機械装置圧縮記帳引当金があれば加算します。
3,400	車両運搬具	3,400	3,400	原則として再調達価額により評価します(評基通129)。

貸借対照表上の価額	科　目	第5表上の記載額		算定根拠
		相続税評価額	帳簿価額	
22,200	土地	21,200	10,300	土地等については路線価方式又は倍率方式により評価します。ただし、課税時期以前3年以内に取得した土地等については、課税時期における通常の取引価額（帳簿価額）により評価します。
—	課税時期以前3年以内に取得した土地等	11,900	11,900	
	借地権	28,300	0	帳簿価額に記載がなくても自然発生的に生じた借地権等は記載します。なお、自然発生借地権の相続税評価額は、相当の地代通達により計算します。
500	借家権	0	0	借家権は権利金等の名称をもって取引される慣行にあるものを除き財産性のないものは帳簿価額及び相続税評価額にも記載しません。
200	電話加入権	80	200	特殊な場合を除き各国税局長が定める標準価額より評価します（評基通161）。
14,000	有価証券	17,400	9,000	上場されている有価証券等については、課税時期の最終価格等によって評価します。非上場の株式、出資等については、評価通達に従って評価しますが、純資産価額方式で評価する場合には法人税額相当額を控除することはできません。
	法人税額相当額控除不適用の株式	18,500	5,000	
7,800	ゴルフ会員権	5,400	7,800	通常の取引価額の70％により評価します（評基通211）。
1,500	特許権		—	特許権、意匠権、商標権のうち権利者が自ら特許発明を実施している場合及び出版権、漁業権は営業権として一括評価するため相続税評価額及び帳簿価額の記載は必要ありません。
1,400	商標権		—	

貸借対照表上の価額	科　目	第5表上の記載額		算定根拠
		相続税評価額	帳簿価額	
0	営業権	7,200	2,900	原則として、会社があげる平均利益等を基に評価します（評基通165）。なお、営業権は帳簿価額が0であっても記載します。また、帳簿価額は、特許権～漁業権の帳簿価額の合計額を記載します（評基通165）。
200	開業費	0	0	財産性のない繰延資産は帳簿価額にも、相続税評価額にも計上しません。
1,200	開発費	0	0	
400	試験研究費	0	0	
1,000	保険積立金	0	0	被相続人の死亡により同人を被保険者とする生命保険金を評価会社が取得するときは、当該生命保険金請求権（未収保険金）の金額を相続税評価額及び帳簿価額のいずれにも記載します。また、貸借対照表に記載されていた保険積立金については、保険事故の発生に基づく保険金の支払いをもって当該保険契約に係るすべての権利義務関係が消滅することとなりますので、相続税評価額及び帳簿価額のいずれも0と記載することになります。
	生命保険金請求権	30,000	30,000	
392,500	合計	467,865	417,700	

（注）　減価償却資産に減価償却超過額があった場合には、第5表に計上する帳簿価額は、当該超過額を加算して算定します。

Question 144 負債の総額（相続税評価額と帳簿価額）

純資産価額方式は、原則として、課税時期において評価会社が所有する資産の価額から負担している負債の額を控除して計算しますが、この場合の負債の額とは、貸借対照表に計上されている負債のことをいいますか。

A 　純資産価額方式により、非上場株式を評価する場合の各負債の金額は、相続税法の規定により相続税の課税財産の価額から控除できる債務の額、すなわち、借入金や未払金等の対外的な法的確定債務の金額をいいますので、評価会社の貸借対照表に記載されている負債の金額とは若干異なります。

したがって、賞与引当金、貸倒引当金、退職給与引当金（旧法人税法第54条に計算された退職給与引当金勘定の取崩し残高を除きます。）等の引当金及び準備金に相当する金額は、確定債務とはいえないので負債として扱うことはできません。

現行の評価通達の規定によると、土地や有価証券などは、課税時期における路線価等により評価すると規定されており、評価益があればそれも資産の価額に含められます。一方、負債の額については、課税時期における法的確定債務により計上するとされており、将来の従業員のために積立てられている退職給与引当金などは負債に計上することはできず、ややバランスを欠くという見方もできますが、このような取扱いになっています。

Question 145 負債の額
（帳簿に記載がなくても計上ができる負債）

純資産価額方式の計算においては、直前期末における資産及び負債の金額により計算することも認められていますが、直前期末の貸借対照表に負債として計上されていない科目でも、純資産価額の計算上、負債として扱われる科目はありますか。

A 純資産価額方式による計算は、課税時期現在における資産及び負債の金額を基として評価することを原則としていますが、直前期末（場合によっては直後期末）における資産及び負債の金額を基として評価することも認められています。

次の項目については、貸借対照表に負債としての記載がない場合であっても課税時期又は直前期末日時点において未払となっているものがあれば、負債として「相続税評価額」及び「帳簿価額」のいずれにも計上することができます。

(1) 未納公租公課

課税時期基準	直前期末基準
課税時期に属する事業年度に係る法人税、消費税、事業税、住民税及び県民税などのうち、その事業年度開始の日から課税時期までの期間に対応する金額	直前期末までの事業年度に係る法人税、消費税、事業税及び住民税など（修正申告などにより増加した法人税及び加算税等を含みます。）の内の未納額

(2) 固定資産税等

課税時期基準	直前期末基準
課税時期以前に賦課期日のあった固定資産税及び都市計画税のうち、課税時期において未払となっている金額	直前期末以前に賦課期日のあった固定資産税及び都市計画税のうち、直前期末日において未払となっている金額

(注) 固定資産税の賦課期日は、当該年度の初日の属する年の1月1日とされています（地方税法359）。

〔固定資産税の課税〕

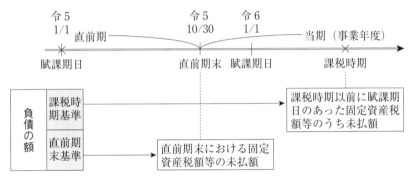

(3) 退職手当金等

　被相続人の死亡により相続人その他の者に支給することが確定した退職手当金、功労金その他これらに準ずる給与の金額（旧法人税法第54条第2項に規定する退職給与引当金の取崩しにより支給されるものは除きます。）は負債に計上します。

　評価会社から相続人に支給されることになった退職手当金等は、相続税法第3条第1項第2号により相続又は遺贈により取得したものとみなされ、相続税の課税価格に算入されることになりますので、相続人と会社に対する二重課税を避けるため、評価会社の株式の純資産価額の計算上、負債に該当するものとして相続税評価額及び帳簿価額の

いずれにも記載します。

なお、相続税基本通達3－20により退職手当金等とみなされない弔慰金等については、相続税の対象外となり二重課税にはなりませんので、純資産価額の計算上、負債として扱われないことに留意してください。

ただし、弔慰金等の名称で支払われたものについても、その実質が退職手当金等として相続税の課税価格に算入されるものについては、株式評価上においても負債として取り扱われることとなります。

〔弔慰金等のうち非課税とされる金額〕

被相続人の死亡区分	非課税とされる弔慰金等の計算
業務上の死亡	当該被相続人の死亡当時における賞与以外の普通給与×36か月（3年分）
非業務上の死亡	当該被相続人の死亡当時における賞与以外の普通給与×6か月

また、弔慰金については、負債に計上することは相当でないとされた裁決がありますので以下で紹介します。

〔参考判例〕平成16年4月22日　東京国税不服審判所裁決

　取引相場のない株式の課税時期における1株当たりの純資産価額の計算を行う場合、退職手当金等も弔慰金も、課税時期において確定している債務ではないから、本来、評価会社の純資産価額を算定するについての負債とはならないものである。

　しかしながら、退職手当金等については、相続税法第3条第1項第2号の規定により相続又は遺贈により取得したものとみなされ、相続税の課税価格に算入されて課税されるため、評価会社の純資産価額の計算において負債に計上しなければ、相続税において実質上の二重課

税が生じることになるので、退職手当金等を負債として計上する必要があり、評価通達186において、負債に含まれるものとして取り扱われているものであり、この取り扱いは当審判所においても相当と認められる。

　これに対して、相続税法基本通達3－18ないし3－23の区分により弔慰金とされたものについては、退職手当金等と異なり相続財産とはみなされず、実質上の二重課税とはならないので、弔慰金を負債に計上する必要はない。したがって、弔慰金を負債に計上することはできないと解するのが相当である。

　また、請求人らは、株式の評価に当たり弔慰金を負債に計上しないと、弔慰金の給付を非課税としている労働者災害補償保険法等の法規との均衡を欠く旨主張するが、本件においては、弔慰金そのものを課税の対象としたものではなく、課税の対象となる株式の評価に当たり弔慰金に相当する金額を考慮して（相続する株式の価値を減少させて）算定するか否かという相続財産の評価の問題であるから、弔慰金を負債に計上せずに株式を評価することは、労働者災害補償保険法等の法規との均衡を欠くものとはいえない。

(4) 保険差益に対する法人税等

　会社が受け取ることになる被相続人を被保険者として掛けていた生命保険契約に係る生命保険金は、生命保険金請求権として資産の部に計上されますが、この受取保険金に対しては通常、法人税額等（法人税、住民税及び事業税）が課税されることになりますので、これらの税額等を負債（相続税評価額及び帳簿価額に同額を記載します。）の部に記載することが認められています。

　この場合、生命保険金に課税される法人税額等相当額の計算は、当該保険金を原資として支払った退職手当金等、弔慰金その他の費用の額で損金の額に算入されるものがある場合には、保険金からこれらの

費用の合計額を控除した保険差益に対して法人税率等（37％）を乗じて計算することになります。

〔法人税額等相当額の計算方法〕

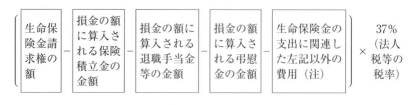

= 保険差益に対する法人税等

> （注） 評価会社が法人税法第57条（青色申告書を提出した事業年度の欠損金の繰越し）に規定する欠損金があった場合には、保険差益の額から欠損額を控除して法人税額等を計算します。

〔計算の具体例〕

会社のB／Sに保険料積立金100万円が計上されていた保険について、代表者の死亡により死亡保険金を3,000万円受領しました。そのうち2,000万円を死亡退職金として遺族に支払い、さらに弔慰金として500万円を支払いました。この場合の法人税は次のとおりです。

｛（生命保険金請求権）－（保険料積立金）－（退職手当金）－（弔慰金）｝ × 税率 = 保険差益に課される法人税等

（30,000千円－1,000千円－20,000千円－5,000千円）×37％＝1,480千円

(5) 直前期末基準における配当金等

評価会社から株主に支払われる配当金の額が負債として計上できるか否かは重要な点ですが、課税時期基準を採用している場合には、課税時期において配当金の交付の効力（株主総会の決議）が発生してい

るか否かで判断します。

また、直前期末基準を採用した場合には、次のように扱われます。

すなわち、会社法の施行に伴い、各事業年度の決算に係る「利益処分」という概念がなくなったことから、直前期末における資産、負債を基に純資産価額を計算する場合には、原則的には配当金についても他の負債項目と同様、直前期末において債務として確定しているものに限り負債に計上すべきです。

しかし、配当金の支払いとなる基準日を直前期末日としている会社は多く、仮に直前期末時点で配当金支払の効力が確定していなかったとしても、課税時期までの間に配当金交付の効力が生じた場合については、ほぼ支払われる蓋然性が高いことから負債に含めて計算してもよいとされました（下図のBの期間）。

なお、課税時期が配当金支払の基準日の翌日から配当金支払の効力が発生する日までの間にある場合においては、配当金の額を負債の額に計上することはできませんが、配当期待権が発生しているので、算出された株式の価額から配当期待権の価額を控除して株価を修正します（下図のAの期間、Q167（454ページ）参照）。

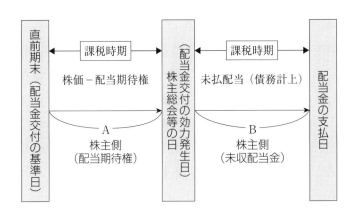

Question 146 負債の価額（金利スワップ取引の純資産価額への計上の可否）

　金利スワップ取引（デリバティブ取引）を行っている法人が、決算期末に法人税法第61条の5（デリバティブ取引に係る利益相当額又は損失相当額の益金又は損金算入等）の規定によりみなし決済を行ったところ、デリバティブ評価損が計上されました。

　この損金の額は、法人税申告書別表四の処理上「減算・留保」となることから、税務上の貸借対照表に相当する別表五(一)の処理上「デリバティブ負債」が計上されることとなりました。この場合のデリバティブ負債は、純資産価額計算上の負債として取り扱うことはできますか。

A　純資産価額方式の計算は、評価会社が課税時期において保有する各資産の相続税評価額から、各負債の金額の合計額及び評価差額に対する法人税額等に相当する金額を控除した金額を、課税時期における発行済株式数で除して計算することとしています（評基通185）。

　この場合における各負債の金額については、相続税法第14条で規定する債務控除の対象となる金額（確実と認められる債務額）とされています。そこで、ご質問の「デリバティブ負債」が確実と認められる債務といえるかどうかが問題となりますが、デリバティブ負債は、法人税法上の取扱いに基づくみなし決済から生じたものであり、現実の決済は何ら行われておらず、いわば計算上の負債にすぎないものと認められることから、純資産価額計算上の「負債」に計上するのは相当ではありません。

また、別表五(一)において「デリバティブ資産」が計上されている場合には、現実の決済は何ら行われておらず、いわば計算上の資産に過ぎないと認められることから、純資産価額計算上の「資産」として計上することは相当ではありません。

ちなみに、類似業種比準方式の計算上の「1株(50円)当たりの純資産価額(Ⓓ)」については、法人税法上の資本金等の額と利益積立金額の合計額を基に計算することとされていますので（評基通183(3)）、その法人税法上の処理（デリバティブ資産又はデリバティブ負債の計上）が適正なものである限り、当該処理を前提として類似業種比準方式の「1株(50円)当たりの純資産価額(Ⓓ)」の計算を行います。

(参考) 期末時点で未決済のデリバティブ取引の取扱い

> 現行の法人税法第61条の5《デリバティブ取引に係る利益相当額又は損失相当額の益金又は損金算入等》の取扱いでは、法人がデリバティブ取引を行った場合において、当該デリバティブ取引のうち事業年度終了の時において決済されていないものがある時は、その時において決済したものとみなされ、そこで発生する利益相当額又は損失相当額は、その事業年度の課税所得金額の計算上、益金の額又は損金の額に算入されます。また、期末に計上された利益相当額又は損失相当額は翌期首において戻入れ処理が行われることになっています。

なお、評価会社が保有する期限未到来のデリバティブ取引に関する、債権及び債務について、純資産価額の計算上、考慮することはできないとされた裁決があります。

〔参考判例〕 平成24年7月5日　東京国税不服審判所裁決

　請求人は、贈与を受けた本件株式の評価に当たって、評価通達185《純資産価額》に定める純資産価額方式の計算上、本件株式の発行会社である本件評価会社が行っている、いわゆるスワップ取引及びオプション取引（本件各取引）のうち、直前期末現在において金利支払日又は権利行使期日が未到来の取引（本件未到来取引）に係る各取引額相当額を、本件評価会社の資産及び負債に計上すべきである旨主張する。

　しかしながら、純資産価額方式の計算上、「評価会社の各資産」とは、課税時期において現実に評価会社に帰属していると認められる金銭に見積もることができる具体的な経済的価値を認識できる全てのものをいうと解され、また「評価会社の各負債」とは、課税時期までに債務が成立し、その債務に基づいて具体的な給付をすべき原因となる事実が発生しているものをいうと解されるところ、本件各取引は、各金利支払日が到来して、又は権利行使期日にオプションが行使されて初めて、取得する財物の価格より支払う対価の額が少なければ利益又は純資産として、その逆であれば損失又は負債として、個々の取引の経済的価値が認識されるものであることからすると、本件各取引は、本件評価会社が取得する資産が米ドルであることから、金利支払日又は権利行使期日が未到来の各取引についてその価値を認識しようとしても、その価値は、認識しようとした時点の為替レートに基づいて仮に決済又は取引が成立した結果の理論値（予測値）としていわば抽象的に認識されるにとどまるほかなく、具体的な経済的価値を認識した、あるいは、確実な債務であるということはできないから、本件株式の純資産価額の計算上、本件未到来取引に係る各取引額相当額を「評価会社の各資産」又は「評価会社の各負債」に計上することはできない。

Question 147 負債の価額（無利息保証金）

定期借地権等の設定に際し、土地所有者である法人が定期借地権者から保証金等（返還が必要な金銭等）を預かっている場合には、当該保証金は負債として計上することになると思いますが、この保証金等の相続税評価額はどのように計算しますか。

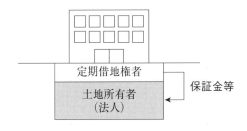

A ご質問の定期借地権の設定に係る預り保証金等（負債）の相続税評価額については、預り保証金の金額をそのまま計上するのではなく、次頁の**《算式》**により現在価値に修正した金額によるとされています。

この考え方は、土地所有者（法人）は、将来的に保証金を定期借地権者に返還しなければならない債務を負っているとはいえ、その保証金は、定期借地契約終了時に支払えばよく、したがって、それまでの期間を考慮した現在価値に修正した金額に基づき保証金の額を計算すべきと考えられているからです。

この場合の現在価値の計算は、次の**《算式》**のとおり評価通達4－4の基準年利率による残存期間に基づく複利現価率を用いて行います。

《算式》

> 保証金等の額　×　課税時期における定期借地権等の残存期間年数に応ずる基準年利率による複利現価率

〔具体例〕

定期借地権等の設定に際し、下記の保証金を預かっている場合の預り保証金(負債)の相続税評価額を教えてください。

(1) 定期借地権の種類……一般定期借地権：契約期間50年
(2) 授受される保証金の額……10,000千円
(3) 課税時期……令和6年3月10日（定期借地権の残存期間40年）
(4) 基準年利率……1.00％

《計算例》

定期借地権の設定に際し、将来返還される保証金等を預かっている場合には、当該保証金を現在価値に引き直して計算した相続税評価額を負債として計上する必要があります。

また、帳簿価額は、10,000千円をそのまま計上することになります。

10,000千円 × 0.672(注) ＝ 6,720,000円

(注) 課税時期における定期借地権の残存期間(40年)に応ずる令和6年3月の基準年利率(1.00％)による複利現価率は0.672です。

Question 148 負債の価額（無利息の建設協力金）

甲社が所有する土地上に老人ホームを建設し運営会社に賃貸することが決まり、運営会社からは建設協力金10億円、保証金5億円の支払いを受けました。

建設協力金は、15年間据置後無利息で分割返済することになっており、保証金は建物の賃貸借期間（30年間）終了後、無利息で全額運営会社に返還することになっています。

甲社株式の純資産価額の算定上、この建設協力金と保証金について現在価値に換算する必要がありますか。

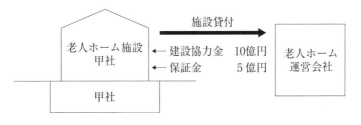

A まずは、建設協力金の扱いですが、甲社が建物の賃借人である老人ホーム運営会社との間で建物に係る賃料（家賃）の額を決めるに当たっては、当事者は、無利息建設協力金の授受により生ずる甲社の経済的利益を考慮して、実際の家賃の額を決める（通常より安くなる。）と考えるのが通常です。すなわち、家賃と利息とは相殺関係にあると考えるのが相当であり、甲社は受領した建設協力金に係る利息を支払わない代わりとして老人ホームの家賃を低廉にするのであり、これら一連の取引を通じて甲社は実質的に利息を負担しているのと同様の効果になります。

したがって、建設協力金については、負債10億円をそのまま負債の

金額として計算するのが相当であり、甲社が利息相当額の利益を毎年享受しているものとして保証金の額から、当該経済的利益を控除して債務の額を算定する必要はないと考えます。

次に無利息の保証金ですが、保証金は敷金と同様なもので借主の債務の担保に近いものと考えることができ、建設協力金のような相殺関係が認められません。したがって、前問と同様に保証金を返済する期間までの期間を考慮して評価する必要があります。

すなわち、保証金5億円全額が負債の金額となるのではなく、残存期間に応ずる基準年利率による複利現価率により修正した現在価値により負債の金額を計算します。

なお、賃貸ビルに係る保証金債務（この質問でいう建設協力金に近いもの）の額について、無利息等であることを理由としてその経済的利益の現在価値に修正することは相当でないとされた裁決があります。

〔参考判例〕昭和57年6月14日　東京国税不服審判所裁決

　ビルの賃貸に際し、賃借人から預託を受けた保証金債務は、形式上長期かつ無利息等であるが、それは、本件保証金の利息と本件賃貸ビルの賃料の額の一部とを相殺して単にそのように約定されているものであり、実質的には本件保証金債務金額から控除されるべき経済的利益の額はないものと認められる。したがって、単に形式的に無利息等であるからとして債務控除の適用上、経済的利益を毎年享受するものとして保証金の額から経済的利益を控除して当該債務の額を算定することは相当でない。

Question 149 負債の価額（前払賃料方式で一般定期借地権が設定された場合の前受収益の取扱い）

甲社は、一括賃料前払金方式により一般定期借地権の設定契約を締結しましたが、この場合には、既に受領した一括賃料前払金のうち、未だ役務の提供をしていない部分については前受収益として計上しなければなりません。この前受収益については、純資産価額の計算上、負債として計上すべきでしょうか。

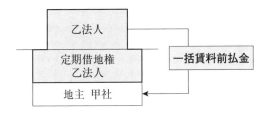

A 平成17年７月７日付けで公表された国税庁文書回答事例（「定期借地権の賃料の一部又は全部を前払いとして一括して授受した場合における相続税の財産評価及び所得税の経済的利益に係る課税等の取扱いについて」）には、一括賃料前払金方式による定期借地権の設定があった場合において、その後、定期借地権設定者（土地所有者）に相続等が生じた場合の当該「前受収益」の扱いが記載されています。

すなわち、地代の前払金として受領した一括賃料前払金のうち、課税時期において未経過分に相当する金額があった場合には、既に受け取った金銭に対して未だ役務の提供を行っていない部分の金銭であることから、本来であれば前受収益として負債の部に計上すべきと考えられます。

〔仕訳〕

(1) **一括賃料前払金を受領した時**

　　現金預金　×××　　　　一括賃料前払金　×××

(2) **決算期末（未だ提供を受けていない部分）**

　　一括賃料前払金　×××　　　前受収益　×××

　しかしながら、一括賃料前払金は、定期借地権の存在を前提として受領したもので定期借地契約が将来にわたって存続することを前提とすれば、返還する必要がないものと考えることができ、相続税法第14条（控除すべき債務）に規定する「確実」と認められる債務に該当しないと考えることもできます。加えて、土地所有者が一括賃料前払金を預かっていることによる負担は、定期借地権の目的となっている宅地（底地）の評価額が減額されることにより反映されているということができますので、非上場会社の株式を純資産価額方式により計算する場合において、当該「前受収益」をあえて負債の部に計上するのは相当でないと考えられます。

　したがって、一括賃料前払金に係る「前受収益」は負債の部の帳簿価額及び相続税評価額ともに計上しないことが相当です。

Question 150 負債の額（各負債の相続税評価額）

純資産価額方式の計算において評価会社の各負債の金額は、原則として、相続税法の規定により債務控除の対象となる金額とされています。この各負債の相続税評価額の算定において、注意すべき点を教えてください。

純資産価額方式の計算における、各負債の相続税評価額の計算をまとめると次のようになります。

（負債の部）

貸借対照表上の価額	科目	第5表上の記載額 相続税評価額	第5表上の記載額 帳簿価額	第5表上の記載額の算定根拠
千円 28,300	支払手形	千円 28,300	千円 28,300	
32,400	買掛金	32,350	32,400	課税時期において、事実上支払いを要しない金額（50千円）があれば減算します。
42,000	短期借入金	42,000	42,000	
9,100	未払金	9,100	9,100	
5,400	未払費用	5,400	5,400	
3,200	前受金	3,200	3,200	
2,800	仮受金	2,800	2,800	
17,400	預り金	17,400	17,400	
4,000	保証金	3,800	4,000	保証金は、現在価値に修正します。
3,800	納税充当金	0	0	引当金は、負債として扱われないので記載しません。

貸借対照表上の価額	科目	第5表上の記載額		第5表上の記載額の算定根拠
		相続税評価額	帳簿価額	
77,000	長期借入金	76,000	77,000	無利息の借入金があれば、借入期間に応じた複利現価率により修正します。なお、この場合の複利現価率は、基準年利率を用います。
8,300	繰延税金負債	0	0	負債として扱われないので記載しません。
7,400	退職給与引当金	0	0	同上
4,500	返品調整引当金	0	0	同上
20,000	土地圧縮引当金	0	0	対応する固定資産の帳簿価額から控除しますので、負債には記載しません。
―	未納法人税	4,500	4,500	直前期の事業年度に係る次の税額の合計額を負債として相続税評価額及び帳簿価額に記載します。① （法人税申告書別表五(二)法人税額及び地方法人税「5の⑥」の金額）② （消費税申告書）消費税額「㉖消費税及び地方消費税の合計」（一般用の場合））③ （法人税申告書別表五(二)都道府県民税「10の⑥」の金額）④ （法人税申告書別表五(二)「15の⑥」の金額）市町村民税⑤ （法人税申告書別表五(二)事業税「19の⑥」の金額と事業税申告書「第六号様式の㊾（この申告により納付すべき事業税額がある場合に限ります。）」の金額の合計額）⑥ 未納固定資産税（課税時期の直前期末以前に賦課期日のあっ
―	未納都民税	260	260	
―	未納事業税	1,900	1,900	
―	未納固定資産税	850	850	

貸借対照表上の価額	科目	第5表上の記載額		第5表上の記載額の算定根拠
		相続税評価額	帳簿価額	
				た固定資産税の税額のうち未納分を記載します。) なお、仮決算を行っている場合の未納法人税等については、その事業年度開始の日から課税時期までの期間に対する法人税額等の金額を負債として相続税評価額及び帳簿価額に記載します。
―	未払配当金	4,000	4,000	直前期末基準を採用した場合において、直前期末の翌日から課税時期までの間に配当金交付の効力が発生した場合に計上します。
―	未払退職金	20,000	20,000	被相続人の死亡に伴い、相続人に対し支給することが確定した退職手当金、功労金などの給与の額を計上します。
―	保険差益に対する法人税等	1,800	1,800	受領した保険金の保険差益に係る法人税等の額を計上します。
265,600	合計	253,660	254,910	

Question 151 発行済株式数が多いため純資産価額が 0 となる場合

A社株式を純資産価額方式により評価したところ、「課税時期現在の純資産価額（相続税評価額）」欄の⑨の金額は、99万円と計算されました。ところが、A社は発行済株式数が110万株（うち自己株式が1万株）のため、「課税時期現在の1株当たりの純資産価額（相続税評価額）」⑪の金額が0.9円となり、結局のところ円単位未満を切り捨てることにより0円となってしまいます。

このような時は、純資産価額は0円と計算して構いませんか。

また、「同族株主等の議決権割合（第1表の1の⑤の割合が50％以下の場合）」欄の⑫の金額が、円単位未満を切り捨てることにより0円となる場合の取り扱いも教えてください。

A

ご質問の「課税時期現在の1株当たり純資産価額（相続税評価額）」欄の⑪の金額及び「同族株主等の議決権割合（第1表の1の⑤の割合）が50％以下の場合」欄の⑫金額のうち、表示単位未満（円）の端数を切り捨てることにより0となる場合には、当該端数を切り捨てず、分数により記載します。

ただし、納税義務者の選択により、当該金額については、小数により記載することができます。

なお、当該金額を小数により記載する場合には、小数点以下の金額のうち、課税時期現在の発行済株式数（第1表の1の「1．株主及び評価方式の判定」の「評価会社の発行済株式又は議決権の総数」欄の①の株式数（評価会社が課税時期において自己株式を有する場合には、その自己株式の数を控除したもの）をいいます。）の桁数に相当する

数の位未満の端数を切り捨てたものを当該各欄に記載します。

したがって、ご質問のケースでは、発行済株式数（自己株式を控除したもの）が109万株で7桁ですので小数点以下8桁未満を切り捨てて1株当たりの純資産価額を記載します。

〔課税時期現在の1株当たりの純資産価額〕

99万円 ÷ 109万株 ＝ 0.90825688073（切捨て）

〔同族株主等の議決権割合が50％以下の場合〕

99万円 ÷ 109万株 × 0.8 ＝ 0.7266055045（切捨て）

〔記載例〕

	3. 1株当たりの純資産価額の計算		
千円	課税時期現在の純資産価額 （相続税評価額）　　　（⑤－⑧）	⑨	990 千円
千円	課税時期現在の発行済株式数 （（第1表の1の①）－自己株式数）	⑩	1090.000 株
千円	課税時期現在の1株当たりの純資産価額 （相続税評価額）　　　（⑨÷⑩）	⑪	0.9082568 円
千円	同族株主等の議決権割合（第1表の1の⑤の割合）が50％以下の場合 　　　　　　　　　　　（⑪×80％）	⑫	0.7266055 円

Question 152 純資産価額方式の計算（直前期末から課税時期までの間に増資等があった場合）

純資産価額方式の計算では、課税時期の資産及び負債の金額を基に計算する課税時期基準と、直前期末の資産及び負債に基づいて計算する直前期末基準が認められていますが、直前期末基準を採用する場合において直前期末から課税時期までの間に増資等があった場合にはどうなりますか。

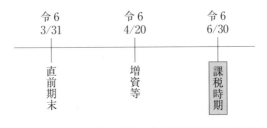

A

純資産価額方式の計算を直前期末における資産及び負債の金額に基づいて行った場合において、直前期末から課税時期までの間に有償増資や株式分割による無償増資等があった場合には、増資後の純資産価額に修正する必要があります。

すなわち、直前期末の資産及び負債の金額に基づいて計算した純資産価額（相続税評価額によって計算した金額）に当該増資等に係る増資払込金額を加算（無償増資の場合、払込額は０）し、当該金額の合計額を課税時期における実際の発行済株式数（増資後の株数）で除して１株当たりの純資産価額を修正することになります。

《算式》

$$\frac{\text{直前期末における純資産価額の総額（相続税評価額）} + \text{増資払込金額} - \text{法人税額等相当額}}{\text{課税時期における発行済株式数（増資後）}}$$

[具体例]

直前期末基準により、純資産価額の計算を行う場合に直前期末から課税時期までの間に増資があった場合の純資産価額の計算を教えてください。

(1) 直前期末における発行済株式数　20,000株

(2) 直前期末を基準にした場合の純資産価額

資産の合計額	相続税評価額	帳簿価額	負債の合計額	相続税評価額	帳簿価額
	100,000千円	60,000千円		40,000千円	40,000千円

(3) 増資の状況

株式の割当数……旧株式1株に対して新株式0.5株を交付

1株当たりの払込金額……500円

《計算例》

(1) 増資による払込金額

500円 × (20,000株×0.5) = 5,000千円

(2) 増資払込金額を加算した相続税評価額による純資産価額

(100,000千円 − 40,000千円) + 5,000千円 = 65,000千円

(3) 増資払込金額を加算した帳簿価額による純資産価額

(60,000千円 − 40,000千円) + 5,000千円 = 25,000千円

(4) 法人税額等相当額

(65,000千円 − 25,000千円) × 37% = 14,800千円

(5) 発行済株式数

20,000株 + 20,000株 × 0.5 = 30,000株

(6) 増資後の1株当たりの純資産価額

$$\frac{(65,000千円 - 14,800千円)}{30,000株} = \underline{1,673円}$$

Question 153 純資産価額方式（法人税額等相当額）

純資産価額方式は、課税時期における評価会社の純資産価額（相続税評価額）から評価差額に対する法人税額等相当額を控除した価額を発行済株式数で除して算定しますが、この法人税額等相当額を計算するための税率（現行37%）は、法人税の税率が変わると同様に変わりますか。

A 純資産価額方式の計算において「評価差額に対する法人税額等に相当する金額」を控除することとしているのは、株主は小会社といえども、株式の所有を通じて会社の資産を所有していることになり、個人事業主がその事業用資産を直接所有するのとは、その所有形態を異にしているため、両者の事業用資産の所有形態を経済的に同一条件のもとに置き換えた上で評価の均衡を図る必要があると考えられているからです。

《算式》

$$純資産価額 = \left(\begin{array}{c} 総資産 \\ 価　額 \end{array} - \begin{array}{c} 負債の \\ 合計額 \end{array} - \begin{array}{c} 評価差額に対する法人 \\ 税額等に相当する金額 \end{array} \right) \div \begin{array}{c} 発行済 \\ 株式数 \end{array}$$

この法人税額相当額を算出するための税率の内訳及び税額等は次のとおりです。

なお、評価会社が解散するとした場合には、株主に分配金が支給され、その分配金に配当所得として所得税及び住民税が課されますが、この所得税等相当額は控除の対象となっておりません。

《令和元年10月1日以後に開始する事業年度等の「法人税率等の合計割合」の内訳》

		税率に相当する割合	根拠条文	備考
法人税	① 法人税	23.2%	法人税法66①	
	② 地方法人税	2.3896%	地方法人税法10①	法人税額×10.3%
事業税	③ 事業税	7.0%	地方税法72の24の7①三	
	④ 特別法人事業税	2.59%	特別法人事業税法7①三 同法附則1及び2①	事業税額×37.0%
⑤ 道府県民税		0.232%	地方税法51①	法人税割の税率 法人税額×1.0%
⑥ 市町村民税		1.392%	地方税法314の4①	法人税割の税率 法人税額×6.0%
⑦ 合計		36.8036%≒37%		

(参考) 法人税率等の推移

なお、昭和56年4月1日以降の法人税額等に相当する割合の推移は、次のとおりです。

適用時期	昭59.4.1以降	昭62.4.1以降	平元4.1以降	平2.4.1以降	平10.4.1以降	平11.4.1以降	平22.10.1以降	平24.4.1以降	平28.4.1以降
割合	57%	56%	53%	51%	47%	42%	45%	42%	37%

なお、この評価差額に対する法人税額等相当額の控除の取扱いに関しては、既にQ125（評価会社が所有する非上場株式等の純資産価額）で述べたとおり、「評価会社が所有する非上場株式等を純資産価額方式により計算する場合には、評価会社に対する法人税額等相当額を控除できない。」というものがありますが、それ以外にも過去において当該規定を画一的に適用することにより過度の節税行為が認められたことから、これに伴う評価通達の改正（評価差額に対する法人税額等相当額の控除不可）が幾度となく行われています。この評価額に対する法人税額等相当額の控除不可の取扱いについては、次問以降で詳しく説明します。

Question 154 法人税額等相当額の控除ができない場合（現物出資等受入れ差額）

　非上場会社の株式の価額を純資産価額方式で計算する場合において、評価会社の有する資産のうち、現物出資若しくは合併により著しく低い価額で受け入れた資産又は株式交換若しくは株式移転により著しく低い価額で受け入れた株式があるときは、当該著しく低い価額と帳簿価額（又は相続税評価額）との差額は、法人税額等相当額の控除はできないとされています。

　この法人税額等相当額の控除ができない場合について、詳しく教えてください。

A　非上場会社の株価を純資産価額方式で評価する場合において、評価会社の有する資産の中に、現物出資若しくは合併により著しく低い価額で受け入れた資産又は会社法第2条第三十一号の株式交換（以下「株式交換」といいます。）、同条第三十二号の株式移転（以下「株式移転」といいます。）若しくは同条第三十二の二号の株式交付（以下「株式交付」といいます。）により著しく低い価額で受け入れた株式（以下、これらの資産又は株式を「現物出資等受入れ資産」といいます。）があるときは、原則として、その現物出資、合併、株式交換又は株式移転の時のその現物出資等受入れ資産の価額（相続税評価額）とその現物出資、合併、株式交換又は株式移転による受入れ価額との差額（現物出資等受入れ差額）に対する法人税額等に相当する金額は、純資産価額の計算上、控除することはできないとされています。

　そもそも「純資産価額方式」による計算において、評価差益に対す

る法人税額等に相当する金額を純資産価額から控除するとしているのは、個人が財産を直接所有する場合と株式という形態を通じて会社の資産を間接的に所有している場合とでは所有形態が異なるため、評価上の均衡を図るために設けられたものです。

したがって、現物出資などにより受け入れた資産について経済合理性のない著しく低い価額をもって帳簿価額としている場合など、恣意的に評価差額を創出している場合にまでも、その評価差額（＝現物出資等受入れ差額）に対応する法人税額等相当額の控除を行うことは適当でないことから、このような規制が設けられました。

この評価差額に対する法人税額等相当額の控除ができない場合の具体的な計算は、「現物出資等受入れ資産」の帳簿価額に「現物出資等受入れ差額」を加算することにより、相続税評価額と帳簿価額との開差（評価差額を縮小させることにより法人税額等相当額金額が小さくなります。）が生じないように計算することになります。

| 評価差額に相当する金額 | ＝ | 相続税評価額による純資産価額の合計額 | － | 帳簿価額による純資産価額の合計額 | ＋ | 現物出資等受入れ差額 |

（参考） 現物出資資産の受入価額について

> 　現物出資とは、法人に対して現金に代えて現物をもって出資を行うことをいいますが、個人と法人によって取扱いが異なります。すなわち、個人が現物出資を行う場合、個人は当該資産を譲渡したことになりますので現物出資の受入価額は時価となります。一方で法人が現物出資を行った場合には、適格現物出資と非適格現物出資では価格が異なり、適格現物出資では簿価、非適格現物出資では時価となります。
>
> 　ただし、かつては、出資財産の適正な時価よりも低い価額で受け入れても、商法上は資本充実の原則に反せず、また、会社及び会社債権者の利益を損なうおそれがないので、問題ないとされていました。
>
> 　また、税法上も現物出資は資本等取引であり、資本等取引に係るものは益金算入すべき収益の額から除かれるため、受入価額が時価以下であっても、原則として時価との差額について課税が行われませんでした。
>
> 　現行会社法では、法人設立のために現物出資を行う場合、株式会社では、一定の場合を除き検査役の調査が必要とされています。
>
> 　一定の場合とは具体的には、次の場合をいいます。
>
> ①　現物出資が500万円以下の場合
> ②　市場価格のある有価証券を当該市場価格以下で現物出資する場合の当該有価証券
> ③　弁護士（又は弁護士法人）、公認会計士（又は監査法人）、税理士（又は税理士法人）から価額の相当性について証明を受けた場合（不動産については不動産鑑定評価も必要）

Question 155 法人税額等相当額の控除ができない旨の規定の変遷

純資産価額方式の計算では、時価より著しく低い価額により受け入れた、現物出資等受入れ資産に係る「現物出資等受入れ差額」や評価会社が所有する非上場会社の株式を純資産価額方式で計算する場合には、法人税額等相当額の控除はできないとされています。これらの取扱いの制定の経緯について教えてください。

A

現行の純資産価額方式の計算における法人税額等相当額の控除を認めない旨の規定は、平成2年8月「評価会社が所有する非上場会社の株式を純資産価額方式により評価する場合」の個別通達において新設されたのを皮切りに、平成6年、平成11年、平成12年及び令和3年評価通達の改正を経て現在に至っています。その変遷をまとめると次のとおりになります。

通達発遣日	通達番号	通達の内容		施行日
		適用資産	内容	
平成2年8月付	186-3	非上場株式等	評価会社が所有する非上場株式を純資産価額方式により計算する場合には、「法人税額等相当額」の控除はできないものとする。	平成2年9月1日以降

通達発遣日	通達番号	通達の内容		
		適用資産	改正内容	施行日
平成6年6月27日付	186-2	非上場株式等	現物出資により著しく低い価額で受け入れた株式等に係る「現物出資受入れ差額」については法人税額等相当額の控除はできないものとする。	平成6年8月1日以降
平成11年7月19日付	186-2	全ての資産（非上場株式等及び土地等を含む全ての資産が対象）	現物出資又は合併により著しく低い価額で受け入れた資産に係る「現物出資等受入れ差額」については、法人税額等相当額の控除はできないものとする。	平成11年9月1日以降
平成12年6月13日付	186-2（注3）	全ての資産	現物出資等受入れ資産の価額（相続税評価額）の割合が会社の所有する総資産の価額（相続税評価額）の20％以下である場合には、法人税額等相当額の控除はできるものとする。	平成12年1月1日以降
平成12年6月13日付	186-2	株式等	株式交換若しくは株式移転により著しく低い価額で受け入れた株式については、法人税額等相当額の控除はできないものとする。	平成12年8月1日以降
令和3年6月23日付	186-2	株式等	株式交付により著しく低い価額で受け入れた株式については、法人税額等相当額の控除はできないものとする。	令和3年1月1日以降

Question 156 法人税額等相当額の控除ができない場合（現物出資の場合）

純資産価額方式により株価を計算する場合において、評価会社の有する資産の中に現物出資により著しく低い価額で受け入れた資産がある場合には、評価差額に対する法人税額等相当額の控除はできないとされていますが、具体的に教えてください。

A 　純資産価額方式の算式中の法人税額等相当額については、意図的に作出された評価差額に対しては、控除することはできないとされています。この取扱いに該当するケースとして現物出資により著しく低い価額で受け入れた資産がある場合がありますが、具体的には次のような場合をいいます。

1 現物出資

(1) 甲は、銀行から10億円を借り入れます。

(2) 甲は、銀行から借り入れた10億円を元にA社を設立し、株式の全部を引き受けます。

(3) 次に、甲はA社株式を全て現物出資してB社を設立します。この際、B社は、A社の株式を著しく低い価額（1億円）により受け入れます。これによって評価の対象がB社株式となります。

　なお、B社（受入れ法人）が現物出資により受け入れた資産の帳簿価額について、当該資産の時価を超えていない限り、任意の価額とすることができます（この差額があっても資本等取引ですので課税されません。）。

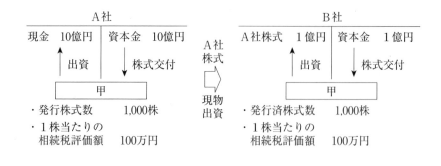

2 現物出資後におけるB社株式の相続税評価額

上記のように、B社の資産の中に現物出資により著しく低い価額で受け入れたA社株式がある場合において、甲が所有するB社株式の株価を、純資産価額方式により計算する（評価差額に対する法人税額等相当額を控除する）と次のようになります。

(1) B社株式の評価における法人税額等相当額の控除の計算

イ　評価差額に相当する金額

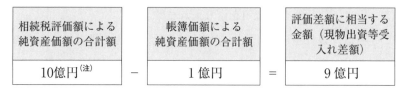

(注) 相続税評価額による純資産価額の合計額は、A社株式の1株当たりの相続税評価額（100万円）×発行済株式数（1,000株）により10億円となります。

ロ　B社の相続税評価額（法人税額等相当額を控除した場合）

相続税評価額による純資産価額		評価差額に対する法人税額等相当額		B社の相続税評価額
10億円	－	（9億円×37％）	＝	6億6,700万円

　B社株式を純資産価額方式で評価する場合、A社株式の現物出資の際の受入価額が時価に比して著しく低かったことにより生じた評価差額に対して、法人税額等相当額（37％）の控除を認めると、評価の対象がA社株式からB社株式に代わっただけで評価額が3億3,300万円下がるという極めて不合理な結果となります。

　したがって、現物出資により著しく低い価額で受け入れた資産（ご質問のケースはA社株式）を有しているB社の株式評価においては、評価差額に対する法人税額等相当額の控除はできないとされました。

　この場合におけるB社の純資産価額は、次のとおりになります。

(2) 法人税額等相当額の控除ができない場合

　「現物出資等受入れ差額」を帳簿価額に加算することにより、下記のとおり意図的に作出された評価差額については、法人税額等相当額の控除はできないことになります。

相続税評価額による純資産価額		評価差額に対する法人税額等相当額		B社の相続税評価額
10億円	－	(10億円－1億円＋9億円)×37％	＝	10億円

Question 157 現物出資等受入れ差額の計算（現物出資の場合）

純資産価額方式の計算において、現物出資等により意図的に作出された現物出資等受入れ差額については、法人税額等相当額の控除ができないとされています。

この場合の現物出資等受入れ差額については、原則的には、現物出資時の相続税評価額と受入れ帳簿価額との差額とされていますが、現物出資時の相続税評価額が課税時期において下落した場合には、どのように計算しますか。

A 純資産価額方式の計算において、時価より著しく低い価額で受入れた「現物出資等受入れ資産」に係る「現物出資等受入れ差額」については、法人税額等相当額の控除はできないとされています。この場合の「現物出資等受入れ差額」は、現物出資時又は課税時期のいずれか低い相続税評価額と受入れ帳簿価額の差額として求めることとされています。

1　現物出資時の相続税評価額 ＜ 課税時期の相続税評価額

課税時期における「現物出資等受入れ資産」の相続税評価額が現物出資時の相続税評価額より高い場合（現物出資後、株価が上昇したと考えられる場合）の「現物出資等受入れ差額」は、現物出資時における「現物出資等受入れ資産」の相続税評価額と受入れ価額（帳簿価額）の差額をいいます。

「現物出資等受入れ差額」＝ 現物出資時の価額（相続税評価額） － 受入れ価額（帳簿価額）

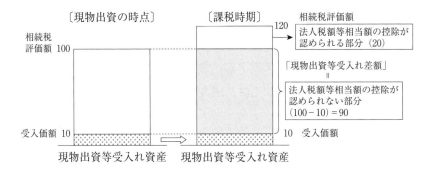

2 現物出資時の相続税評価額 ＞ 課税時期の相続税評価額

　課税時期における「現物出資等受入れ資産」の相続税評価額が現物出資時の相続税評価額より低い場合（現物出資後、株価が下落したと考えられる場合）の「現物出資等受入れ差額」は、課税時期における「現物出資等受入れ資産」の相続税評価額と受入れ価額（帳簿価額）の差額をいいます。

$$\text{「現物出資等受入れ差額」} = \text{課税時期の価額（相続税評価額）} - \text{受入れ価額（帳簿価額）}$$

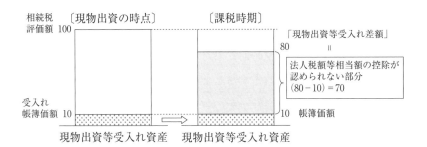

Question 158 現物出資等受入れ差額の計算（合併の場合）

　純資産価額方式の計算において、合併により意図的に作出された現物出資等受入れ差額については、法人税額等相当額の控除はできないとされています。

　この現物出資等受入れ差額の計算について、詳しく教えてください。

A　「現物出資等受入れ資産」が合併により著しく低い価額で受け入れた資産（以下、「合併受入れ資産」といいます。）である場合で、合併のとき又は課税時期におけるその合併受入れ資産の相続税評価額が、合併受入れ資産に係る被合併会社の帳簿価額を上回るときにおける当該「現物出資等受入れ差額」は、被合併会社の帳簿価額から合併会社の受入帳簿価額を控除した金額とするものとされています。

　また、課税時期の相続税評価額が被合併会社の帳簿価額を下回るときは、課税時期の相続税評価額と合併会社の帳簿価額（受入価額）との差額が「現物出資等受入れ差額」に該当することになります。

　上記規定によれば、合併会社の帳簿価額（受入価額）と被合併会社の合併前帳簿価額又は課税時期における相続税評価額との差額が「現物出資等受入れ差額」に該当することになりますが、これは、仮に法人の合併がなく、被合併会社がその合併受入れ資産を継続的に保有していたならば、その被合併会社の帳簿価額と課税時期の相続税評価額との差額は、通常発生する評価差額（法人税額等控除が認められるべきもの）として、法人税額等相当額の控除が認められるからです。

1　被合併会社の帳簿価額 ＜ 課税時期の相続税評価額

合併時又は課税時期における「合併受入れ資産」の相続税評価額が被合併会社の帳簿価額を上回る場合における「現物出資等受入れ差額」は、被合併会社の帳簿価額と合併会社の受入れ資産の帳簿価額の差額をいいます。

「現物出資等受入れ差額」＝ 被合併会社の帳簿価額 － 受入価額（帳簿価額）

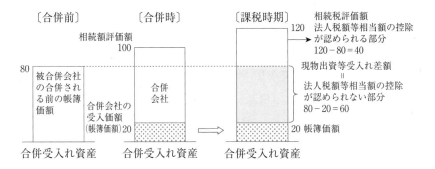

2　被合併会社の帳簿価額 ≧ 課税時期の相続税評価額

合併時又は課税時期における「合併受入れ資産」の相続税評価額が被合併会社の帳簿価額を下回る場合における「現物出資等受入れ差額」は、合併時又は課税時期のいずれか低い相続税評価額と合併会社の受入れ資産の帳簿価額の差額をいいます。

「現物出資等受入れ差額」＝ 合併受入れ資産の価額（相続税評価額） － 受入価額（帳簿価額）

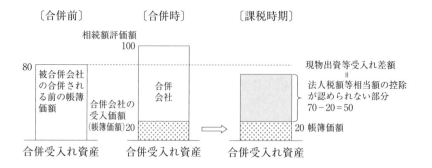

(参考) 合併

> 法人が合併により資産及び負債の移転をしたときは、原則として、被合併法人が時価により資産及び負債を合併法人に譲渡したものとして取扱われます。ただし、税務上の時価純資産と交付株式等の時価とに乖離があるなど一定の場合には、合併法人において資産(差額負債)調整勘定が認識されます。
>
> なお、当該合併が適格合併(税制適格要件を充足する合併をいいます。)に該当する場合には、被合併会社の引き継がれる資産及び負債について特例として最終事業年度終了時の帳簿価額による資産及び負債の引継ぎが認められます。

Question 159 法人税額等相当額の控除ができない場合（株式交換又は株式移転制度について）

純資産価額方式の計算で、法人税額等相当額の控除ができないケースには、株式交換又は株式移転により著しく低い価額で資産（株式）を受入れた場合も含まれていると思います。

この株式交換及び株式移転制度について、詳しく教えてください。

1 会社法上の定義

(1) 株式交換

「株式交換」とは、会社法第769条《株式会社に発行済株式を取得させる株式交換の効力発生等》の規定に基づいて既存の会社同士が完全（100％）な親子関係になるための手続きをいい、企業が事業拡大や新規事業に参入をする際のM&Aの手法として用いられています。株式交換契約により100％の親子関係になった会社を会社法上は、それぞれ「株式交換完全親会社」、「株式交換完全子会社」といいます。なお、「株式交換完全親会社」は株式会社のほか、合同会社もなることができますが「株式交換完全子会社」は株式会社に限定されています。

また、会社法上は税法上の適格・非適格とは関係ありませんので、株式交換の契約の際に、株式交換完全子会社の旧株主に対して金銭その他の財産などの対価を交付することについての制限はありません。

〈具体例〉

100％の親子関係を作出するために、B社の株主が有する株式を完全親会社となるA社に交付し、その代わりとしてA社から、当該会社の株式の交付を受けること（株式交換）により、A社がB社を100％

支配する関係が成立します。

〔株式交換前〕

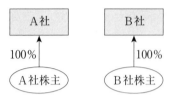

〔株式交換契約の締結〕

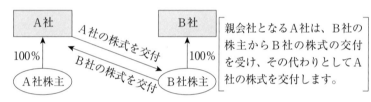

〔株式交換後〕

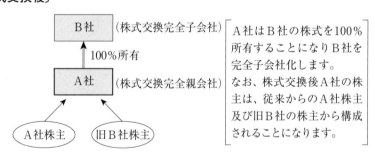

(2) **株式移転**

「株式移転」とは、会社法第774条《株式移転の効力の発生等》の規定に基づいて1以上の株式会社がその発行済株式の全部を新たに設立する株式会社に取得させることにより、完全な100％親子関係になる

ための手続をいいます。株式移転は、グループ企業の再編や経営統合する際に用いられる手法であり、ホールディングカンパニーなどがこの手法により設立されます。

会社法上は、設立した親会社を「株式移転設立完全親会社」といい、発行済株式の全部を取得される子会社を「株式移転完全子会社」といいます。なお、「株式移転設立完全親会社」と「株式移転完全子会社」は、ともに株式会社に限定されています。

また、会社法上は、税法上の適格・非適格の要件とは関係ありませんので、株式交換の場合と同様に、株式移転の際に株式移転完全子会社の旧株主に対して金銭その他の財産などの対価を交付することへの制限はありません。

〈具体例〉

100％の親子関係を作出するために、A社及びB社の株主が有する株式を新たに設立する完全親会社（C社）に交付し、その代わりとしてC社から、当該会社の株式の交付を受けることにより、C社がA社及びB社を100％支配する関係が成立します。

〔株式移転前〕

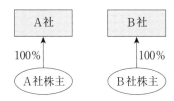

〔株式移転契約の締結〕

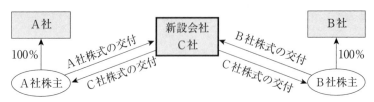

〔株式移転後〕

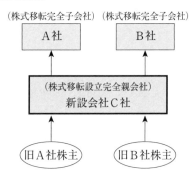

(3) 株式交換又は株式移転に伴う受入れ処理

　株式交換又は株式移転も、現物出資等と同様に資本取引であり、親会社となる会社は、現物出資や合併の場合と同様に株式交換又は株式移転により時価より著しく低い価額で完全子会社の株式を受け入れることは可能でした。

　したがって、親会社となる会社が子会社となる株式の受入れに当たり、当該子会社の株式の時価に比して著しく低い価額で受入れた場合には、意図的に評価差額が生じることになります。

2　課税上の取扱い

　上記の株式交換又は株式移転により完全子会社となる株主は、旧会社の株式を親会社となる会社に交付し、その代わりとして完全親会社の株式を取得することになりますので、税務上では株式の譲渡があったものとされ、原則として譲渡損益に対する課税が発生することになります。

　しかしながら、この株式交換及び株式移転の制度は、会社組織を再編して活力のある経済社会の再生に寄与するために会社法の規定により創設されたものであり、税法上も円滑な会社組織の再編を促進するために、一定の要件を充足する場合には、株主に係る株式の譲渡損益の認識を行わないものとするという取扱上の特例規定（適格株式交換又は適格株式移転）が設けられています（所法57の4①②、法法61の2⑩）。

Question 160 法人税額等相当額の控除ができない場合（株式交換又は株式移転があった場合）

評価会社が有する資産の中に、株式交換又は株式移転を含む現物出資等により著しく低い価額で受入れた資産があるときは、その資産に係る「現物出資等受入れ差額」に対する法人税額等相当額の控除はできないとされていますが、株式交換又は株式移転によって生じる評価差額について詳しく教えてください。

A

1 株式交換又は株式移転

平成11年8月の商法改正（平成11年法律第125号）により、完全親子会社関係を円滑に創設するための株式交換及び株式移転の制度（株式交換等制度）が導入され、平成11年10月1日に施行されました。

この株式交換及び株式移転の制度は、特定子会社（株式交換又は株式移転により完全子会社となる法人）の株主の有する株式（特定子会社株式）を特定親会社（株式交換又は株式移転により完全親会社となる法人）に移転することにより、完全親子関係を創設する組織法上の行為で、完全子会社の旧株主は、株式交換の場合には、既存の株式交換完全親会社が発行する新株等を交換取得し、株式移転の場合には、新設の株式移転完全親会社の設立に際して発行される当該会社の株式を取得することになります。

2 株式交換又は株式移転により著しく低い価額により株式を取得した場合の取扱い

株式交換又は株式移転も、現物出資等と同様に資本等取引ですので、

完全親会社となる会社は、株式交換又は株式移転により、時価よりも著しく低い価額で完全子会社となる会社の株式を受け入れることが可能でした。

例えば、次のような行為により意図的に低い価額で受け入れられた株式の価額は、現物出資等の場合と同様に、適正な時価とは言い難いことから、株式交換又は株式移転のときの株式の価額（相続税評価額）とその株式交換又は株式移転による受入価額との差額に相当する金額は、「現物出資等受入れ差額」とされ、完全親会社の株式の純資産価額の計算上、法人税額等相当額の控除はできないとされています。

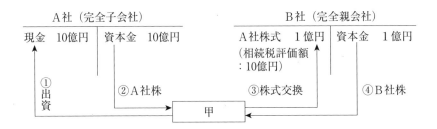

①、②……甲は、金融機関からの借入れた10億円を出資してA社を設立します。
③、④……次に、A社の株式の全部を株式交換により完全親会社となるB社に交付し、代わりにB社株式（完全親会社）を取得します。この際に完全親会社となるB社はA社の株式の価額を意図的に著しく低い価額（10億円のものを1億円で受入）で受け入れます。
⑤……甲の相続財産は、現金10億円からB社株式になりますが、B社株式の相続税評価額は、10億円 －（10億円 － 1億円）×37％ ＝ 6.77億円となり、意図的に相続税評価額を引下げることが可能となります。

なお、株式交換又は株式移転により著しく低い価額で株式を受け入れた場合の「現物出資等受入れ差額」の計算ですが、原則的には、株式交換又は株式移転の時の完全子会社株式の相続税評価額と受入価額

（帳簿価額）の差額をいいますが、課税時期における完全子会社株式の価額（相続税評価額）が株式交換又は株式移転の時の価額（相続税評価額）を下回る場合には、現物出資時の計算と同様に、課税時期における完全子会社株式の相続税評価額と受入価額（帳簿価額）との差額が「現物出資等受入れ差額」となります。

〔株式交換等の時の相続税評価額 ＜ 課税時期の相続税評価額〕

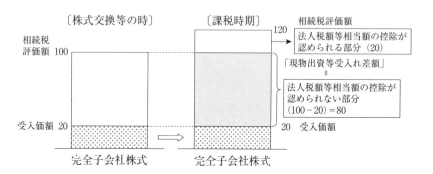

〔株式交換等の時の相続税評価額 ＞ 課税時期の相続税評価額〕

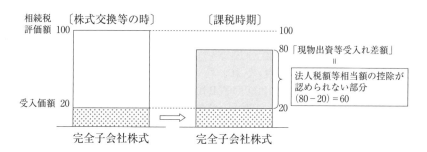

Question 161 株式交換及び株式移転に係る税務上の取扱い（適格株式交換及び適格株式移転）

株式交換及び株式移転に係る取引のうち、税務上優遇される適格株式交換及び株式移転の要件等について教えてください。

A　1　株式交換及び株式移転の税務上の取扱い

株式交換及び株式移転（以下「株式交換等」といいます。）は税務上、組織再編税制の1つとして合併税制等と同様に位置づけられていますが、この株式交換等については、グループ内で行われる株式交換等と共同事業目的のために行われる株式交換等の2つに分類し、それぞれ一定の要件を充たしているか否かで「税制適格」又は「非適格」を判定します。

そして、他の組織再編税制と同様に適格株式交換等の場合には非課税扱いとし、非適格の場合には株式交換であれば「株式交換完全子会社」に対し、株式移転であれば「株式移転完全子会社」に対して時価評価課税が適用されます。この場合の時価評価課税は、合併や分割のように現実には資産及び負債の移転が行われてはいませんが株式の交換及び移転についても、他の合併や分割における組織再編税制と同様の課税を行うために導入されたものです。

なお、時価評価の対象は、株式交換及び移転の直前時において有する固定資産・土地・有価証券・金銭債権・繰延資産等に限定されており、負債は対象外となっています。

また、組織再編税制により規定されていることから「組織再編に係る行為または計算の否認」の規定の対象にもなります。

2　株式交換及び株式移転における税制適格要件

株式交換及び株式移転における税制適格要件は、次のとおりです。

(1)　株式交換における税制適格要件

グループ内要件		共同事業要件
100％関係(注1) （完全支配関係）	50％超　100％未満(注2) （支配関係）	50％以下(注3) （共同事業目的）
1.交付要件 完全親会社の株式のみが交付されること（条件により金銭交付も可能）	1.交付要件 完全親会社の株式のみが交付されること（条件により金銭交付も可能）	1.交付要件 完全親会社の株式のみが交付されること（条件により金銭交付も可能）
2.支配関係の継続 株式交換後も100％の完全支配関係が継続する見込みであること	2.支配関係の継続 株式交換後も50％超の支配関係が継続する見込みであること	2.支配関係の継続 株式交換後に100％関係（完全支配関係）が継続する見込みであること
	3.事業の継続 完全子会社の主要な事業の継続が見込まれること	3.事業の継続 完全子会社の主要な事業の継続が見込まれること
	4.従業員の業務要件 完全子会社の従業員（おおむね80％以上）が引き続き業務に従事する見込みがあること	4.従業員の業務要件 完全子会社の従業員（おおむね80％以上）が引き続き業務に従事する見込みがあること
		5.事業の関連 完全子会社の主要な事業と親会社の事業が相互に関連すること

		6.株式の継続保有 株式の継続保有が見込まれること（株主が50人以上の場合は不要） 7.規模要件又は役員要件 完全親会社と完全子会社の規模がおおむね1：5の範囲内にあること。又は、完全子会社の常務以上の特定役員が全て退任しないこと

(2) 株式移転における税制適格要件

グループ内要件		共同事業要件
100％関係 (注1) （完全支配関係）	50％超　100％未満 (注2) （支配関係）	50％以下 (注3) （共同事業目的）
1.交付要件 完全親会社の株式のみが交付されること（条件により金銭交付も可能）	1.交付要件 完全親会社の株式のみが交付されること（条件により金銭交付も可能）	1.交付要件 完全親会社の株式のみが交付されること（条件により金銭交付も可能）
2.支配関係の継続 株式移転後も100％の完全支配関係が継続する見込みであること	2.支配関係の継続 株式移転後も50％超の支配関係が継続する見込みであること	2.支配関係の継続 株式移転後に100％関係（完全支配関係）が継続する見込みであること
	3.事業の継続 各完全子会社の主要な事業の継続が見込まれること	3.事業の継続 完全子会社の主要な事業と他の完全子会社の関連する事業の継続が見込まれること

	4.従業員の業務要件 　各完全子会社の従業員（おおむね80％以上）が引き続き業務に従事する見込みがあること	4.従業員の業務要件 　完全子会社又は他の完全子会社の従業員（おおむね80％以上）が引き続き業務に従事する見込みがあること
		5.事業の関連 　完全子会社の主要な事業と他の完全子会社の事業が相互に関連すること
		6.株式の継続保有 　完全子会社又は他の完全子会社の株主が完全親会社株式を継続保有することが見込まれること（株主が50人以上の場合は不要）
		7.規模要件又は役員要件 　完全子会社と他の完全子会社の規模がおおむね１：５の範囲内にあること。又は、常務以上の特定役員が１人も退任しないこと

（注１）　完全支配関係とは、子会社の株式を親会社で保有している関係のことをいいます。なお、完全支配関係には、株式を直接保有しているだけではなく、間接的に保有している場合も含まれます。

（注２）　支配関係とは、親会社が子会社の株式の50％超を保有していることをいいます。株式を50％超保有していると役員を選任できます。

（注３）　親会社が子会社の株式を50％以下しか保有していない場合には、税制適格の要件は厳しくなりますが、共同事業が目的の株式交換等の場合は、一定の要件を満たすことにより適用は可能です。

Question 162 法人税額等相当額の控除ができない場合（適格株式交換・適格株式移転）

株式交換及び株式移転（以下「株式交換等」といいます。）が税制適格の要件を充たしている場合には、完全子会社について、課税関係は生じないとされていますが、一方で、完全親会社の完全子会社の株式の受入れ価額は、完全子会社の株主数により、それぞれ次の金額とされています。

完全子会社の株主数	完全親会社の完全子会社株式の受入れ価額
50人未満である場合	完全子会社の旧株主の株式交換等直前の簿価（個人の場合は取得原価） ＋ 完全子会社の株式を取得するために要した費用の額
50人以上である場合	完全子会社の直前期末直前の簿価純資産価額（株式交換等直前の資産の帳簿価額－負債の帳簿価額） ＋ 完全子会社の株式を取得するために要した費用の額

上記取扱いによると、税制適格要件を充たす株式交換等の場合には、子会社株式の時価（相続税評価額）と親会社の受入価額（帳簿価額）との間に評価差額が生じることになりますが、この評価差額について、法人税額等相当額の控除は可能ですか。

A 　株式交換及び株式移転は、ともに現物出資等と同様に資本等取引に該当しますが、親会社となる法人は、株式交換又は株式移転という組織再編の手法により、子会社の株式の価額（相続税評価額）とは無関係に子会社の旧株主の取得価額等を前提に完全子会社の株式を受け入れることができます。このような組織再編に絡む行為により作出された評価差額に対して法人税額等相当額の控除を行うのは相当ではなく、現物出資等があった場合の取扱いと同様に、原則として、株式交換又は株式移転時の完全子会社の株式の価額（相続税評価額）とその完全子会社の株式の受入価額（帳簿価額）との差額（現物出資等受入れ差額）について純資産価額の計算上、法人税額等相当額の控除はできないこととされています。

　この場合の「現物出資等受入れ差額」の計算は、次のとおりになります。

(1) 「株式交換等時における完全子会社株式の相続税評価額 ＜ 課税時期における完全子会社株式の相続税評価額」のとき

　課税時期における完全子会社の株式の相続税評価額が、株式交換等の時点における完全子会社の株式の相続税評価額より高い場合の「現物出資等受入れ差額」は、株式交換等の時における完全子会社の株式の相続税評価額と受入価額（帳簿価額）の差額をいいます。

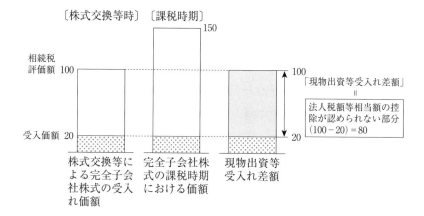

(2) 「株式交換等時における完全子会社株式の相続税評価額 ＞ 課税時期における完全子会社株式の相続税評価額」のとき

　課税時期における完全子会社の株式の相続税評価額が、株式交換等の時点における完全子会社の株式の相続税評価額より低かった場合には、現物出資等の場合における取扱いと同様に、受入後の価値下落を考慮して、「現物出資等受入れ差額」は、課税時期における完全子会社の株式の相続税評価額と株式交換等の時点における受入価額（帳簿価額）との差額をいいます。

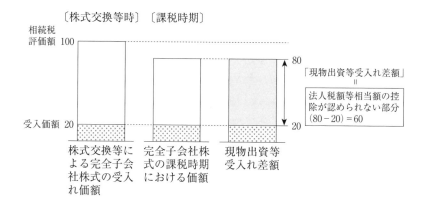

Question 163 株式交付制度

令和3年の評価通達の改正において、評価差額に対する法人税額等相当額の控除ができないケースに会社法第2条第32号の2の規定による株式交付制度が追加されました。この株式交付制度について教えてください。

令和元年12月に成立し、公布された改正会社法では、株式交付制度が創設されました（会社法2㉜二）。

株式交付制度とは、株式会社（買収会社）が他の株式会社（被買収会社）を子会社とするために自社株式を他の株式会社（被買収会社）の株主に対して交付することにより親会社と子会社の関係を成立させるための手続をいいます。

なお、株式交付制度では、完全子会社（100％支配）を目的としていない場合でも、株式会社が他の株式会社を子会社（50％超支配）とするための自社株式の交付を認めます。

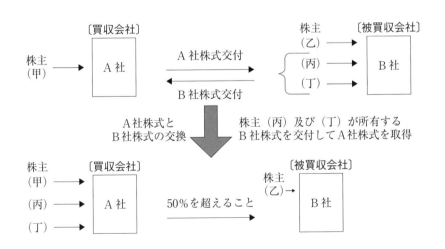

従来より、自社株式を他の会社の株主に交付し、その対価として他の会社の株式を取得することにより他の会社を子会社化する手続として株式交換制度がありますが、これは完全子会社化を目的とするもので利用が限定されています。また、自社株式の新株式発行の際に他の会社（被買収会社）の株式を現物出資することにより子会社化することも可能ですが、検査役選任などの手続が複雑で、コスト高という問題がありました。そこで、これらの手続を補うものとして新しく株式交付制度が創設されました。

　なお、株式交付制度における税制上の取扱いは、令和3年の税制改正で示されており、次のとおりです。

　株主がその有する株式を他の者に譲渡する場合には、原則として、有価証券の譲渡として課税されますが、株式交付により株式交付子会社の株式を譲渡し、株式交付親会社の株式の交付を受けた場合には課税が繰延べられます。また、混合対価（株式のほか金銭その他の財産を対価として取得する場合）の場合には、交付を受けた株式交付親会社の株式の価額が交付を受けた資産（金銭等を含みます。）の価額の合計額のうちに占める割合が80％以上である場合に限り、株式対応分の課税が繰延べられます（措法66の2の2①、68の86①）。

　すなわち、株式交換は、株式以外の資産が交付された場合には、課税の繰延べが行われないのに対し、株式交付は対価として株式が交付された場合、当該株式の価額が株式以外の対価額の合計額の80％以上であれば、株式部分については課税の繰延べが行われます（株式以外の部分については譲渡課税が行われます。）。

〔株式交換との違い〕

株式交換と株式交付との主な違いは、次表のとおりです。

	株式交換	株式交付
親会社となる会社の種類	株式会社又は合同会社（会社法２三十一、767）	株式会社（会社法２三十二の二、774の３①一）
株式の取得	株式交換完全親会社と株式交換完全子会社の株式交換契約（会社法767）に基づき、株式交換完全親会社が株式交換完全子会社の発行済株式の全部を取得する。	株式交付親会社が、株式交付子会社の株式を有する者の譲渡しの申込み等（会社法774の４、774の６）に基づき、申込み等があった数の当該株式を譲り受ける。
株式以外の対価	株式交換完全親会社の株式を全く交付せず、それ以外の金銭等のみを交付することができる（会社法768①二）。	株式交付親会社の株式を全く交付しないことはできず、株式交付計画において、株式交付親会社が株式交付に際して株式交付子会社の株式譲渡人に対して当該株式の対価として交付する株式交付親会社の株式の数等に関する事項を必ず定めなければならない（会社法774の３①）。

Question 164 株式交付制度による法人税額等相当額の控除ができない場合

令和3年の税制改正において株式交付制度に関する課税の取扱いが公表されましたが、評価会社の株式を純資産価額方式で計算する場合において、評価会社が株式交付により著しく低い価額で受け入れた株式がある時は、評価差額に対する法人税額等相当額の控除もできないこととされました。この具体例について教えてください。

A 評価会社の株式を純資産価額方式により評価する場合において、評価会社の有する資産の中に、株式交付により著しく低い価額で受け入れた株式があるときは、受け入れた株式の時価と受入れ価額（帳簿価額）との差額が意図的に作出されたものと考えられますので当該差額に対しては法人税等相当額は控除することはできません。この評価差額に対する法人税額等相当額の控除ができない場合の具体的な計算は、受け入れた株式の帳簿価額に「現物出資等受入れ差額」を加算することにより相続税評価額と帳簿価額との開差が生じないように計算することになります。

この評価差額に対する法人税額等相当額の控除ができない場合の具体例を示すと、次のとおりです。

〔株式交付の場合〕

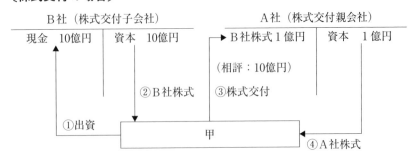

①、②……金融機関からの借入れによる現金10億円を出資してB社を設立。
③、④……次に、B社株式の全部を株式交付によりA社に移転し、A社株式を取得。A社は、B社株式を著しく低い価額で受入れ。
（注）　甲の相続財産は、現金10億円からA社株式になり、A社株式の評価額は、評価差額に対する法人税額等相当額の控除ができるとしたならば、
　　　10億円－（10億円－1億円）×37％＝6.67億円
　　となります。

なお、この評価差額は、株式交付の時における受入れ株式の時価（相続税評価額）よりも課税時期における受入れ株式の時価（相続税評価額）が下落している場合には、受入れ後の価値の下落を考慮して、その課税時期における受入れ株式の価額（相続税評価額）からその株式交付による受入れ価額（帳簿価額）を控除した金額によることとなります。

Question 165 現物出資等受入れ差額（適用除外）

純資産価額方式の計算では、現物出資、合併、株式交換、株式移転若しくは株式交付などにより意図的に作出された現物出資等受入れ差額については、法人税額等相当額の控除はできないとされています。

ただし、「現物出資等受入れ差額」が算出された場合でも一定の要件を充たす場合には、当該差額を現物出資等受入れ資産の帳簿価額に加算する必要はない（すなわち、法人税額等相当額の控除はできる）とされているようですが、この点について教えてください。

A 　純資産価額方式の計算では、評価会社が現物出資等により著しく低い価額で資産を受け入れることによって生じた「現物出資等受入れ差額」は、法人税額等相当額の控除はできないとされていますが、この取扱いは、課税時期における評価会社の全ての資産の相続税評価額の合計額に占める「現物出資等受入れ資産」の相続税評価額の割合が20％以下である場合には適用しないものとされています。

そもそも「現物出資等受入れ差額」について法人税額等相当額の控除ができないとされた理由は、現物出資等にあたり、経済合理性のない著しい低い価額により資産を受け入れることにより評価差額を作出し、その評価差額に対する法人税額等相当額を控除することによって、相続税評価額を引き下げるような行為は、適正な純資産価額の算定及び課税の公平を歪めることから設けられたものです。

しかし、実務においては、この取扱いの適用がなされるべきかについて判断に迷う（例えば、時価よりも著しく低い価額であるかの判断又は、現物出資等の時点から課税時期までの期間が長く、これを訂正

するだけの証拠資料が乏しい場など）ことも多いと考えられます。

　そこで、評価の簡便性や実務上の手間等も考慮して、課税時期における評価会社の有する全ての資産の相続税評価額の合計額に占める「現物出資等受入資産」の相続税評価額の割合（現物出資等受入れ資産割合）が20％以下である場合には、純資産価額方式の計算上、これらの「現物出資等受入れ資産」に係る「現物出資等受入れ差額」についても、法人税額等相当額の控除が認められることになっています。

　例えば、課税時期における資産の相続税評価額の合計額が1億円で、そのうち現物出資等受入れ資産の価額が2,000万円であった場合（意図的に作出された評価差額が1,999万円）には、現物出資等受入れ資産の割合が20％以下であるから、評価差額に対する法人税額等相当額（7,363,000円）の控除も認められることになります。

Question 166 みなし譲渡における純資産価額

非上場株式を譲渡した場合において、その譲渡価額が時価の1/2を超えているかの判定を評価通達の定めに従って行う場合の実務上の取扱いが国税庁から情報として公表されたようですが教えてください。

A 所得税法第59条の規定によるみなし譲渡課税の適用に関して、非上場株式の譲渡対価の額が著しく低い対価であるかの判定において、適正時価を評価通達の定めに従って算定する場合の考え方が国税庁より情報として発遣されましたのでその点を解説します。

> みなし譲渡（所得税法第59条第1項）における時価（令和2年9月30日付資産課税課情報）

(1) 非上場株式における適正時価の考え方

個人が法人に対して譲渡資産を著しく低い価額により譲渡（その譲渡資産の時価の1/2未満の対価による譲渡）又は贈与した場合には、「その時価における価額」により譲渡があったものとしてみなし譲渡課税が行われます（所法59①）が、この場合における時価とは、譲渡時における時価、すなわち客観的交換価値であると解されています。

このうち、譲渡所得の基因となる資産が株式である場合における「その時における価額」とは、所得税法基本通達（以下、「所基通」といいます。）23～35共－9（株式等を取得する権利の価額）に準じて算定した価額によるとされており（所基通59－6）、このうち非上場株式については、次によることとされています。

① 売買実例のあるもの
  最近に行われた売買実例のうち適正と認められる価額
② 類似会社の株式で価額のあるもの
  類似会社の株式の価額に比準して査定した価額
③ ①及び②に該当しないもの
  その株式等の発行法人の1株当たりの純資産価額等を参酌して通常取引されると認められる価額

　そして、非上場株式については、売買実例が少なく(①)、類似会社の株価から比準して査定すること(②)も困難であることから、実務上は「発行法人の1株当たりの純資産価額等を参酌して通常取引されると認められる価額」(③)により査定することが多いと思います。

　そして、その場合の当該価額は、一定の条件の下、評価通達178《取引相場のない株式の評価上の区分》〜189−7《株式の割当を受ける権利等の発生している特定の評価会社の株式の価額の修正》を適用して算定した価額とされています。

(2) 純資産価額等を参酌して通常取引されると認められる価額

　非上場株式を譲渡等した場合における適正時価の査定は、実務上は「純資産価額等を参酌して通常取引されると認められる価額」によって行われるケースが非常に多いです。

　所基通59−6では、純資産価額等について原則として評価通達178から189−7までの例に従い算定した価額と規定していますが、評価通達の規定をそのまま適用するのではなく次の条件を付しています。
① 株主区分の判定は、譲渡等の前の保有議決権により行うこと。
② 株式を譲渡等した個人が株式の発行会社にとって「中心的な同族

株主」に該当するときは、当該発行会社は「小会社」に該当するものとして評価すること（その結果として、純資産価額又は類似業種比準価額と純資産価額との併用方式による価額となります。）。
③　会社が保有する上場株式及び土地（土地の上に存する権利を含みます。）は譲渡等の時価に洗い替えること。
④　洗い替えに伴う評価差額に対する法人税相当額（37％）は控除しないこと。

なお、当然のことながら純然たる第三者において、様々な経済性を考慮して決定された価額（時価）により取引されたと認められるなど、この取扱いを形式的に当てはめるのは相当ではないという場合もあることから、上記の取扱いは、原則的なものとして位置付けられています。

(3)　**評価通達の規定を適用して純資産価額等を査定する場合の留意点**
　非上場株式の時価（総資産価額等を参酌して通常取引されると認められる価額）を評価通達178から189－7の規定に従って純資産価額を査定する場合の留意点は次のとおりです。

ポイント1
　小会社として評価する場合における類似業種比準方式の斟酌割合

　所基通59－6(2)においては、株式を譲渡又は贈与した個人が当該譲渡又は贈与直前に当該株式の発行会社にとって「中心的な同族株主」に該当するときは、当該発行会社は常に評価通達178に定める「小会社」に該当するものとしてその例によることとしています。
　すなわち、譲渡等をした者が発行会社にとって「中心的な同族株

主」に該当するときには、会社規模にかかわらず「小会社」として「純資産価額」又は「類似業種比準価額と純資産価額との併用方式による価額」により評価することになるわけですが、一方で、「類似業種比準価額」の計算については、評価通達180で具体的な算定方法が定められており、会社規模（大会社、中会社、小会社）に応じた「斟酌割合（0.7、0.6、0.5）」を乗じて計算するとされています。

ところで、併用方式により株価を計算するには類似業種比準価額を求める必要がありますが、その際に採用する斟酌割合についても小会社の斟酌割合（0.5）としなければならないのかといった疑問が生じます。公表された情報では、類似業種比準方式の算式における斟酌割合の趣旨と譲渡した者が「中心的な同族株主」に該当する場合、対象会社を常に「小会社」に該当するものとして、評価通達179の例により算定するとした趣旨は異なっており、所基通59－6(2)により小会社として評価する場合でも類似業種比準価額を算定する際の斟酌割合まで小会社の「0.5」とするものではないとしています。

すなわち、類似業種比準価額の計算における斟酌割合は、実際の評価会社規模に応じた割合を採用します。

ポイント2

評価会社が所有する子会社株式等について

所基通59－6(2)は、株式を譲渡等した者が、その譲渡等の直前に評価会社にとって「中心的な同族株主」に該当する場合には、その評価会社を「評価通達178に定める『小会社』に該当するものとして」評価することを定めたものです。

その上で、評価会社が子会社株式を有している場合（同族関係者で50％超の株式を有している場合）に、当該子会社の株価も小会社とし

て評価しなければならないのかという問題があります(例えば、評価会社がその子会社にとって「中心的な同族株主」に該当している時は、その子会社を「小会社」に該当するものとして評価しなければならないのかという疑問。)。

　この点について公表された情報では、譲渡等の直前に評価会社がその子会社にとって「中心的な同族株主」に該当するときには、当該子会社は「小会社」に該当するものとして評価することが相当であるとされました(なお、併用方式により株価を算定するためには、類似業種比準価額を算定する必要がありますが、同株価を算出する計算において乗ずる斟酌割合については、当該子会社の実際の会社規模に応じた斟酌割合により計算します。)。

　なお、評価会社の子会社が有する子会社(評価会社からみた孫会社。以下、「孫会社」といいます。)の株式の価額を算定する場合にも、評価会社の株式の譲渡等の直前において評価会社の子会社が、孫会社にとって「中心的な同族株主」に該当するときには、上記と同様の理由により、当該孫会社は「小会社」に該当するものとしてその例によることが相当です。

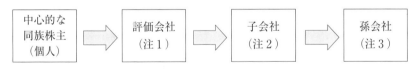

(注1)　譲渡等した者が、評価会社にとって「中心的な同族株主」に該当するときは、評価会社は、小会社として評価します。
(注2)　子会社株式の株価において、評価会社が子会社からみて「中心的な同族株主」に該当するときは、子会社は「小会社」として評価します。
(注3)　孫会社の株価の算定において、子会社が孫会社にとって「中心的な同族株主」に該当するときは、孫会社は「小会社」として評価します。

ポイント3

子会社株式を評価する場合のその子会社が有する土地、上場株式の評価

所基通59-6⑶では、譲渡等をした株式の時価を評価通達178～189-7の例に従って算定する場合、評価会社が有する土地及び上場株式の評価通達185本文で定める「1株当たりの純資産価額」の計算に当たっては、当該譲渡等の時の時価によると規定しています（時価に洗い替える。）。その上で、例えば、評価会社が子会社株式を有している場合に、その子会社株式を評価する場合の「1株当たりの純資産価額」の計算に当たっても、その子会社が有する土地及び上場株式については、譲渡等の時における時価より評価し直して当該子会社株式の評価をすべきかといった疑問があります。

この点について、評価通達で規定する土地の評価額（評基通11）は、「評価の安全性」を配慮して公示価格等のおおむね8割で定められており、また、上場株式の評価額（評基通169）についても、一時点（相続開始時）における需給関係による偶発性の排除等を理由に一定の斟酌（3ヶ月間の月中平均）をしています。

また、所基通59-6の制定に先立って行われた取引相場のない株式の譲渡に関する実態調査において、純資産価額の算定経過をみると、土地や上場株式は時価に洗い替え、かつ、その洗い替えに伴う評価差額について法人税額等相当額は控除せずに算定しているものが相当数であったことが確認されています。

一方で、所得税法第59条によるみなし譲渡課税は、法人に対する著しく低い価額による譲渡等があった時にその時における価額（時価）に相当する金額により譲渡があったものとみなして課税するものです。このため、同条第1項の規定の適用に当たっては、土地について、評

価の安全性を配慮する必要性に乏しく、また、上場株式については、その日における取引価額（偶発性はあったとしても、その日にその価額で取引される）が明らかであり、評価通達169に定める上場株式の評価額のような斟酌をする必要性は乏しいと考えられます。

　これらの理由から、所基通59－6(3)において、土地及び上場株式の評価額は評価通達による価額ではなく、譲渡等の時における時価により査定するとされています。

　このことは、評価会社の子会社が有している土地及び上場株式についても同様であり、子会社が有する土地又は上場株式についても評価の安全性を配慮する必要性に乏しいと考えられます。したがって、評価会社が有する土地又は上場株式だけでなく、評価会社の子会社が有する土地又は上場株式についても、所基通59－6(3)の趣旨に照らして譲渡等の時における時価を基に評価会社が有する子会社株式を評価するのが相当です。

　なお、評価会社の子会社が有する孫会社の株式を純資産価額により評価する場合も同じく、当該孫会社が有する土地や上場株式について、上記と同様の理由により譲渡等の時における価額を基に子会社が有する孫会社株式を評価するのが相当です。

　上記より評価会社、子会社及び孫会社の株価を純資産価額方式により算定する場合には、土地や上場株式の価額を時価に置き換えて評価することになりますが、譲渡株式等の適正時価を類似業種比準価額だけで計算することが可能な場合には、そもそも純資産価額を算定する必要がないため、上記取扱いは関係ありません。

Question 167 配当期待権等の権利等が生じている場合の株価の修正

課税時期において配当期待権や株式の割当てを受ける期待権が発生している場合には、原則的評価方式により算定した評価額を配当落ち又は権利落ちの価額に修正する必要はありますか。

また、課税時期において、配当を受領する権利又は株式の割当てを受ける権利等が発生している場合との違いを教えてください。

A 非上場会社の株式の価額を原則的評価方式により評価する場合において、課税時期に配当を受ける権利又は株式の割当てを受ける権利等(株式の割当てを受ける権利、株主となる権利又は株式無償交付期待権)が発生している場合には、原則的評価方式により算定した価額を権利落ちの価額に修正する必要があります。

例えば、直前期の末日から課税時期までの間に配当金支払の効力が生じた場合には、課税時点において株主に配当を受領する権利が生じているため配当落ちの価額に修正する必要があります。したがって、類似業種比準価額については、評価通達184《類似業種比準価額の修正》によって類似業種比準価額を配当落の価額に修正することとし、また、純資産価額方式の計算においても課税時期までに配当金支払の効力が生じている場合には、その金額を負債に計上して純資産価額を計算するとしており、いずれの評価方式においても、配当金支払の効力が発生した事実を株価に反映させることになります。

また、それらの権利が発生しているわけではありませんが期待権等が発生している場合にも当該配当期待権又は株式の割当てを受ける期待権等は、別途評価の対象としているため、二重課税とならないよう

に原則的評価方式の価額を修正する必要があります。

1 配当金の支払、株式割当ての効力が発生している場合の取扱い

評価通達に従って株価を算定した場合、次の(1)及び(2)に該当することになった時は、各区分ごとに定める算式によって修正した金額により評価します。

(1) 直前期末の翌日から課税時期までに配当金の支払の効力が生じた場合

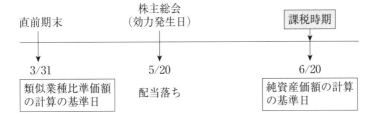

上記の場合、類似業種比準価額は、株式評価明細書「第4表 類似業種比準価額等の計算明細書」の最下段の「比準価額の修正」欄で配当落ちの価額に修正します（評基通184(1)）。

また、純資産価額は、原則として、課税時期の資産及び負債（未払配当金）に基づいて計算するので配当落ちの価額により計算されます。なお、純資産価額の計算を直前期末基準により行っていた場合でも、課税時期までに配当金の支払の効力が生じた場合に当該金額は、未払配当金として負債に計上することができます（評基通186）。

(2) 直前期末の翌日から課税時期までに株式割当て等の効力が生じた場合

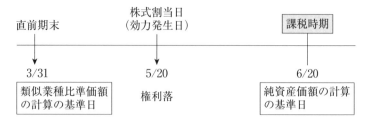

評価会社が直前期末の翌日から課税時期までの間に増資を行った時は、課税時期における株式数が増資により増加していることになるので、類似業種比準価額は、評価通達184《類似業種比準価額の修正》により株式評価明細書「第4表　類似業種比準価額等の計算明細書」の最下段の「比準価額の修正」欄で権利落ちの価額に修正します（評基通184(2)）。

また、純資産価額は、原則として、課税時期の資産・負債に基づいて計算するので、権利落ちの価額により計算されます。なお、純資産価額の計算を直前期末基準により行っていた場合でも、最終的には、増資金額と発行する株式数による修正を行って評価するので同様です（評基通186）。

2　配当金の支払、株式の割当てを受ける権利等（期待権）が発生している場合の取扱い

前記1は、配当金の支払や株式の割当ての効力が発生している場合ですが、課税時期が配当金や株式の割当ての基準日から配当金の支払及び株式の割当ての効力発生日（株主総会など）までの間にある場合（途中にある場合）には、課税時期においては、配当金の支払や増資

による株式数の増加が決定していません。

このように、課税時期において配当を受領する権利や株式の割当てを受ける権利等が発生していない場合でもこれらの権利は確実なものであることから期待権として評価通達190《株式の割当てを受ける権利》から193《配当期待権の評価》までの定めるところにより、株式等に係る権利とは別に独立して評価するとされています。

そこで、課税時期において配当期待権又は株式の割当てを受ける権利等（期待権）が生じている場合には、二重課税を避けるため原則的評価方式により計算した価額を修正することとされています（評基通187、189－7）。

なお、株価の修正する必要のある株式の割当てを受ける権利等とは、配当期待権、株式の割当てを受ける権利、株主となる権利及び株式無償交付期待権をいいます。

また、配当期待権又は株式の割当を受ける権利等（期待権）の修正は、原則的評価方式により株価を算定する場合についてのみ適用することとし、配当還元方式により株価を算定する場合には適用しません。

(1) **課税時期までに配当金の支払を受ける権利（期待権）が生じている場合**

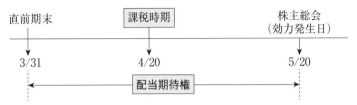

上記の場合、類似業種比準価額は、配当金支払の効力が生じていないため配当落ちの価額に修正しません。また、純資産価額についても、

配当金の支払い効力が発生していないので原則的には、負債の価額に計上できません。

したがって、個々の株価の修正はしませんが、算定された原則的評価方法による価額から配当期待権の価額を控除して株価を修正します。

《配当期待権の発生している株式の評価額》

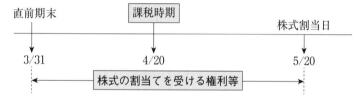

(2) 課税時期までに株式の割当てを受ける権利等（期待権）が生じている場合

```
直前期末         課税時期              株式割当日
  ↓             ↓                   ↓
 3/31          4/20                5/20
  |←――― 株式の割当てを受ける権利等 ―――→|
```

課税時期において株式割当てを受ける権利等（期待権）が発生しているとしても前記(1)の場合と同様に、未だ期待権であるので類似業種比準価額及び純資産価額の計算において、株式の割当て等の権利等による権利落ちの価額に修正することはできません。

したがって、個々の株価の修正はしませんが、算定された原則的評価方式による価額から株式割当て等の権利（期待権）の価額を控除して株価を修正します。

《株式の割当てを受ける権利等が生じている株式の評価額》

株式の割当てを受ける権利等が生じている株式の評価額 = $\left(\begin{array}{c}\text{1株当たりの}\\ \text{原則的評価方}\\ \text{式による価額}\end{array} + \begin{array}{c}\text{割当てを受けた}\\ \text{株式1株につき}\\ \text{払込むべき金額}\end{array} + \begin{array}{c}\text{株式1株}\\ \text{に対する}\\ \text{割当数}\end{array}\right) \div \left(1 + \begin{array}{c}\text{株式1株に対す}\\ \text{る割当株式数又}\\ \text{は交付株式数}\end{array}\right)$

Question 168 配当期待権とは

配当期待権とはどのような権利をいいますか。
また、その権利の評価方法はどのように行いますか。

A 配当期待権とは、配当金交付の基準日の翌日から配当金支払の効力が発生する日までの間における配当金を受けることができる権利（期待権）をいいます（評基通168(7)）。

なお、配当金支払の効力が発生した日（株主総会の決議）以後は、受領する権利が確定しますので、実際に配当金を受領するまでの間は未収配当金になります。したがって、この期間に課税時期がある場合には、類似業種比準方式においては第4表の㉗で修正し、純資産価額方式においては負債に計上することになります。

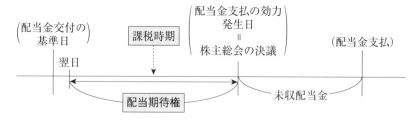

《評価方法》

配当期待権の価額は、課税時期後に受けると見込まれる予想配当の金額から当該金額につき源泉徴収されるべき所得税等の額に相当する金額を控除した金額によって評価します（評基通193）。

配当期待権 ＝ （予想配当金額） － （源泉徴収されるべき所得税等相当額）(注)

(注) 源泉徴収されるべき所得税等相当額には、特別徴収される道府県民税の額に相当する金額を含みます。

なお、上記予想配当金から源泉徴収されるべき所得税額は、年代及びその所有する株式数により異なりますので注意してください。

(参考) 配当所得に対する源泉徴収税率

	平成25年1月1日～ 平成25年12月31日	平成26年1月1日～ 令和19年12月31日
上場株式の配当等 （大口株主^(注1)を除く株主）	(1)源泉徴収税率 　一律10.147%（所得税＋復興特別所得税7.147%、住民税3%） (2)課税方法（選択可） 　1.総合課税 　2.申告分離課税（上場株式等の損失と損益通算可） 　3.申告不要	(1)源泉徴収税率 　一律20.315%（所得税＋復興特別所得税15.315%、住民税5%） (2)課税方法（選択可） 　1.総合課税 　2.申告分離課税（上場株式等の損失と損益通算可） 　3.申告不要
非上場株式等の配当等及び株主が受ける上場株式等の配当等^(注1)大口	少額配当^(注2)の場合 (1)源泉徴収税率 　一律20.42%（所得税＋復興特別所得税） (2)課税方法（選択可） 　1.総合課税 　2.申告不要 少額配当以外の場合 (1)源泉徴収税率 　一律20.42%（所得税＋復興特別所得税） (2)課税方法 　総合課税	

(注1)　「大口株主」とは、発行済株式（投資口を含みます。）総数の3％以上（平成23年9月30日以前に支払を受けるべき配当等にあっては5％以上）の株式等を保有する個人株主をいいます。

(注2)　「少額配当」とは、1銘柄につき1回に支払われる金額が次により計算

した金額以下のものをいいます（年1回の配当であれば10万円以下）。

10万円 × 配当計算期間の月数 ÷ 12

(注1) 配当計算期間とは、その配当等の直前の支払に係る基準日の翌日から、その配当等の支払に係る基準日までの期間をいいます。

(注2) 配当計算期間が1年を超える場合には、12月として計算します。また、配当計算期間に1月に満たない端数がある場合には1月として計算します。

(参考) 令和4年度の税制改正

1 改正前の取扱い

従前より、持株割合が3％以上の個人株主（大口株主）が、支払を受ける上場株式等の配当等については、20.42％の源泉徴収がされた上で、総合課税により確定申告をする必要がありました。

一方、持株割合3％未満の個人株主は、配当等の受取時に20.315％の源泉徴収がされた上で、①申告不要（源泉徴収のみ）、②申告分離課税で確定申告（20.315％、上場株式等に係る譲渡損失と損益通算可能）、③総合課税で確定申告のいずれかを選択することができます。

この持株割合は個人株主のみで判定するため、当該個人単独の持株割合が3％未満であれば、同族会社である法人を通じて株式を保有するなど、持株割合が実質3％以上であっても大口株主とはならず、課税の公平性が保たれていない状況にあると会計検査院から指摘がされていました。

(注) 大口株主については、平成23年9月30日以前は「5％以上を所有する株主」とされていましたが、平成23年10月1日以降は「3％以上所有する株主」に改正が行われています。

2 改正の内容

令和4年度の税制改正において、持株割合が3％未満の個人株主

についても、特殊関係法人（同族会社）との合計で3％以上となる場合には、大口株主となる改正が行われました。これにより、それまでは持株割合3％未満の個人株主は上場株式等の配当等について、20.315％の源泉分離課税で済ませることができましたが、この改正により特殊関係法人（同族会社）との合計で3％以上となる場合、大口株主として総合課税の対象となります。そうなると、上場株式等に係る譲渡損失が発生した場合であっても、申告分離課税の選択はできないため、上場株式等の配当等との損益通算ができなくなります。

3　適用

　令和5年10月1日以後に支払われる上場株式等の配当等について適用されます。

Question 169 配当期待権の価額と株価修正

次の資料に基づいて甲社の株式及び配当期待権の価額の算定方法を教えてください。

1. 課税時期　令和6年5月11日
2. 甲社（小会社）の決算期　令和6年3月31日（1年決算）
3. 株主総会の決議日　　令和6年5月28日

    配当金は、決算期末の株主に対して1株50円を交付する。

4. 原則的評価方式による価額 ⎰ 類似業種比準価額　1,200円
    （併用方式）　　　　　　 ⎱ 純資産価額　　　　2,500円

5. 配当所得に対する源泉徴収税率は20.42%

A

ご質問のケースは、課税時期が株式配当に係る基準日から配当金支払の効力発生日（株主総会日）の間にありますので配当期待権が生じています。

評価通達では、配当期待権の価額は、個別に評価することになっていますので（評基通193）、二重課税を避けるため同時に原則的評価方式に算定した株式の評価額については、配当期待権が生じていることによる修正を行う必要があります。

1　1株当たりの配当期待権の価額

配当期待権の価額は、予想配当の金額から徴収される源泉所得税額を控除した金額によって評価します。

50円 × （1 － 20.42%） = 39円79銭

2 配当期待権による株価の修正

(1) 原則的評価方式による1株当たりの株価

1,200円（類似業種比準価額）×0.5＋2,500円（純資産価額）×0.5
＝1,850円

(2) 配当期待権が生じていることによる修正

1,850円 － 50円 ＝ 1,800円

(参考) 記載例

Question 170 株式の割当てを受ける権利とは

株式の割当てを受ける権利とは、どのような権利をいいますか。また、その権利の評価方法はどのように行いますか。

A 株式の割当てを受ける権利とは、会社が増資などによって新株式を発行する場合において株式の割当基準日の翌日から、実際に株式の割当ての日までの間における株式割当ての権利（一種の期待権）のことをいいます（評基通168(4)）。

具体的に株式の割当てを受ける権利とは、株主割当増資、第三者割当増資、公募増資などによって与えられる新株式の割当てを受ける権利のことをいいます。

《評価方法》

株式の割当てを受ける権利の価額は、その株式の割当てを受ける権利の発生している株式について、評価通達の定めにより評価した価額から割当てを受けた株式1株につき払い込むべき金額を控除した金額によって評価します（評基通190）。

なお、評価通達の定めにより評価した価額は、配当期待権又は株式の割当てを受ける権利等による修正を行った後の価額をいいます。

株式の割当てを受ける権利の価額 ＝ (評価通達の定めにより評価した権利落後の評価額) − (割当株式1株につき払い込むべき金額)

Question 171 株式の割当てを受ける権利の価額と株価修正

次の資料に基づいて、甲社の株式及び株式割当てを受ける権利の価額の算定方法を教えてください。

1 課税時期　令和6年5月11日
2 甲社（大会社）の決算期　令和6年3月31日
3 新株式の発行（増資）の状況
　(1) 株式割当基準日　　　　　　令和6年3月31日
　(2) 株式の割当条件　　　1株に対して株式0.5株
　(3) 割当ての株式1株の払込金額　　600円
　(4) 株式の割当日　　　　　　　　令和6年5月31日
4 原則的評価方式による価額　｛類似業種比準価額　1,200円
　　　　　　　　　　　　　　　　純資産価額　　　2,000円

　ご質問のケースは、課税時期が株式割当基準日の翌日から実際に株式の割当てを受ける日までの間にありますので、株式の割当てを受ける権利（期待権）が生じていることになります。

　評価通達では、株式の割当てを受ける権利は、個別に評価することになっていますので（評基通190）、二重課税を避けるためそれと同時に原則的評価方式により算定した株価については、株式の割当てを受ける権利が発生していることによる修正を行う必要があります。

1 株式の割当てを受ける権利による株価の修正
　(1) 原則的評価方式による1株当たりの株価
　　　類似業種比準価額　　1,200円

(2) 株式の割当てを受ける権利が生じていることによる修正
　　（1,200円 ＋ 600円 × 0.5株）÷（1株＋0.5株）＝ 1,000円

2　株式の割当てを受ける権利の価額
　株式の割当を受ける権利の価額は、株式の割当てを受ける権利が生じていることを考慮した価額から割当1株について、払い込むべき金額を控除して評価します。
　　1,000円 － 600円 ＝ 400円

(参考) 記載例

第4 評価方式（類似業種比準方式・純資産価額方式・配当還元方式）の計算

第3表　一般の評価会社の株式及び株式に関する権利の価額の計算明細書　　会社名　甲社

令和六年一月一日以降用

〈取引相場のない株式（出資）の評価明細書〉

1 原則的評価方式による価額

1株当たりの価額の計算の基となる金額	類似業種比準価額（第4表の㉖、㉗又は㉘の金額）	1株当たりの純資産価額（第5表の⑪の金額）	1株当たりの純資産価額の80％相当額（第5表の⑫の記載がある場合のその金額）
	① 1,200 円	② 2,000 円	③ 円

1株当たりの価額の計算	区分	1株当たりの価額の算定方法	1株当たりの価額
	大会社の株式の価額	次のうちいずれか低い方の金額（②の記載がないときは①の金額） イ　①の金額 ロ　②の金額	④ 1,200 円
	中会社の株式の価額	（①と②とのいずれか低い方の金額 × Lの割合 0.）＋（②の金額（③の金額があるときは③の金額）×（1 − Lの割合 0.））	⑤ 円
	小会社の株式の価額	次のうちいずれか低い方の金額 イ　②の金額（③の金額があるときは③の金額） ロ　（①の金額 × 0.50）＋（イの金額 × 0.50）	⑥ 円

株式の価額の修正		株式の価額	1株当たりの配当金額			修正後の株式の価額
課税時期において配当期待権の発生している場合		（④、⑤又は⑥の金額） −	円　　銭			⑦ 円
課税時期において株式の割当てを受ける権利、株主となる権利又は株式無償交付期待権の発生している場合		株式の価額 （④、⑤又は⑥ （⑦があるときは⑦） の金額） 600	割当株式1株当 たりの払込金額 × 0.5 円	1株当たりの 割当株式数 0.5 株	1株当たりの 割当株式数又 は交付株式数 ÷（1＋ 0.5 株）	修正後の株式の価額 ⑧ 1,000 円

2 配当還元方式による価額

1株当たりの資本金等の額、発行済株式数等	直前期末の資本金等の額	直前期末の発行済株式数	直前期末の自己株式数	1株当たりの資本金等の額を50円とした場合の発行済株式数（⑨÷50円）	1株当たりの資本金等の額（⑨÷（⑩−⑪））
	⑨ 千円	⑩ 株	⑪ 株	⑫ 株	⑬ 円

直間前の期配末当以金前額2年	事業年度	⑭ 年配当金額	⑮ 左のうち非経常的な配当金額	⑯ 差引経常的な年配当金額（⑭−⑮）	年平均配当金額
	直前期	千円	千円	㋑ 千円	⑰（㋑＋㋺）÷2 千円
	直前々期	千円	千円	㋺ 千円	

1株（50円）当たりの年配当金額	年平均配当金額（⑰の金額）÷⑫の株式数＝	⑱ 円 銭	この金額が2円50銭未満の場合は2円50銭とします。

配当還元価額	⑱の金額／10％ × ⑬の金額／50円 ＝	⑲ 円	⑳ 円	⑬の金額が、原則的評価方式により計算した価額を超える場合には、原則的評価方式により計算した価額とします。

3 株式に関する権利の価額（1.及び2.に共通）

	配当期待権	1株当たりの予想配当金額 − 源泉徴収されるべき所得税相当額 （　　円　　銭）	㉑ 円 銭	**4. 株式及び株式に関する権利の価額**（1. 及び 2. に共通）	
	株式の割当てを受ける権利 （割当株式1株当たりの価額）	⑧（配当還元方式の場合は㉑）の金額 − 割当株式1株当たりの払込金額 600円　　　400	㉒ 円	株式の評価額	1,000 円
	株主となる権利 （割当株式1株当たりの価額）	⑧（配当還元方式の場合は㉑）の金額 （課税時期後にその株主となる権利につき払い込むべき金額があるときは、その金額を控除した金額）	㉓ 円	株式に関する権利の評価額	円 （円　銭） 400
	株式無償交付期待権 （交付される株式1株当たりの価額）	⑧（配当還元方式の場合は㉑）の金額	㉔ 円		

469

Question 172 株主となる権利

株主となる権利とは、どのような権利をいいますか。
また、その権利の評価方法はどのように行いますか。

　　株主となる権利とは、次に掲げる期間にある株式の引受けをする権利のことをいいます（評基通168(5)）。

(1) 会社設立の場合

　株式の申込みに対して割当てがあった日の翌日から会社の設立登記の日の前日までの間における当該権利。

　会社の発起人が引受けをする株式にあっては、その引受けの日から会社の設立登記の日の前日までの間における当該権利。

(2) 会社設立後の株式の割当ての場合（新株式発行のケース）

　株式の申込みに対して会社設立後に株式の割当てがあった場合には、払込期日（払込期日が別にある場合には払込みの日）までの間における当該権利。

　なお、会社設立後の株式の割当の場合の株主となる権利は、割り当てられる株式の種類により、上場株式、気配相場のある株式、非上場株式などが考えられます。

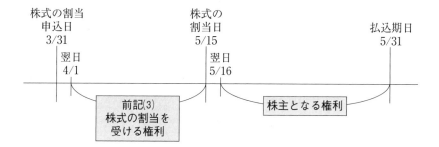

　Q170の「株式の割当てを受ける権利」と「株主となる権利」の違いについて、「株式の割当てを受ける権利」とは、増資等による株式の割当ての基準日の翌日から実際に株式の割当て（引受け）の日までの間における株式割当権等のことをいい、「株主となる権利」とは、株式の申込みに対して、株式の割当て（引受け）が決まった日の翌日から会社設立登記の日の前日（払込期日）までの間における株主となる権利等をいいます。

　すなわち、「株式の割当てを受ける権利」が株式を引き受ける前の投資の権利（一種の期待権）であるのに対し、「株主となる権利」は、株式を引き受けた後の権利である点で異なります。

《評価方法》

1　会社設立の場合

　会社設立の場合の株主となる権利の価額は、課税時期以前にその株式1株につき払い込んだ金額によって評価します（評基通191(1)）。

　　株主となる権利の価額 ＝ 払込金額

2　新株式発行の場合

　会社設立後、株式の割当てがあった場合の株主となる権利の価額は、

その株主となる権利の発生している株式について評価通達の定めにより評価した価額によって評価します。

ただし、課税時期の翌日以後にその株主となる権利につき払い込むべき金額を払い込んでいない場合には、株式の割当てを受ける権利の場合と同様、その株式の割当ての基となった株式の価額から、割当てを受けた株式1株につき払い込むべき金額を控除した金額により評価します（評基通191(2)）。

株主となる権利の価額 ＝ 評価通達の定めにより評価した価額[注]

(注) 払い込むべき金額を払い込んでいない場合には、当該金額を控除します。

Question 173 株式無償交付期待権とは

株式無償交付期待権とは、どのような権利をいいますか。
また、その権利の評価方法はどのように行いますか。

A 株式無償交付期待権とは、株式の無償交付（株式分割）の基準日の翌日から、株式無償交付の効力が発生する日までの間における株式の無償交付を受けることができる権利をいいます（評基通168(6)）。

なお、株式無償交付を行う場合には、あらかじめ①株主に割り当てる株式数又は算定方法、②株式無償交付の効力発生日、③種類株式発行会社であれば無償交付する株式の種類などを株主総会の決議で定めなければならないとされています。

《評価方法》

株式無償交付期待権の価額は、その株式無償交付期待権の発生している株式の評価額に相当する金額により評価します（評基通192）。

結果として、株式無償交付期待権そのものの価額と原則的評価方式による1株当たりの価額（株式無償交付期待権が生じていることによる株価修正を行った価額）は同じ価額となります。

株式無償交付期待権の価額 ＝ 評価通達の定めにより評価した価額

Question 174 株式無償交付期待権の価額と株価修正

次の資料に基づいて、甲社の株式及び株式無償交付期待権の価額の算定の仕方を教えてください。

1 課税時期　　令和6年5月11日
2 甲社（大会社）の決算期
　　令和6年3月31日
3 株式の無償交付（株式分割）の状況
　(1) 株式の無償交付の基準日　令和6年3月31日
　(2) 株式の無償交付割合　　1株→0.3株
　(3) 株式無償交付の効力発生日　令和6年6月20日
4 配当金の支払状況
　　決算期の株主に対して1株当たり60円の配当金を支払う
5 株主総会
　　配当金の支払や株式分割については令和6年5月28日の株主総会の決議により決まりました。
6 課税時期における株式の評価額（1株当たり）

原則的評価方式による価額 ｛ 類似業種比準価額　1,100円
　　　　　　　　　　　　　　純資産価額　　　　1,800円

A 　ご質問のケースは、課税時期が株式の無償交付基準日から株式の無償交付の効力発生日の間にあることから、株式無償交付期待権が生じていることになります。

また、配当金交付の基準日の翌日から配当金支払の効力が発生する日までの間にあることから配当期待権も生じています。

評価通達では、株式無償交付期待権及び配当期待権の価額は、個別

に評価することになっていますので（評基通192）、二重課税を避けるため、それと同時に原則的評価方式により算定された株価については、株式無償交付期待権が生じていることによる修正を行う必要があります。

また、本件では、配当期待権も生じていることから、配当期待権が生じていることによる修正も行う必要があります。

1 株式無償交付期待権による価額の修正

(1) 原則的評価方式による1株当たりの価額
類似業種比準価額　　1,100円

(2) 配当期待権による価額の修正
1,100円 − 60円 ＝ 1,040円

(3) 株式無償交付期待権による価額の修正
（1,040円 ＋ 0円 × 3株）÷ （1株 ＋ 0.3株）＝ 800円

2 株式無償交付期待権の価額

株式無償交付期待権の価額は、株式無償交付期待権が生じていることによる修正を行った原則的評価方式の価額と同じ価額になります。

800円

(参考) 記載例

第3表　一般の評価会社の株式及び株式に関する権利の価額の計算明細書　会社名　甲社

(取引相場のない株式(出資)の評価明細書)

1. 原則的評価方式による価額

1株当たりの価額の計算の基となる金額	類似業種比準価額(第4表の㉖、㉗又は㉘の金額) ① 1,100 円	1株当たりの純資産価額(第5表の⑪の金額) ② 1,800 円	1株当たりの純資産価額の80%相当額(第5表の⑫の記載がある場合のその金額) ③ 円

区分	1株当たりの価額の算定方法	1株当たりの価額
1株当たりの価額の計算	大会社の株式の価額	次のうちいずれか低い方の金額(②の記載がないときは①の金額) イ　①の金額 ロ　②の金額	④ 1,100 円
	中会社の株式の価額	(①と②とのいずれか低い方の金額 × Lの割合) + (②の金額(③の金額があるときは③の金額) × (1 − Lの割合)) 0.	⑤ 円
	小会社の株式の価額	次のうちいずれか低い方の金額 イ　②の金額(③の金額があるときは③の金額) ロ　(①の金額 × 0.50) + (イの金額 × 0.50)	⑥ 円

株式の価額の修正				
課税時期において配当期待権の発生している場合	株式の価額 (④、⑤又は⑥の金額) −	1株当たりの配当金額 60円 00銭		修正後の株式の価額 ⑦ 1,040 円
課税時期において株式の割当てを受ける権利、株主となる権利又は株式無償交付期待権の発生している場合	株式の価額 ((⑦があるときは⑦)+(④、⑤又は⑥の金額)	割当株式1株当たりの払込金額 × 0 円	1株当たりの割当株式数又は交付株式数 0.3 株) ÷ (1株+ | 1株当たりの割当株式数又は交付株式数 0.3 株)	修正後の株式の価額 ⑧ 800 円

2. 配当還元方式による価額

1株当たりの資本金等の額、発行済株式数等	直前期末の資本金等の額 ⑨ 千円	直前期末の発行済株式数 ⑩ 株	直前期末の自己株式数 ⑪ 株	1株当たりの資本金等の額を50円とした場合の発行済株式数(⑨÷50円) ⑫ 株	1株当たりの資本金等の額(⑨÷(⑩−⑪)) ⑬ 円

直前期末以前2年間の配当金額	事業年度	⑭ 年配当金額	⑮ 左のうち非経常的な配当金額	⑯ 差引経常的な年配当金額(⑭−⑮)	年平均配当金額
	直前期	千円	千円	㋑ 千円	⑰(㋑+㋺)÷2 千円
	直前々期	千円	千円	㋺ 千円	

1株(50円)当たりの年配当金額	年平均配当金額(⑰の金額) ÷ ⑫の株式数 =	⑱ 円 銭	この金額が2円50銭未満の場合は2円50銭とします。

配当還元価額	⑱の金額/10% × ⑬の金額/50円 = ⑲	⑳ 円	⑳の金額が、原則的評価方式により計算した価額を超える場合には、原則的評価方式により計算した価額とします。

3. 株式に関する権利の価額

配当期待権	1株当たりの予想配当金額 (60円00銭) − 源泉徴収されるべき所得税相当額 (12円25銭)	㉑ 47円 75銭

4. 株式及び株式に関する権利の価額(1. 及び2. に共通)

株式の割当てを受ける権利 (割当株式1株当たりの価額)	⑧ (配当還元方式の場合は⑳)の金額 − 割当株式1株当たりの払込金額	㉒ 円
株主となる権利 (割当株式1株当たりの価額)	⑧ (配当還元方式の場合は⑳)の金額 (課税時期にその株主となる権利につき払い込むべき金額があるときは、その金額を控除した金額)	㉓ 円
株式無償交付期待権 (交付される株式1株当たりの価額)	⑧ (配当還元方式の場合は⑳)の金額	㉔ 800 円

株式の評価額	800 円
株式に関する権利の評価額	47円75銭

令和六年一月一日以降用

Question 175 配当還元方式による株価の算定

配当還元方式は、会社に対する支配力の弱い株主が取得した場合の株式評価方法と聞いていますが、配当還元方式により評価する場合について詳しく教えてください。

A 評価通達で規定する非上場株式の評価方法は、株主が発行会社に対して経営支配力を有しているか否かによって評価方法が異なりますが、支配力を有しているか否かについては「同族株主等」に該当するか否かによって判定します。

そして、経営支配力が弱いとされた「同族株主等以外の株主」及び「同族株主等のうちの一定の少数株主」については、その評価会社の規模区分及び特定の評価会社の判定結果にかかわらず、原則として「配当還元方式」により評価します。

これは、会社経営への影響の少ない同族株主の内の少数株主や従業員、得意先などは、単に配当を期待するにとどまるという実質的な面と評価手続きの簡便性を考慮してのことと考えられています。

ただし、その「配当還元方式」による価額が、その株式について同族株主等が取得した場合に適用される「原則的評価方式」によって評価した価額を超える場合には、原則的評価方式によって計算した金額によって評価することができます。

なお、特定の評価会社のうち「開業前又は休業中の会社」及び「清算中の会社」の株式については、全ての株主が「純資産価額方式」又は「清算分配見込額」により評価しますので、株主が「同族株主等以外の株主」及び「同族株主等のうち一定の少数株主」であったとしても「配当還元方式」により評価することはできません。

【同族株主のいる会社】

区分	株主の態様				評価方式
同族株主のいる会社	同族株主	取得後の議決権割合が5％以上の株主			原則的評価方式
		取得後の議決権割合が5％未満の株主	中心的な同族株主がいない場合		
			中心的な同族株主がいる場合	中心的な同族株主	
				役員である株主又は役員となる株主	
				その他の株主	配当還元方式
	同族株主以外の株主				

【同族株主のいない会社】

区分	株主の態様				評価方式
同族株主のいない会社	議決権割合の合計が15％以上の株主グループに属する株主	取得後の議決権割合が5％以上の株主			原則的評価方式
		取得後の議決権割合が5％未満の株主	中心的な株主がいない場合		
			中心的な株主がいる場合	役員である株主又は役員となる株主	
				その他の株主	配当還元方式
	議決権割合の合計が15％未満の株主グループに属する株主				

Question 176 配当還元方式による計算

配当還元方式の具体的な計算の仕方を教えてください。また、その計算の際に注意すべき事項も併せて教えてください。

A 配当還元方式は特例的評価方式ともいわれていますが、その計算方法は次のとおりです。なお、配当還元価額が、同族株主等が取得した場合に適用される原則的評価方式によって評価した価額を超えるときは、原則的評価方式により計算した金額によって評価するとされています。

《算式》

$$\text{1株当たりの配当還元価額} = \frac{\text{1株当たりの年配当金額}}{10\%} \times \frac{\text{その会社の資本金等の額}}{50円}$$

1株当たりの年配当金額 = 2年間の平均配当額 ÷ 1株当たりの資本金等の額を50円とした場合の株式数

〔配当還元方式の計算上の留意事項〕

(1) 「1株当たりの年配当金額」は、類似業種比準方式における「1株当たりの年配当金額⑧」と同様に計算します。

したがって、評価会社の直前期末以前2年間における剰余金の配当金額から、特別配当、記念配当など、将来毎期継続することが予想できない配当金額を控除した金額の合計額の2分の1に相当する金額を、直前期末における発行済株式数(1株当たりの資本金等の額が50円以外の金額である場合には、直前期末における資本金等の

額を50円で除して計算した数によります。）で除して計算した金額になります。

(2) 「配当還元方式」による計算において、⑮の「1株当たりの資本金等の額」が発行済株式数が多いなどの理由によって円単位未満の端数処理により0となる場合には、第4表「類似業種比準価額等の計算明細書」の④「1株当たりの資本金等の額（①÷（②－③））」の記載方法に準じて記載します（**229**ページ参照）。

(3) 「1株当たりの年配当金額」が2円50銭未満だった場合（無配を含みます）については、年配当金額を2円50銭とみなして計算します。
　この取扱いは、一般に非上場会社は、実際に配当可能利益があるにもかかわらず意識的にこれを留保し、配当しない会社が多く見られることを考慮したものといわれています。

(4) 「配当還元方式」は、その株式を所有することによって受ける剰余金の配当額を一定の利率で還元して元本である株式の価額を求めようとするもので、いわゆる収益還元法の1つですが、資本還元率を10％としているのは、非上場株式は上場株式のようにキャピタルゲインの期待ができないこと、また、配当金の支払は景気の影響を受けやすく不安定であることから、預金、公社債の利率とは異なる比較的高い資本還元率を用いることにより評価の安定性を図っています。

(5) 「配当還元方式」により評価する株式について、課税時期に配当期待権又は株式の割当てを受ける権利等が発生している場合であっても、算定された配当還元価額から当該権利の価額を修正しません。

(6) 配当について優先、劣後のある株式を発行している会社の株式を配当還元方式により評価する場合には、株式の種類ごとにその株式に係る配当金（資本金等の額の減少によるものを除きます。）に基づいて評価します。

Question 177 配当還元方式の計算（資本金等の額）

配当還元方式による計算は、類似業種比準方式の「1株当たりの配当金額Ⓑ」と同様の方法により計算するようですが、この「1株当たりの年配当金額」は、実際の支払配当額ではなく資本金等の額を50円とした場合の発行済株式数により計算されると聞いています。この点について詳しく教えてください。

　配当還元方式による価額は、次の算式によって計算されます。

《算式》

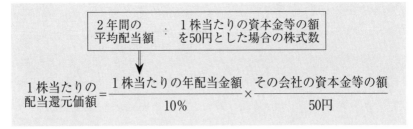

上記計算のうち「1株当たりの年配当金額」は、平成18年5月の会社法の施行及びそれに伴う法人税関係法令の改正に伴って、非上場株式を評価する際の各比準要素の数値は「1株当たりの資本金等の額（法人税法等2条十六号）」を50円とした場合の株式数を基として計算することに改められました。この改正の趣旨は以下のとおりとされています。

「平成18年の会社法の施行により、株式会社の資本金の額が1,000万円を下回ることを禁止した最低資本金制度がなくなり、資本金を資本

準備金に切り替えて資本の額を0とすることも可能となりました。

これを受けて、平成18年の評価通達の改正により類似業種の株価及び各比準要素の数値の計算においては、従来の「資本金の額」ではなく、法人税法第2条《定義》第十六号に規定する「資本金等の額（資本金の金額+資本積立額）」を用いて「1株当たりの資本金等の額を50円とした場合の株式数」を計算し、その株式数を基に算出することに改められました。

したがって、次のような場合には、実際に支払われる1株当たりの年配当金額と配当還元方式で採用される1株当たりの年配当金額Ⓑとは異なることになります。

- 資本金の額　　　　　　　　1,000万円
- 資本準備金の額　　　　　　　250万円
- 発行済株式数　　　　　　　10,000株
- 年配当金額の平均額　　　　100万円（1株当たり100円）

〔配当還元方式での1株当たりの年配当金額〕

$$1,000,000円 \div \frac{1,250万円}{50円} = 4.0円^{(注)}$$

(注) 実際に支払いを受ける1株当たりの年配当金額は100円ですが、配当還元方式の計算は、資本金等の額を50円とした場合の発行済株式数で1株当たりの配当金額を計算し、将来予測を含んだ価額（10％で割戻す）に修正します。そして、同価額は、1株当たり50円とした場合の金額ですので、実際の1株当たり1,250円の金額に修正します。

$$\frac{4.0円}{10\%} \times \frac{1,250円}{50円} = 1,000円 \text{（配当還元価額）}$$

Question 178 配当還元方式による価額（資本金等の額がマイナスだった場合）

配当還元方式の計算における「年配当金額」は、類似業種比準方式の「1株当たりの配当金額Ⓑ」と同様に計算しますが、評価会社が自己株式を取得する等して資本金等の額がマイナスだった場合でも、同様の方法で計算しますか。

・資本金等の額
・資本金の額　　　　　　　　　　1億円
・資本準備金の額　　　　　　　　△2億円
・評価会社の年配当金額　　　　　1,000万円
　（2年間の平均額）
・発行済株式数　　　　　　　　　50万株

A 1株当たりの年配当金額は、平成18年5月の会社法の施行に伴う法人税関係法令の改正により「1株当たりの資本金等の額を50円とした場合の株式数」を基にして計算されることになりましたが、この改正に伴い資本金等の額がマイナスとなる場合も想定されます。すなわち、自己株式を外部から取得した場合に、その取得対価の額を「資本金等の額」から控除するため、「資本金等の額」を上回る価額で取得したときには資本金等の額がマイナスになることも考えられます。

このように資本金等の額がマイナスとなった場合、配当還元方式の株価はどのように計算されるかということですが、平成18年12月22日公表の「『財産評価基本通達の一部改正について』通達等のあらましについて（情報）」において、次のとおり扱うものと記述されていま

す。

「資本金等の額が負の値であったとしても、その結果算出された負の値の株価（１株当たりの資本金等の額を50円とした場合の株価）に、同じ資本金等の額を基とした負の値（１株当たりの資本金等の額の50円に対する倍数）を乗ずることにより約分されるため、結果として、適正な評価額が算出されることになる。」

この情報に従ってご質問の場合の配当還元方式の計算を行うと次のようになります。

1　１株50円とした場合の発行済株式数

　　△１億円（資本金等の額）÷ 50円 ＝ △200万株

2　１株当たりの年配当金額

　　1,000万円（２年間の平均額）÷ △200万株 ＝ △５円

3　１株当たりの配当還元価額

$$\frac{△５円}{10\%} \times \frac{△200円}{50円} = 200円$$

なお、評価通達188－２には、１株当たりの資本金等の額を50円とした場合の配当金額が「２円50銭未満のもの及び無配のものにあっては２円50銭とする」旨が規定されています。ご質問のケースでは、１株（50円）当たり配当金額が△５円となり、２円50銭未満となりますが、仮に２円50銭で計算した場合には、適正な株価が算定されませんので、情報に従ってマイナスのまま計算することになります。

Question 179 株式の割当てを受ける権利等が発生している場合の配当還元価額の修正の可否

配当還元方式による価額は、課税時期が株式の割当ての基準日からその株式の割当ての効力が発生する日までの間にあったとしても配当還元価額の修正は行わないとしていますが、その理由を教えてください。

A 課税時期が株式の割当ての基準日からその株式の割当の効力が発生する日までの間にある場合には、実際には増資による株式の増加は実現していませんが、株式の割当てを受ける権利が発生していることになり、株式とは別に期待権として評価することとされています（評基通190）。

この場合、株式が上場株式であれば、その権利（期待権）の発生と同時に株価は権利落となりますが、非上場株式については、評価した株式の価額がその権利を含んだ価額となっていることから、1株当たりの評価額を純資産価額や類似業種比準価額などの原則的評価方式により算定する場合については、その価額を修正するとされています（評基通187、189－7）。

一方、配当還元方式による配当還元価額は、課税時期の直前期末以前2年間の配当金だけを株価の算定要素として計算し、かつ、その配当金は、会社の実績からみて将来継続することのできる配当によるものとされています。

また、増資は、一般的に設備投資や運転資金の必要に迫られて行われるものであり、増資による払込資金は、通常事業活動に投下され将来的には相応の収益を生むことが予想されますが、増資によって発行

済株式数が増えたとしても1株当たりの配当金が減少するとは限らず、むしろ維持されるのが通常です。

このようなことから、安定配当の金額を基礎として計算する配当還元方式による価額は、株式の割当てを受ける権利等が発生している場合であっても、原則的評価方式により評価した株価と同一に考えることは適当ではありません。

したがって、配当還元方式により計算した株式については、課税時期において株式の割当てを受ける権利等が発生していても、その株価の修正は行わないとされています。

Question 180 発行会社との間で譲渡価額を額面価額とする誓約をしている場合

　亡甲は、A社（非上場）の従業員として30年間勤務していましたが、その期間に従業員持株会を通して、A社株式を3,000株取得していました。

　甲は、令和6年に入り亡くなりましたが、甲の相続人がA社に自己株式取得の話をしたところ、A社から誓約書のとおり額面金額（500円）により取得する旨の連絡がきました。

　この場合でも亡くなった甲が所有していたA社株式は、配当還元方式で評価することになりますか。

A　亡甲は、「退職した場合には、額面価額（500円）をもって所有するA社株式をA社に譲渡する。」という誓約書をA社に提出していること等から甲の相続人は、A社株式は額面金額で評価すべきではないかと考えているのだと思います。

　しかし、相続人がその誓約書どおりに額面価額によりA社株式を譲渡せざるを得ない状況にあったとしても、当該誓約は、A社と従業員という特殊な関係にある当事者間の契約であり、当該契約による譲渡価額は、亡甲の自由意思により決定された額とは認められないため、仮に、額面価額が唯一の処分可能価額であったとしても、その価額は、当該株式の客観的交換価値を表した価額とは認められません。

　すなわち、相続税法第22条に規定する「時価」とは、利害関係のない当事者間における客観的交換価値と解されることから、当該制約された当事者で成立した価額をもって、同条に規定する時価とみなすことは相当ではありません。

したがって、ご質問のＡ社株式の相続税評価額については、亡甲及びその相続人らの所有形態からみて、評価通達の定めどおり配当還元方式により評価するのが客観的で合理的であると考えられます。

Question 181 配当還元方式の計算とその記載例（普通株式と配当優先株式を所有している場合）

亡甲は、A社の普通株式1,000株及び配当優先株式1,000株を所有していましたが、相続税評価額の算出とともに株式評価明細書への記載の仕方を教えてください。

なお、A社は単元株制度を採用しておらず、また、議決権は普通株式のみで配当優先株式にはありません。

1　発行済株式数

　　60,000株（うち普通株式40,000株、配当優先株式20,000株）

2　資本金等の額　3,000万円（1株当たりの資本金等の額500円）

3　年配当金額

	直前期	直前々期
配当優先株式	8,000千円	8,000千円
普通株式	10,600千円	10,000千円

A

亡甲は、議決権の有する普通株式を1,000株しか所有しておらず、所有議決権割合（普通株式1,000/普通株式40,000＝2.5％）は5％未満であることから、同族株主等以外の株主に該当し、「配当還元方式」により評価することになります。

配当還元方式による株価算定にあたっては、配当について優先、劣後のある株式を所有している場合には、株式の種類ごとにそれぞれの配当金を基に計算するとされています。

ご質問のA社は配当について、優先・劣後の株式を発行していることから、株式の種類ごとにその株式に係る実際の配当金に基づいて次

のとおり計算します。

1 普通株式の配当還元法による価額

(1) 1株当たりの配当金の額

$$\left(\frac{10,600千円+10,000千円}{2}\right) \div \left(600,000株 \times \frac{40,000株}{60,000株}\right) = 25円75銭$$

(2) 配当還元価額

$$\frac{25円75銭}{10\%} \times \frac{500円}{50円} = 2,575円$$

> 1株当たりの資本金等の額を50円とした場合の株式数
> 3,000万円÷50円=600,000株

2 配当優先株式の配当還元法による価額

(1) 1株当たりの配当金の額

$$\left(\frac{8,000千円+8,000千円}{2}\right) \div \left(600,000株 \times \frac{20,000株}{60,000株}\right) = 40円$$

(2) 配当還元価額

$$\frac{40円}{10\%} \times \frac{500円}{50円} = 4,000円$$

(1) 普通株式

第3表　一般の評価会社の株式及び株式に関する権利の価額の計算明細書　　会社名 A社（普通株式）

令和六年一月　取引相場のな

1株当たりの価額の計算の基となる金額	類似業種比準価額（第4表の㉖、㉗又は㉘の金額）	1株当たりの純資産価額（第5表の⑪の金額）	1株当たりの純資産価額の80%相当額（第5表の⑫の記載がある場合のその金額）
	① 円	② 円	③ 円

2　配当還元方式による価額

1株当たりの資本金等の額、発行済株式数等	直前期末の資本金等の額	直前期末の発行済株式数	直前期末の自己株式数	1株当たりの資本金等の額を50円とした場合の発行済株式数（⑨÷50円）	1株当たりの資本金等の額（⑨÷（⑩－⑪））
	⑨ 30,000 千円	⑩ 内 40,000 60,000 株	⑪ － 株	⑫ 600,000 株	⑬ 500 円

直前期末以前2年間の配当金額	事業年度	⑭ 年配当金額	左のうち非経常的な配当金額	差引経常的な年配当金額（⑭－⑮）	年平均配当金額
	直前期	10,600 千円	千円	㋑ 10,600 千円	⑰（㋑＋㋺）÷2 千円
	直前々期	10,000 千円	千円	㋺ 10,000 千円	10,300

1株(50円)当たりの年配当金額	年平均配当金額（⑰の金額）÷⑫の株式数＝	⑱ 25 円 75 銭	この金額が2円50銭未満の場合は2円50銭とします。

配当還元価額	⑱の金額/10% × ⑬の金額/50円 ＝ ⑲ 2,575 円	⑳ 2,575 円	⑳の金額が、原則的評価方式により計算した価額を超える場合には、原則的評価方式により計算した価額とします。

(2) 配当優先株式

第3表　一般の評価会社の株式及び株式に関する権利の価額の計算明細書　　会社名 A社（配当優先株式）

令和六年一月　取引相場のな

1株当たりの価額の計算の基となる金額	類似業種比準価額（第4表の㉖、㉗又は㉘の金額）	1株当たりの純資産価額（第5表の⑪の金額）	1株当たりの純資産価額の80%相当額（第5表の⑫の記載がある場合のその金額）
	① 円	② 円	③ 円

2　配当還元方式による価額

1株当たりの資本金等の額、発行済株式数等	直前期末の資本金等の額	直前期末の発行済株式数	直前期末の自己株式数	1株当たりの資本金等の額を50円とした場合の発行済株式数（⑨÷50円）	1株当たりの資本金等の額（⑨÷（⑩－⑪））
	⑨ 30,000 千円	⑩ 内 20,000 60,000 株	⑪ － 株	⑫ 600,000 株	⑬ 500 円

直前期末以前2年間の配当金額	事業年度	⑭ 年配当金額	左のうち非経常的な配当金額	差引経常的な年配当金額（⑭－⑮）	年平均配当金額
	直前期	8,000 千円	千円	㋑ 8,000 千円	⑰（㋑＋㋺）÷2 千円
	直前々期	8,000 千円	千円	㋺ 8,000 千円	8,000

1株(50円)当たりの年配当金額	年平均配当金額（⑰の金額）÷⑫の株式数＝	⑱ 40 円 00 銭	この金額が2円50銭未満の場合は2円50銭とします。

配当還元価額	⑱の金額/10% × ⑬の金額/50円 ＝ ⑲ 4,000 円	⑳ 4,000 円	⑳の金額が、原則的評価方式により計算した価額を超える場合には、原則的評価方式により計算した価額とします。

第5 特定の評価会社

Question 182 特定の評価会社とその評価方法

評価通達で定める非上場株式の評価は、まず、株式等の取得者が「同族株主等」に該当するか否かの判定を行い、「同族株主等」に該当した場合には、「原則的評価方式」により評価するとされ、最終的には、評価対象会社の規模区分（大会社、中会社、小会社）に応じて「類似業種比準方式」、「純資産価額方式」及び「併用方式」を適用して評価するとされています。

ただし、会社の経営状態が正常な状態とはいえない会社や特定の資産を多く所有している会社などは上記によらず純資産価額により評価すると聞いてます。その点を詳しく教えてください。

A 評価通達では、評価会社が所有する特定の資産（土地等や株式等）の保有状況やその会社経営状態を考慮して、通常の企業活動を行っているとはいえない一定の会社については、「特定の評価会社」として、その会社の規模区分（大会社、中会社及び小会社）にかかわらず、原則として「純資産価額方式」により評価すると規定しています。

ただし、純資産価額方式により評価する対象となるのは、「同族株主等」が所有する特定評価会社の株式であり、特定評価会社に該当していても「同族株主等以外の株主等」が取得した株式等については、特例的評価方式である「配当還元方式」により評価することになります。

ただし、「開業前又は休業中の会社」及び「清算中の会社」については同族株主以外であっても純資産価額方式により評価します。

〔特定の評価会社と評価方法〕

基準	特定の評価会社の区分	同族株主等が取得 原則	同族株主等が取得 選択可	同族株主等以外が取得
会社が所有する資産（土地等及び株式等）の保有状況	土地保有特定会社	純資産価額	—	配当還元価額
	株式等保有特定会社		$S_1 + S_2$方式	
会社の経営状態等	比準要素数1の会社		純資産価額×0.75＋類似業種比準価額×0.25	
	開業後3年未満の会社		—	
	比準要素数0の会社		—	
	開業前又は休業中の会社		—	純資産価額
	清算中の会社	原則：清算による分配見込額の現在価値　例外：純資産価額		

(注) 純資産価額は、同族株主等の保有議決権割合が50％以下である場合において、算定された純資産価額の80％相当額により評価することができます。
ただし、「開業前又は休業中の会社」及び「清算中の会社」を除きます。

Question 183 特定評価会社（類似業種比準方式を排除する理由）

評価通達では、通常の経営活動を行っているとはいえない「特定の評価会社」の株式については、原則として「純資産価額方式」により計算するとされていますが、類似業種比準方式が排除される理由を教えてください。

A 類似業種比準方式の計算は、評価会社の1株当たりの配当金額（Ⓑ）、利益金額（Ⓒ）、純資産価額（Ⓓ）（帳簿価額によって計算した金額）と評価会社と事業内容が類似している上場会社の業種ごとの株価及び前記比準3要素の数値（国税庁より発遣される「類似業種株価等通達」で公表された数値）を比準して算定するとされています。

この場合の「類似業種株価等通達」で公表している株価及び上記3要素の数値は国税庁が集計して作成したもので、正常な経営活動をしている上場会社のデータに基づいています。

一方で、特定の資産（土地等や株式等）を多く所有している会社や利益を上げず配当を支払っていない会社、又は、開業前又は休業中の会社のように経営活動を行っていない会社などについては、経営状況が正常な状態にあると考えられる上場会社と比べて経営状況が著しく異なっているということがいえるため、たとえ評価会社の規模が上場会社に匹敵するような大会社であったとしても「類似業種比準方式」により株価を算定する合理性が認められません。

そこで、評価通達では、評価会社が所有する特定の資産の保有状況又は経営状態等に着目して正常の企業活動を行っていると判断するこ

とが困難な「特定の評価会社」については、原則として「純資産価額方式」により株価を計算するとしています。

〔特定の評価会社の区分及び判定基準〕

区　　　　分	判　　定　　基　　準
1　比準要素数1の会社の株式	○直前期末を基準とした比準要素のうち、いずれか2が0で、かつ、直前々期末を基準とした比準要素のうち、いずれか2以上が0である会社
2　株式等保有特定会社の株式	$\dfrac{株式等の価額}{総資産価額} \geq 50\%$
3　土地保有特定会社の株式	○大会社　　　　　　　　○中会社 $\dfrac{土地等の価額}{総資産価額} \geq 70\%$　　$\dfrac{土地等の価額}{総資産価額} \geq 90\%$ ○小会社 　上記以外の小会社は対象としない。
4　開業後3年未満の会社等の株式	○開業後3年未満の会社 ○直前期末を基とした比準要素がいずれも0である会社
5　開業前又は休業中の会社の株式	○開業前の会社 ○休業中の会社
6　清算中の会社の株式	○清算中の会社

(注1)　「株式等保有特定会社の株式」及び「土地保有特定会社の株式」の判定は、分母・分子とも相続税評価額ベースで行います。
(注2)　「株式等」とは、株式、出資及び新株予約権付社債をいいます。
(注3)　「土地等」とは、土地及び土地の上に存する権利（借地権など）をいいます。

Question 184 比準要素数1の会社(判定)

特定の評価会社の1つである「比準要素数1の会社」とは、どのような会社のことをいいますか。

「比準要素数1の会社」とは、類似業種比準方式の計算の基となる評価会社の直前期末の1株当たりの「配当金額(Ⓑ₁)」、「利益金額(Ⓒ₁)」及び「純資産価額(Ⓓ₁)(帳簿価額により計算した金額)」のそれぞれの金額のうち、いずれか2つが0であり、かつ、直前々期末を基準として、上記3要素を計算した場合にそれぞれの金額のうち、いずれか2つ以上が0の会社をいいます(評基通189(1))。

なお、直前期末の比準3要素が0の場合には、「比準要素数0の会社」となりますので、**Q199**(546ページ)以降で説明します。

〔比準要素数1の会社となるケース〕

下記の場合のみ「比準要素数1の会社」に該当します。

≪直前期末≫

配当金額Ⓑ₁	黒字	0	0
利益金額Ⓒ₁	0	黒字	0
純資産価額Ⓓ₁	0	0	黒字

でかつ

≪直前々期末≫

Ⓑ₂	0	黒字	0	0
Ⓒ₂	0	0	黒字	0
Ⓓ₂	0	0	0	黒字

(注) 「比準要素数1の会社」の判定を行う場合の判定要素である配当金額(Ⓑ₁及びⒷ₂)及び利益金額(Ⓒ₁及びⒸ₂)の算定は、結果として直前期末以前3年間の実績により判定することになりますが、後記の「比準要素数0の会社」の判定の場合には、直前期末以前2年間の実績により判定を行います。

具体的な「比準要素数1の会社」の判定は、取引相場のない株式（出資）の評価明細書（以下、「株式評価明細書」といいます。）の「第4表　類似業種比準価額等の計算明細書」の数値に基づいて「第2表　特定の評価会社の判定の明細書」の「1．比準要素数1の会社」欄を使用して行います。

ちなみに、「比準要素数1の会社」の判定において採用する配当金額（B_1及びB_2）及び利益金額（C_1及びC_2）と、実際に類似業種比準価額を計算する場合の配当金額（Ⓑ）と利益金額（Ⓒ）は、必ずしも一致させる必要はなく、納税者の有利な方を選択できます。

　なお、「比準要素数1の会社」の要件に該当した場合でも他の特定の評価会社に該当する場合（例えば、土地保有特定会社、株式保有特定会社など）には、他の特定の評価会社の規定が優先されますので、「比準要素数1の会社」として扱われないことになります。

Question 185 比準要素数 1 の会社の判定（端数処理について）

「比準要素数1の会社」の判定に際し、1株当たりの「配当金額（Ⓑ）」、「利益金額（Ⓒ）」及び「純資産価額（Ⓓ）」の計算を行ったところ0円未満の端数が生じましたがどのように扱いますか。

A 比準要素数1の会社の判定の基となる株式評価明細書第4表の「比準要素数1の会社・比準要素数0の会社の判定要素欄の金額」は、各欄の表示単位未満の金額の端数を切り捨てて記載することになっています。

例えば、1株当たりの年配当金額が9銭であった場合には、1株当たりの年配当金額は10銭未満の端数を切り捨てて記載することになっていますので、判定の上では0円と扱われることになります。

なお、「利益金額」及び「純資産価額」については、円未満での端数を切り捨てて記載することになります。

判定要素の金額	表示単位
1株当たりの年配当金額（Ⓑ₁及びⒷ₂）	10銭単位未満切捨て
〃　　年利益金額（Ⓒ₁及びⒸ₂）	円未満切捨て
〃　　純資産価額（Ⓓ₁及びⒹ₂）	〃

また、特定の評価会社の判定だけでなく実際に類似業種比準価額を実際に計算する場合も同様に端数処理して計算を行います。

Question 186 比準要素数1の会社の評価方法

評価会社が「比準要素数1の会社」と判定された場合の評価方法を教えてください。

評価会社が「比準要素数1の会社」と判定された場合における、当該評価会社の株式の計算方法は次のとおりです。

> 原則：純資産価額方式(注)
> 選択：類似業種比準方式×0.25＋純資産価額方式(注)×0.75
> (注) この場合の純資産価額は、株主及びその同族関係者の保有議決権割合が50％以下である場合には、算定された純資産価額の80％相当額により評価することができます。

「比準要素数1の会社」は、上場会社の数値を基礎に作成された類似業種株価通達等で公表されている比準3要素のうち、半分以上の要素が0であることから「類似業種比準方式」を適用する前提を欠いていると考えられます。そこで当該会社の株価は、原則として「純資産価額方式」により評価します（評基通189－2）。

ただし、納税義務者の選択により類似業種比準価額を一部取り入れて類似業種比準価額×0.25と純資産価額×0.75を合計した「併用方式」により評価することもできます（評基通189－2ただし書）。

なお、類似業種比準価額を一部取り入れるのは、比準要素の半分以上が0とはいえ、企業経営活動を行っており、その会社の株式評価に際して収益性を考慮することも合理性があると考えられるからです。

また、「比準要素数1の会社」の株式を「同族株主等以外の株主」が取得した場合には、配当還元方式により評価することになります。

Question 187 株式等保有特定会社（判定）

特定の評価会社の１つである「株式等保有特定会社」とは、どのような会社のことをいいますか。

A 「株式等保有特定会社」とは、課税時期（例外として、直前期末基準及び直後期末基準を採用することも可能です。以下同じ。）において評価会社の有する各資産を評価通達に定めるところにより評価した価額（相続税評価額）の合計額のうちに占める株式及び出資（以下「株式等」といいます。）の価額（相続税評価額）の合計額の割合が、50％以上である会社をいいます（評基通189(2)）。

なお、株式等保有特定会社に該当するか否かの判定に当たり課税時期前に評価会社の資産構成に変動があった場合において、その変動に合理的な理由がなく、特定の評価会社と判定されることを免れるためのものと認められるときは、その変動を排除して判定を行うとされています。

これは、株式等保有特定会社の判定が総資産価額に占める株式等割合に基づいて行うとされていることから、例えば、課税時期直前に多額の借入を起こして総資産価額を膨らませるなどの操作により、評価通達で定める判定基準を回避するようなケースに対処するためのものです。

具体的な「株式等保有特定会社」の判定は、株式評価明細書の「第５表　１株当たりの純資産価額（相続税評価額）の計算明細書」の数値に基づいて「第２表　特定の評価会社の判定の明細書」の「２．株式等保有特定会社」欄を使用して行います。

第5表 1株当たりの純資産価額(相続税評価額)の計算明細書　会社名＿＿＿

(令和六年一月一日以降用)

1. 資産及び負債の金額(課税時期現在)

取引相場のない	資産の部				負債の部			
	科目	相続税評価額	帳簿価額	備考	科目	相続税評価額	帳簿価額	備考
	〜〜〜	〜〜〜	〜〜〜	〜〜〜	〜〜〜	〜〜〜	〜〜〜	〜〜〜
	合計	①	②		合計	③	④	
	株式等の価額の合計額	㋺	㋥					
	土地等の価額の合計額	㋩						
	現物出資等受入れ資産の価額の合計額	㊁	㋭					

2. 評価差額に対する法人税額等相当額の計算

相続税評価額による純資産価額 (①－③)	⑤	千円
帳簿価額による純資産価額 ((②+㊁－㋥)－④)、マイナスの場合は0	⑥	千円
評価差額に相当する金額 (⑤－⑥、マイナスの場合は0)	⑦	千円
評価差額に対する法人税額等相当額 (⑦×37％)	⑧	千円

3. 1株当たりの純資産価額の計算

課税時期現在の純資産価額 (相続税評価額) (⑤－⑧)	⑨	千円
課税時期現在の発行済株式数 (第1表の1の①－自己株式数)	⑩	株
課税時期現在の1株当たりの純資産価額 (相続税評価額) (⑨÷⑩)	⑪	円
同族株主等の議決権割合(第1表の1の⑤の割合)が50％以下の場合 (⑪×80％)	⑫	円

第2表　特定の評価会社の判定の明細書　会社名＿＿＿

(令和六年一月一日以降用)

取引相場のない株式(出資)の評価明		判定要素						判定基準	(1)欄のいずれか2の判定要素が0であり、かつ、(2)欄のいずれか2以上の判定要素が0		
	1.比準要素数1の会社	(1)直前期末を基とした判定要素			(2)直前々期末を基とした判定要素				である(該当)・でない(非該当)		
		第4表の㋺の金額	第4表の㋩の金額	第4表の㊁の金額	第4表の㋺の金額	第4表の㋩の金額	第4表の㊁の金額	判定	該当		非該当
		円	円 0	円	円	円 0	円				
		判定要素							判定基準	③の割合が50％以上である		③の割合が50％未満である
	2.株式等保有特定会社	総資産価額 (第5表の①の金額)		株式等の価額の合計額 (第4表の㋺の金額)		株式等保有割合 (②/①)					
		① 千円		② 千円		％		判定	該当		非該当

　また、「株式等保有特定会社」の要件に該当した場合であっても他の特定の評価会社(①土地保有特定評価会社、②開業後3年未満の会社、③比準要素0の会社、④開業前又は休業中の会社、⑤清算中の会社)に該当する場合には、他の特定の評価会社の規定が優先されますので「株式等保有特定会社」として扱われないことになります。

（参考）　株式等保有会社の判定について

　株式保有割合は、現在では会社規模に関係なく一律50％以上とされていますが、平成25年の評価通達の改正までは、株式保有特定会社の判定について会社規模に応じて次の割合として定められていました。

判定基準	会社の規模	大会社		中会社		小会社	
	③の割合	25％以上	25％未満	50％以上	50％未満	50％以上	50％未満
判定		該当	非該当	該当	非該当	該当	非該当

　従前までの取扱によりますと、大会社は、株式保有割合が25％以上であれば株式保有特定会社と判定されてしまいました。

　ところが、平成24年3月2日の東京地裁判決及び平成25年2月28日の東京高裁判決において、株式保有特定会社の株式の価額を原則として純資産価額方式により評価すること自体は合理的であると認められるものの、大会社の株式保有特定会社の判定を株式保有割合25％以上の基準により行うことについては、平成9年の独占禁止法の改正に伴って会社の株式保有に関する状況が、株式保有特定会社に係る評価通達の定めが置かれた平成2年の評価通達改正時から大きく変化していることなどから、株式保有割合25％という数値は、もはや資産構成が著しく株式等に偏っていると判断する基準としてはふさわしくないと判断され、結果として、国税側が敗訴となりました。

　そこで、国税庁では、株式保有特定会社の判定について、会社規模にかかわらず、一律株式保有割合が50％以上であるかにより判定することと評価通達を改正しました。

　なお、改正後の評価通達は、平成25年5月27日以後の相続等により取得した財産を評価する場合に適用されるほか、本改正が判決に伴うものであることから、過去の相続税等についても国税通則法第23条2

項三号の規定に基づき更正の請求ができるとされました。

なお、評価通達改正の契機となった平成24年3月2日の東京地裁判決の要旨は次のとおりです。

> 〔参考判例〕平成24年3月2日　東京地裁判決
>
> **1　簿価と時価の違い**
>
> 　国が合理性の根拠としている法人企業統計における営利法人の資産の価額は、簿価に基づき算定されているのに対し、評価通達における株式保有割合の計算は、課税時期において評価会社の有する各資産を相続税評価額により計算したもので、法人企業統計を基に算定された株式保有割合をもって、評価通達に定める方法により算定した大会社の株式保有割合の実態と常に一致するものと断定することはできない。
>
> **2　平成2年改正当時の状況**
>
> 　法人企業統計を基に算定された資本金10億円以上の金融業及び保険業を除く全ての業種の営利法人の株式保有割合の数値が、平成元年度においては7.38％、平成2年度においては7.88％と、大会社が株式保有特定会社に該当する基準とされている25％と比して一見して格段に低いものとなっていたことからすれば、評価通達の平成2年の改正時は、株式保有割合が25％以上である大会社について、一律、株式保有特定会社に該当するものとすることに合理性があった。
>
> **3　相続開始時の状況**
>
> 　次の事情に鑑みれば、少なくとも本件相続の開始時（平成16年2月）においては、株式保有割合が25％以上である大会社の全てについて、一律に、著しく株式等に偏っており、その株式の価額の評価において類似業種比準方式を用いるべき前提を欠くものと断じ難い。また、株式保有割合が25％以上である評価会社を一律に株式保有特定会社とすることの合理性は被告（国税側）により、十分に立証されているものとは認めるに足りない。

① 評価通達の平成2年改正がされた後、平成9年の独占禁止法の改正によって、従来は全面的に禁止されていた持株会社が一部容認されることとなり、これを契機として、商法等において、株式交換等の制度の創設、会社の合併に関する制度の合理化、会社分割制度の創設といった企業の組織再編に必要な規定の整備が進められるなど、本件相続の開始時は、評価通達の平成2年改正がされた当時と比して、会社の株式保有に関する状況は大きく変化したこと
② 本件相続の開始時が調査期間に含まれる平成15年度の法人企業統計を基に算定された資本金10億円以上の金融業及び保険業を除く全ての業種の営利法人の株式保有割合の数値は16.31％であり、平成元年度及び平成2年度の大会社が株式保有特定会社に該当するか否かの基準とされている25％と比して、一見して「格段に低い」ものとまでは言い難いこと

4 株式保有特定会社に該当するか

本件相続の開始時において大会社に該当するA社が株式保有特定会社に該当するか否かについては、株式保有割合に加えて、その企業としての規模や事業の実態等を総合考慮して判断するほかない。そして、次の事情を勘案すると、本件相続の開始時のA社については、その株式の価額の評価において類似業種比準方式を用いるべき前提を欠く株式保有特定会社に該当するものとは認めるに足りない。

① A社は、資本金の額が4億円の株式会社であり、本件相続開始日の直前期末時点における総資産価額（帳簿価額）は2,000億円、従業員数は約5,000名であり、1年間の取引金額は1,800億円であって、東京都内に所在する本店の外に全国各地に工場ないし研究施設を有している会社である。また、A社株式の時価総額は、類似業種比準価額の計算において用いられる標本会社たる上場企業の株式の時価総額の大部分を上回っている。これらの点からすれば、A社の企業としての規模や事業の実態等は、上場企業に匹敵するものであった。
② A社の株式保有割合は約25.9％に止まっており、大会社における独占禁止法上の規制の変更等に伴う株式保有割合の動向や、A社の企業としての規模や事業の実態等にも照らせば、A社株式の価額の

評価に関しては、原則的評価方式による評価額と適正な時価との間の開差を利用したいわゆる租税回避行為の弊害を危惧しなければならないものとは言い難い。

Question 188 株式等保有特定会社の判定の基礎となる「株式及び出資」の範囲

評価会社が保有する資産のうち、次のようなものは、「株式等保有特定会社」の判定の基礎となる「株式及び出資」（以下「株式等」といいます。）に含まれますか。

(1) 証券会社が保有する商品としての株式
(2) 外国株式
(3) 株式制のゴルフ会員権
(4) 匿名組合の出資
(5) 証券投資信託の受益証券
(6) 会社型不動産投資信託（Jリート）の投資口
(7) 法人が所有する信託財産
(8) 新株予約権付社債
(9) 民法上の組合に対する出資

A 株式等保有特定会社の判定の基礎となる「株式等」とは、所有目的又は所有期間のいかんにかかわらず評価会社が有する全ての株式等をいいます（具体的には、流動資産の部に有価証券として区分されているものや、固定資産の部に投資有価証券として区分されているもの全てが判定の基礎となる株式等に含まれることになります。）。

ご質問の資産については、具体的には次のとおり判定することが相当です。

(1) 証券会社が保有する商品としての株式

　商品として保有する株式であっても、株式会社の株主たる地位を取得していることに変わりがなく、判定の基礎となる「株式及び出資」に該当します。

　ただし、評価会社が証券業を営む会社であるときには、顧客から預かった「保管有価証券勘定」に属する「株式及び出資」については単に顧客から預かっているだけで、証券会社が株主たる地位を有しているわけではないので、株式等保有特定会社に該当するか否かの判定の基礎となる「株式及び出資」に含まれないことになります。

(2) 外国株式

　外国株式であっても、外国法人の株主たる地位を取得することに変わりがなく、判定の基礎となる「株式及び出資」に含まれます。

(3) 株式制のゴルフ会員権

　ゴルフ会員権には、ゴルフクラブの規約等により株式の所有を条件として会員資格を認められるものや、入会金や預託金等を支払って会員になるものなどがありますが、株式形態のゴルフ会員権は、ゴルフ場経営法人等の株主であることを前提としてゴルフ会員権を所有しているものであり、判定の基礎となる「株式及び出資」に含まれます。

(4) 匿名組合の出資

　「匿名組合」とは、商法第535条による匿名組合契約に基づいて営業を行う場合における「共同出資による企業形態」の一種であり、出資者（匿名組合員）が相手方（営業者）の営業のために出資を行い、営業者は、その営業から生ずる利益を匿名組合員に分配することを約す

る契約をいいます。出資者（匿名組合員）は、営業者の行為に関する権利業務の名宛人とならず一般的には営業者の名前で取引が行われることから、匿名組合員と呼ばれています。

　この場合の匿名組合員の出資財産は、金銭等に限られており、また、出資した財産は営業者の財産に帰属するものとされていますが、当該組合契約が終了した場合には、営業者は、出資者（匿名組合員）にその出資の価額（ただし、損失が生じていることによって出資の価額が減少しているときには、その残額）を返還するとされています。

　以上の商法に係る取扱いから、匿名組合契約に基づく匿名組合員の有する権利は、匿名組合員からの出資を営業者が運用することにより生ずる利益に対する利益分配請求権と当該匿名組合契約終了時における出資金返還請求権とが１つの契約中に包括的に存在する債権的権利であると考えられることから、株式等保有特定会社の判定の基礎となる「株式及び出資」に含まれないものとして扱われています。

(5) 証券投資信託の受益証券

　「証券投資信託」とは、不特定多数の投資家から集めた小口資金を大口資金にまとめ、運用の専門会社が投資家に代わって株式や公社債など有価証券に分散投資し、これから生じる運用収益を投資家の出資口数に応じて分配する制度であり、出資者は、単に運用収益の受益者の立場に止まるにすぎないことから、証券投資信託の受益証券は、判定の基礎となる「株式及び出資」に含まれないものと考えられます。

　一方で、例えば「特定金銭信託」は、運用方法や運用先、金額、期間、利率などが委託者により特定された金銭信託であり、受託者には、原則として運用方法等についての自由裁量がありませんので、このような「特定金銭信託財産」については、依頼者（評価会社）が直接所

有しているものとみなして「株式及び出資」に該当するものと考えられます。

(6) 会社型不動産投資信託の投資口

　会社型不動産投資信託の投資口（投資口を表示する証券を投資証券といいます。）が「株式及び出資」に該当するか否かは、評価会社がその投資口を所有することにより、株主としての地位（株式）又は社員としての地位（法人に対する出資）を有するか否かによって判断することになりますが、①会社型投資信託の運用主体である投資法人とは、資産を主として特定資産に対する投資として運用することを目的として、投資信託及び投資法人に関する法律（以下「投信法」といいます。）に基づき設立された社団であり（投信法2⑲）、当該投資法人は法人格を有すること（投信法61）、②その投資口は、均等に細分化された投資法人の社員の地位であり（投信法2㉑）、投資主は投資法人の社員となること（投信法2㉓）、③投資主は投資法人の投資主総会において議決権を有すること等から、当該投資口については法人に対する「出資」と判断することが相当です。

　したがって、会社型不動産投資信託の投資口は、「株式保有特定会社」に該当するか否かの判定の基礎となる「株式及び出資」に含まれることになります。

　また、数は少ないものの「契約型の投資信託」も認められますが、この場合には、評価会社は運用収益の受益者としての地位にあり、株主又は出資者としての地位を有しないので、契約型の投資信託については、「株式及び出資」に含まれません。

　なお、現在、証券取引所に上場しているＪリートは、全て会社型不動産投資信託に該当します。

（参考） 不動産投資信託

1 不動産投資信託

　主として不動産に投資することを目的とするファンドで、投信法に根拠を有するものを不動産投資信託と呼んでいます。

　なお、改正前投信法では、投資家から集めた資金は主として「有価証券」により運用されることが規定されていましたが、平成12年の改正により「不動産」に投資することが可能となりました。

2 会社型と契約型

　投信法第1条では、この法律の目的を「投資信託又は投資法人を用いて投資者以外の者が投資者の資金を主として有価証券等に対する投資として集合して運用し、その成果を投資者に分配……することを目的とする。」と規定しており、一般に、この投資信託を用いるものを「契約型投資信託」（委託者指図型投資信託と委託者非指図型投資信託の2種類）、投資法人を用いるものを「会社型投資信託」と呼んでいます。

　なお、投資信託に基づく受益権を表示する証券を「受益証券」といいます（投信法2⑫）。

3 会社型不動産投資信託の概要

　資産運用を目的とした投資法人が設立された後、投資家は同法人に出資して株主となります。一方で、投資法人はその資金を不動産に投資することにより運用し、その収益の一部を株主に配当として分配します。

(7) 法人が所有する信託財産

　法人税法第12条《信託財産に属する資産及び負債並びに信託財産に帰せられる収益及び費用の帰属》の規定により評価会社が信託財産を有しているものとみなされる場合において、その信託財産に株式等が含まれているときは、当該株式等については評価会社が所有しているものとして扱われます。

　ただし、信託財産のうちに株式が含まれている場合であっても、評価会社が明らかに当該信託財産の収益の受益権のみしか有していないと認められる場合は除かれます。

（参考法令等）　評価会社が信託財産を有するものとみなされる場合

> **法人税法12条《信託財産に属する資産及び負債並びに信託財産に帰せられる収益及び費用の帰属》**
> 1　信託の受益者（受益者としての権利を現に有するものに限る。）は当該信託の信託財産に属する資産及び負債を有するものとみなし、かつ、当該信託財産に帰せられる収益及び費用は当該受益者の収益及び費用とみなして、この法律の規定を適用する。ただし、集団投資信託、退職年金等信託、特定公益信託等又は法人課税信託の信託財産に属する資産及び負債並びに当該信託財産に帰せられる収益及び費用については、この限りでない。
> 2　信託の変更をする権限（軽微な変更をする権限として政令で定めるものを除く。）を現に有し、かつ、当該信託の信託財産の給付を受けることとされている者（受益者を除く。）は、前項に規定する受益者とみなして、同項の規定を適用する。
> 　（第3項以下　省略）

(8) 新株予約権付社債

新株予約権付社債とは、一定の条件で発行会社の株式に転換できる権利（新株予約権）が付与された社債のことをいい、平成14年の商法改正により、①転換社債の新株式への転換請求権、②新株引受権付社債の新株引受権及び③ストックオプションは、「新株予約権」という名称に統一されることになりました（会社法2二十一、二十二）。

そもそも社債は、「株式及び出資」には該当しませんが、新株予約権付社債は、株式に転換することのできる権利を有しており、市場では予約権を行使して取得できる株式数と連動して、その価格が形成されています。

また、金融商品取引法等において株式と同等に取り扱われる規定があること等を考慮すると株式保有特定会社に該当するか否かの判定においては、「株式及び出資」と同等に取り扱うことが相当です。

(9) 民法上の組合に対する出資

民法上の組合は、2人以上の事業主が共通の目的のために出資して共同事業を営む契約を締結することにより効力が生じます（民法667～688）。民法上の組合の特徴として、①法人格がないこと、②無限責任であることなどが挙げられ、構成員の個性が強く組合の団体性は緩いです。

また、民法上の組合の事業に係る所得は、損益分配割合又は出資割合に応じて分配され、さらに組合の財産も組合員の共有となります。

上記の理由から、民法上の組合に対する出資は、「株式及び出資」に含まれません。

それと似たる「権利能力なき社団」に対する投資も同様と思われます。

Question 189 株式等保有特定会社の評価方法

株式等保有特定会社と判定された会社の株式は、原則として純資産価額方式により評価するとされていますが、選択によりS_1+S_2方式により評価することも可能であると思います。

この場合の「S_1+S_2」方式の計算の仕方を具体的に教えてください。

A 株式等保有特定会社と判断された会社の株式等の価額は、原則として、純資産価額方式により評価するとされていますが、一般の会社の中には、株式持ち合いの関係から株式を多く所有していたとしても正常な経営活動を行っている会社は多くあります。

そこで、株式等保有特定会社と判定されたとしてもその会社が正常な経営活動を行っている場合には、会社の営業の実態が株価に反映されるように部分的に類似業種比準方式の価額を取り入れた「S_1+S_2方式」の計算も認められています。

この「S_1+S_2方式」の計算は、新たな計算式というわけではなく、株式等保有特定会社が有する総資産を株式等とそれ以外に区別して計算する方法をいいます。

具体的には、株式等保有特定会社が保有する資産を「S_1（株式等以外の資産）」と「S_2（保有株式）」とに区分し、「S_1」の価額を原則的評価方式（会社の規模に応じた評価方式）により評価するとともに、「S_2の価額」を純資産価額方式により評価し、結果として、S_1とS_2の合計額により株式等保有特定会社の株式の価額を計算する方法です。

《S_1+S_2方式の考え方》

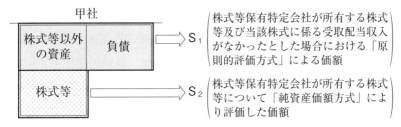

〔具体的な手順〕

1 甲社が所有する資産のうち、株式等の価額（S_2）を抜き出して、S_2の部分（保有株式）の価額を純資産価額方式により計算します。

2 次に、甲社が所有する資産のうち、株式等の価額（S_2）を抜き出した後のS_1部分（株式等以外の資産）の価額を原則的評価方式により計算します。

　ただし、S_1部分はS_2部分（保有株式）を抜き出した後の資産（株式等を除いた資産）の評価額であることから、S_2部分（保有株式）を抜き出したことによる影響を考慮すべく一定の修正が必要となります。

　なお、S_1の部分（株式等以外の資産）の価額は、会社規模に応じて原則的評価方式により評価するとされていますので、類似業種比準方式、純資産価額方式又は併用方式のいずれかによって計算することになります。

Question 190 　S_1+S_2方式の計算（S_1部分の計算）

　S_1+S_2方式の計算は、株式等保有特定会社の株価をS_1部分とS_2部分を区分して計算する方法ですが、S_2部分（株式等の価額）については、純資産価額方式により計算し、S_1部分（株式等以外の資産）については、原則的評価方式により計算するとされています。

　ところで、S_1部分の金額を原則的評価方式により計算するとはどういうことでしょうか。

A　S_1部分は、評価会社が所有している総資産価額から株式等の価額を抜き出した株式等以外の資産の価額をいいますが、S_1部分（株式等以外の資産）については、一般評価会社と同様に原則的評価方式により計算するとされています。

　この部分を原則的評価方式に評価するという意味は、会社の規模区分及び特定の評価会社の一つである「比準要素数1の会社」に該当するか否かの判定を行って、適用される評価方式を決めるということです。

　この会社規模等の判定にあたっては、評価会社が所有する全ての資産に基づいて、通常の会社のように判定を行うとされていますので、評価会社の総資産の価額から株式等の価額を控除した後の状態で判定を行うわけではありません。

　そして、その判定の結果によりS_1の金額は、次の方式により計算することが想定されます。

〔S_1の部分の具体的な計算方法〕

	区　分	原　則	選　択
一般の会社	大会社	修正類似業種比準価額	**修正純資産価額**（80％評価不可、以下同じです。）
	中会社	修正類似業種比準価額×L＋修正純資産価額×（1－L） （注）　修正類似業種比準価額を修正純資産価額により評価することも可能です。また、Lの割合は、中会社の規模に応じて、0.6、0.75、0.9を採用します。	
	小会社	**修正純資産価額**	**修正類似業種比準価額×0.5 ＋修正純資産価額×0.5**
特定会社	比準要素数1の会社	**修正純資産価額**	**修正類似業種比準価額×0.25 ＋修正純資産価額×0.75**

※　網の修正純資産価額は、株主及びその同族関係者が有する議決権の割合が50％以下でも純資産価額×80％により評価することができません。

1　S_1の部分を修正類似業種比準方式により計算する場合

　S_1の部分を修正類似業種比準方式により計算する場合には、S_2を抜き出したことによる影響を考慮した一定の修正計算が必要となります。すなわち、類似業種比準方式は、配当金額Ⓑ、利益金額Ⓒ、純資産価額Ⓓの3要素を用いて計算しますが、S_1の類似業種比準方式の計算ではⒷ、Ⓒ及びⒹから、株式等による影響度（例えば、配当金額Ⓑについていえば、評価会社の支払配当金額(Ⓑ)に対するS_2の寄与度（評価会社の支払配当金額の原資に所有株式等に係る受取配当金がどの程度影響しているのか））を控除して計算することとしています。

　この影響額の算定方法には、会社の態様等に応じてより厳密な方法も考えられますが、株式評価の簡便性や統一性等を考慮して、「受取配当金収受割合」により、修正計算を行うこととしています。

(1) 受取配当金収受割合

「受取配当金収受割合」とは、株式保有特定会社が稼得する営業利益及び受取配当金の合計額に占める受取配当金の割合をいい、具体的には以下のように求めます。

なお、以下の算式で受取配当金収受割合の上限を1としているのは、営業損失が生じた場合でも、その上限は1とするという趣旨です。

すなわち、営業損失が生じている会社は、受取配当金がその会社の収益に100％寄与しているということになりますが、営業利益がマイナスの場合、それ以上寄与しているとはいえないため、受取配当金収受割合を1として計算します。

《算式》

「受取配当金収受割合」＝

$$\frac{直前期末以前2年間の受取配当金額の合計額}{直前期末以前2年間の受取配当金額の合計額 + 直前期末以前2年間の営業利益の金額の合計額}$$ （上限を1とします。）

(注1) 「営業利益」とは、評価会社の目的とする事業に係る営業利益をいいます。なお、受取配当金収受割合の計算に当たり、株式に係る受取配当金等が、「営業利益」に含まれている場合には、受取配当金額を営業利益金額から控除して計算します。

(注2) 「受取配当金額」とは、法人から受ける剰余金の配当（株式又は出資に係るものに限り、資本金等の額の減少によるものを除きます。）、利益の配当及び剰余金の分配（出資に係るものに限ります。）及び新株予約権付社債に係る利息の額をいいます。

また、受取配当金額は収入ベースで求めますが、「営業利益」は「収益－費用」により計算します。

(2) S_1部分を類似業種比準方式で計算する場合に採用する配当金額（Ⓑ）、利益金額（Ⓒ）、純資産価額（Ⓓ）

S_1の金額を類似業種比準方式により計算する場合の（修正）算式は、次のとおりです。

《修正類似業種比準方式》

$$S_1 = A \times \left(\frac{\frac{Ⓑ-ⓑ}{B} + \frac{Ⓒ-ⓒ}{C} + \frac{Ⓓ-ⓓ}{D}}{3} \right) \times 0.7 \text{（注2）}$$

ⓑ ＝ Ⓑ ×「受取配当金収受割合」

ⓒ ＝ Ⓒ ×「受取配当金収受割合」

ⓓ ＝ (イ)＋(ロ) 〔上記算式中のⒹを限度とします。〕

(イ) ＝ Ⓓ × $\dfrac{\text{株式等の帳簿価額の合計額}}{\text{総資産価額（帳簿価額）}}$

(ロ) ＝ $\dfrac{\text{利益積立金}}{\text{直前期末における発行済株式数(50円換算)}}$ ×「受取配当金収受割合」

(注1) A、Ⓑ、Ⓒ、Ⓓ、B、C及びDは評価通達180《類似業種比準価額》の定めによります。

(注2) 上記算式中の「0.7」は大会社の場合で、中会社については「0.6」、小会社については「0.5」として計算します。

2　S_1の部分を純資産価額方式により計算する場合

S_1の部分を純資産価額方式により評価する場合には、評価会社の所有する総資産から、「株式等」を除いた資産を前提にして純資産価額を計算します。

なお、S_1の部分を純資産価額方式により計算する場合においては、株主及びその同族関係者の保有議決権割合が50％以下の場合でも、純

資産価額の80％相当額により評価することはできません。

《S_1の金額を修正純資産価額方式により求める場合》

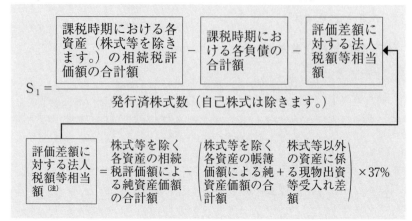

（注）　上記算式によって計算された評価差額に対する法人税額等相当額がマイナスの場合には０として計算します。

Question 191　S₁＋S₂方式の計算（S₂部分の計算）

　S₁＋S₂方式の計算は、株式等保有特定会社の株価をS₁部分とS₂部分に区分して計算する方法をいいますが、S₂部分については、純資産価額方式により評価するとされています。
　このS₂部分の価額を純資産価額方式で計算する場合に注意すべき点はありますか。

A　　S₂部分は、株式等保有特定会社が所有する株式等の部分をいいますが、この株式等の価額は、純資産価額方式により計算して求めるとされています。これを算式に示すと次のとおりですが、純資産価額方式の計算にあたって注意すべき点は次のとおりです。

《S₂の金額を修正純資産価額方式により求める場合》

$$S_2 = \frac{\begin{pmatrix}課税時期における株式等\\の相続税評価額の合計額\end{pmatrix} - \begin{pmatrix}株式等に係る評価差額に\\対する法人税額等相当額\end{pmatrix}}{課税時期における発行済株式数（自己株式は除きます。）}$$

$$\begin{pmatrix}株式等に係る\\評価差額に対\\する法人税額\\等相当額\end{pmatrix} = \begin{pmatrix}株式等の相\\続税評価額\\の合計額\end{pmatrix} - \left\{\begin{pmatrix}株式等の帳\\簿価額によ\\る合計額\end{pmatrix} + \begin{pmatrix}株式等に係\\る現物出資\\等受入れ差\\額\end{pmatrix}\right\} \times 37\%$$

1　所有している株式等の価額について

　評価会社が所有する株式等については、株式等の種類に応じて評価

通達に従って評価しますが、留意点は次のとおりです。

例えば、上場株式である場合には上場株式の評価（評価通達169）、気配相場等のある株式である場合には気配相場等のある株式の評価（評価通達174）、非上場株式である場合には非上場株式の評価（原則的評価方式、配当還元方式又は特定の評価会社の株式の評価（評価通達178以降））で定める評価方法により評価してその合計額を算出します。

2　所有する非上場株式等を純資産価額方式により計算する場合

所有している株式等の中に非上場株式等があり、当該株式を純資産価額により評価する場合においては、評価差額に対する法人税額等相当額を控除しないで計算した純資産価額の価額を当該株式等の相続税評価額とします（評基通186－3）。

3　同族株主等が所有する株式等に係る議決権割合が50％以下であった場合

S_2の価額を純資産価額により評価する場合においては、株主及びその同族関係者が保有する議決権割合が50％以下であっても純資産価額の80％相当額により評価することはできません。

4　株式等に係る現物出資等受入れ差額

現物出資等により意図的に著しく低い価額で株式等を受け入れたことにより生じた現物出資等受入れ差額については、法人税等相当額の控除はできません。

Question 192 株式等保有特定会社の株価の計算

A社のオーナーである甲が令和6年10月に亡くなりました。A社（評価会社）は製造業を営んでおり、株価算定に必要な資料は下記のとおりです。このA社の株評価について教えてください。

なお、甲は、A社の議決権割合の50％超の株式を所有していました。

1　A社の概要

業種　製造業

発行済株式数　100,000株

資本金等の額　50,000千円

利益積立金　31,450千円（直前期　25,000千円）

従業員　19人

直前期末における資産の貸借対照表上の帳簿価額　　410,000千円

直前期間中の1年間の売上高　390,000千円

2　直前期及び直前々期の営業利益、年利益金、年支払配当金額、受取配当金は次のとおりです。

(千円)

	営業利益	法人税の課税所得	年支払配当金	受取配当金	益金不算入対象額	左の所得税額
直前期	41,320	37,254	5,000	4,250	4,000	600
直前々期	32,150	30,123	5,000	3,850	3,680	482
直前々期の前期	23,000	20,000	3,500	3,000	2,800	420

3 類似業種株価通達等

株価A	前年平均株価	242円	比準3要素	B 配当金額	5円
	課税月以前2年の平均額	244円			
	課税月（10月）	251円		C 利益金額	74円
	前月（9月）	267円			
	前々月（8月）	283円		D 純資産価額	82円

4 第5表の計算明細書

第5表 1株当たりの純資産価額（相続税評価額）の計算明細書 　会社名　A社

（令和六年一月一日以降用）

1. 資産及び負債の金額（課税時期現在）

資産の部				負債の部			
科目	相続税評価額（千円）	帳簿価額（千円）	備考	科目	相続税評価額（千円）	帳簿価額（千円）	備考
現金預金	40,920	40,720		支払手形	34,058	34,056	
受取手形	411,802	451,802		買掛金	81,098	81,096	
売掛金	64,249	64,249		短期借入金	44,320	44,320	
関係会社株式	132,960	82,800		未払消費税	6,363	6,363	
投資有価証券	35,812	42,000		未払固定資産税	2,926	2,926	
現物出資等受入れ株式	980,000	20,000					
〜〜〜〜〜							
開発費	−	−					
創立費	−	−					
合計	①1,571,341	②400,141		合計	③211,341	④211,341	
株式等の価額の合計額	㋑1,148,772	㋺144,800					
土地等の価額の合計額	㋩640,000						
現物出資等受入れ資産の価額の合計額	㋥980,000	㋭20,000					

2. 評価差額に対する法人税額等相当額の計算

相続税評価額による純資産価額 （①−③）	⑤ 1,360,000 千円
帳簿価額による純資産価額 ((②+㋺−㋥)−④)、マイナスの場合は0	⑥ 1,148,800 千円
評価差額に相当する金額 （⑤−⑥、マイナスの場合は0）	⑦ 211,200 千円
評価差額に対する法人税額等相当額 （⑦×37%）	⑧ 78,144 千円

3. 1株当たりの純資産価額の計算

課税時期現在の純資産価額 （相続税評価額）（⑤−⑧）	⑨ 1,281,856 千円
課税時期現在の発行済株式数 （第1表の1の①）−自己株式数	⑩ 100,000 株
課税時期現在の1株当たりの純資産価額 （相続税評価額）（⑨÷⑩）	⑪ 12,818 円
同族株主等の議決権割合（第1表の1の⑤の割合）が50%以下の場合 （⑪×80%）	⑫ − 円

ご質問のA社は、第2表の判定結果とおり株式等保有特定会社と判定されました。この場合のA社の株価は、純資産価額方式又はS_1+S_2方式の価額のいずれか低い方の価額により評価しますが、具体的な計算は、次のとおりです。なお、株価の算定にあたっては、現物出資等受入れ資産がありますので注意してください。

第1表の2　評価上の株主の判定及び会社規模の判定の明細書（続）　会社名　A社

3．会社の規模（Lの割合）の判定

項　目	金　額	項　目	人　数
直前期末の総資産価額（帳簿価額）	410,000 千円	直前期末以前1年間における従業員数	19 人　［従業員数の内訳］ 継続勤務従業員数（人）＋ (継続勤務従業員以外の従業員の労働時間の合計時間数 時間) / 1,800時間
直前期末以前1年間の取引金額	390,000 千円		

㋺　直前期末以前1年間における従業員数に応ずる区分
　　70人以上の会社は、大会社（㋑及び㋩は不要）
　　70人未満の会社は、㋑及び㋩により判定

㋑　直前期末の総資産価額（帳簿価額）及び直前期末以前1年間における従業員数に応ずる区分				㋩　直前期末以前1年間の取引金額に応ずる区分			会社規模とLの割合（中会社）の区分	
総資産価額（帳簿価額）			従業員数	取引金額				
卸売業	小売・サービス業	卸売業、小売・サービス業以外		卸売業	小売・サービス業	卸売業、小売・サービス業以外		
20億円以上	15億円以上	15億円以上	35人超	30億円以上	20億円以上	15億円以上	大会社	
4億円以上 20億円未満	5億円以上 15億円未満	5億円以上 15億円未満	35人超	7億円以上 30億円未満	5億円以上 20億円未満	4億円以上 15億円未満	0.90	中会社
2億円以上 4億円未満	2億5,000万円以上 5億円未満	2億5,000万円以上 5億円未満	20人超 35人以下	3億5,000万円以上 7億円未満	2億5,000万円以上 5億円未満	2億円以上 4億円未満	0.75	
7,000万円以上 2億円未満	4,000万円以上 2億5,000万円未満	5,000万円以上 2億5,000万円未満	5人超 20人以下	2億円以上 3億5,000万円未満	6,000万円以上 2億5,000万円未満	8,000万円以上 2億円未満	0.60	
7,000万円未満	4,000万円未満	5,000万円未満	5人以下	2億円未満	6,000万円未満	8,000万円未満	小会社	

・「会社規模とLの割合（中会社）の区分」欄は、㋑欄の区分（「総資産価額（帳簿価額）」と「従業員数」とのいずれか下位の区分）と㋩欄（取引金額）の区分とのいずれか上位の区分により判定します。

判定	大会社	中会社　Lの割合			小会社
		0.90	0.75	0.60	

4．増（減）資の状況その他評価上の参考事項

第2表 特定の評価会社の判定の明細書　会社名　A社

1. 比準要素数1の会社

判定要素						判定基準	(1)欄のいずれか2の判定要素が0であり、かつ、(2)欄のいずれか2以上の判定要素が0
(1)直前期末を基とした判定要素			(2)直前々期末を基とした判定要素				である(該当)・でない(非該当)
第4表の㋑の金額	第4表の㋺の金額	第4表の㋩の金額	第4表の㋺の金額	第4表の㋺の金額	第4表の㋩の金額		
円 銭	円	円	円 銭	円	円	判定	該当 ・ 非該当(○)
5 0	36	81	4 2	27	75		

2. 株式等保有特定会社

総資産価額 (第5表の①の金額)	株式等の価額の合計額 (第5表の㋺の金額)	株式等保有割合 (②/①)	判定基準	③の割合が50%以上である	③の割合が50%未満である
① 千円	② 千円	③ %			
1,571,340	1,148,772	73	判定	該当(○)	非該当

(令和六年一月一日以降用)

第4表 類似業種比準価額等の計算明細書　会社名　A社

1. 1株当たりの資本金等の額等の計算

	直前期末の資本金等の額①	直前期末の発行済株式数②	直前期末の自己株式数③	1株当たりの資本金等の額(①÷(②-③))④	1株当たりの資本金等の額を50円とした場合の発行済株式数⑤
	50,000 千円	100,000 株	― 株	500 円	1,000,000 株

2. 比準要素等の金額の計算

1株(50円)当たりの年配当金額

事業年度⑥	年配当金額	⑦左のうち非経常的な配当金額	⑧差引経常的な年配当金額(⑥-⑦)	年平均配当金額	比準要素数1の会社・比準要素数0の会社の判定要素の金額
直前期	5,000 千円	千円	5,000 千円	⑨(㋑+㋺)÷2 = 5,000 千円	㋑ ⑨/⑤ 5円 0銭
直前々期	5,000 千円	千円	5,000 千円	⑩(㋺+㋩)÷2 = 4,250 千円	㋺ ⑩/⑤ 4円 2銭
直前々々期	3,500 千円	千円	3,500 千円		1株(50円)当たりの年配当金額 ㋥ ⑨/⑤の金額 5円

1株(50円)当たりの年利益金額

事業年度	⑪法人税の課税所得金額	⑫非経常的な利益金額	⑬受取配当等の益金不算入額	⑭左の所得税額	⑮損金算入した繰越欠損金の控除額	⑯差引利益金額(⑪-⑫-⑬+⑭+⑮)	比準要素数1の会社・比準要素数0の会社の判定要素の金額
直前期	37,254 千円	― 千円	4,000 千円	600 千円	― 千円	40,654 千円	㋩ (⑯+⑰)÷2 /⑤ 又は ⑯/⑤ = 36円
直前々期	30,123 千円	― 千円	3,680 千円	482 千円	― 千円	33,321 千円	㋥ (⑰+⑱)÷2 /⑤ 又は ⑰/⑤ = 27円
直前々々期	20,000 千円	― 千円	2,800 千円	420 千円	― 千円	22,380 千円	1株(50円)当たりの年利益金額 ⓒ ㋩ 又は (⑯+⑰)÷2 /⑤ の金額 = 36円

1株(50円)当たりの純資産価額

事業年度	⑰資本金等の額	⑱利益積立金額	⑲純資産価額(⑰+⑱)	比準要素数1の会社・比準要素数0の会社の判定要素の金額
直前期	50,000 千円	31,450 千円	㋑ 81,450 千円	㋥ ⑲/⑤ 81円
直前々期	50,000 千円	25,000 千円	㋺ 75,000 千円	㋭ ⑲/⑤ 75円
				1株(50円)当たりの純資産価額 ⓓ ㋥/⑤の金額 81円

(令和六年一月一日以降用)

第7表　株式等保有特定会社の株式の価額の計算明細書

会社名　A社

(令和六年一月一日以降用)

1. S_1の金額 (取引相場のない株式(出資)の評価明細書)

受取配当金等収受割合の計算	事業年度	① 直前期	② 直前々期	合計(①+②)	受取配当金等収受割合 (④÷(④+⑥)) ※小数点以下3位未満切り捨て
	受取配当金等の額	4,250 千円	3,850 千円	㋑ 8,100 千円	
	営業利益の金額	41,320 千円	32,150 千円	㋺ 73,470 千円	0.099

⑬−⑥の金額	1株(50円)当たりの年配当金額(第4表の⑧)	⑥の金額 (③×㋩)	⑬−⑥の金額 (③−④)
	③ 5 円 0 銭	④ 0 円 4 銭 0	⑤ 4 円 6 銭 0

ⓒ−ⓒの金額	1株(50円)当たりの年利益金額(第4表の㋺)	ⓒの金額 (⑥×㋩) 0.099	ⓒ−ⓒの金額 (⑥−⑦)
	⑥ 36 円	⑦ 3 円	⑧ 33 円

(イ)の金額	1株(50円)当たりの純資産価額(第4表の㋭)	直前期末の株式等の帳簿価額の合計額	直前期末の総資産価額(帳簿価額)	(イ)の金額 (⑨×(⑩÷⑪))
	⑨ 81 円	⑩ 144,800 千円	⑪ 400,141 千円	⑫ 29 円

(ロ)の金額	利益積立金額(第4表の⑱の「直前期」欄の金額)	1株当たりの資本金等の額を50円とした場合の発行済株式数(第4表の⑤の株式数)	(ロ)の金額 ((⑬÷⑭)×㋩)
	⑬ 31,450 千円	⑭ 1,000,000 株　0.099	⑮ 3 円

	ⓓの金額 (⑫+⑮)	⑨−⑮の金額	(注) 1 ㋩の割合は、1を上限とします。 2 ⑮の金額は、㋩の金額(⑨の金額)を上限とします。
	⑯ 32 円	⑰ 49 円	

(類似業種比準価額の計算)

	類似業種と業種目番号	製造業 (No. 6)	区分	1株(50円)当たりの年配当金額	1株(50円)当たりの年利益金額	1株(50円)当たりの純資産価額	1株(50円)当たりの比準価額
1株50円当たりの株価	課税時期の属する月	㋑ 10月 251 円	評価会社	⑤ 4 円 6 銭 0	⑧ 33 円	⑰ 49 円	⑱×⑲×0.7 ※中会社は0.6 小会社は0.5 とします。
	類似業種の属する月の前月	㋺ 9月 267 円	類似業種	B 5 円	C 74 円	D 82 円	
	属する月の前々月	㋩ 8月 283 円					
	前年平均株価	㋥ 242 円	要素別比準割合	⑤/B 0.92	⑧/C 0.44	⑰/D 0.59	
	課税時期の属する月以前2年間の平均株価	㋭ 244 円					
	A ㋑㋺㋩㋥及び㋭のうち最も低いもの	⑱ 242 円	比準割合	$\frac{⑤/B + ⑧/C + ⑰/D}{3}$ =	⑲ 0.65		⑳ 94 円 3 銭 0

	類似業種と業種目番号	(No.)	区分	1株(50円)当たりの年配当金額	1株(50円)当たりの年利益金額	1株(50円)当たりの純資産価額	1株(50円)当たりの比準価額
類似業種比準価額の修正計算	課税時期の属する月	㋑ 月 円	評価会社	⑤ 円 銭 0	⑧ 円	⑰ 円	㉑×㉒×0.7 ※中会社は0.6 小会社は0.5 とします。
	属する月の前月	㋺ 月 円	類似業種	B 円	C 円	D 円	
	属する月の前々月	㋩ 月 円					
	前年平均株価	㋥ 円	要素別比準割合	⑤/B	⑧/C	⑰/D	
	課税時期の属する月以前2年間の平均株価	㋭ 円					
	A ㋑㋺㋩㋥及び㋭のうち最も低いもの	㉑ 円	比準割合	$\frac{⑤/B + ⑧/C + ⑰/D}{3}$ =	㉒		㉓ 円 銭 0

計算	1株当たりの比準価額	比準価額 (⑳と㉓とのいずれか低い方の金額) ×	第4表の④の金額 / 50円	㉔ 943

比準価額の修正	直前期末の翌日から課税時期までの間に配当金交付の効力が発生した場合	比準価額 (㉔の金額) −	1株当たりの配当金額 円 銭	修正比準価額 ㉕ 円
	直前期末の翌日から課税時期までの間に株式の割当て等の効力が発生した場合	比準価額 (㉔(㉕がある ときは㉕)の金額) +	割当株式1株当たりの払込金額 円 銭 ×	1株当たりの割当株式数又は交付株式数 株 ÷(1株+ 株)	修正比準価額 ㉖ 円

第5 特定の評価会社

第8表 株式等保有特定会社の株式の価額の計算明細書（続）

会社名　A社

（令和六年一月一日以降用）

（取引相場のない株式（出資）の評価明細書（続））

1. S_1 の金額

		相続税評価額による純資産価額（第5表の⑤の金額）	課税時期現在の株式等の価額の合計額（第5表の④の金額）	差　引（①−②）	
純資産価額（相続税評価額）の修正計算		① 1,360,000 千円	② 1,148,772 千円	③ 211,228 千円	
		帳簿価額による純資産価額（第5表の⑥の金額）	株式等の帳簿価額の合計額（第5表の㋑+（㋺−㋩）の金額）(注)	差　引（④−⑤）	
		④ 1,148,800 千円	⑤ 1,104,800 千円	⑥ 44,000 千円	
		評価差額に相当する金額（③−⑥）	評価差額に対する法人税額等相当額（⑦×37%）	課税時期現在の修正純資産価額（相続税評価額）（③−⑧）	
		⑦ 167,228 千円	⑧ 61,874 千円	⑨ 149,354 千円	(注) 第5表の㋺及び㋩の金額に株式等以外の資産に係る金額が含まれている場合には、その金額を除いて計算します。
		課税時期現在の発行済株式数（第5表の⑩の株式数）	課税時期現在の修正後の1株当たりの純資産価額（相続税評価額）（⑨÷⑩）		
		⑩ 100,000 株	⑪ 1,493 円		

	1株当たりのS₁の金額の計算の基となる金額	修正後の類似業種比準価額（第7表の㉔、㉕又は㉖の金額）	修正後の1株当たりの純資産価額（相続税評価額）（⑪の金額）	
		⑫ 943 円	⑬ 1,493 円	

1株当たりのS₁の金額の計算（続）

	区　分	1株当たりのS₁の金額の算定方法	1株当たりのS₁の金額
1株当たりのS₁の金額の計算	比準要素数1である会社のS₁の金額	次のうちいずれか低い方の金額　イ ⑬の金額　ロ （⑫の金額×0.25）+（⑬の金額×0.75）	⑭ 円
	上記以外の会社 / 大会社のS₁の金額	次のうちいずれか低い方の金額（⑬の記載がないときは⑫の金額）　イ ⑫の金額　ロ ⑬の金額	⑮ 円
	中会社のS₁の金額	（⑫と⑬とのいずれか低い方の金額 × Lの割合 0.　）+（⑬の金額 ×（1−Lの割合））	⑯ 1,080 円
	小会社のS₁の金額	次のうちいずれか低い方の金額　イ ⑬の金額　ロ （⑫の金額×0.50）+（⑬の金額×0.50）	⑰ 円

2. S_2 の金額

	課税時期現在の株式等の価額の合計額（第5表の④の金額）	株式等の帳簿価額の合計額（第5表の㋑+（㋺−㋩）の金額）(注)	株式等に係る評価差額に相当する金額（⑱−⑲）	⑳の評価差額に対する法人税額等相当額（⑳×37%）
	⑱ 1,148,772 千円	⑲ 1,104,800 千円	⑳ 43,972 千円	㉑ 16,269 千円
	S₂の純資産価額相当額（⑱−㉑）	課税時期現在の発行済株式数（第5表の⑩の株式数）	S₂の金額（㉒÷㉓）	(注) 第5表の㋺及び㋩の金額に株式等以外の資産に係る金額が含まれている場合には、その金額を除いて計算します。
	㉒ 1,132,503 千円	㉓ 100,000 株	㉔ 11,325 円	

3. 株式等保有特定会社の株式の価額

	1株当たりの純資産価額（第5表の⑪の金額（第5表の⑫の金額があるときはその金額））	S₁の金額とS₂の金額との合計額（（⑭、⑮、⑯又は⑰）+㉔）	株式等保有特定会社の株式の価額（㉕と㉖とのいずれか低い方の金額）
	㉕ 12,818 円	㉖ 12,405 円	㉗ 12,405 円

Question 193 土地保有特定会社

特定の評価会社の1つである「土地保有特定会社」とは、どのような会社のことをいいますか。

A 「土地保有特定会社」とは、課税時期（例外として、直前期末基準及び直後期末基準を採用することも可能です。）において、評価会社の有する各資産を評価通達の定めるところにより評価した価額（相続税評価額）の合計額のうち、土地等（土地及び借地権などの土地の上に存する権利）の価額（相続税評価額）の合計額の割合が会社の規模に応じて一定割合以上の会社をいいます（評基通189(3)）。

(注) 評価会社の有する各資産を評価通達に定めるところにより評価した価額について、評価会社が課税時期前3年以内に取得又は新築した土地及び土地の上に存する権利並びに家屋及びその附属設備又は構築物を有する場合には、課税時期における通常の取引価額に相当する金額によって評価します。

具体的な「土地保有特定会社」の判定は、株式評価明細書の「第5表　1株当たりの純資産価額（相続税評価額）の計算明細書」のデータに基づいて「第2表　特定の評価会社の判定の明細書」の「3．土地保有特定会社」欄を使用して行います。

(参考)

> 措置法第32条第2項では、株式の譲渡について、その発行会社の総資産のうちに占める短期所有の土地等の価額が70％以上である場合には、分離課税の短期譲渡所得の対象とされています（措令21③）。

また、上記判定において、小会社については総資産価額（帳簿価額）と業種（「卸売業」、「小売・サービス業」及び「卸売業及び小

売・サービス業以外の業種」）の組合せによって土地保有特定会社の判定割合が下記のとおり異なっています。

これによると帳簿価額が一定未満の会社（「卸売業」の場合7,000万円未満、「小売・サービス業」の場合4,000万円未満、「その他業種」の場合5,000万円未満の会社）は、土地保有特定会社と判定されることはありません。

〔小会社の判定基準〕

卸売業			
帳簿価額	20億円以上	7,000万円以上20億円未満	7,000万円未満
判定割合	70%以上	90%以上	非該当
小売・サービス業			
帳簿価額	15億円以上	4,000万円以上15億円未満	4,000万円未満
判定割合	70%以上	90%以上	非該当
卸売業及び小売・サービス業以外の業種			
帳簿価額	15億円以上	5,000万円以上15億円未満	5,000万円未満
判定割合	70%以上	90%以上	非該当

なお、「土地保有特定会社」の要件に該当した場合でも他の特定の評価会社（①開業後3年未満の会社及び比準要素0の会社、②開業前又は休業中の会社、③清算中の会社）に該当する場合には、他の特定の評価会社が優先されますので「土地保有特定会社」として扱われないことになります。

Question 194 土地保有特定会社の判定の基礎となる「土地等」の範囲(1)

不動産分譲会社が販売用として所有する土地及び土地の上に存する権利(以下「土地等」といいます。)は、「土地保有特定会社」の判定の基礎となる「土地等」に含まれますか。

A 土地保有特定会社の判定の基礎となる土地等は、所有目的や所有期間のいかんにかかわらず、評価会社が所有する全ての土地等をいうとされていますので、不動産分譲会社が販売用として所有する土地等(たな卸資産)も含まれることになります。

なお、評価会社が販売用として所有する土地等、すなわち、たな卸資産の価額は、路線価方式又は倍率方式により計算して求めるのではなく、評価通達4－2《不動産のうちたな卸資産に該当するものの評価》の定めにより、評価通達132《評価単位》及び133《たな卸商品等の評価》に従って評価することになります。

(参考法令等)

> **評価通達4－2《不動産のうちたな卸資産に該当するものの評価》**
> 土地、家屋その他の不動産のうちたな卸資産に該当するものの価額は、地価税の課税価格計算の基礎となる土地等の価額を評価する場合を除き、第6章《動産》第2節《たな卸商品等》の定めに準じて評価する。
>
> **評価通達132《評価単位》**
> たな卸商品等(商品、原材料、半製品、仕掛品、製品、生産品その他これらに準ずる動産をいう。以下同じ。)の価額は、次項の(1)から(4)までの区分に従い、かつ、それぞれの区分に掲げる動産のうち種類

及び品質等がおおむね同一のものごとに評価する。
評価通達133《たな卸商品等の評価》
　商品の価額は、その商品の販売業者が課税時期において販売する場合の価額から、その価額のうちに含まれる販売業者に帰属すべき適正利潤の額、課税時期後販売の時までにその販売業者が負担すると認められる経費（以下「予定経費」という。）の額及びその販売業者がその商品につき納付すべき消費税額（地方消費税額を含む。以下同じ。）を控除した金額によって評価する。

Question 195 土地保有特定会社の判定の基礎となる「土地等」の範囲(2)

評価会社が所有する不動産投資信託の受益証券又は投資口は、「土地保有特定会社」の判定の基礎となる「土地等」に含まれますか。

A 不動産投資信託については、投信法において、契約型の投資信託（①委託者指図型投資信託及び②委託者非指図型投資信託）と会社型の投資信託（投資法人）の２つの型の投資信託が規定されています。

そもそも不動産投資信託とは、投資者から集めた資金を主に不動産に投資する投資信託ですが、有価証券も投資対象となっています。特定金銭信託の場合と同様に、評価会社が不動産投資信託の受益証券又は投資口を所有していたとしても、それが、実質的に信託財産であるか又は投資法人に帰属する資産（土地等又は株式等）であるかどうかは、評価会社が財産の運用方法や運用先、金額、期間、利率等を特定（指図）できるかどうかにより判断するのが相当ですが、不動産投資信託については下記の理由から評価会社が実質的に信託財産等を所有しているとは認められません。

契約型：評価会社は運用収益の受益者の立場でしかありません。
会社型：投資者（評価会社）が株主と同じように議決権の行使等を通じてファンド運営に参加することが可能であることから、実質的には投資法人に帰属する資産を所有しているとも考えられますが、例えば、評価会社が100％出資した子会社が土地のみを所有している場合に、その小会社株式も「土

地等」に該当することとなり不合理であるため、結果として、「株式及び出資」として扱うことになります。

したがって、「**契約型**」及び「**会社型**」のいずれの場合も「土地保有特定会社」の判定の基礎となる「土地等」には、該当しないことになります。

ちなみに、会社型の不動産投資信託の投資口は、株式保有特定会社を判定する際の「株式等」に含まれるとされています。

196 土地保有特定会社の判定の基礎となる「土地等」の範囲(3)

評価会社がコインパーキング場として一括借り上げしている土地の賃借権は、「土地保有特定会社」の判定の基礎となる「土地等」に含まれますか。

A 「土地等」とは、土地及び土地の上に存する権利のことをいいますが、土地の賃借権については、評価通達9《土地の上に存する権利の評価上の区分》(9)賃借権に規定があります。

したがって、コインパーキングのために一括借り上げした土地に係る賃借権についても「土地等」に含まれるものと思われます。

(参考法令等)

> 評価通達9《土地の上に存する権利の評価上の区分》
> 　土地の上に存する権利の価額は、次に掲げる権利の別に評価する。
> (1) 地上権（民法（明治29年法律89号）第269条の2《地下又は空間を目的とする地上権》第1項の地上権（以下「区分地上権」という。）及び借地借家法（平成3年法律第90号）第2条《定義》に規定する借地権に該当するものを除く。以下同じ。）
> (2) 区分地上権
> (3) 永小作権
> (4) 区分地上権に準ずる地役権（地価税法施設令第2条《借地権等の範囲》第1項に規定する地役権をいう。以下同じ。）
> (5) 借地権（借地借家法第22条《定期借地権》、第23条《事業用定期借地権等》、第24条《建物譲渡特約付借地権》及び第25条《一時使用目的の借地権》に規定する借地権（以下「定期借地権等」という。）に該当するものを除く。以下同じ。）

(6) 定期借地権等
(7) 耕作権(農地法(昭和27年法律第229条)第2条《定義》第1項に規定する農地又は採草放牧地の上に存する賃借権(同法第20条《農地又は採草放牧地の賃貸借の解約等の制限》第1項本文の規定の適用がある賃借権に限る。)をいう。以下同じ。)
(8) 温泉権(引湯権を含む。)
(9) 賃借権((5)の借地権、(6)の定期借地権等、(7)の耕作権及び(8)の温泉権に該当するものを除く。以下同じ。)
(10) 占用権(地価税法施行令第2条第2項に規定する権利をいう。以下同じ。)

Question 197 土地保有特定会社の判定の基礎となる「土地等」の範囲(4)

評価会社の株式を純資産価額により評価する場合において、評価会社が「土地の無償返還の届出書」を提出して借りた土地は、昭和43年通達の適用があるときは、自用地価額の20％相当額を借地権として資産に計上することとされています。ところで、当該権利は「土地保有特定会社」の判定の基礎となる土地等の価額に含まれますか。

A 借地権の設定の際に「土地の無償返還に関する届出書」が提出された場合における当該借地権の価額は、将来的に土地の無償返還が予定されていることから０として評価される一方、借地権の目的とされている土地（貸宅地）の価額は、当該土地の貸借が賃貸借契約に基づくものであるか使用貸借契約に基づくものであるかによって次のとおり評価することになります。

契約の形態	貸宅地の価額
賃貸借契約の場合	自用地価額×80％
使用貸借契約の場合 （地代の支払い無し）	自用地価額

この場合において、被相続人が同族株主等となっている同族会社に土地を貸付けていた場合には、昭和43年10月28日付「相当の地代を収受している貸宅地の評価について」通達（以下、「昭和43年通達」といいます（544ページ参照）。）の適用があります。

そして、その場合には、自用地価額から貸宅地の価額を控除した価額を借地権として同族会社の資産に加えて純資産価額の計算を行うと

されています。

　この昭和43年通達により、会社の総資産価額に加算された借地権価額（自用地価額×20％相当額）について、土地保有特定会社の判定の基準になる土地等の価額に含めるか否か争われた裁決があり、結果として、当該加算額は「土地等」として扱うとされています。

〔参考判例〕平成24年10月9日　東京国税不服審判所裁決

1　土地保有特定会社の判定となる土地等
　評価通達189(3)イは、土地保有特定会社に該当するかどうかの基準となる土地保有割合を、評価会社の有する各資産を評価通達の定めるところにより評価した価額の合計額のうちに占める土地等の価額の合計額の割合と定めており、この「土地等」とは、評価基本通達185の定めにより、土地及び土地の上に存する権利をいう。そして、評価基本通達9《土地の上に存する権利の評価上の区分》(5)により、借地権は土地の上に存する権利の1つとされていることから、この「土地等」には借地権が含まれることとなる。

2　土地の無償返還の届出書の制度
　無償返還届出書は、法人税基本通達13－1－7の定めにより、借地権の設定等に当たり、権利金の認定課税に代えて、実際に収受している地代額と相当地代の額の差額について認定課税を受けようとする場合に、借地権の設定等に係る契約書において借地人等がその土地を将来無償で返還することを定めた上、その旨を税務署長に届け出るために土地所有者と借地人等との連名で提出されるものである。
　なお、相当地代通達5は、借地権が設定された土地について、この土地の無償返還届出書が提出されている場合には、当該借地権の価額は零として取り扱うこととしている。この取扱いは、設定された借地

権の存在を否定するものではなく、土地所有者及び借地人間の当該土地を将来無償で返還することを約した契約を前提とすると、当該借地権の価額を零として取り扱うことが当事者間の取引の実態にかなうと考えられることによると解される。

3 貸宅地通達

相当地代通達8は、借地権が設定されている土地について、無償返還届出書が提出されている場合の当該土地に係る貸宅地の価額は、当該土地の自用地としての価額の80％相当額によって評価することとし、このような場合において、被相続人が同族関係者となっている同族会社に対し土地を貸し付けているときには、貸宅地通達を読み替えて、被相続人が所有する同族会社の株式の評価上、当該土地の自用地としての価額の20％に相当する金額（借地権の価額）を同社の純資産価額に算入する旨定めている。この取扱いは、被相続人が当該会社の同族関係者である場合に限り、借地権の価額を自用地としての価額の20％に相当する金額によるとすることにより、被相続人に係る相続税の課税上、当該土地の価額を個人と法人を通じて100％顕現させることが課税の公平上適当であると考えられることによるもので、上記2と同様に、設定された借地権の存在を否定するものではないと解される。

4 自用地価額×20％相当額は、土地等に含まれるか

前記2及び3のとおりの相当地代通達5及び8の取扱いは、借地権が設定されている土地を前提としており、設定された借地権の存在を否定することなく、課税の各場面における借地権価額の多寡を定めている取扱いである。したがって、相当地代通達8により純資産価額に算入される自用地としての価額の20％に相当する金額を借地権以外の価額と解することはできず、このことは相当地代通達8が読み替えることとする貸宅地通達の文言が、上記の自用地としての価額の20％に相当する金額を「借地権の価額」としていることからも明らかである。

そして、この自用地としての価額の20％に相当する金額については、評価基本通達189(3)イに定める土地保有割合を算定する際の「土地等の価額」の合計額から除外するとの特段の定めもないから、当該金額は、上記の「土地等の価額」に該当すると解するのが相当である。

（参考法令等）

相当地代通達 5《「土地の無償返還に関する届出書」が提出されている場合の借地権の価額》

　借地権が設定されている土地について、平成13年7月5日付課法3－57ほか11課共同「法人課税関係の申請、届出等の様式の制定について」（法令解釈通達）に定める「土地の無償返還に関する届出書」（以下「無償返還届出書」という。）が提出されている場合の当該土地に係る借地権の価額は、零として取り扱う。

相当地代通達 8《「土地の無償返還に関する届出書」が提出されている場合の貸宅地の評価》

　借地権が設定されている土地について、無償返還届出書が提出されている場合の当該土地に係る貸宅地の価額は、当該土地の自用地としての価額の100分の80に相当する金額によって評価する。

　なお、被相続人が同族関係者となっている同族会社に対し土地を貸し付けている場合には、43年直資3－22通達の適用があることに留意する。この場合において、同通達中「相当の地代を収受している」とあるのは「「土地の無償返還に関する届出書」の提出されている」と読み替えるものとする。

（注）　使用貸借に係る土地について無償返還届出書が提出されている場合の当該土地に係る貸宅地の価額は、当該土地の自用地としての価額によって評価するのであるから留意する。

相当の地代を収受している貸宅地の評価について

〔直資3－22・直審(資)8・官審(資)30・昭和43年10月28日〕

　標題のことについて昭和42年7月10日別紙2のとおり東京国税局直税部長から上申があり、これに対して同年12月5日別紙1のとおり指示したところであるが、今後、同様の事案については、これにより処理されたい。

別紙1

〔直資3－13・官審(資)28・直法1－298・直審(資)12・査調4－12・昭和42年12月5日〕

（昭和42年7月10日付東局直資第72号による上申に対する指示）

　標題のことについて、課税時期における被相続人所有の貸宅地は、自用地としての価額から、その価額の20％に相当する金額（借地権の価額）を控除した金額により、評価されたい。

　なお、上記の借地権の価額は、昭和39年4月25日付直資56相続税財産評価に関する基本通達32の(1)の定めにかかわらず、被相続人所有のⅠ株式会社の株式評価上、同社の純資産価額に算入することとされたい。

(理由)

　地代率との相関関係から借地権の有無につき規定している法人税法施行令第137条の趣旨からすれば、本件の場合土地の評価に当たり借地権を無視する考え方もあるが、借地借家法の制約賃貸借契約にもとづく利用の制約等を勘案すれば、現在借地慣行のない地区についても20％の借地権を認容していることとの権衡上、本件における土地の評価についても借地権割合を20％とすることが適当である。

　なお、本件における借地権の価額を被相続人が所有するⅠ株式会社の株式評価上、同社の純資産価額に算入するのは、被相続人が同社の同族関係者である本件の場合においては、土地の評価額が個人と法人を通じて100％顕現することが、課税の公平上適当と考えられるからである。

別紙2

　（省略）

Question 198 土地保有特定会社の評価方法

評価会社が土地保有特定会社と判定された場合の当該株式の評価方法について教えてください。

A 評価会社が「土地保有特定会社」と判定された場合における当該会社の株式の評価方法は、原則として、評価会社が所有している土地等の価値をよりよく反映し得る「純資産価額方式」により評価することになります（評基通189－4）。

すなわち、土地保有特定会社は、会社の総資産のうちに占める各資産の保有状況が類似業種比準方式における標本会社である上場会社に比べて著しく土地等に偏っており、類似業種比準方式を適用すべき前提を欠くものと認められるので純資産価額方式により評価します。

この場合において、他に選択できる例外の評価方式はありません。

> 原則：純資産価額方式
> （注）この場合の純資産価額は、株主及びその同族関係者の保有議決権割合が50％以下である場合には、算定された純資産価額の80％相当額により評価することができます。

なお、「土地保有特定会社」の株式を「同族株主等以外の株主」が取得した場合には、配当還元方式により評価することになります。

Question 199 比準要素数0の会社

特定の評価会社の1つである「比準要素数0の会社」とは、どのような会社のことをいいますか。

A 「比準要素数0の会社」とは、類似業種比準方式の計算の基礎となる評価会社の直前期末の1株当たりの「配当金額Ⓑ」、「利益金額Ⓒ」及び「純資産価額Ⓓ（帳簿価額によって計算した金額）」のいずれもが0の会社をいいます。

〔比準要素数0の会社の判定〕

なお、「配当金額（Ⓑ）」及び「利益金額（Ⓒ）」の算定にあたっては、結果として直前期末以前2年間の平均値（利益金額は直前期だけとの選択）に基づいて計算されますので、必ずしも直前期末1年間の実績により判定するというわけではありません。

具体的な「比準要素数0の会社」の判定は、株式評価明細書「第4表　類似業種比準価額等の計算明細書」のデータに基づいて「第2表　特定の評価会社の判定明細書」の「4．開業後3年未満の会社等」の欄の「(2)比準要素数0の会社」において行います。

第4表 類似業種比準価額等の計算明細書

会社名

1. 1株当たりの資本金等の額等の計算

	直前期末の資本金等の額 ① 千円	直前期末の発行済株式数 ② 株	直前期末の自己株式数 ③ 株	1株当たりの資本金等の額 ④(①÷(②-③)) 円	1株当たりの資本金等の額を50円とした場合の発行済株式数 ⑤(①÷50円) 株

2. 比準要素等の金額の計算

1株(50円)当たりの年配当金額

直前期末以前2(3)年間の年平均配当金額

事業年度	⑥ 年配当金額	⑦ 左のうち非経常的な配当金額	⑧ 差引経常的な配当金額(⑥-⑦)	年平均配当金額
直前期	千円	千円	㋑ 千円	⑨(㋑+㋺)÷2 千円
直前々期	千円	千円	㋺ 千円	
直前々期の前期	千円	千円	㋩ 千円	⑩(㋺+㋩)÷2 千円

比準要素数1の会社・比準要素数0の会社の判定要素の金額

| ⑨/⑤ | ㋓ 円 銭 0 |
| ⑩/⑤ | ㋔ 円 銭 |

1株(50円)当たりの年配当金額 ⑪(㋓の金額) 円 銭

1株(50円)当たりの年利益金額

直前期末以前2(3)年間の利益金額

事業年度	⑪ 法人税の課税所得金額	⑫ 非経常的な利益金額	⑬ 受取配当等の益金不算入額	⑭ 左の所得税額	⑮ 損金算入した繰越欠損金の控除額	⑯ 差引利益金額(⑪-⑫+⑬-⑭+⑮)
直前期	千円	千円	千円	千円	千円	㋥ 千円
直前々期	千円	千円	千円	千円	千円	㋭ 千円
直前々期の前期	千円	千円	千円	千円	千円	㋬ 千円

⑰ ㋥ 又は (㋥+㋭)÷2 円
⑱ (㋭+㋬)÷2 円

1株(50円)当たりの年利益金額 (⑰/⑤ 又は (⑰+⑱)÷2 の金額)

1株(50円)当たりの純資産価額

直前期末(直前々期末)の純資産価額

事業年度	⑰ 資本金等の額	⑱ 利益積立金額	⑲ 純資産価額(⑰+⑱)
直前期	千円	千円	千円
直前々期	千円	千円	千円

比準要素数1の会社・比準要素数0の会社の判定要素の金額

⑲/⑤

1株(50円)当たりの純資産価額 (⑲/⑤の金額) 円

第5 特定の評価会社

第2表 特定の評価会社の判定の明細書

会社名

4.

(1) 開業後3年未満の会社

判定要素	判定基準	課税時期において開業後3年未満である	課税時期において開業後3年未満でない
開業年月日 年 月 日	判定	該 当	非 該 当

(2) 比準要素数0の会社

判定要素 直前期末を基とした判定要素	判定基準	直前期末を基とした判定要素がいずれも0
第4表の㋓の金額 / 第4表の㋥の金額 / 第4表の⑲の金額	判定	である(該当) ・ でない(非該当)
円 銭 0 / 円 / 円		該 当 ・ 非 該 当

5. 開業前又は休業中の会社

開業前の会社の判定	休業中の会社の判定
該当 非該当	該当 非該当

6. 清算中の会社

判 定
該 当 ・ 非 該 当

7. 特定の評価会社の判定結果

1. 比準要素数1の会社 2. 株式等保有特定会社
3. 土地保有特定会社   4. 開業後3年未満の会社等
5. 開業前又は休業中の会社 6. 清算中の会社

該当する番号を○で囲んでください。なお、上記の「1. 比準要素数1の会社」欄から「6. 清算中の会社」欄の判定において2以上に該当する場合には、後の番号の判定によります。

Question 200 比準要素数0の会社（端数処理について）

「比準要素数0の会社」に該当するかの判定に際し、1株当たりの「配当金額（Ⓑ）」、「利益金額（Ⓒ）」及び「純資産価額（Ⓓ）」を計算した結果0円未満の端数が生じましたがどのように扱いますか。

　株式評価明細書第4表の「比準要素数1の会社・比準要素数0の会社の判定要素欄の金額」は、各欄の表示単位未満の金額の端数を切り捨てて記載することになっています。

例えば、1株当たりの年配当金額が9銭と算定された場合には、年配当金額は10銭未満の端数を切り捨てて記載することになっていますので、判定の上では0円と扱われることになります。

なお、利益金額及び純資産価額については、円単位未満での端数を切り捨てて記載することになっています。

要素	表示単位
1株当たりの年配当金額	10銭単位未満切捨て
〃　　年利益金額	円未満切捨て
〃　　純資産価額	〃

また、類似業種比準方式の計算において、「要素別比準割合」及び「比準割合」は、小数点以下2位未満を切り捨てて計算します。

Question 201　比準要素数0の会社の判定
（非経常的な利益金額及び配当金額）

　類似業種比準方式の計算における1株当たりの「配当金額Ⓑ」及び「利益金額Ⓒ」は、非経常的な配当金額や利益金額はなかったものとして計算しますが、実際に配当を支払っている場合又は利益があるにもかかわらずこの取扱いの結果、配当金額や利益金額が0となり「比準素数0の会社」と判定されてしまう場合に特別な配慮はありますか。

A　「比準要素数0の会社」の判定の基礎となる「配当金額Ⓑ₁」、「利益金額Ⓒ₁」及び「純資産価額Ⓓ₁」の数値は、評価通達に規定する類似業種比準方式により計算するとされていますが、評価通達183(1)及び(2)では、非経常的な「配当金額」や「利益金額」があれば除くと規定されており、任意で計上したり除いたりすることはできません。

　したがって、非経常的な配当金額や利益金額を除いて「配当金額Ⓑ₁」や「利益金額Ⓒ₁」を計算した結果、「比準要素数0の会社」と判定された場合でも、それについて配慮する特別の規定は評価通達にはありません。

Question 202 比準要素数0の会社等の判定の場合と類似業種株価を実際に算定する場合

評価会社が「比準要素数1の会社」又は「比準要素数0の会社」に該当するか否かの判定は、評価会社の$Ⓑ_1$、$Ⓒ_1$及び$Ⓓ_1$の数値により行われます。この場合に類似業種比準価額を実際に計算する場合にも、上記判定にあたって採用した$Ⓑ_1$、$Ⓒ_1$及び$Ⓓ_1$の数値を必ず採用しなければなりませんか。

A 特定の評価会社のうち「比準要素数1の会社」又は「比準要素数0の会社」に該当するか否かの判定において採用する比準3要素の数値（例えば、$Ⓑ_1$、$Ⓒ_1$及び$Ⓓ_1$）と類似業種株価を実際に計算する場合に用いられる比準3要素の数値（Ⓑ、Ⓒ及びⒹ）は、必ず一致させなければならないというものではなく、納税者の有利になるよう選択することが可能です。

例えば、「1株当たりの配当金額$Ⓑ_1$」と「1株当たりの純資産価額$Ⓓ_1$」は、特定の評価会社（比準要素1の会社又は比準要素0の会社）に該当するかの判定要素でもあり、類似業種株価の算定のための比準要素でもありますが、この場合の$Ⓑ_1$の金額とⒷの金額及び$Ⓓ_1$の金額とⒹの金額は、必ず一致することになります。

一方で、特定の評価会社を判定する場合の「1株当たりの利益金額$Ⓒ_1$」と類似業種比準価額を計算するための「1株当たりの利益金額Ⓒ」は、納税者の選択により直前期（1年間）の利益金額を基に計算する場合と納税者の選択により直前期と直前々期の2年間の平均利益金額を基に計算する場合のそれぞれ選択が認められていることから、特定の評価会社の判定で採用する数値と類似業種比準価額を計算する

場合の数値が異なる場合も想定されます。

この場合の取扱いについて、特定の評価会社の判定の場合の©と類似業種比準価額を計算する場合の©は、必ずしも一致させる必要はなく、特定の評価会社の判定の場合と実際の株価計算の場合でそれぞれ納税者に有利な数値を選択することができるとされています。

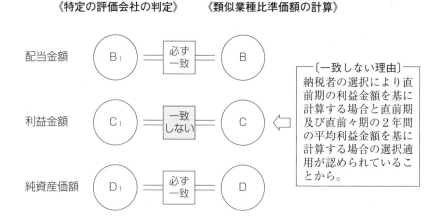

Question 203 比準要素数０の会社の評価方法

評価会社が「比準要素数０の会社」と判定された場合の評価方法を教えてください。

A 評価会社が「比準要素数０の会社」と判定された場合における当該会社の株式の計算方法は、純資産価額方式により行います。

> 原則：純資産価額方式
> （注）　この場合の純資産価額は、株主及びその同族関係者の保有議決権割合が50％以下である場合には、算定された純資産価額の80％相当額により計算することができます。

　類似業種比準方式は、標本会社として採用されている上場会社に準ずるような会社を対象とし、配当、利益及び純資産価額（帳簿価額）という３つの比準要素を採用して業種別の上場会社の平均株価に比準させて評価会社の株価を算定する評価方法ですが、この評価方法により適正に評価会社の株価を算定するためには、評価会社が、標本会社である上場会社と同様に正常な営業活動を行っていることが前提条件となります。

　したがって、そのような前提条件を欠くと認められる比準要素の全てが０である評価会社（３要素の金額の全てが０である上場会社は標本会社から除外されています。）については、類似業種比準方式及び類似業種比準方式との併用方式の適用対象から除外し、原則として、「純資産価額方式」により評価します（評基通189－４）。

なお、「比準要素0の会社」の株式を「同族株主等以外の株主」が取得した場合には、配当還元方式により評価することになります。

〔参考判例〕昭和60年6月18日　大阪高裁判決
　欠損が継続しているような会社は、その比準要素において標本会社と類似性が乏しく、類似業種比準方式を適用することは相当でなく、結局は、純資産価額方式を重視せざるを得ない。

Question 204 開業後3年未満の会社

特定の評価会社の1つである「開業後3年未満の会社」とはどのような会社のことをいいますか。

A 「開業後3年未満の会社」とは、課税時期において、開業してから3年を経過していない会社（開業後間もないため、経営状況や財務状態が未だ安定していない会社）をいいます。

「開業」とは、評価会社がその目的とする事業の活動を開始することにより収益（売上・収入）が上がり始めた状態のことをいい、会社の設立、すなわち法務局での会社設立登記が完了した日とは異なります。

なお、具体的な「開業後3年未満の会社」の判定は、株式評価明細書「第2表 特定の評価会社の判定の明細書」の「4．開業後3年未満の会社等」欄の「(1)開業後3年未満の会社」において行います。

第2表 特定の評価会社の判定の明細書

4．開業後3年未満の会社等	(1) 開業後3年未満の会社	判定要素		判定基準	課税時期において開業後3年未満である	課税時期において開業後3年未満でない
		開業年月日	年 月 日	判定	該 当	非 該 当
	(2) 比準要素数0の会社	判定要素	直前期末を基とした判定要素	判定基準	直前期末を基とした判定要素がいずれも0	
			第4表の⑧の金額 / 第4表の⑥の金額 / 第4表の⑨の金額		である（該当）・でない（非該当）	
			円 / 銭 0 / 円	判定	該 当	非 該 当

5．開業前又は休業中の会社	開業前の会社の判定		休業中の会社の判定		6．清算中の会社	判　定	
	該 当	非 該 当	該 当	非 該 当		該 当	非 該 当

7．特定の評価会社の判定結果	1．比準要素数1の会社　　　　2．株式等保有特定会社 3．土地保有特定会社　　　　　4．開業後3年未満の会社等 5．開業前又は休業中の会社　　6．清算中の会社
	該当する番号を○で囲んでください。なお、上記の「1．比準要素数1の会社」欄から「6．清算中の会社」欄の判定において2以上に該当する場合には、後の番号の判定によります。

Question 205 開業後3年未満の会社（合併があった場合）

運輸業A社と車部品製造業B社とが合併し、主として車部品製造業C社となった場合に、合併直後のC社は「開業後3年未満の会社」と判定されることになりますか。

A

　　非上場会社の株式を「類似業種比準方式」により計算することについての合理性が担保されるためには、評価会社における各比準要素（配当金額、利益金額、純資産価額）の金額を適正に算定することは勿論のこと、事業内容についても類似業種株価等通達で公表されている業種と照合させて評価会社と類似している業種を適正に選択しなければなりません。

　したがって、類似業種比準方式の計算にあたっては、評価会社の主たる事業が類似業種株価通達で公表されている業種のどこに属するのかを判定することが極めて重要となりますが、期中に合併があった場合には、それにより、評価会社が営む主たる業種やそれに伴う利益及び配当など、会社の実態が大きく変化する場合もあります。

　そして、会社の状況が劇的に変わった場合には、評価通達183《評価会社の1株当たりの配当金額等の計算》で定める比準3要素の数値が適正に算定できない場合も考えられます。

　極端な例ですが、製造業（甲社）と卸売業（乙社）が合併して全く異なる倉庫業を主たる事業とすることになった場合には、合併の前後で会社の実体に著しい変化があった場合とされ、過去の事業年度の甲社及び乙社の1株当たりの比準要素の金額を単に合計しただけでは、合理的な数値が得られないことから、評価通達189-4に準じて「開業後3年未満の会社」に該当することになります。

ご質問のケースは、合併等によりＢ社の事業が継続され、製造業になったということですが、事業内容に大きな変化がありませんので、類似業種比準方式を適用することは可能と考えられます。この場合の計算は、課税時期直前のＣ社の各比準要素の金額を前提に、それ以前の金額についてはＡ社とＢ社と各比準要素の金額を合計して算定するのが合理的と考えられます。

　なお、会社実態に大きな変化があったかどうかは、もっぱら事実認定に関する問題ですが、会社の主たる事業の内容を中心に、総資産額、従業員数なども考慮して、著しい変化があったか否かを判断することが相当と思われます。

Question 206 開業後3年未満の会社の評価方法

評価会社が「開業後3年未満の会社」と判定された場合の評価方法を教えてください。

評価会社が「開業後3年未満の会社」と判定された場合における当該会社の株式の計算方法は、純資産価額方式により行います。

> **原則：純資産価額方式**
> （注）　この場合の純資産価額は、株主及びその同族関係者の保有議決権割合が50％以下である場合には、算定された純資産価額の80％相当額により計算することができます。

類似業種比準方式は、標本会社として採用されている上場会社に準ずるような会社を対象とし、配当、利益及び純資産価額（帳簿価額）という3つの比準要素を採用して、業種別の上場会社の平均株価にこれら3要素を比準させて評価会社の株価を算定する評価方法ですが、この評価方法により適正に評価会社の株価を算定するためには、評価会社が、標本会社である上場会社と同様に、正常な営業活動を行っていることが前提条件となります。

したがって、そのような前提条件を欠くと認められる開業後3年未満の評価会社は、開業後間もないいわば揺籃期にあり、その経営状況や財務指標がいまだ安定的でないため、類似業種比準方式により適正に株価を算定することが困難と考えられます。そこで、こうした会社については、「開業後3年未満の会社等の株式」として定め、類似業

種比準方式（類似業種比準方式との併用方式）の適用対象から除外し、原則として、「純資産価額方式」により評価するとされています（評基通189－4）。

なお、「開業後3年未満の会社」の株式を「同族株主等以外の株主」が取得した場合には配当還元方式により評価することになります。

ただし、配当還元方式により評価した価額が原則的評価方式により評価した価額を超える場合には、原則的評価方式により評価します。

Question 207 開業前又は休業中の会社

特定の評価会社の1つである「開業前又は休業中の会社」とは、どのような会社のことをいいますか。

A 「開業前の会社」とは、会社の設立登記は既に終了しているものの、その目的とする事業活動を開始するに至っていない会社、すなわち、会社をオープンさせる前の準備期間にある会社をいいます。

また、「休業中の会社」とは、課税時期の前後において相当の長期にわたり休業している会社をいいます。

なお、休業中といっても、最近休業したばかりで近い内に事業が再開されるような一時的な休業については「休業中の会社」に該当しません。

具体的な「開業前又は休業中の会社」の判定は、株式評価明細書「第2表 特定の評価会社の判定の明細書」の「5．開業前又は休業中の会社」欄で行います。

第2表　特定の評価会社の判定の明細書　　会社名

取引相場のない	判　定　要　素			判定基準	(1)欄のいずれか2の判定要素が0であり、かつ、(2)欄のいずれか2以上の判定要素が0
	(1)直前期末を基とした判定要素		(2)直前々期末を基とした判定要素		
1．比準要素数1の会社	第4表の	第4表の　第4表の	第4表の　第4表の　第4表の		である（該当）・でない（非該当）

5．開業前又は休業中の会社	開業前の会社の判定		休業中の会社の判定		6．清算中の会社	判　定	
	該　当	非該当	該　当	非該当		該　当	非該当

7．特定の評価会社の判定結果	1．比準要素数1の会社　　　　　2．株式等保有特定会社
	3．土地保有特定会社　　　　　　4．開業後3年未満の会社等
	5．開業前又は休業中の会社　　　6．清算中の会社
	該当する番号を○で囲んでください。なお、上記の「1．比準要素数1の会社」欄から「6．清算中の会社」欄の判定において2以上に該当する場合には、後の番号の判定によります。

Question 208 開業前又は休業中の会社（休業の意味）

甲社は、火災により店舗が焼失し半年間休業していましたが、その間にオーナーであるAが亡くなりました。その後、甲社は店舗を新築し営業を始めていますが、この場合の甲社は、特定評価会社の判定上「休業中」といえるでしょうか。

A ご質問の場合、甲社は課税時期において、確かに休業中であったといえますが、この場合の休業は、火災等による一時的なものと認められ、焼失後、新築店舗にて営業が再開されていることから、特定評価会社の判定上は、「休業中」の会社に該当せず、一般の評価会社として評価することが相当です。

評価通達において「休業中の会社」を特定の評価会社の1つとしたのは、休業中の会社は「開業前の会社」と同様に相当の期間、事業活動が行われていないので「配当金額」や「利益金額」の算定がされず、類似業種比準方式の前提を欠いているからです。

したがって、ここ数か月休業していたとしても近く事業が再開されるような、一時的な休業である場合には、その休業前の事業活動の実績により評価することが可能ですので評価通達でいう「休業中の会社」に該当しないことになります。

ちなみに、「休業中の会社」の判定にあたっては、直前期末比準3要素の数値がいずれも0である必要はなく（休業中でも純資産価額がプラスということは考えられます。）、相当の期間休業していたのかという事実に基づいて判定が行われます。

Question 209 開業前又は休業中の会社の評価方法

評価会社が「開業前又は休業中の会社」と判定された場合の評価方法を教えてください。

 評価会社が「開業前又は休業中の会社」と判定された場合における当該会社の株式の計算方法は、純資産価額方式により評価するとされています。

> **原則**：純資産価額方式
> （注） この場合の純資産価額は、株主及びその同族関係者が有する保有議決権割合が50％以下である場合でも、純資産価額×80％相当額により計算することはできません。

「開業前又は休業中の会社」は、具体的な事業活動を現に行っているわけではありませんので「配当金額」や「利益金額」が算出されません。

したがって、これら要素の金額を基礎として株価を算出する類似業種比準方式を採用する前提を欠いていると考えられますので、課税時期における「純資産価額」により評価することとされています。

なお、「開業前の会社」の株式評価については、設立に当たって会社に振込んだ金額によって評価する方法も考えられなくはないですが、課税時期が会社設立後、相当な期間を経過した後である場合も想定されます。この場合には、開業前の準備活動や課税時期までの経済情勢の変動によっては、課税時期における評価会社の有する資産の価額と払込金額とが必ずしも一致するとは限りませんので、払込金額によっ

て評価することは適当ではありません（評基通189(5)、189－5）。

　また、「開業前又は休業中の会社」の株式を純資産価額方式により評価する場合においては、株式の取得者とその同族関係者の有する株式に係る議決権の割合が当該会社の議決権総額の50％以下となる場合であっても純資産価額の80％相当額の金額により評価することはできません。

　さらに、「開業前又は休業中の会社」の株式は、「同族株主等以外の株主」が取得した場合であっても、「配当還元方式」によることなく「純資産価額方式」によって評価することになります（評基通189(5)、189－5）。

Question 210 清算中の会社

特定の評価会社の1つである「清算中の会社」とは、どのような会社のことをいいますか。

「清算中の会社」とは、課税時期において清算手続に入っている会社のことをいいます。

「清算」とは、会社の解散に伴いそれまでの法律的、経済的関係を整理する手続をいい、具体的には、現務の結了、債権の取立て、財産の換価処分、債務の弁済及び残余財産の分配など一連の清算業務のことをいいます。そして、この清算業務の結了によって会社の法人格は正式に消滅することになります。

なお、会社の清算に至るまでに課税上の手続きは、株主総会の特別決議により会社の解散が決議されると、その旨を所轄税務署に届出ることとされており、その場合には、当該事業年度開始日から解散までの日（株主総会の特別決議日）を1事業年度とみなした解散の確定申告書を解散の日から2か月以内に提出しなければなりません。

また、解散の確定申告書の提出後は、債権の回収、債務の支払、財産の処分などの清算手続を行い、株主に分配すべき財産を確定させます。なお、残余財産が確定するまで1年以上の期間を要する場合は、1事業年度ごとに通常の確定申告と同様に清算確定申告書を提出する必要があります。

そして、残余財産が確定した場合には、直前期末から残余財産確定日までがみなし事業年度となり、その日から1か月以内に残余財産確定の申告書を提出する必要があります。その後、清算会社は清算事務が終了（残余財産の分配）した時、遅滞なく決算報告書を作成し、株

主総会の承認を得る必要があり、この承認をもって会社の清算は終了し、法人格が消滅します。

　以上により、「**清算中の会社**」とは、会社の解散した日（株主総会での解散の決議の日）から清算業務結了までの期間にある会社のことをいいます。

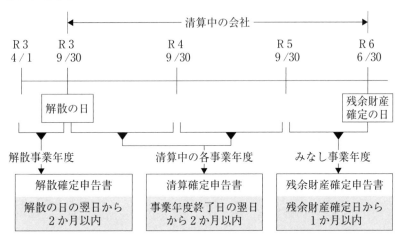

Question 211 清算中の会社の評価方法

評価会社が「清算中の会社」と判定された場合の評価方法を教えてください。

清算中の会社とは、課税時期において清算手続に入っている会社をいいますが開業前又は休業中の会社と同様に、経営活動を続けているとはいえ、その目的は残余財産を確定するための消極的なものであり、類似業種比準価額における標本会社の経営活動と比べて異質であると言えるため、類似業種比準方式を適用すべき前提条件を欠いていると認められます。

そこで、評価会社が「清算中の会社」と判定された場合における当該会社の株価は、株主が将来受け取る予想分配金の現在価値により評価するとされています。

具体的には、清算の結果、分配を受けると見込まれる金額（2回以上にわたり分配を受ける見込の場合には、それぞれの金額）の課税時期から分配を受けると見込まれる日までの期間（その期間が1年未満又はその期間に1年未満の端数があるときは、1年とします。）に対応する基準年利率による複利現価の額（年2回以上にわたり分配を受ける見込の場合にはその合計額）によって評価することになります。

《原則》

| 予想分配の額の現在価値 | ＝ | n年後に分配を受けると見込まれる分配額 | × | n年後に応ずる基準年利率の複利現価率 |

ただし、分配が行われず長期にわたり清算中となっていて、予想分配見込額やその時期が不明な場合には、上記《原則》の算式によって

算定するのは困難ですので純資産価額により評価するとされています。

なお、この場合において株主及びその同族関係者の議決権割合が当該会社の議決権総数の50％以下となる場合であっても、純資産価額の80％相当額により評価することはできません。

また、「清算中の会社」の株式は、「同族株主等以外の株主」が取得した場合であっても、「配当還元方式」によることなく、上記予想分配見込額の現在価値又は純資産価額方式により評価することになります。

《例外》

> **原則：純資産価額方式**
> (注) この場合の純資産価額は、株主及びその同族関係者が有する保有議決権割合が50％以下である場合でも、純資産価額×80％相当額により計算することはできません。

Question 212 予想分配見込額の計算

被相続人Aは、甲社株式を3,000株所有していましたが令和6年3月に亡くなりました。甲社は清算結了の段階にあり株主に対し課税時期の8年後に1株当たり500円、12年後に1株当たり300円、清算分配金が支払われる予定です。この甲社株式の評価方法を教えてください。

A 清算中の会社の株式の価額は、予想分配金の見込額の現在価値により評価するとされていますが、ご質問の清算中の甲社の株式の価額は、次のとおりになります。なお、現在価値に修正するための複利現価率は、国税庁から3か月ごとに公表される『「令和6年分の基準年利率について」の一部改正について』(付録682ページ参照)に記載されている期間に応じた複利現価率を採用します。

ちなみに、ご質問の甲社の株価は、分配金の支払いが課税時期から8年後と10年後の2回に分けて支払われるということですから、それぞれの現在価値を求めることになりますが、令和6年3月における基準年利率(1.0%)に基づく複利現価率は、8年後は0.923、12年後は0.887とされています。

(1) 8年後又は12年後に分配を受ける金額の現在価値
　　イ　8年後……500円×3,000株×0.923＝1,384,500円
　　ロ　12年後……300円×3,000株×0.887＝　798,300円

(2) 甲社の株式評価額
　　イ＋ロ＝2,182,800円

Question 213 同族株主等以外の株主が所有する特定評価会社の株式

「同族株主等」が所有する特定評価会社の株式については、原則として「純資産価額方式」により評価するとされていますが、「同族株主等以外の株主」が所有する場合には、「配当還元方式」により評価することになると思います。

ところで、「同族株主等以外の株主」が所有する特定評価会社の株式については、全て、配当還元方式により評価することができますか。

A 評価会社が「特定の評価会社」に該当すると判定されたとしても、「同族株主等以外の株主」が取得する当該会社の株式については、原則として、配当還元方式により評価します。

ただし、評価会社が「開業前又は休業中の会社」又は「清算中の会社」と判定された場合には、仮に、その株式等を「同族株主等以外の株主」が取得したとしても配当還元方式により評価することはできず、一律、純資産価額（清算中の会社の場合は清算分配見込額）により評価することになります。

評価通達において、「開業前又は休業中の会社」又は「清算中の会社」については、同族株主の判定にかかわらず、純資産価額等によって評価するとしたのは、「開業前又は休業中の会社」は、会社の経営が未だ始まっていないか又は休止している状態であり、会社の経営支配という概念が薄いため、株式の実質的価値の側面から均一に評価することが相当と考えられています。

また、「清算中の会社」については、株主が保有する株式の価値認識は、会社支配というより清算の結果分配を受けると見込まれる予想

分配金であるから、同族株主の判定は不要であり、その結果、予想分配金の見込額により評価するとされています。

　なお、「開業前又は休業中の会社」又は「清算中の会社」の株式を純資産価額方式により評価する場合でも、株主及びその同族関係者が保有する株式に係る保有議決権割合が50％以下の場合に適用される純資産価額×80％相当額の取扱いは適用できません。

Question 214 医療法人の出資（評価の対象となる出資）

医療法人には、財団医療法人と社団医療法人がありますが、医療法人の全てが相続税の対象となりますか。

A 医療法人は、医療法第39条の規定により設立が認められた特別の法人で、①複数の人が出資して設立される社団たる医療法人と②個人や法人が寄付した財産によって設立される財団たる医療法人の2つに分類され、①社団たる医療法人は、さらに、(a)持分の定めのあるものと(b)持分の定めのないものに分類されます。

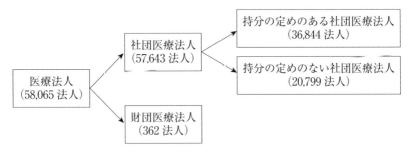

（令和5年3月31日現在　厚生省医政局指導課調査）

上記のうち財団たる医療法人は、寄附された財産が中心となって成立している法人で社員や設立者に剰余金や残余財産を分配する必要がないため出資持分の概念がなく、したがって、評価の対象になることはありません。

また、社団たる医療法人でその定款に出資持分に関する定めが設けられていないものは、民法上の社団法人に類似しており、各社員は、その出資について何らの持分権を有していないことから、こちらも評価の対象とはなりません。

これに対し、社団たる医療法人で持分の定めのあるものは、会社な

どと同様、各社員は社員権として出資に対する持分権を有しており、その持分は、通常、自由に譲渡又は質入れすることができるし、また、相続又は遺贈の対象にもなります。

したがって、医療法人の出資のうち持分の定めのある社団たる医療法人の出資については、相続税の対象となり、非上場会社の株式と同様にして評価通達に従って評価することとされています。

> (注) 医療法人のうち、持分の定めのある社団医療法人は、平成19年4月の医療法の改正により設立できなくなったため年々数が減少しています。なお、現在ある出資持分の定めのある社団医療法人は、今後、当分の間は、「経過措置型医療法人」としてその存続が認められることになっています。

(参考法令等)

医療法第39条《医療法人》
1 病院、医師若しくは歯科医師が常時勤務する診療所、介護老人保健施設又は介護医療院を開設しようとする社団又は財団は、この法律の規定により、これを法人とすることができる。
2 前項の規定による法人は、医療法人と称する。

医療法第44条《設立認可》
1 医療法人は、その主たる事務所の所在地の都道府県知事(以下この章(第3項及び第66条の3を除く。)において単に「都道府県知事」という。)の認可を受けなければ、これを設立することができない。
2〜6 (省略)

医療法第46条《医療法人設立》
1 医療法人は、その主たる事務所の所在地において政令の定めるところにより設立の登記をすることによって成立する。
2 (省略)

Question 215 医療法人の出資（一般会社と異なる点）

医療法人の出資のうち、相続税の対象となるものは、持分の定めのある社団医療法人ということのようですが、この出資を評価する場合に注意すべき点があれば教えてください。

A 医療法人の医療事業は、制度発足以来、営利目的で行うことが禁止されていますが（医療法第7条6項）、さらに剰余金の配当も禁止（医療法第54条）されていて、一般の法人と比較した場合に様々な点で異なってきます。

したがって、医療法人の出資を評価するにあたっては、以下の点に注意して評価する必要があります。

① 剰余金の配当が禁止されていることから配当還元方式がなじまないこと。
② 各社員は、出資を義務付けられておらず、社員には、出資を有するものと出資を有しないものとの併存が認められていること。
③ 各社員の議決権が平等であり、出資と議決権が結びついていないことなどから社員の所有する議決権割合を判定する必要がないこと。

上記の①～③の特徴から、持分の定めのある医療法人については、出資を所有する者（出資者）の全てが同じ原則的評価方式により評価することになります（配当還元方式の適用はありません。）（評基通194-2）。

> 評価対象：社団医療法人のうち出資持分の定めのあるもの
> 評価方法：医療法人の規模に応じた原則的評価方法

(注1) 医療法人であっても、特定の評価会社の要件に該当した場合には、特定の評価会社の評価方法に準じて評価することになります。
(注2) 純資産価額の計算において、出資者及びその同族関係者の所有する出資に係る議決権割合が50％以下である場合であっても純資産価額の80％により評価することはできません。
(注3) 医療法人の出資については、剰余金の配当が禁止されているので、配当期待権が発生している場合の出資額の修正はありませんが、出資の割当てを受ける権利等が発生している場合の修正は、一般の会社と同様な方法で行います。

(参考法令等)

医療法第7条（医療法人の開設等）
1〜5（省略）
6　営利を目的として、病院、診療所又は助産所を開設しようとする者に対しては、第4項の規定にかかわらず、第1項の許可を与えないことができる。

医療法第54条（剰余金の禁止）
医療法人は、剰余金の配当をしてはならない。

Question 216 医療法人の出資（類似業種比準方式）

医療法人は、営利目的で医療事業を行うことが禁止されており、合わせて剰余金の配当も禁止されています。

一方で、類似業種比準方式の計算は、比準3要素の金額を比準させて株価を算定しますが、この3要素には「年配当金額Ⓑ」が含まれています。医療法人の出資を類似業種比準方式により計算するとき、「年配当金額Ⓑ」の取扱いはどうなりますか。

A 医療法人の医療事業は、制度発足以来、営利目的で行うことが禁止されている（医療法第7条6項）ほか、剰余金の配当も禁止されている（医療法第54条）等、様々な点で一般企業とは異なります。

したがって、医療法人の出資を類似業種比準方式により計算する場合には、次の点に留意する必要があります。

1 会社の業種区分の判定

会社規模の判定等に先立って行われる業種区分の判定は、日本標準産業分類に従って行われますが、これによりますと、病院は「サービス業」の一種と考えられていることから、「小売・サービス業」に該当するものとして取り扱われます。

2 業種番号

医療法人の出資の評価において、類似業種比準方式の計算を行う場合の業種目は、医療法人に最も適する類似業種が見当たらないことから「その他の産業（113）」（令和6年における類似業種株価等通達に

定める業種目番号）を適用します。なお、「その他の産業（113）」は、大分類だけですので、評価通達181のただし書（中分類もしくは大分類の選択）の適用がないことになります。

3　類似業種比準方式の計算

医療法人は、剰余金の配当が禁止されていますので、類似業種比準方式の算式は、比準3要素のうち「1株当たりの配当金額Ⓑ」の要素を除外して、次のように行います。

《一般医療法人の類似業種比準価額方式の算式》

$$A \times \left(\frac{\frac{Ⓒ}{C} + \frac{Ⓓ}{D}}{2^{(注2)}} \right) \times 0.7^{(注1)}$$

「A」＝類似業種「その他の産業（121）」の株価
「Ⓒ」＝医療法人の1株当たりの年利益金額
「Ⓓ」＝医療法人の1株当たりの純資産価額（帳簿価額の金額）
「C」＝類似業種の1株当たりの年利益金額
「D」＝類似業種の1株当たりの純資産価額（帳簿価額の金額）

（注1）　大会社に相当する医療法人については「0.7」、中会社に相当する医療法人については「0.6」、小会社に相当する医療法人については「0.5」となります。
（注2）　平成29年4月27日付の評価通達の改正により、算式中の分母の数値は、従前の「4」から「2」に改正されました。

なお、評価対象の医療法人が土地保有特定会社と判定された場合には、その出資は純資産価額方式により計算することになります。

また、医療法人が株式保有特定会社と判定された場合には、原則として純資産価額方式により出資の評価を行いますが、「$S_1 + S_2$」方

式により評価することもできます。その場合のS₁部分（株式等を除いた部分）の金額を類似業種比準方式により求める場合の算式は次のとおりになります。

《S₁部分の類似業種比準方式の算式》

$$A \times \left(\frac{\frac{Ⓒ-ⓒ}{C} + \frac{Ⓓ-ⓓ}{D}}{2^{(注2)}} \right) \times 0.7^{(注1)}$$

（注１） 大会社に相当する医療法人については「0.7」、中会社に相当する医療法人については「0.6」、小会社に相当する医療法人については「0.5」となります。

（注２） 平成29年４月27日付の評価通達の改正により、算式中の分母の数値は、従前の「４」から「２」に改正されました。

Question 217 医療法人の出資（純資産価額方式）

医療法人は一般企業と異なることから類似業種比準方式の計算では、様々な点で修正が必要のようですが、純資産価額方式の計算にあたって注意すべき点はありますか。

持分の定めのある医療法人の出資を純資産価額方式により計算する場合には、次の点に注意する必要があります。

1 純資産価額×80％相当額

非上場株式を評価する場合の純資産価額（相続税評価額によって計算した金額）は、株式の所有者とその同族関係者の有する株式に係る議決権の合計が、評価会社の議決権総数の50％以下である場合は、純資産価額の80％により評価することができますが、医療法人は、各社員の議決権が平等であることから、この20％の評価減の適用はありません。

2 営業権

医療法人の出資持分を「純資産価額方式」により計算する場合においては、営業権を評価する必要はありません。

医療法人が受ける報酬は、その勤務している医師の技術、手腕又は才能等によるところが大きく、その医師がいなくなることにより消滅することも考えられるので、個人開業医に準じて、あえて営業権の評価をしなくても差し支えないとされています（評基通165）。

Question 218 定款に出資口数の定めがない医療法人

持分の定めのある医療法人の出資の評価を行っていますが、定款に一口当たりの出資金額が記載されていないため、出資の評価に必要な総口数（＝発行済株式数）がわかりません。

このようなケースではどのように評価したらよいでしょうか。

純資産の部		
Ⅰ	基金（出資金）	(30,000,000)
Ⅱ	積立金	(9,000,000)
	代替基金	5,000,000
	○○積立金	0
	繰越利益積立金	4,000,000
Ⅲ	評価・換算差額金	(0)

A 持分会社（合資会社、合名会社、合同会社）などの出資金を評価する場合、出資口数の定めがない場合がありますが、このような場合について評価通達の定めがありません。

実務的には、類似業種株価通達等で公表されている株価が１株当たり50円とした場合の発行済株式数の１株当たりの金額ですので、それに合わせ１口50円とした場合の概算口数で評価するのが相当と考えます。

例えば、基金が3,000万円、資本積立金が500万円だったようなケースでは、3,500万円÷50円＝700,000口を総発行口数として、１口当たりの純資産価額等を計算することが相当です（被相続人等が出資した金額も同様に50円として出資口数を計算します。）。

また、仮に１口１円として総発行口数を3,500万口として計算する

とした場合、純資産価額が2,000万円だとすると1口当たりの純資産価額は0.57円となり、端数処理により0円となってしまいます。

このようなケースでは、1口当たりの金額を50円又は100円として計算し、端数処理により0円とならないように評価することが相当です。

Question 219 医療法人（特定の評価会社の判定）

医療法人であったとしても、土地等や株式等を多く所有していた場合や「利益金額」及び「純資産価額」がマイナスである場合には「特定の評価会社」として判定される場合もありますか。

また、その判定及び計算方法を教えてください。

A 医療法人についても、評価通達で定める「特定の評価会社」の要件に該当すれば「特定の評価会社」として評価されることになります。

ただし、医療法人は、剰余金の配当が禁止されており、一般会社と異なることから「特定の評価会社」の判定要件及び「特定の評価会社」と判定された場合の計算方法については、次のとおり異なります。

1　比準要素数1の会社

(1)　要件

「比準要素数1の会社」とは、評価会社の直前期末の1株当たりの「配当金額Ⓑ」、「利益金額Ⓒ」及び「純資産価額（帳簿価額によって計算した金額）Ⓓ」の3つの比準要素のうち、いずれか2つが0であり、かつ、直前々期末を基とした場合の3要素について、いずれか2つ以上が0の会社をいいます。前述したとおり、医療法人は、剰余金の配当が禁止されていることから「配当金額」の要素を除外して判定することになります。

したがって、医療法人の出資の評価にあたっては、課税時期の直前期末の「利益金額Ⓒ」及び「純資産価額（帳簿価額によって計算した金額）Ⓓ」の金額のうち、いずれかが0であり（したがって、1要素

のみが0）かつ、直前々期末を基準として、それぞれの金額を計算した場合にいずれか1つ以上が0の場合に「比準要素数1の会社」に該当することになります。

(2) 「比準要素数1の会社」の場合の類似業種比準方式の算式

「比準要素1の会社」と判定された医療法人の評価は、「純資産価額方式」を原則として「純資産価額 × 0.75 ＋ 類似業種比準価額 × 0.25」の併用方式により評価することも可能です。この場合の類似業種比準方式の計算は次のとおりです。

〔利益金額Ⓒのみが黒字の場合〕

$$A \times \left(\frac{Ⓒ}{\frac{C}{2^{(注2)}}} \right) \times 0.7^{(注1)}$$

〔簿価純資産価額Ⓓのみが黒字の場合〕

$$A \times \left(\frac{Ⓓ}{\frac{D}{2^{(注2)}}} \right) \times 0.7^{(注1)}$$

(注1) 「0.7」は大会社の場合で、中会社「0.6」、小会社「0.5」として計算します。
(注2) 平成29年4月27日付の評価通達の改正により、算式中の分母の数値は従前の「4」から「2」に改正されました。

2 比準要素数0の会社

(1) 要件

「比準要素数0の会社」の判定においても、前記1「比準要素数1の会社」の判定と同様に、「配当金額」の要素を除外して判定するこ

とになります。

　したがって、課税時期の直前期末を基準として計算した「利益金額ⓒ」及び「純資産価額（帳簿価額によって計算した金額）ⓓ」のいずれも0であれば「比準要素数0の会社」に該当することになります（したがって、医療法人の場合には2要素が0の場合）。

(2)　「比準要素数0の会社」の場合の評価方式

　純資産価額方式により計算することになります。

3　土地保有特定会社

(1)　要件

　「土地保有特定会社」とは、課税時期において評価会社が所有する各資産の相続税評価額の合計額のうちに占める土地等の相続税評価額の合計額の割合が70％以上（中会社及び規模の小さい小会社は90％以上）の会社をいいます。

(2)　「土地保有特定会社」の場合の評価方式

　純資産価額方式により評価します。

4　株式等保有特定会社

(1)　要件

　「株式等保有特定会社」とは、課税時期において評価会社が所有する各資産の相続税評価額の合計額のうちに占める株式等及び出資の相続税評価額の合計額の割合が50％以上の会社をいいます。

(2) S_1部分を類似業種比準方式により計算する場合の評価方式

　医療法人が株式等保有特定会社に該当する場合には、原則として、「純資産価額方式」で計算しますが「$S_1 + S_2$方式」の計算も認められます。この「$S_1 + S_2$方式」の計算におけるS_1の価額を類似業種比準方式により計算する場合には次のとおりです。

イ　株式等保有特定会社の場合

$$A \times \left(\frac{\frac{ⓒ - ⓒ}{C} + \frac{Ⓓ - ⓓ}{D}}{2^{(注2)}} \right)^{(注1)} \times 0.7$$

ロ　株式等保有特定会社でもあり比準要素数1の会社でもある場合（L=0.25）〕

〔利益金額ⓒのみが黒字の場合〕

$$A \times \left(\frac{\frac{ⓒ - ⓒ}{C}}{2^{(注2)}} \right)^{(注1)} \times 0.7$$

〔簿価純資産価額Ⓓのみが黒字の場合〕

$$A \times \left(\frac{\frac{Ⓓ - ⓓ}{D}}{2^{(注2)}} \right)^{(注1)} \times 0.7$$

(注1) 「0.7」は大会社の場合で、中会社は「0.6」、小会社は「0.5」として計算します。

(注2) 平成29年4月27日付の評価通達の改正により、算式中の分母の数値は従前の「4」から「2」に改正されました。

Question 220 医療法の改正に伴う課税関係

医療法の改正により、従来型の持分の定めのある医療法人の設立はできなくなったと聞いていますが、医療法があるべき姿を目指す過程において、出資額限度法人への移行も認められると聞いています。この出資額限度法人への移行に係る課税関係について教えてください。

A

1　医療法の改正

医療法は平成19年4月に改正（第5次医療法改正）され、従来型の持分の定めのある医療法人の設立はできなくなりましたが、直ぐに従来型の「出資持分の定めのある医療法人」が廃止されるのではなく、当分の間は、出資持分の退社時の払戻請求権と解散時の残余財産分配権という財産権が保全された「経過措置型医療法人」としてその存続が認められることになりました。

一方で、平成19年4月以後に設立されることになる「社団医療法人」は、「出資」ではなく「拠出」によって設立されることになるので出資持分の概念はありません。このように、出資持分の概念がないということは、解散時の残余財産は、財団医療法人と同様に国又は地方公共団体等に帰属することになるので相続税の対象とはなっておりません。

この新たに設立される「社団医療法人」は、拠出財産について基金制度を採用するか否かにより基金拠出型法人とそれ以外に分かれることになります。

平成19年3月31日以前に設立申請

〔財団医療法人〕
・現金その他の資産の寄附又は譲渡などにより設立。
・寄附者の出資持分は存在しない。
・出資者は設立目的に従って寄附したため、払戻し請求はできない。
・解散時の残余財産は、理事会等で処分方法を決定し、都道府県知事（または厚生労働大臣）の許可を受けて処分される。

〔持分の定めのある社団医療法人〕
・病院又は診療所を開設することを目的とした「人の集合体」で通常、複数の人から、現金、不動産等の出資を受け設立される。
・その定款に①社員の退社に伴う、出資持分の払戻し及び②医療法人の解散時に残余財産の分配に関する定めを設けている。
・社員になるためには、必ず出資しなければならないわけでなく出資しない者も社員とすることができます。

平成19年4月1日以後の設立申請

〔財団医療法人〕
財産の「寄附行為」により設立されるので、出資持分は存在しない。
解散時の残余財産は、理事会等で処分方法等を決定し、都道府県知事（又は厚生労働大臣）の許可を受けて行うのではなく、直接、国や地方公共団体に帰属することになる。

〔社団医療法人〕（持分の定めなし）
- 基金拠出型医療法人
- 上記以外の医療法人

2　出資額限度医療法人

　医療法人の将来のあるべき姿と考えられている持分の定めがなく公益性の高い特定医療法人（社会医療法人を含みます。）若しくは一般の持分なし社団医療法人への移行を円滑に進めるための当分の間の策として考えられたのが「経過措置型医療法人」です。

出資持分の定めのある医療法人の中には、社員の退社に伴う出資持分の払戻しや医療法人の解散に伴う残余財産分配の範囲につき、払込出資額を限度とする旨を定款で定めている法人があり、この医療法人を「出資額限度医療法人」といいます。そして、同法人は出資者への払い戻しが払込出資額を限度とすることを定款で定めているため、医療法人の永続性が確保しやすくなります。

　この「出資額限度医療法人」は、前述したとおり出資持分の定めのある医療法人の一類型ですが、医療法人の純資産価額や社員の出資割合にかかわらず、出資持分の払戻請求権及び残余財産分配請求権の価額が当該社員が実際に出資した額そのものに固定される点に特徴があります。

　ところで、医療法人は、剰余金の分配が禁止されているため、事業遂行上生じた剰余金は内部留保されています。そして、長年運営している医療法人の中には内部留保された剰余金が多額に登り、出資の払戻し請求が起きた場合、法人の運営を圧迫するほどの払戻し金額になることもあります。出資額限度法人は、このような事態の対応策として考えられた医療法人社団の一形態であり、それ自体は以前から行われてきましたが、実際の税務については明文化されておらず曖昧なままでした。

　そこで平成16年の6月8日付の文書回答事例により、「持分の定めのある医療法人が出資額限度法人に移行した場合の課税関係」が公表されました。

　なお、国税庁の文書回答事例で対象としている出資額限度法人とは、定款において次のような定めを設けている法人をいい、このような内容の規定を定款に盛り込んでいない法人は対象外とされています。

(参考) 「出資額限度法人」モデル定款の内容等

> 1　社員資格を喪失したものは、払込出資額を限度として払戻しを請求することができる。
> 2　解散した場合の残余財産は、払込出資額を限度として分配する。
> 3　解散した場合の払込出資額を超える残余財産は、国、地方公共団体、他の医療法人に帰属させる。
> 4　1から3までの定めは、変更することができないものとする。
> 　但し、特定医療法人又は特別医療法人に移行する場合はこの限りでない。

(1)　定款を変更して出資額限度法人へ移行する場合

　出資額限度医療法人は、定款の変更により出資に係る権利を制限することになりますが、従前と変わらず「出資持分の定めを有する医療法人」であり、この定款変更により医療法人の解散・設立があったとみることはできませんので医療法人の清算所得課税、出資者のみなし配当課税、従前出資者に帰属していた法人財産に対する持分のうち払込出資額を超える部分の贈与税課税などは生じません。

(2)　出資額限度法人の出資の評価を行う場合

　相続税等における出資額限度法人の出資の評価は、通常の持分の定めのある社団医療法人と同様に評価通達194－2の定めに従って行います。

(3)　社員が出資払込額の払戻しを受けて退社した場合

　定款の後戻り（出資額限度医療法人からもとの出資持分の定めのない医療法人への変更）が可能であるとしても、出資額限度医療法人と

して社員のうち1名が退社し、それに伴い定款の定めに従って出資払込額の払戻しを行った場合には、当然、社員の出資は消滅します。そして、それによって、当該出資に対する剰余金相当額（法人財産に対する持分のうち払込出資額を超える部分）について払い戻さないことが確定します。

このように出資払込額の払戻しを受けて個人社員が退社した場合の医療法人に係る課税関係については次のとおりです。

イ　退社した社員の課税

退社に伴い出資払込額を限度として出資持分の払戻しを受ける金額が、当該出資持分に応ずる資本等の額を超えない限りにおいては課税は生じません。

なお、退社により持分の払戻しを受ける金額が持分に対応する資本金等の金額を超える場合、その超過部分については、配当とみなされます。

ただし、払戻しを受ける金額は、出資払込額が限度とされているので資本金等を超える部分の金額は生じないと考えます。

また、社員が払い戻しを受ける金額は、払入出資額を限度とされているからその額は通常、取得費（払込出資額）と同額となり、原則として、譲渡所得の課税は生じないと考えられます。

ロ　医療法人に対する課税

退社した社員に対して、定款の規定に従って出資払込額を支払ったという医療法人の行為は、出資金額の減少を生ずる資本取引に該当するため、課税関係は生じません。

ハ　残存出資者又は医療法人に対する贈与税の課税関係

　退社した社員から残存する他の出資者に対して出資持分の価額の増加について、みなし贈与の課税の問題が生じることとなりますが、次のいずれにも該当しない出資額限度法人においては、原則として、他の出資者に対するみなし贈与の課税は生じないものとされています。
① 　当該出資額限度法人に係る出資、社員及び役員が、その親族、使用人など相互に特殊な関係をもつ特定の同族グループによって占められていること。
② 　当該出資額限度法人において社員（退社社員を含む）、役員（理事・監事）又はこれらの親族等に対し特別な利益を与えると認められるものであること。

　上記に該当するかどうかは、当該出資額限度法人の実態に即して個別に判断すべきと考えられます。

(4)　社員が死亡により退社した場合
イ　相続税の課税関係

　社員が死亡により退社した場合において、定款の定めにより出資を社員の地位とともに相続等することができることとされている出資額限度法人の出資を相続等したとき、また、出資払戻請求権を相続等により取得した相続人等がその払戻しに代えて出資を取得し、社員たる地位を取得することとなるときには、当該出資又は出資払戻請求権の価額は、出資としての評価額となり、前記(2)のとおり、評価通達194－2の定めに基づき評価します。

　一方、社員の死亡退社に伴い、その出資に関する出資払戻請求権を取得した相続人等が現実に出資払戻額の払戻しを受けたときには、当

該出資払戻請求権については、出資払込額により評価します。

　ロ　他の出資者の課税関係

　前記イで、死亡した社員の相続人等が現実に出資払込額の払戻しを受け、当該出資を相続しなかった場合には、当該出資に係る剰余金相当額が放棄され、結果として、他の出資者に当該剰余金が帰属することになります。この場合には、前記(3)ハの場合と同様の判定に基づき、死亡した社員から残存する他の出資者に対して出資に係る剰余金相当額について利益の贈与が行われたものとみなされ、みなし贈与（この場合には、相続により剰余金の移転が行われるのでみなし相続になると考えられます。）の課税が生じることになります。

　なお、この場合において、残存する他の出資者が被相続人（死亡した退社社員）からの相続等により他の財産を取得しているときには、その利益は、当該他の相続財産に加算され相続税の課税対象となります（相法19）。

　ハ　その他の課税関係

　退社社員（被相続人）の所得税の課税関係及び医療法人の法人税の課税関係については、前記(3)のイ及びロの場合と同様となります。

(参考)

医政発第0608002号
平成16年6月8日

国税庁課税部長　西江　章　殿

厚生労働省医政局長　岩尾　總一郎

持分の定めのある医療法人が出資額限度法人に移行した場合等の課税関係について（照会）

　医療法人は、医療法（昭和23年法律第205号）第39条の規定により、病院、診療所又は介護老人保健施設を開設しようとする財団又は社団が、都道府県知事（二以上の都道府県の区域において病院、診療所又は介護老人保健施設を開設する場合にあっては、厚生労働大臣）の認可を受けて設立される非営利の法人である。医療法においては、営利を目的として、病院、診療所又は助産所を開設しようとする者に対しては、開設許可を与えないこととされている（医療法第7条）ところであり、医療法人制度（医療法第4章）においては、剰余金の配当の禁止が明示されている（医療法第54条）など、非営利の法人であることが規定されている。

　この医療法人のうち、社団であるもの（以下「社団医療法人」という。）には、出資持分の定めのないものと、出資持分の定めのあるものとがある（財団医療法人には出資の概念がない。）。さらに、社団医療法人のうち、持分の定めのあるものは、定款を変更して、持分の定めのないものに移行することができるが、逆に、持分の定めのないものから持分の定めのあるものに移行することはできないとされている（医療法施行規則（昭和23年厚生省令第50号）第30条の36）。

　この社団医療法人については、厚生労働省では、社団の医療法人定款例（医療法人制度の改正及び都道府県医療審議会について（昭和61年健政発第410号）別添4）を示してきたところであるが、「これからの医業経営の在り方に関する検討会」最終報告（平成15年3月26日）の指摘を踏まえ、出資持分の定めのある社団医療法人の一類型として、出資持分を残したまま、

社員の退社時における出資払戻請求権及び医療法人の解散時における残余財産分配請求権に関し、その法人財産に及ぶ範囲を実際の払込出資額を限度とすることを定款上明らかにした医療法人(以下「出資額限度法人」という。)の新規設立認可や既存の出資持分のある社団医療法人からの定款変更の認可が円滑に行われるよう、次の内容を盛り込んだ「モデル定款」を示すことを考えている。

　○「出資額限度法人」のモデル定款の内容等

　出資持分の定めのある社団医療法人のうち、定款により、次のような定めを設けているものを、「出資額限度法人」ということとする。

(1) 社員資格を喪失したものは、払込出資額を限度として払戻しを請求することができる。

(2) 本社団が解散した場合の残余財産は、払込出資額を限度として分配するものとする。

(3) 解散したときの払込出資額を超える残余財産は、社員総会の議決により、都道府県知事の認可を経て、国若しくは地方公共団体又は租税特別措置法(昭和32年法律第26号)第67条の2に定める特定医療法人若しくは医療法第42条第2項に定める特別医療法人に帰属させるものとする。

(4) (1)から(3)までの定めは変更することができないものとする。ただし、特定医療法人又は特別医療法人に移行する場合はこの限りではない。

　この出資額限度法人については、定款を変更して出資額限度法人へ移行する時点、変更後の定款の下で社員(出資者)の退社等が生じた時点等の課税上の取扱いについても、これを明確にする必要があるところ、現行の定款の定めによる出資額限度法人については、下記のとおり取り扱われるものと解して差し支えないか、貴庁の見解を承りたく照会する。

　なお、照会に当たっては、平成16年3月31日現在の医療法及び同関係法令を前提としており、出資持分の定めのある社団医療法人において、社員(出資者)の社員資格の喪失や、法人の解散時に、当該法人の財産に対し出資持分の払戻請求権の及ぶ範囲を定款上如何に定めるかについては、当該法人の自治の範囲内であり、移行後の定款を変更することも医療法第4章及び同関係法令において特段制限されているものではないことを申し添える。

記

1．定款を変更して出資額限度法人へ移行する場合

　法人税、所得税及び贈与税等の課税は生じない。

（理由）

　出資持分の定めのある医療法人の出資額限度法人への移行とは、出資持分に応じて法人財産に対する権利を有していた出資者の権利に関して、社員の合意に基づく定款変更により、将来退社したときの出資払戻請求権又は当該医療法人が解散した場合の残余財産分配請求権について払込出資額を限度とする旨定めることをいう。

　このように出資額限度法人は、定款の変更により出資に係る権利を制限することとするものであるが、依然として出資持分の定めを有する社団医療法人であり、この定款変更をもって、医療法人の解散・設立があったとみることはできないから、医療法人の清算所得課税、出資者のみなし配当課税、出資払込みに伴うみなし譲渡所得課税等の問題は生じないものと解される。

　また、定款変更により出資額限度法人に移行したとしても、医療法上は、再び定款を変更して元の出資持分の定めのある医療法人に戻ることについての規制がなく、後戻りが可能であること等からすれば、出資額限度法人への移行により、従来出資者に帰属していた法人財産に対する持分のうち払込出資額を超える部分（評価益等の未実現利益を含む。以下「剰余金相当部分」という。）が確定的に他の者に移転したということもできない。

2．出資額限度法人の出資の評価を行う場合

　相続税・贈与税の計算における出資の価額は、通常の出資持分の定めのある医療法人と同様、財産評価基本通達（昭和39年直資第56号・直審（資）第17号）194－2の定めに基づき評価される。

（理由）

　出資額限度法人に移行しても、次のことから、その出資の価額は、通常の出資持分の定めのある医療法人の出資と同様に評価される。

① 　出資額限度法人は、依然として、出資持分の定めを有する医療法人であり、出資者の権利についての制限は将来社員が退社した場合に生じる

出資払戻請求権又は医療法人が解散した場合に生じる残余財産分配請求権について払込出資額の範囲に限定することであって、これらの出資払戻請求権等が行使されない限りにおいては、社員の医療法人に対する事実上の権限に影響を及ぼすものとはいえないこと
② 出資額限度法人においては、出資払戻請求権等が定款の定めにより払込出資額に制限されることとなるとしても、定款の後戻り禁止や医療法人の運営に関する特別利益供与の禁止が法令上担保されていないこと
③ 他の通常の出資持分の定めのある医療法人との合併により、当該医療法人の出資者となることが可能であること

3．社員が出資払込額の払戻しを受けて退社した場合

定款の後戻りが可能であるとしても、社員のうちの1名が退社し、定款の定めに従って出資払込額の払戻しを受けて当該退社社員の出資が消滅した場合には、その時点において、当該出資に対応する剰余金相当部分について払い戻さないことが確定することとなる。

なお、株式会社等営利法人は医療法人の社員となることができないと解されていることから、個人社員が退社した場合の課税関係についてみると、以下のとおりとなる。

⑴ **退社した個人社員の課税関係**

退社に伴い出資払込額を限度として持分の払戻しを受ける金額が、当該持分に対応する資本等の金額を超えない限りにおいては、課税関係は生じない。

（理由）

法人からの退社により持分の払戻しを受けた場合において、当該払戻しを受けた金額が所得税法施行令（昭和40年政令第96号）第61条第2項第6号の規定により計算した当該持分に対応する資本等の金額（法人税法（昭和40年法律第34号）第2条第16号）を超えるときのその超える部分の金額は、所得税法（昭和40年法律第33号）第25条の規定により、配当とみなすこととされているが、出資額限度法人において、個人社員が退社に伴い出資払込額を限度として持分の払戻しを受ける金額が、当該持分に対応する資本等の金額を超えない限りにおいては、同条の規定により配当とみなされる

部分は生じない。

　また、社員が法人からの退社による持分の払戻しとして交付を受けた金額等は、配当とみなされる部分を除き、譲渡所得の収入金額とみなすこととされているが（租税特別措置法第37条の10第4項第6号）、その払戻しを受ける金額は払込出資額を限度とするものであるから、その額は通常、取得額（払込出資額）と同額となり、原則として、譲渡所得の課税は生じない。

(2) **医療法人に対する法人税（受贈益）の課税関係**

　課税関係は生じない。

（理由）

　医療法人にとっては、定款に従い退社社員に出資払込額を払い戻すという出資金額の減少を生ずる取引（資本等取引）に当たるため、一般の営利法人と同様、課税関係は生じない。

(3) **残存出資者又は医療法人に対する贈与税の課税関係**

　残存する他の出資者の有する出資持分の価額の増加について、みなし贈与の課税（相続税法（昭和25年法律第73号）第9条）の問題が生じることとなるが、次のいずれにも該当しない出資額限度法人においては、原則として、他の出資者に対するみなし贈与の課税は生じないものと解される。

ア．当該出資額限度法人に係る出資、社員及び役員が、その親族、使用人など相互に特殊な関係をもつ特定の同族グループによって占められていること

イ．当該出資額限度法人において社員（退社社員を含む）、役員（理事・監事）又はこれらの親族等に対し特別な利益を与えると認められるものであること

　上記に該当するかどうかは、当該出資額限度法人の実態に即して個別に判断されるものである。

　その際、次に掲げるところに該当しない場合にあっては、上記ア又はイにそれぞれ該当しないものとされる。

（アについて）

① 出資者の3人及びその者と法人税法施行令（昭和40年政令第97号）第4条第1項又は第2項に定める特殊の関係を有する出資者の出資金額の

合計額が、出資総額の50％を超えていること
② 社員の3人及びその者と法人税法施行令第4条第1項に定める特殊の関係を有する社員の数が総社員数の50％を超えていること
③ 役員のそれぞれに占める親族関係を有する者及びこれらと租税特別措置法施行令（昭和32年政令第43号）第39条の25第1項第2号イからハまでに掲げる特殊な関係がある者の数の割合が3分の1以下であることが定款で定められていないこと

【参考条文】
○ 法人税法施行令（昭和40年政令第97号）（抄）
　（同族関係者の範囲）
第4条　法第2条第10号（同族会社の意義）に規定する政令で定める特殊の関係のある個人は、次に掲げる者とする。
　一　株主等の親族
　二　株主等と婚姻の届出をしていないが事実上婚姻関係と同様の事情にある者
　三　株主等（個人である株主等に限る。次号において同じ。）の使用人
　四　前3号に掲げる者以外の者で株主等から受ける金銭その他の資産によつて生計を維持しているもの
　五　前3号に掲げる者と生計を一にするこれらの者の親族
2　法第2条第10号に規定する政令で定める特殊の関係のある法人は、次に掲げる会社とする。
　一　同族会社であるかどうかを判定しようとする会社の株主等（当該会社が自己の株式又は出資を有する場合の当該会社を除く。以下この項及び次項において「判定会社株主等」という。）の1人（個人である判定会社株主等については、その1人及びこれと前項に規定する特殊の関係のある個人。以下この項において同じ。）が有する他の会社の株式の総数又は出資の金額の合計額が当該他の会社の発行済株式の総数又は出資金額（その有する自己の株式又は出資を除く。次号及び第3号において同じ。）の100分の50を超える数の株式又は出資の金額に相当する場合における当該他の会社

二　判定会社株主等の1人及びこれと前号に規定する特殊の関係のある会社が有する他の会社の株式の総数又は出資の金額の合計額が当該他の会社の発行済株式の総数又は出資金額の100分の50を超える数の株式又は出資の金額に相当する場合における当該他の会社

三　判定会社株主等の1人及びこれと前2号に規定する特殊の関係のある会社が有する他の会社の株式の総数又は出資の金額の合計額が当該他の会社の発行済株式の総数又は出資金額の100分の50を超える数の株式又は出資の金額に相当する場合における当該他の会社

3　（略）

○　租税特別措置法施行令（昭和32年政令第43号）（抄）
（法人税率の特例の適用を受ける医療法人の要件等）

第39条の25　法第67条の2第1項に規定する政令で定める要件は、次に掲げる要件とする。

一　（略）

二　その運営組織が適正であるとともに、その理事、監事、評議員その他これらの者に準ずるもの（以下この項において「役員等」という。）のうち親族関係を有する者及びこれらと次に掲げる特殊の関係がある者（以下次号において「親族等」という。）の数がそれぞれの役員等の数のうちに占める割合が、いずれも3分の1以下であること。

　　イ　当該親族関係を有する役員等と婚姻の届出をしていないが事実上婚姻関係と同様の事情にある者

　　ロ　当該親族関係を有する役員等の使用人及び使用人以外の者で当該役員等から受ける金銭その他の財産によつて生計を維持しているもの

　　ハ　イ又はロに掲げる者の親族でこれらの者と生計を一にしているもの

三から五まで　（略）

2から6まで　（略）

（イについて）

①　出資額限度法人の定款等において、次に掲げる者に対して、当該法人の財産を無償で利用させ、又は与えるなど特別の利益を与える旨の定めがある場合

ⅰ　当該法人の社員又は役員
　ⅱ　当該法人の社員又は役員の親族
　ⅲ　当該法人の社員又は役員と次に掲げる特殊の関係がある者（次の②において「特殊の関係がある者」という。）
　　(ⅰ)　当該法人の社員又は役員とまだ婚姻の届出をしないが事実上婚姻関係と同様の事情にある者及びその者の親族でその者と生計を一にしているもの
　　(ⅱ)　当該法人の社員又は役員の使用人及び使用人以外の者でその者から受ける金銭その他の財産によって生計を維持しているもの並びにこれらの者の親族でこれらの者と生計を一にしているもの
　　(ⅲ)　当該法人の社員又は役員が法人税法（昭和40年法律第34号）第2条第15号に規定する役員（以下「会社役員」という。）となっている他の会社
　　(ⅳ)　当該法人の社員又は役員、その親族、上記(ⅰ)及び(ⅱ)に掲げる者並びにこれらの者と法人税法第2条第10号に規定する政令で定める特殊の関係にある法人を判定の基礎とした場合に同号に規定する同族会社に該当する他の法人
　　(ⅴ)　上記(ⅲ)又は(ⅳ)に掲げる法人の会社役員又は使用人
②　当該出資額限度法人が社員、役員又はその親族その他特殊の関係がある者に対して、次に掲げるいずれかの行為をし、又は行為をすると認められる場合
　ⅰ　当該法人の所有する財産をこれらの者に居住、担保その他の私事に利用させること。
　ⅱ　当該法人の他の従業員に比し有利な条件で、これらの者に金銭の貸付けをすること。
　ⅲ　当該法人の所有する財産をこれらの者に無償又は著しく低い価額の対価で譲渡すること。
　ⅳ　これらの者から金銭その他の財産を過大な利息又は賃借料で借り受けること。
　ⅴ　これらの者からその所有する財産を過大な対価で譲り受けること、

又はこれらの者から公益を目的とする事業の用に供するとは認められない財産を取得すること。

ⅵ　これらの者に対して、当該法人の理事、監事、評議員その他これらの者に準ずるものの地位にあることのみに基づき給与等（所得税法（昭和40年法律第33号）第28条第1項に規定する「給与等」をいう。以下同じ。）を支払い、又は当該法人の他の従業員に比し過大な給与等を支払うこと。

ⅶ　これらの者の債務に関して、保証、弁済、免除又は引受け（当該法人の設立のための財産の提供に伴う債務の引受けを除く。）をすること。

ⅷ　契約金額が少額なものを除き、入札等公正な方法によらないで、これらの者が行う物品の販売、工事請負、役務提供、物品の賃貸その他の事業に係る契約の相手方となること。

ⅸ　事業の遂行により供与する公益を主として、又は不公正な方法で、これらの者に与えること。

なお、剰余金相当部分に相当する利益は残存出資者へ移転されるものと解されるから、医療法人への贈与があったものとみる必要はないため、相続税法第66条第4項の規定に基づく医療法人に対する贈与税課税の問題は生じない。

（理由）

個人社員が出資払込額の払戻しを受けて退社した場合には、当該出資に対応する剰余金相当部分が医療法人に留保され、残存出資者の出資割合が増加することから、結果として、その出資の評価額が増加することとなる。この場合の増加額は、社員の退社前の医療法人資産の状況及び出資額（口数）に基づいて財産評価基本通達194－2により評価した評価額と当該退社後の医療法人資産の状況及び出資額（口数）に基づく同評価額との差額により求められる。

この評価額の増加は、社員相互の合意による定款変更の結果であるから、原則として、退社社員から残存出資者への利益の移転と捉えることができ、相続税法第9条に規定するみなし贈与の課税が生じることとなる。

ただし、相続税法基本通達9－2の取扱いなどを踏まえれば、特定の同

族グループによる同族支配の可能性がないと認められる医療法人については、一般的にはその利益を具体的に享受することがないと考えられるから、そのような法人にあっては、みなし贈与の課税は生じないものと解される。

4．社員が死亡により退社した場合

(1) 相続税の課税関係

　社員が死亡により退社した場合において、定款の定めにより出資を社員の地位とともに相続等することができることとされている出資額限度法人の当該被相続人に係る出資を相続等したとき、また、出資払戻請求権を相続等により取得した相続人等がその払戻しに代えて出資を取得し、社員たる地位を取得することとなるときには、当該出資又は出資払戻請求権の価額は、出資としての評価額となり、上記2のとおり、財産評価基本通達194－2の定めに基づき評価した価額となる。

　一方、社員の死亡退社に伴い、その出資に関する出資払戻請求権を取得した相続人等が現実に出資払戻額の払戻しを受けたときには、当該出資払戻請求権については、出資払込額により評価する。

(2) 他の出資者の課税関係

　上記(1)で、死亡した社員の相続人等が出資払込額の払戻しを受け、出資を相続しなかった場合であって、当該出資に係る剰余金相当額が残存する他の出資者に帰属するものとして前記3(3)の場合と同様の判定に基づき、他の出資者が退社した社員から出資の価額の増加額に相当する利益の贈与を受けたものとして取り扱われるときには、みなし贈与の課税が生じることとなる。なお、この場合において、当該残存する他の出資者が被相続人（死亡した退社社員）からの相続等により他の財産を取得しているときには、その利益は、当該他の相続財産に加算され相続税の課税対象となる（相続税法第19条）。

(3) その他の課税関係

　退社社員（被相続人）の所得税の課税関係及び医療法人の法人税の課税関係については、前記3(1)及び(2)の場合と同様となる。

第6

その他特殊な株式等の評価

Question 221 種類株式の評価

平成18年5月に施行された会社法により多種多様な種類株式の発行が認められることになりましたが、この種類株式の評価の仕方について、評価通達に規定はありますか。

A 平成18年5月に施行された会社法により多種多様な種類株式の発行が認められるようになり、加えて、株式譲渡制限会社（発行する全ての株式の譲渡について株主総会の承認を要する株式会社をいいます。）における議決権制限株式の発行要件が緩和されたほか、取締役や監査役等の機関の設置が柔軟になりました。この新会社法の下で認められる発行の範囲が広がった種類株式は、中小企業の事業承継においてもその活用が期待されているところです。

評価通達では、種類株式の評価について別段の定めを設けているわけではありませんが、中小企業の事業承継において活用が想定される典型的な種類株式（1. 配当優先の無議決権株式、2. 社債類似株式、3. 拒否権付株式）の評価について中小企業庁から国税庁に照会が寄せられ、それに対する回答が平成19年3月9日付で国税庁から情報として公表されています。

なお、当該3つの種類株式は、当該時点で中小企業の事業承継などの目的で活用が期待されているものですが、種類株式で定める権利内容の組み合わせ次第では、相当数の種類株式の発行が可能であり、その全てについて個々に予め評価方法を定めるのは困難です。

したがって、非上場株式に係る原則的評価方式や本項で述べる典型的な種類株式の評価方法を用いたのでは適正な時価が得られないと考えられる種類株式については、その権利内容を十分に検討し個別に評

価する必要があると思われます。

(参考) 種類株式の類型と内容

	株式の類型	株式の内容
1	(配当及び残余財産)優先株・劣後株	剰余金の配当、残余財産の分配について他の株式より優先又は劣後する株式
2	議決権制限株式	株主総会において議決権を行使できる事項について制限する定めをした株式
3	譲渡制限株式	株式の譲渡について会社の承認を要する旨の定めをした株式
4	取得請求権付株式	株主が会社に株式の買取請求をすることができる権利が付与された株式
5	取得条項付株式	株主の同意なしに一定の事由が生じたことを条件として株主の所有する株式を取得できる株式
6	全部取得条項付株式	株式会社が株主総会の特別決議により、その全部を取得することができる内容の株式
7	議案承認権付株式(拒否権付株式)	株主総会決議事項について株主総会の決議の他に、その種類株式の株主を構成員とする種類株主総会の決議を必要とする旨の株式(株主総会の決議を種類株主総会決議で拒否することができる拒否権株式)
8	取締役・監査役の選任に関する株式	その種類株式の種類株主を構成員とする種類株主総会で取締役・監査役を選任することを内容とする株式

(注) 会社法上は「普通株式」という語は存在しておらず「普通株式」(旧商法上の普通株式)も権利内容の異なる種類の株式がある場合には「標準となる株式」として類型化されます。

Question 222 配当優先株式の評価

配当について優先・劣後のある株式を発行している会社の株式を原則的評価方式により評価する場合の計算の仕方を教えてください。

A

1 配当優先・劣後の株式

配当優先株式とは、種類株式のうち、剰余金の配当に関して優先的に受けとれる権利が付加されている株式をいいますが、優先配当を行ってなお分配すべき財源がある場合に普通株主としての配当を受けることができる参加型と、所定の優先財産配当しか受けられない非参加型に分けることができます。また、配当金の不足により優先配当を受けられなかった年度の不足分について次年度以降に優先的に配当が受けられる株式を累積型といい、受けられないものを非累積型といいます。

一般に優先株式といわれるものには、剰余金の配当を優先的に受けることができるほかに残余財産の分配を優先的に受けることができる株式のことをいいますが、配当優先及び劣後株式（配当金や残余財産の分配など普通株よりも優先度が劣る株式をいいます。）は他の種類株式と組合わせて使われることが一般的です（他の種類の株式への転換が認められたり、また、株主総会における議決権に制限を加えられたりするなどが考えられます。）。

例えば、利益配当を優先しつつ議決権を制限した株式は、株式会社の支配関係（株主比率）に変動を及ぼすことなく新株発行による資金調達を行うことができるので、社債の代替物として利用されることがあります。

なお、これら優先株・劣後株を発行する場合には、配当金額の決定

方法や配当時期、配当財産の種類などについて定款であらかじめ定めておかなければなりません。

2 配当優先・劣後の株式評価方法

配当について優先・劣後のある株式を発行している会社の株式を原則的評価方式により評価する場合の取扱いは次のとおりです。

(1) 類似業種比準方式

類似業種比準方式による株価の計算においては、配当金の多寡は比準要素のうち「1株当たりの配当金額(Ⓑ)」に影響するので、「1株当たりの配当金額(Ⓑ)」は、株式の種類ごとにその株式に係る実際の配当金により計算します。

(2) 純資産価額方式

一方で、純資産価額方式による株価の計算において、配当金の多寡は純資産価額の計算に影響を及ぼさないことから、配当優先の有無にかかわらず、従来どおり評価通達185《純資産価額》の定めにより評価します。

Question 223 配当優先株式の株価の計算及び記載例

評価会社（甲社）は、大会社（その他の産業）に該当しますが、配当について優先・劣後の株式を発行しています。この場合の類似業種比準方式における計算及び評価明細書への記載の仕方を教えてください。

なお、甲社の状況は下記のとおりです。

1　発行済株式数　　　　　　　　61,000株

　　内訳 ｛ 配当優先株式　　　　21,000株（自己株式数　1,000株）
　　　　　　普通株式（配当劣後株式）40,000株（自己株式数　　0株）

2　資本金等の額　　　　　　　　30,000千円
3　1株当たりの資本金等の額　　 500円（30,000千円÷60,000株）
4　1株当たりの資本金等の額を50円とした場合の発行済株式数
　　　　　　　　　　　　　　　600,000株（30,000千円÷50円）
5　年配当金額

	直前期	直前々期
配当優先株式	1,000千円	1,000千円
普通株式	1,800千円	1,800千円

6　年利益金額　　　　　　　　　24,000千円
7　利益積立金額　　　　　　　　60,000千円
8　会社業種　　　　　　　　　　その他の産業　113

9　類似業種比準価額等

株価A	前年平均株価	488円
	課税時期以前2年間の平均額	490円
	課税月（6月）	510円
	前月（5月）	493円
	前々月（4月）	489円

B配当金額	4.4円
C利益金額	31円
D純資産額	285円

A 配当について優先・劣後のある株式を発行している会社の株式評価にあたっては、配当金の多寡は、比準要素のうち「1株当たりの配当金額（Ⓑ）」に影響するので、「1株当たりの配当金額（Ⓑ）」は、株式の種類ごとにその株式に係る実際の配当金により計算します。

　ご質問のA社の配当優先株式及び普通株式（配当劣後株式）の「1株当たりの配当金額Ⓑ」は次のとおりになります。

1　1株当たりの年配当金額（Ⓑ）の計算
(1)　配当優先株式

$$\frac{(1,000千円 + 1,000千円)}{2} \div \left(600,000株 \times \frac{20,000株}{60,000株}\right) = 5円00銭$$

(2)　普通株式

$$\frac{(1,800千円 + 1,800千円)}{2} \div \left(600,000株 \times \frac{40,000株}{60,000株}\right) = 4円50銭$$

2　1株当たりの年利益金額（Ⓒ）の計算
　24,000千円 ÷ 600,000株 = 40円

3　1株当たりの純資産価額（Ⓓ）の計算

（30,000千円＋60,000千円）÷600,000株＝150円

4　類似業種比準価額の計算
(1) 配当優先株式
(イ)　1株(50円)当たりの比準価額

$$488円 \times \frac{\frac{5.0}{4.4}+\frac{40}{31}+\frac{150}{285}}{3} \times 0.7 \fallingdotseq 334.70円 \quad （10銭未満切捨て）$$

(ロ)　配当優先株式の1株当たりの類似業種比準価額

334.700円×500円÷50円＝3,347円

(2) 普通株式
(イ)　1株(50円)当たりの比準価額

$$488円 \times \frac{\frac{4.5}{4.4}+\frac{40}{31}+\frac{150}{285}}{3} \times 0.7 \fallingdotseq 321.10円 \quad （10銭未満切捨て）$$

(ロ)　普通株式の1株当たりの類似業種比準価額

321.100円×500円÷50円＝3,211円

5　評価明細書への記載の仕方

配当優先株式及び普通株式の評価明細書への記載の仕方は次のとおりです。

第4表　類似業種比準価額等の計算明細書　　　会社名　甲社(株)（配当優先株式）

第4表 類似業種比準価額等の計算明細書

会社名 甲社(株)(普通株式)

(取引相場のない株式(出資)の評価明細書) (令和六年一月一日以降用)

1. 1株当たりの資本金等の額等の計算

	直前期末の資本金等の額 ①	直前期末の発行済株式数 ②	直前期末の自己株式数 ③	1株当たりの資本金等の額 ④ (①÷(②−③))	1株当たりの資本金等の額を50円とした場合の発行済株式数 ⑤ (①÷50円)
	30,000 千円	内 40,000 株 61,000	内 0 株 1,000	500 円	400,000 株

2. 比準要素等の金額の計算

1株(50円)当たりの年配当金額

直前期末以前2(3)年間の年平均配当金額

事業年度	⑥ 年配当金額	⑦ 左のうち非経常的な配当金額	⑧ 差引経常的な年配当金額(⑥−⑦)	年平均配当金額
直前期	1,800 千円	千円	㋑ 1,800 千円	⑨(㋑+㋺)÷2 ㋩ 1,800 千円
直前々期	1,800 千円	千円	㋺ 1,800 千円	⑩(㋺+㋩)÷2 千円
直前々々期	千円	千円		

比準要素数1の会社等の判定要素の金額
㋑/⑤ 4円50銭
⑪/⑤

1株(50円)当たりの年配当金額 B ⑫ ㋩の金額 4円50銭

1株(50円)当たりの年利益金額

直前期末以前2(3)年間の利益金額

事業年度	⑬ 法人税の課税所得金額	⑭ 非経常的な利益金額	⑮ 受取配当等の益金不算入額	⑯ 左の所得税額	⑰ 損金算入した繰越欠損金の控除額	差引経常的な利益金額(⑬−⑭+⑮−⑯+⑰)
直前期	24,000 千円	千円	千円	千円	千円	㋥ 又は (㋥+㋭)÷2 ㋭ 24,000 千円 40 円
直前々期	千円	千円	千円	千円	千円	㋭ 又は (㋭+㋬)÷2 円
直前々々期	千円	千円	千円	千円	千円	㋬

1株(50円)当たりの年利益金額 C ⑱の金額 40 円

1株(50円)当たりの純資産価額

直前期末(直前々期末)の純資産価額

事業年度	⑰ 資本金等の額	⑱ 利益積立金額	⑲ 純資産価額(⑰+⑱)
直前期	30,000 千円	60,000 千円	90,000 千円
直前々期	千円	千円	千円

比準要素数1の会社・比準要素数0の会社の判定要素の金額
⑲/⑤ 150円

1株(50円)当たりの純資産価額 D ⑲の金額 150円

3. 類似業種比準価額の計算

類似業種と業種目番号	その他の産業 (No. 121)	区分	1株(50円)当たりの年配当金額 B	1株(50円)当たりの年利益金額 C	1株(50円)当たりの純資産価額 D	1株(50円)当たりの比準価額
類似業種の株価	課税時期の属する月 6月 ㉒ 510円	評価会社	Ⓑ 4円50銭	Ⓒ 40円	Ⓓ 150円	㉓×㉔×0.7 中会社は0.6 小会社は0.5 とします。
	課税時期の属する月の前月 5月 ㉓ 493円	類似業種	B 4円40銭	C 31円	D 285円	
	課税時期の属する月の前々月 4月 ㉔ 489円	要素別比準割合	Ⓑ/B 1.02	Ⓒ/C 1.29	Ⓓ/D 0.52	
	前年平均株価 ㉕ 488円	比準割合	$\frac{Ⓑ/B + Ⓒ/C + Ⓓ/D}{3}$ = 0.94			321円 10銭
	課税時期の属する月以前2年間の平均株価 ㉖ 490円					
	A ㉒、㉓、㉔、㉕及び㉖のうち最も低いもの 488円					

類似業種と業種目番号	(No.)	区分	1株(50円)当たりの年配当金額 B	1株(50円)当たりの年利益金額 C	1株(50円)当たりの純資産価額 D	1株(50円)当たりの比準価額
類似業種の株価	課税時期の属する月 月 ㉗ 円	評価会社	Ⓑ 円 銭	Ⓒ 円	Ⓓ 円	㉘×㉙×0.7 中会社は0.6 小会社は0.5 とします。
	課税時期の属する月の前月 月 ㉘ 円	類似業種	B 円 銭	C 円	D 円	
	課税時期の属する月の前々月 月 ㉙ 円	要素別比準割合	Ⓑ/B .	Ⓒ/C .	Ⓓ/D .	
	前年平均株価 ㉚ 円	比準割合	$\frac{Ⓑ/B + Ⓒ/C + Ⓓ/D}{3}$ =			円 銭 0
	課税時期の属する月以前2年間の平均株価 ㉛ 円					
	A ㉗、㉘、㉙、㉚及び㉛のうち最も低いもの					

1株当たりの比準価額の計算

1株当たりの比準価額	比準価額(㉜と㉝とのいずれか低い方の金額) × ④の金額/50円	㉞ 3,211円
比準価額の修正	直前期末の翌日から課税時期までの間に配当金交付の効力が発生した場合	比準価額 (㉞の金額) − 1株当たりの配当金額 円 銭	修正比準価額 ㉟ 円
	直前期末の翌日から課税時期までの間に株式の割当て等の効力が発生した場合	比準価額 (㉞(㉟がある ときは㉟)の金額) + 割当株式1株当たりの払込金額 円 銭 × 1株当たりの割当株式数)÷(1株+割当株式数又は交付株式数 株)	修正比準価額 ㊱ 円

(参考) 評価明細書第4表の記載の仕方

「類似業種比準方式」により評価する場合は、種類株式ごとに以下のとおり記載します。

(1) 「1．1株当たりの資本金等の額等の計算」の各欄

種類株式ごとに区分せず資本金等の額又は株式数を記載します。この場合、「② 直前期末の発行済株式数」欄及び「③ 直前期末の自己株式数」欄については、評価する種類株式の株式数を内書きします。

(2) 「2．比準要素等の金額の計算」

イ 「1株(50円)当たりの年配当金額」

種類株式ごとに記載します。

この場合、「1株(50円)当たりの年配当金額Ⓑ (Ⓑ₁、Ⓑ₂)」を計算する場合の株式数は、「1．1株当たりの資本金等の額等の計算」の「⑤ 1株当たりの資本金等の額を50円とした場合の発行済株式数」欄の株式数に、発行済株式の総数（自己株式数控除後）に占める各種類株式数（自己株式数控除後）の割合を乗じたものとします。

ロ 「1株(50円)当たりの年利益金額」及び「1株(50円)当たりの純資産価額」

種類株式ごとに区分せず記載します。

※ 「純資産価額方式」（評価明細書第5表）の記載は、種類株式ごとに区分せずに記載し、「配当還元方式」（評価明細書第3表）の記載は、上記(1)及び(2)のイに準じて記載します。

Question 224 同族株主等が所有する無議決権株式の評価

同族株主が無議決権株式を発行している会社の当該無議決権株式及び議決権のある株式を相続等により取得した場合の当該株式の評価方法に違いがあるか教えてください。

A

1 無議決権株式

議決権制限株式とは、株主総会の全部又は一部の事項について議決権の行使を制限された株式をいいます。会社法上、定款の規定により一切の議決権を有しないものを完全無議決権株式といいますが、こうした株式は、議決権の行使にあまり関心を持たない株主及び議決権が増えて会社経営に影響を及ぼす株主を増やしたくないという会社側の意向の双方を反映した株式といわれています。

議決権制限株式には、完全無議決権株式（株主総会の全ての事項について議決権の行使ができない株式）だけでなく議決権一部制限株式（決議事項の一部に限り議決権行使ができる株式）が含まれますが、具体的には、次のような種類株式が考えられます。

① 配当優先無議決権株式
② 利益処分案など一部の議案についてのみ議決権を有する株式
③ 残余財産の分配について優先権のある株式　など

なお、評価通達では、同族株主の判定において、株主総会の一部の事項について議決権を行使できない株式についても「株主の有する議決権の数」及び「評価会社の議決権総数」に含めて判定を行うとされています。

議決権制限株式	完全無議決権株式	議決権を行使できない株式
	議決権一部制限株式	決議事項の一部に限り議決権を行使できる株式

　ちなみに、公開会社においては、議決権制限株式の総数は、発行済株式の1/2を超えて発行することはできないとされていますが、非公開会社はこのような制限はなく、1株だけに議決権があれば他の株式を全て無議決権とすることも可能です。

2　無議決権株式の評価方法

(1)　無議決権株式等の評価（原則）

　無議決権株式を発行している会社の無議決権株式及び議決権のある株式については、原則として、議決権の有無を考慮せずに評価します。

　議決権の有無は、同族株主等の判定にあたっては重要ですが、同族株主グループで所有する議決権割合の判定の結果、同族株主等と判定された株主が所有する株式のうちに無議決権株式があったとしても議決権の有無は考慮されないことになります。すなわち、本人が無議決権株式しか所有していない場合でも、他の親族が議決権株式を30％超（又は15％超）所有していれば同族株主等と判定され、当該無議決権株式は原則的評価方式により評価されることになります。

(2)　無議決権株式及び議決権のある株式の評価（選択適用）

　ある株主が無議決権株式を所有していたとしても、同族関係者を含めて「同族株主等」の判定を行い、「同族株主等」に該当していれば所有している無議決権付株式も原則的評価方式により評価することになります。したがって、同族株主の判定に際しては、株主が単独で議

決権を有しているか否かは直接関係ないとも言えますが、議決権の有無によって株式の価値に差が生じるのではないかという考え方もあることを考慮し、「同族株主等」が無議決権株式（社債類似株式を除きます。以下同じ。）を相続等により取得した場合には、下記①～③の要件を充たす場合に限り、当該株主の選択により、原則的評価方式により評価した価額の５％ディスカウントした金額により評価することができます。

《要件》

① 当該会社の株式について、相続税の法定申告期限までに、遺産分割協議が確定していること。

② 相続又は遺贈により、当該会社の株式を取得した全ての同族株主等から、相続税の法定申告期限までに、当該相続又は遺贈により同族株主等が取得した無議決権株式の価額について、調整計算前のその株式の評価額からその価額に５％を乗じて計算した金額を控除した金額により評価するとともに、当該控除した金額を当該相続又は遺贈により他の同族株主等が取得した当該会社の議決権株式の価額に加算して申告することについての「無議決権株式の評価の取扱いに係る選択届出書」（616ページ参照）が所轄税務署長に提出されていること。

③ 当該相続税の申告にあたり、「取引相場のない株式（出資）の評価明細書」に、調整計算の算式に基づく無議決権株式及び議決権のある株式の評価額の算定根拠を適宜の様式に記載し、添付していること。

なお、この場合には、当該ディスカウントした金額を当該相続又は

遺贈により他の同族株主等が取得した当該会社の議決権株式の価額に加算することになります（以下、この方式による計算を「調整計算」といいます。）。

> (注) 結果として、無議決権株式を相続又は遺贈により取得した同族株主等と議決権株式を相続又は遺贈により取得した同族株主等の間では、評価対象株式の合計額は同一となります。

《調整計算の算式》

無議決権株式の評価額（単価）＝ A × 0.95

議決権のある株式への加算額 ＝ $\left(A \times 無議決権株式の株式総数^{(注1)} \times 0.05 \right) = X$

議決権のある株式の評価額（単価）

$= \left(B \times 議決権のある株式の株式総数^{(注1)} + X \right) \div 議決権のある株式の株式総数^{(注1)}$

A……調整計算前の無議決権株式の1株当たりの評価額[注2]
B……調整計算前の議決権のある株式の1株当たりの評価額[注2]

(注1)「株式総数」は、同族株主等が当該相続又は遺贈により取得した当該株式の総数をいいます（配当還元方式により評価する株式及び社債類似株式を除きます。）。

(注2)「A」及び「B」の計算において、当該会社が社債類似株式を発行している場合は、社債類似株式を社債として、議決権のある株式及び無議決権株式を評価した後の評価額を採用します。

(　　枚中の　　枚目)

無議決権株式の評価の取扱いに係る選択届出書

平成　　年　　月　　日

_____税務署長　殿

住　所_____

氏　名_____印

住　所_____

氏　名_____印

住　所_____

氏　名_____印

　平成____年____月____日に相続開始した被相続人（被相続人氏名）_____に係る相続税の申告において、相続又は遺贈により同族株主が取得した（法人名）_____の発行する無議決権株式の価額について、この評価減の取扱いを適用する前の評価額からその価額に５パーセントを乗じて計算した金額を控除した金額により評価するとともに、当該控除した金額を当該相続又は遺贈により同族株主が取得した当該会社の議決権のある株式の価額に加算して申告することを選択することについて届出します。

(　　枚中の　　枚目）

無議決権株式の評価の取扱いに係る選択届出書（続）

住　所＿＿＿＿＿＿＿＿＿＿＿＿＿＿＿＿

氏　名＿＿＿＿＿＿＿＿＿＿＿＿＿＿印

住　所＿＿＿＿＿＿＿＿＿＿＿＿＿＿＿＿

氏　名＿＿＿＿＿＿＿＿＿＿＿＿＿＿印

住　所＿＿＿＿＿＿＿＿＿＿＿＿＿＿＿＿

氏　名＿＿＿＿＿＿＿＿＿＿＿＿＿＿印

住　所＿＿＿＿＿＿＿＿＿＿＿＿＿＿＿＿

氏　名＿＿＿＿＿＿＿＿＿＿＿＿＿＿印

住　所＿＿＿＿＿＿＿＿＿＿＿＿＿＿＿＿

氏　名＿＿＿＿＿＿＿＿＿＿＿＿＿＿印

住　所＿＿＿＿＿＿＿＿＿＿＿＿＿＿＿＿

氏　名＿＿＿＿＿＿＿＿＿＿＿＿＿＿印

第6　その他特殊な株式等の評価

Question 225 配当優先の無議決権株式の株価の計算

配当優先の無議決権株式を発行している甲社の株式について、次のとおり相続することが決まりましたが、この場合の評価の仕方について教えてください。

1　相続の状況

　　長男A：普通株式　20,000株

　　次男B及び三男C：配当優先無議決権株式　各自20,000株

2　甲社の発行済株式数　60,000株

　　甲社の株式は、全て被相続人が所有していました。

　　内訳 ｛普通株式（議決権あり）　　20,000株
　　　　　配当優先の無議決権株式　　40,000株

3　甲社株式の通常の（調整計算を適用しない場合の）評価額

（1）　普通株式（議決権あり）　3,500円

（2）　配当優先の完全無議決権株式　3,600円

A　ご質問のケースは、甲社の総議決権数20,000個の全てをA（長男）が相続するということから、Aだけでなく、弟であるB及びCについても「同族株主」と判定されます。

したがって、A、B及びCが相続等により取得した甲社株式は、原則的評価方式により評価しますが、同方式の計算では、議決権の有無を考慮せずに計算します。

一方で、議決権の有無によって株式の価値に開差が生じているという見方もできますので、評価通達ではそれらを斟酌し、「同族株主等」が無議決権株式を相続等により取得した場合には、一定の要件のもと、原則的評価方式により評価した価額の5％ディスカウントした金額に

より評価することが可能とされる一方で、議決権を有する株式を取得した同族株主等は、ディスカウントした価額相当を、議決株式の価額に加算するとされています。

この場合の計算は、次のとおりです。

(1) 配当優先の無議決権株式の評価額

次男B及び三男Cが取得した無議決権株式の評価額は、次のとおりになります。

3,600円 × 0.95 × 20,000株 ＝ 68,400,000円

(2) 議決権のある株式への加算額

3,600円 × (20,000株＋20,000株) × 0.05 ＝ 7,200,000円

(3) 議決権のある株式の評価額

長男Aが取得した議決権のある普通株式20,000株の評価額は、次のとおりになります。

(3,500円 × 20,000株 ＋ 7,200,000円) ＝ 77,200,000円

Question 226 社債類似株式

種類株式の1つである社債類似株式を発行している会社の株式を評価する場合の計算方法を教えてください。

A

1 社債類似株式を発行している会社の株式評価

社債類似株式とは、会社法で定める9つの種類株式の1つである配当について優先、劣後を定めた「配当優先、劣後株式」と株主の同意なしに一定の事由が生じたことを条件に株主の所有する株式を取得できる「取得条項付株式」を組合わせたものと考えられます。

国税庁では、社債類似株式を発行している会社の株式の評価についてその方法を公表していますが、ここでいう社債類似株式とは次の①～⑤の条件を充たしているものをいいます。

〔条件〕

①	配当金については他の株式に優先して分配する。また、ある事業年度の配当金が優先配当金に達しないときは、その不足額は翌事業年度以降に累積することとするが、優先配当金を超えて配当しない。
②	残余財産の分配については、発行価額を超えて行わない。
③	一定期日において、本件株式の全てを発行会社に発行価額で償還する。
④	議決権を有しない。
⑤	他の株式を対価とする取得請求権を有しない。

2 社債類似株式及びそれ以外の株式の評価方法

社債類似株式を発行している会社の株式を評価する場合は、社債類似株式とそれ以外の株式を分けて評価することになります。

(1) 社債類似株式の評価

　前記1の①～⑤の条件を充たす社債類似株式は、その経済的実態が社債に類似していると認められることから利付公社債の評価（評基通197－2(3)）に準じて発行価額により評価しますが、社債類似株式は株式であることから既経過利息に相当する配当金の加算は行いません。

(参考法令等)

> **評価通達197－2《利付公社債の評価》**
> (1) 金融商品取引所に上場されている利付公社債
> 　省　略
> (2) 日本証券業協会において売買参考統計値が公表される銘柄として選定された利付公社債（証券取引所に上場されている利付公社債を除く。）
> 　省　略
> (3) (1)又は(2)に掲げる利付公社債以外の利付公社債
> 　その公社債の発行価額と源泉所得税相当額控除後の既経過利息の額との合計額によって評価する。

(2) 社債類似株式以外の株式の評価

　社債類似株式を発行している会社の社債類似株式以外の株式は、社債類似株式を社債であるものとして評価することの関連から、次のイ～ハの修正計算が必要となります。

イ　類似業種比準方式

　① 1株当たりの資本金等の額の計算

　　社債類似株式に係る資本金等の額及び株式数はないものとして

計算します。
　② １株(50円)当たりの年配当金額(Ⓑ)
　　　社債類似株式に係る配当金はないものとして計算します。
　③ １株(50円)当たりの年利益金額(Ⓒ)
　　　社債類似株式に係る配当金を費用として利益金額から控除して計算します。
　④ １株(50円)当たりの純資産価額(Ⓓ)
　　　社債類似株式の発行価額は負債として簿価純資産価額から控除して計算します。

ロ　純資産価額方式
　① 社債類似株式の発行価額の総額を負債（相続税評価額及び帳簿価額）に計上します。
　② 社債類似株式の株式数は、発行済株式数から除外して計算します。

ハ　配当還元方式
　「配当還元方式による価額」については、上記イの①及び②に準じて計算します。

Question 227 社債類似株式を発行している会社の株式を類似業種比準方式により評価する場合

甲社は、大会社（その他の産業「113」）に該当しますが、下記のような社債類似株式を発行しています。この場合に甲社の同族株主であるＡが保有する甲社の普通株式の株価を「類似業種比準方式」により計算する場合の仕方等について教えてください。

1 発行済株式数　　　　　　　　　50,000株
　　内訳 ┌ 普通株式　　　　　　　　45,000株
　　　　 └ 社債類似株式　　　　　　5,000株
2 資本金等の額　　　　　　　　　96,000千円
　　内訳 ┌ 普通株式　　　　　　　　36,000千円
　　　　 └ 社債類似株式（発行価額）　60,000千円
3 年配当金額

	直前期	直前々期
社債類似株式	6,000千円（※）	6,000千円（※）
普通株式	1,000千円	2,000千円

※ 発行価額の10％を優先して配当

4 年利益金額　　　　　　　　　　24,000千円
5 利益積立金額　　　　　　　　　30,000千円
6 類似業種比準価額等

株価A	前年平均株価	490円	比準3要素	B 配当金額	4.4円
	課税時以前2年間の平均額	491円			
	課税月（6月）	488円		C 利益金額	31円
	前月（5月）	490円			
	前々月（4月）	495円		D 純資産価額	285円

A 社債類似株式を発行している会社の株式について、社債類似株式については利付公社債と同様に発行価額（既経過利息の加算は行いません。）によって評価しますが、社債類似株式以外の株式（普通株式）については、社債類似株式を社債であるものとして扱って評価します。

この場合において、甲社の普通株式を類似業種比準方式により計算する時は資本金等の額を次のように修正して計算します。

1 甲社の普通株式の評価方法（類似業種比準価額）

(1) 1株当たりの資本金等の額等の計算

社債類似株式に係る「資本金等の額」及び「株式数」はないものとして計算します。

$$\underset{(資本金等の額)}{96,000千円} - \underset{(社債類似株式)}{60,000千円} = \underset{(計算上の資本金等の額)}{36,000千円}$$

(2) 1株当たりの年配当金額（Ⓑ）の計算

社債類似株式に係る「配当金」はないものとして計算します。

$$\left(\frac{1,000千円 + 2,000千円}{2}\right) \div \left(\frac{36,000千円}{50円}\right) \fallingdotseq 2円00銭$$
(10銭未満切捨て)

(3) 1株当たりの年利益金額(Ⓒ)の計算

社債類似株式に係る配当金額は、費用として年利益金額から控除します。

$$\underset{(利益金額)}{(24,000千円} - \underset{\substack{(社債類似株式\\に係る配当金)}}{6,000千円}) \div \left(\frac{36,000千円}{50円}\right) = 25円$$

(4) 1株当たりの純資産価額(Ⓓ)の計算

社債類似株式の発行価額の総額は、負債として簿価純資産価額から控除します。

$$(96,000千円 + 30,000千円 - \underset{(社債類似株式)}{60,000千円}) \div \left(\frac{36,000千円}{50円}\right)$$

$$≒ 91円（1円未満切捨て）$$

(5) 類似業種比準価額の計算

イ　1株(50円)当たりの類似業種比準価額

$$488円 \times \frac{\frac{2.0}{4.4} + \frac{25}{31} + \frac{91}{285}}{3} \times 0.7 ≒ 177.60円（10銭未満切捨て）$$

ロ　1株当たりの類似業種比準価額

$$177.60円 \times \left(\frac{36,000千円}{45,000株}\right) \div 50円 = 2,841円（1円未満切捨て）$$

2　評価明細書への記載の仕方

第4表　類似業種比準価額等の計算明細書

会社名　甲社(株)(普通株式)

取引相場のない株式(出資)の評価明細書

令和六年一月一日以降用

1. 1株当たりの資本金等の額等の計算	直前期末の資本金等の額	直前期末の発行済株式数	直前期末の自己株式数	1株当たりの資本金等の額（①÷(②-③)）	1株当たりの資本金等の額を50円とした場合の発行済株式数（①÷50円）
	① 外 60,000 千円 36,000	② 外 5,000 株 45,000	③ ―	④ 800 円	⑤ 720,000 株

2. 比準要素等の金額の計算

1株(50円)当たりの年配当金額

直前期末以前2(3)年間の年平均配当金額

事業年度	⑥ 年配当金額	⑦ 左のうち非経常的な配当金額	⑧ 差引経常的な年配当金額（⑥-⑦）	年平均配当金額
直前期	外 6,000 千円 1,000	千円	⑨ (⑧イ+⑧ロ)÷2 1,000 千円	Ⓑ 1,500 千円
直前々期	外 6,000 千円 2,000	千円	⑩ (⑧ロ+⑧ハ)÷2 2,000 千円	
直前々期の前期	千円	千円	千円	

比準要素数1の会社・比準要素数0の会社の判定要素の金額

⑪ 　　　　　円　　銭
　　　　　　　2　0

1株(50円)当たりの年配当金額（Ⓑ/⑤ の金額）
Ⓑ 2 円 0 銭

1株(50円)当たりの年利益金額

直前期末以前2(3)年間の利益金額

事業年度	⑫ 法人税の課税所得金額	⑬ 非経常的な利益金額	⑭ 受取配当等の益金不算入額	⑮ 左の所得税額	⑯ 損金算入した繰越欠損金の控除額	差引利益金額（⑫-⑬-⑭+⑮+⑯）
直前期	外 6,000 千円 18,000	千円	千円	千円	千円	⑰ 又は (⑰イ+⑰ロ)÷2 18,000 千円
直前々期	千円	千円	千円	千円	千円	⑱ 又は (⑰ロ+⑰ハ)÷2
直前々期の前期	千円	千円	千円	千円	千円	

比準要素数1の会社・比準要素数0の会社の判定要素の金額
Ⓒ 25 円

1株(50円)当たりの年利益金額
Ⓒ 25 円

1株(50円)当たりの純資産価額

直前期末(直前々期末)の純資産価額

事業年度	⑰ 資本金等の額	⑱ 利益積立金額	⑲ 純資産価額（⑰+⑱）
直前期	外 60,000 千円 36,000	30,000 千円	66,000 千円
直前々期	千円	千円	千円

比準要素数1の会社・比準要素数0の会社の判定要素の金額
Ⓓ 91 円

1株(50円)当たりの純資産価額（Ⓓ/⑤ の金額）
Ⓓ 91 円

3. 類似業種比準価額の計算

類似業種と業種目番号	その他の産業 (No.113)	区分	1株(50円)当たりの年配当金額	1株(50円)当たりの年利益金額	1株(50円)当たりの純資産価額	1株(50円)当たりの比準価額
類似業種の株価	課税時期の属する月 6月 ㋑ 488 課税時期の属する月の前月 5月 ㋺ 490 課税時期の属する月の前々月 4月 ㋩ 495 前年平均株価 ㊁ 488 課税時期の属する月以前2年間の平均株価 ㋭ 491	比準割合の計算	評価会社 Ⓑ 2 円 0 銭	Ⓒ 25 円	Ⓓ 91 円	㉒×㉓×0.7 ※中会社は0.6 小会社は0.5 とします。
			類似業種 B 4 円 40 銭	C 31 円	D 285 円	
A ㋑、㋺、㋩、㊁及び㋭のうち最も低いもの 488		要素別比準割合	Ⓑ/B 0.45	Ⓒ/C 0.80	Ⓓ/D 0.31	
		比準割合	$\frac{Ⓑ/B + Ⓒ/C + Ⓓ/D}{3}$ = 0.52			177 円 6 銭

類似業種と業種目番号	(No.　)	区分	1株(50円)当たりの年配当金額	1株(50円)当たりの年利益金額	1株(50円)当たりの純資産価額	1株(50円)当たりの比準価額
類似業種の株価	課税時期の属する月 月 課税時期の属する月の前月 月 課税時期の属する月の前々月 月 前年平均株価 課税時期の属する月以前2年間の平均株価	比準割合の計算	評価会社 Ⓑ 円 銭	Ⓒ 円	Ⓓ 円	㉒×㉓×0.7 ※中会社は0.6 小会社は0.5 とします。
			類似業種 B 円 銭	C 円	D 円	
A ㋑、㋺、㋩、㊁及び㋭のうち最も低いもの		要素別比準割合	Ⓑ/B	Ⓒ/C	Ⓓ/D	
		比準割合	$\frac{Ⓑ/B + Ⓒ/C + Ⓓ/D}{3}$ =			円 0 銭

1株当たりの比準価額	比準価額 (㉒と㉗とのいずれか低い方の金額) × ④の金額/50円		2,841 円

比準価額の修正	直前期末の翌日から課税時期までの間に配当金交付の効力が発生した場合	比準価額 (㉘の金額)	1株当たりの配当金額 円 銭	修正比準価額 円
	直前期末の翌日から課税時期までの間に株式の割当て等の効力が発生した場合	比準価額 (㉘(㉙があるときは㉙)の金額) +	割当株式1株たりの払込金額 円 銭 ×	1株当たりの割当株式数又は交付株式数 株 ÷ (1株+ 株)	修正比準価額 円

(参考)　評価明細書第4表の記載の仕方

1　「1．1株当たりの資本金等の額等の計算」の各欄は次により記載します。
　(1)　「①　直前期末の資本金等の額」欄は、社債類似株式に係る発行価額の総額を控除した金額を記載し、当該控除した金額を外書きにします。
　(2)　「②　直前期末の発行済株式数」欄及び「③　直前期末の自己株式数」欄は、社債類似株式に係る株式数を控除した株式数を記載し、当該控除した株式数を外書きにします。
2　「2．比準要素等の金額の計算」の各欄は次により記載します。
　(1)　「1株（50円）当たりの年配当金額」
　　　「⑥　年配当金額」欄は、社債類似株式に係る配当金額を控除した金額を記載し、当該控除した配当金額を外書きします。
　(2)　「1株（50円）当たりの年利益金額」
　　　「⑪　法人税の課税所得金額」欄は、社債類似株式に係る配当金額を控除した金額を記載し、当該控除した配当金額を外書きします。
　(3)　「1株（50円）当たりの純資産価額」
　　　「⑰　資本金等の額」欄は、社債類似株式の発行価額の総額を控除した金額を記載し、当該控除した金額を外書きします。

Question 228 社債類似株式を発行している会社の株式を純資産価額方式により評価する場合

甲社は小会社に該当しますが、下記のような社債類似株式を発行しています。この場合に甲社の同族株主であるAが保有する甲社の普通株式の株価を「純資産価額方式」により計算する場合の仕方等について教えてください。

1　発行済株式数　　　　　　　3,010株

　　内訳 ┌ 普通株式　　　　　3,000株
　　　　 └ 社債類似株式　　　　 10株

2　資産及び負債の金額
　　（資産の部）　相続税評価額　　200,000千円
　　　　　　　　　帳簿価額　　　　120,000千円
　　（負債の部）　相続税評価額　　 70,000千円
　　　　　　　　　帳簿価額　　　　 70,000千円
3　社債類似株式の発行価額　　　　 30,000千円

A

社債類似株式を発行している会社の株式について、社債類似株式については利付公社債と同様に発行価額（既経過利息の加算は行いません。）によって評価しますが、社債類似株式以外の株式（普通株式）については、社債類似株式を社債であるものとして評価するとされています。

この場合において社債類似株式以外の株式（普通株式）を純資産価額方式により評価する場合には、①社債類似株式の発行価額の総額を負債（相続税評価額及び帳簿価額）に計上し、また、②社債類似株式の株式数を発行済株式数から除外して計算します。

1　甲社の普通株式の評価方法（純資産価額）

(1) 相続税評価額による純資産価額

　　　（資産の額）　　　（負債の額）　（社債類似株式）
　　200,000千円 －（70,000千円 + 30,000千円）＝ 100,000千円

(2) 帳簿価額による純資産価額

　　　（資産の額）　　　（負債の額）　（社債類似株式）
　　120,000千円 －（70,000千円 + 30,000千円）＝ 20,000千円

(3) 評価差額に相当する金額

　　（相続税評価額）　（帳簿価額）
　　100,000千円 － 20,000千円 ＝ 80,000千円

(4) 評価差額に対する法人税額等相当額

　　80,000千円 × 37％ ＝ 29,600千円

(5) 課税時期現在の純資産価額（相続税評価額）

　　100,000千円 － 29,600千円 ＝ 70,400千円

(6) 課税時期現在の1株当たりの純資産価額（相続税評価額）

　　70,400千円 ÷ 3,000株(注) ≒ 23,466円（1円未満切捨て）

　（注）　総発行済株式数から社債類似株式に係る発行済株式数を控除します。

2 評価明細書への記載の仕方

第5表 1株当たりの純資産価額(相続税評価額)の計算明細書　会社名 甲社(株)(普通株式)

(令和六年一月一日以降用)
(取引相場のない株式)

1. 資産及び負債の金額(課税時期現在)

資産の部				負債の部			
科目	相続税評価額	帳簿価額	備考	科目	相続税評価額	帳簿価額	備考
	千円	千円			千円	千円	
現金預金	21,300	21,300		支払手形	7,000	7,000	
売掛金	41,000	41,000		買掛金	18,500	18,500	
〜〜〜	〜〜〜	〜〜〜		〜〜〜	〜〜〜	〜〜〜	
建物	21,000	31,000		長期借入金	20,000	20,000	
車両運搬具	10,000	10,000		社債類似株式	30,000	30,000	
合計	① 200,000	② 120,000		合計	③ 100,000	④ 100,000	
株式等の価額の合計額	㋑	㋺					
土地等の価額の合計額	㋩						
現物出資等受入れ資産の価額の合計額	㋥	㋭					

2. 評価差額に対する法人税額等相当額の計算

相続税評価額による純資産価額 (①-③)	⑤	100,000 千円
帳簿価額による純資産価額 ((②+㋺-㋭-④)、マイナスの場合は0)	⑥	20,000 千円
評価差額に相当する金額 (⑤-⑥、マイナスの場合は0)	⑦	80,000 千円
評価差額に対する法人税額等相当額 (⑦×37%)	⑧	29,600 千円

3. 1株当たりの純資産価額の計算

課税時期現在の純資産価額 (相続税評価額) (⑤-⑧)	⑨	70,400 千円
課税時期現在の発行済株式数 ((第1表の1の①)-自己株式数)	⑩	3,000 株
課税時期現在の1株当たりの純資産価額 (相続税評価額) (⑨÷⑩)	⑪	23,466 円
同族株主等の議決権割合(第1表の1の⑤の割合)が50%以下の場合 (⑪×80%)	⑫	円

(参考) 評価明細書第5表の記載の仕方

(1) 「1. 資産及び負債の金額(課税時期現在)」の「負債の部」に、社債類似株式を計上します。この場合、「科目」欄には「社債類似株式」と記載し、「相続税評価額」欄及び「帳簿価額」欄に当該社債類似株式に係る発行価額の総額を記載します。

(2) 「3. 1株当たりの純資産価額の計算」の「⑩ 課税時期現在の発行済株式数」欄は、社債類似株式に係る発行株式数を控除して記載します。

Question 229 社債類似株式を発行している会社の株式を配当還元方式により評価する場合

甲社は社債類似株式を発行していますが、このたび「同族株主等以外の株主」が社債類似株式と普通株式を取得しました。この場合において、社債類似株式は社債と同様に評価するとされていますが、普通株式の評価の仕方について教えてください。

1 発行済株式数　　　　　　　　　30,000株
　　内訳 ┤ 普通株式　　　　　　　25,000株
　　　　 └ 社債類似株式　　　　　 5,000株
2 資本金の額　　　　　　　　　　60,000千円
　　内訳 ┤ 普通株式　　　　　　　20,000千円
　　　　 └ 社債類似株式（発行価額） 40,000千円
3 年配当金額

	直前期	直前々期
社債類似株式	4,000千円(※)	4,000千円(※)
普通株式	2,000千円	2,000千円

※ 発行価額の10％を優先して配当

A

社債類似株式を発行している会社の株式を評価するにあたっては、社債類似株式については、利付公社債と同様に評価しますが、社債類似株式以外の株式（普通株式）については、社債類似株式を社債であるものとして評価するとされています。

ところで、「同族株主等以外の株主」が社債類似株式以外の株式（普通株式）を取得した場合には「配当還元方式」により評価することになりますが、この場合には、類似業種比準方式の「1株当たりの

年配当金額Ⓑ」の計算と同様に次のとおり計算します。

1　甲社の普通株式の評価方法（配当還元価額）

(1)　1株当たりの資本金等の額等の計算

社債類似株式に係る資本金等の額及び株式数はないものとして計算します。

資本金等の額　60,000千円 − 40,000千円 = 20,000千円

(2)　1株(50円)当たりの年の配当金額

社債類似株式に係る配当金はないものとして、1株（50円）当たりの年配当金額を計算します。

$$\left(\frac{2,000千円 + 2,000千円}{2}\right) \div \left(\frac{20,000千円}{50円}\right) = 5円00銭$$

(3)　1株(50円)当たりの配当還元価額

1株(50円)を前提にした年配当金額を10％で還元し、当該価額を実際の1株当たりの資本金等の額に修正します。

$$\left(\frac{5円}{10\%}\right) \times \left(\frac{20,000千円 \div 25,000株}{50円}\right) = 800円$$

2　評価明細書の記載の仕方

普通株式を評価する場合の評価明細書への記載の仕方は次のとおりです。

第3表　一般の評価会社の株式及び株式に関する権利の価額の計算明細書　　会社名　甲社(株)(普通株式)

取引相場のな	1株当たりの価額の計算の基となる金額	類似業種比準価額(第4表の㉖、㉗又は㉘の金額) ① 円	1株当たりの純資産価額(第5表の⑪の金額) ② 円	1株当たりの純資産価額の80%相当額(第5表の⑫の記載がある場合のその金額) ③ 円

2 配当還元方式による価額	1株当たりの資本金等の額、発行済株式数等	直前期末の資本金等の額 ⑨ 外40,000千円 20,000	直前期末の発行済株式数 ⑩ 外5,000 25,000	直前期末の自己株式数 ⑪ 株	1株当たりの資本金等の額を50円とした場合の発行済株式数(⑨÷50円) ⑫ 400,000 株	1株当たりの資本金等の額(⑨÷(⑩−⑪)) ⑬ 800 円
	直前期末以前2年間の配当金額	事業年度 ⑭	年配当金額	左のうち非経常的な配当金額 ⑮	差引経常的な年配当金額(⑭−⑮) ⑯	年平均配当金額 ⑰ (㋑+㋺)÷2
		直前期	外4,000千円 2,000	千円	㋑ 2,000 千円	㋑+㋺)÷2 千円 2,000
		直前々期	外4,000千円 2,000	千円	㋺ 2,000 千円	
	1株(50円)当たりの年配当金額	年平均配当金額(⑰の金額) ÷⑫の株式数 = ⑱ 5 円 00 銭				この金額が2円50銭未満の場合は2円50銭とします。
	配当還元価額	⑱の金額/10% × ⑬の金額/50円 = ⑲ 800 円			⑳ 800 円	⑲の金額が、原則的評価方式により計算した価額を超える場合には、原則的評価方式により計算した価額とします。

3 株式に関する権利の価額 (1.及び2.に共通)	配当期待権	1株当たりの予想配当金額 − 源泉徴収されるべき所得税相当額 (円 銭)	㉑ 円 銭	4．株式及び株式に関する権利の価額(1．及び2．に共通)
	株式の割当てを受ける権利 (割当株式1株当たりの価額)	⑧ (配当還元方式の場合は⑳)の金額 − 割当株式1株当たりの払込金額	㉒ 円	株式の評価額 円
	株主となる権利 (割当株式1株当たりの価額)	⑧ (配当還元方式の場合は⑳)の金額 (課税時期後にその株主となる権利につき払い込むべき金額があるときは、その金額を控除した金額)	㉓ 円	株式に関する権利の評価額 (円 銭)
	株式無償交付期待権 (交付される株式1株当たりの価額)	⑧ (配当還元方式の場合は⑳)の金額	㉔ 円	

Question 230 種類株式の評価（拒否権付株式）

種類株式の1つである拒否権付株式は、株主総会において決議すべき事項について否決権がありますので、非常に強い権利を有していると考えられますが、この拒否権付株式は、個別に評価することになりますか。

A 拒否権付株式とは、会社法第108条第1項第8号に規定する種類株式の1つで、株主総会又は取締役会において決議すべき事項のうち、その決議のほか種類株式の株主を構成員とする「種類株主総会」の決議も必要とする事項について"反対"すなわち拒否権を認める株式です。

拒否権付株式は、黄金株ともいわれ、会社創業者などが少数の持株比率により会社の重要事項に係る意思決定に関与することを通じて会社支配を維持することや、また、経営統合や取締役の選解任などについて拒否権を持つように設計し、これを友好的企業に対して発行して敵対的買収防衛策に利用することも可能です。

なお、種類株主総会の決議を必要とする事項については、予め定款において定める必要があります。

このような特性を有する拒否権付株式（黄金株）の評価ですが、評価通達では、拒否権の有無にかかわらず普通株式と同様に評価すると規定しています。したがって、議決権割合の判定の結果「同族株主等以外の株主」と判定された株主が拒否権付株式を所有していたとしても、当該拒否権について個別に評価する必要はありません。

Question 231 種類株式の評価（利益による償還が予定されている非上場株式）

上場会社であるA社が発行した非上場株式（配当優先株式：内容は下表のとおり）は、令和7年4月以降に消却が予定されている償還株式ですが、このような株式の価額はどのように評価するのでしょうか。

項　目	内　　容
払込金額	1株当たり500円
優先配当金	1株当たり15円 非累積条項：ある事業年度の配当金が優先配当金に達しないときでも、その不足額は翌事業年度以降に累積しない。 非参加条項：優先株主に対して優先配当金を超えて配当を行わない。
残余財産の分配	普通株式に先立ち、株式1株につき500円を支払い、それ以上の残余財産の分配は行わない。
消　却	発行会社はいつでも本件株式を買い入れ、これを株主に配当すべき利益をもって当該買入価額により消却することができる。 （注）消却の場合の買入価額は決定されておらず、令和7年3月31日までに消却する予定はない。
強制償還	発行会社は、令和10年4月1日以降は、いつでも1株当たり500円で本件株式の全部又は一部を償還することができる。
議決権	法令に別段の定めがある場合を除き、株主総会において議決権を有しない。
株式の併合、分割、新株予約権	法令に別段の定めがある場合を除き、株式の分割又は併合は行わない。また、新株予約権（新株予約権付社債を含む。）を有しない。
普通株式への転換	本件株式は、転換予約権を付与しない。また、強制転換条項を定めない。

A ご質問の評価対象となる株式は、配当優先の取得条項付株式と思われますが、本件株式の評価は、利付公社債の評価方法（評基通197－2(3)）に準じて、払込金額である1株当たり500円と課税時期において残余財産の分配が行われるとした場合に分配を受けることのできる金額とのいずれか低い金額により評価します。

〔理由〕

本件株式は、普通株式に優先して配当があり、また、払込金額（1株当たり500円）により償還することを前提としているため、配当を利息に相当するものと考えると、普通株式よりも利付公社債に類似した特色を有するものと認められますので、利付公社債に準じて評価します。

ただし、払込金額を限度として普通株式に優先して残余財産の分配を受けるとされていることから、課税時期において残余財産の分配が行われた場合に受けることのできる当該分配金額が、払込金額を下回る場合には、その分配を受けることのできる金額によって本件株式を評価することになります。

区　分	普通株式	本件株式	利付公社債
受取配当金	配当可能利益の範囲内で劣後配当（総会決議）⇒上限なし	配当可能利益の範囲内で優先配当（総会決議）⇒優先配当額が上限	確定利払い
残余財産の分配	償還はなく、残余財産の分配として時価純資産価額の持分相当を劣後分配⇒上限なし	払込金額を償還（時期未定）又は払込金額を限度に残余財産を優先分配⇒払込金額が上限	額面金額を償還（時期確定）
議決権、新株予約権等の付与	有	無	無
普通株式への転換	―	無	無

Question 232 種類株式の評価（上場会社の株式に転換が予定されている場合）

上場会社であるB社が発行した普通株式に転換が予定されている（転換条件等は下表のとおり）非上場株式（配当優先の無議決権株式）を令和6年2月20日に相続により1,000株取得しましたが、未だ転換請求期間前です。このような非上場の種類株式の価額はどのように評価すべきですか。

項　目	内　　　容
払込金額	1株当たり700円
優先配当金	1株当たり14円 非累積条項：ある事業年度の配当金が優先配当金に達しないときは、その不足額は翌事業年度以降に累積しない。 非参加条項：優先株主に対して優先配当金を超えて配当を行わない。
残余財産の分配	普通株式に先立ち、株式1株につき700円を支払い、それ以上の残余財産の分配は行わない。
消　却	発行会社はいつでも本件株式を買い入れ、これを株主に配当すべき利益をもって当該買入価額により消却することができる。 （注）優先株主から申し出のある都度、取締役会に諮ることとしているが、買入価額は未定であり、申し出があっても買入れる可能性は少ない。
議決権	法令に別段の定めがある場合を除き、株主総会において議決権を有しない。
株式の併合、分割、新株予約権	法令に別段の定めがある場合を除き、株式の分割又は併合は行わない。また、新株予約権（新株予約権付社債を含む。）を有しない。

普通株式への転換	普通株式への転換を請求できる。 1　転換請求期間：令和7年1月31日から令和10年1月30日まで 2　当該転換価格：原則として令和7年1月31日の普通株式（B社）の価額、ただし、当該価額が200円を下回る場合には200円（下限転換価格） 3　転換価格の修正：原則として、令和8年1月31日から令和9年1月31日までの毎年1月31日の普通株式の価額に修正される。ただし、当該価額が200円を下回る場合には200円 4　転換により発行される株式数：優先株式の発行価額÷転換価格
普通株式への一斉転換	令和12年1月30日までに転換請求のなかった優先株式は、令和10年1月31日をもって普通株式に一斉転換される。転換価格は、原則として令和12年1月31日の普通株式の価額。ただし、当該価額が200円を下回る場合には200円

　ご質問のような種類株式の価額は、原則として、利付公社債の評価方法（評基通197−2(3)）に準じて、払込金額である1株当たり700円を基として評価することが相当です。

　ただし、ご質問のケースは、課税時期が転換請求期間前であるため、将来転換されるB社の株式数が未確定であり、転換日における普通株式（B社株式、以下同じです。）の価額が下限転換価格を下回るリスクを考慮して、本件株式を下限転換価格で普通株式に転換したとした場合の株式数(注)を基として、上場株式の評価方法（評基通169(1)）に準じて評価した価額によっても差し支えないとされています。

> (注)　**株式数**
> 　下限転換価格で転換された場合、本件種類株式1株当たりに対して3.5株（優先株式の発行価額（700円）÷下限転換価格（200円））のB社株式が交付されることになるため（転換条件等より）、株式数は3,500株で計算することになります。

〔理由〕

　本件株式は、普通株式に優先して配当があり、また、普通株式に先立って払込金額を限度として残余財産の分配が行われることから、その配当を利息に相当するものと考えると、普通株式よりも利付公社債に類似した特色を有すると認められるので、利付公社債に準じて評価します。

　ところで、転換時において、普通株式（B社株式）の価額が下限転換価格を上回っている場合には、発行価額を前提として普通株式の価額で普通株式に転換される株式数が決まるので、結局、次の算式のとおり普通株式の価額がいくらであっても所有者にとって転換後の普通株式の価値に変動はないこととなります。

評価額 ＝ 普通株式の価額 × $\overbrace{発行価額（700円）÷普通株式の価額}^{（転換後の株式数）}$
　　　＝ 発行価額（700円）

　しかし、転換時に普通株式（B社株式）の価額が下限転換価格を下回っている場合には、次の算式のとおり下限転換価格によって、普通株式に転換する株式数が決まるので価値の変動が生じることとなります。

評価額 ＝ 普通株式の価額 × $\overbrace{発行価額（700円）÷下限転換価額（200円）}^{（転換後の株式数）}$
　　　＝ 普通株式の価額 × 3.5株

　したがって、課税時期が転換請求期間前である場合には、下限転換価格で普通株式に転換したとした場合の普通株式数を基として、上場株式の評価方法に準じて評価した価額によっても差し支えないと考えます。

Question 233 ストックオプションの評価

平成15年よりストックオプションについても課税の対象とされていますが、この評価について詳しく教えてください。

A

1 新株予約権制度とストックオプション

平成13年11月の商法改正(平成14年4月施行)により新株予約権制度が創設され、これまでのストックオプション、すなわち、会社が自社の取締役、従業員に対して、あらかじめ定められた価額(権利行使価額)で会社の株式を購入する権利を無償で付与するものは、新株予約権の一形態として整理されました。

また、この商法改正により、取締役、従業員のほか、子会社・関係会社の役員、顧問弁護士等、誰に対してもストックオプションを付与できることとされ、付与対象者の制限が撤廃されたほか、発行済株式総数の10分の1という付与株式数の上限も撤廃されたことなどから、ストックオプション制度を導入する会社が増加したといわれています。

2 ストックオプションの本質

一般に、オプションとは、ある商品を将来の一定期日に特定の価格で買う又は売ることができる権利をいい、前者がコールオプション(買う権利)、後者がプットオプション(売る権利)と呼ばれています。

ストックオプションは、将来のある一定時期に特定の株式を特定の価格で買うことができる権利であることから、「特定株式のコールオプション」と考えることができます。

ストックオプションの価額は、権利を行使した場合、現時点でどれだけの利益が生じているのか又は将来的にどのくらいの利益が得られ

る可能性があるのかという要因によって決定されるとされ、ストックオプションの価格形成要因は、一般に「本質的価値」と「時間的価値」から構成されています。

(1) **本質的価値**

本質的価値とは、「現時点で権利を行使した場合の価値」をいい、その時点での株価と権利行使価額の差額をいいます。

(2) **時間的価値**

時間的価値とは、「将来への期待度（株価が変動すれば、そこから利益が生ずるかもしれない）に対するストックオプションの価値」をいい、次の4要素を尺度として計算することとされています。

① 見積株価変動率（ボラティリティが大きいほどオプションの価値が高い）
② オプションの期間（長いほどオプションの価値が高い）
③ 金利（高いほど、オプションの価値が高い）
④ 予想配当（少ないほど、オプションの価値が高い）

(参考) ストックオプションの付与〜課税時期までの株価の推移等

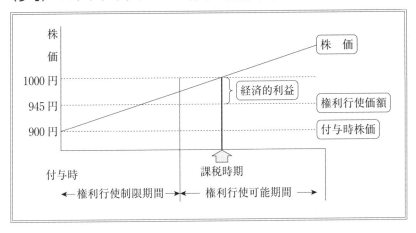

3 ストックオプションの評価

　ストックオプションを評価するに当たっては、ブラック・ショールズ・モデルなどのいわゆるオプション・プライシング・モデルを使用することも考えられます。しかし、これらのモデルを使用すると、見積株価変動率などの数値の取り方次第で算出されるストックオプションの評価額が大きく変動してしまうことから、相続税における財産評価の方法としては必ずしも適当ではありません。

　そこで、ストックオプションの価額は、評価の簡便性をも考慮した上で、見積株価変動率等の不確定な要素が含まれている時間的価値を捨象し、課税時期において実際にどれくらいの経済的価値を得ることができるかという「本質的価値」に基づいて評価することとしています。

　具体的には、次の算式によることとされています。

　なお、評価通達193-2で定めるストックオプションの評価は、次の要件を満たしているものに限定されます。

①　ストックオプションの目的たる株式等は上場株式又は気配相場のある株式であること。
②　課税時期が権利行使期間内にあること。
③　評価通達193－3の上場新株予約権に該当しないこと。

《算式》

ストックオプションの価額＝
$\left(\begin{matrix}\text{課税時期における}\\ \text{その株式の価額}\end{matrix}^{(注1)} - \begin{matrix}\text{権利行}\\ \text{使価額}\end{matrix}^{(注2)}\right) \times$ ストックオプション1個の行使によって取得可能な株式数

（負数の場合の0とする。）

(注1)　課税時期における株式の価額
　　　「課税時期における株式の価額」については、必ずしも課税時期に権利行使が行われるわけではなく、一時点における需給関係による偶発性を排除するなどの必要性があることから、評価通達の定めに基づいて株式（上場株式及び気配相場のある株式）を評価することになります。
(注2)　権利行使価額
　　　「権利行使価額」については、実際に権利行使する場合、ストックオプションの発行会社が定めた権利行使価額を払い込むことから、発行会社により定められた金額によることになります。

Question 234 非上場株式に係るストックオプションの評価

評価通達で定めるストックオプションの評価額の算定方法は、課税時期におけるその株式の価額から権利行使価額を控除した金額にストックオプション1個の行使により取得することができる株式数を乗じて求めるとされています。

例えば、非上場会社の株式を取得する権利（ストックオプション）を与えられた場合も同様に評価しますか。

A ストックオプションは、あらかじめ定められた価額（権利行使価額）でその会社の株式を購入することができる権利であり、会社が自社の取締役・従業員等を対象としてこれを付与するものです。

そして、ストックオプションを付与された取締役等は、権利行使によって取得した株式を譲渡して初めて利益が実現することから、ストックオプションを付与する会社は、一般的には株式を自由に譲渡できる環境にある会社、換言すれば、上場会社又は上場予定会社であると考えられます。このことから、評価通達で定めるストックオプションの対象は上場株式又は気配相場等のある株式等とされています。

また、課税時期が権利行使期間前又は後にある場合には、権利行使することができませんので評価対象から除外されています。

以上より、評価通達に基づいて評価することができるストックオプションとは、次の要件を充たしているものに限定されます。

〔評価通達が適用されるストックオプション〕
① ストックオプションの目的たる株式等は、上場株式又は気配相場

等のある株式であること。
② 課税時期が権利行使可能期間内にあること。
③ 評価通達193－3に規定する上場新株予約権に該当しないこと。

　したがって、ご質問のように非上場会社の株式を取得する権利（ストックオプション）を与えられたとしても、当該株式を譲渡することは困難であると考えられるので一般的なことではありません。
　ただし、株式の将来の上場を見込んでストックオプションの権利を与えるということはあり得ますので、その場合の当該権利の価額については、その発行内容等（権利行使価額の決定方法や権利行使により取得する株式の譲渡方法等を含みます。）を勘案し個別に評価することになります。

Question 235 課税時期に権利行使ができないストックオプション

評価通達に規定されているストックオプションの評価は、ストックオプションの目的たる株式が上場株式等であることのほか課税時期において権利行使が可能なことなど一定の要件を充たしている必要があります。

例えば、課税時期において未だ権利行使することはできないが、その2年後において権利行使が認められるなどの条件が付されている場合にはどのように評価しますか。

 評価通達で規定するストックオプションの評価は、「課税時期において権利行使が可能なもの」が対象となっていますが、課税時期においては、未だ権利行使ができないストックオプション（権利行使可能期間前のストックオプション）を所有している者に相続が生じた場合、その期待権も評価するのかという問題が生じます。

例えば、(1)ストックオプションの相続が認められない場合、(2)相続開始と同時に相続人に権利行使が認められる場合、(3)将来の定められた権利行使可能期間まで権利行使ができない場合などが考えられます。

この場合には次のように扱うのが相当と考えられます。

(1) ストックオプションの相続が認められない場合

当該ストックオプションは、相続されませんので、相続財産に該当しません。

したがって、評価する必要はありません。

(2) **相続開始と同時に相続人等に権利行使が認められる場合**

相続開始と同時に当該ストックオプションを取得した相続人が権利行使できる場合には、「課税時期において権利行使が可能なもの」と解することができます。したがって、当該権利は課税の対象となり、評価通達の定めにより評価することが相当です。

(3) **課税時期が権利行使可能期間内にない場合**

ストックオプションを相続により取得することは認められても、定められた権利行使可能期間までは権利行使できないストックオプションについては、株価及び権利行使できるまでの期間等を考慮して個別に評価するのが相当と考えられます。

なお、この場合には、将来における株価の下落、会社経営の悪化、社会的経済的環境の変化、法令等の改正などを考慮し、課税時期における評価額から相当の斟酌が必要な場合もあると思われます。

Question 236 ストックオプションと新株予約権との違い

ストックオプションも新株予約権もともに株式を取得する権利だと思いますが、その違いを教えてください。

A 新株予約権とは、それを発行した株式会社に対して権利を行使することによって、その会社の株式の交付を受けることができる権利のことで、平成14年の商法改正以前は新株引受権と呼ばれていました。新株予約権証券の所有者は、新株予約権を行使して一定の行使価格を払い込むことで会社に新株を発行させる、又は会社が保有する株式を取得することができます。なお、新株予約権は、特定のものをいうのではなく従来の転換社債（CB）の転換権部分、新株引受権（ワラント）、ストックオプションなどの総称をいいます。

一方で、ストックオプションとは、新株予約権の一つであり、企業が役員や社員に対して付与する、あらかじめ決められた価額（権利行使価額）で一定期間内に一定数の自社の株式を取得することのできる権利をいいます。付与された役員や社員は、将来、株価が上昇した時点で権利行使を行い、その会社の株式を取得した後で売却することによって、権利行使価額からの株価上昇分の利益が得られるという報酬制度です。会社はストックオプションを付与することによって、役員や社員の業績向上に貢献する意欲や士気を高め、業績向上による株価の上昇によって企業価値の向上を図ります。

なお、一定の要件を満たす「税制適格ストックオプション」に該当する場合、権利行使時には課税されず、取得した株式を売却する際に、株式の売却価額と権利行使価額との差額が譲渡所得として課税されることになります。

前述したように、ストックオプションも新株予約権の一つですが、ストックオプションは、会社に所属する取締役や社外の協力者に対しての報酬として付与するものです。

　一方で、新株予約権は、ストックオプションのように付与する対象を限定せず、一般投資家や企業でも取得できるという点に違いがあります。

Question 237 公開途上の株式及び上場新株予約権等の評価

評価会社が下記のような株式等及び新株予約権を所有している場合の評価の仕方を教えてください。

(1) 公開途上にある株式
(2) 上場されている新株予約権

ご質問の(1)～(2)の株式等の評価は次のとおりです。

(1) 公開途上にある株式

公開途上にある株式とは、金融商品取引所が株式の上場を承認したことを明らかにした日から上場日の前日までのその株式（登録銘柄を除きます。）及び日本証券業協会が株式を登録銘柄として登録することを明らかにした日から登録日の前日までのその株式（店頭管理銘柄を除きます。）をいいますが、当該株式の評価額は、株式の上場又は登録に際して、株式の公募又は売出し（以下、「公募等」といいます。）が行われるか否かにより評価方法が異なります（評基通174(2)）。

イ 株式の上場又は登録に際して公募等が行われる場合

株式の上場又は登録に際して、株式の公募が行われる場合には、その株式の公開価格（金融商品取引所又は日本証券業協会の内規によって行われるブックビルディング方式又は競争入札方式のいずれかの方式により決定される公募等の価格をいいます。）によって評価します。

ロ 株式の上場又は登録に際して、公募等が行われない場合

株式の上場又は登録に際して、公募等が行われない場合には、課税

時期以前の取引価格等を勘案して評価します。

(2) 上場されている新株予約権

新株予約権の上場は、一般的に、上場会社がライツ・オファリングと呼ばれる新株予約権を利用した資金調達方法を採用する場合に行われます。

ライツ・オファリングとは、上場会社である発行会社が、既存株主全員に対して新株予約権の無償割当てを行い、割当てを受けた既存株主が新株予約権を行使して所定の権利行使金額を払い込むことにより発行会社から上場株式の交付を受け、この払い込まれた金銭が発行会社の調達資金となる仕組みによる資金調達方法です。また、この新株予約権が上場されることから、新株予約権の割当てを受けた既存株主は、新株予約権を行使する代わりに、これを市場で売却することによってその対価を取得することもできます。

＜ライツ・オファリングの概要図＞

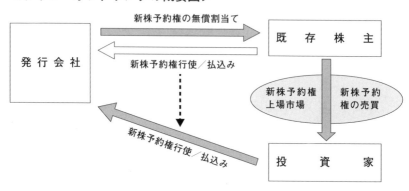

評価通達では、新株予約権の無償割当てにより株主に割当てられた新株予約権のうち、①金融商品取引所に上場されているもの及び②上場廃止後権利行使期間内にあるものを「上場新株予約権」と定義し、

次の区分に従い、それぞれ次のように評価することとされました（評基通193－3）。

(注)　なお、上場株式予約権の評価を新設するに伴い、ストックオプションの定義から上場新株式予約権に該当するものを除くとされています。

イ　新株予約権が上場期間内にある場合

　その株式予約権が上場されている金融商品取引所の公表する課税時期の最終価格(注1)と上場期間中の新株予約権の毎日の最終価格の平均額(注2)のいずれか低い価額によって評価します。ただし、負担付贈与又は個人間の対価を伴う取引により取得した場合を除きます（評基通193－3(1)）。(注3)

(注1)　課税時期に金融商品取引所の公表する最終価格がない場合には、課税時期前の最終価格のうち、課税時期に最も近い日の最終価格とします。

(注2)　上場新株予約権の評価に当たっては、①上場株式の評価と同様に、一時点における需給関係による偶然性を排除して評価する必要があること、及び②上場新株予約権の上場期間が2か月程度と比較的短期間であることを考慮し、課税時期における最終価格に加え、上場期間中の毎日の最終価格の平均額も採用することとされました。

(注3)　負担付贈与等による財産の取得は、一般の売買取引に準じた対価を伴う経済取引行為であるため、一般の相続や贈与による財産の取得のような偶発的な無償取得であること等に配慮した評価上の斟酌は不要であると考えられます。そこで、負担付贈与等により取得した上場新株予約権については、原則的な評価方法である課税時期における最終価格によることとされました。

ロ　上場廃止された新株予約権が権利行使期間内にある場合

　課税時期におけるその目的たる株式の価額から権利行使価額(注)を控除した金額に、新株予約権1個の行使により取得できる株式数を乗じて

計算した金額（その金額が負数のときは、0とします。）によって評価します（評基通193－3(2)）。

　ただし、権利行使期間内に権利行使されなかった新株予約権について、発行法人が事前に定めた算定式に基づく価格により取得する旨の条項が付されている場合には、上記の金額と取得条項に基づく取得価格のいずれか低い金額によって評価します。

> **(注)**　「課税時期におけるその目的たる株式の価額」
> 　評価時期におけるその目的たる株式の価額は、通達169《上場株式の評価》から172《上場株式についての最終価格の月平均額の特例》までの定めによって評価した価額をいいます。

Question 238 貸付信託・証券投資信託等の評価

評価会社が下記のような証券投資信託等の受益証券を所有している場合、その評価の仕方を教えてください。

(1) 貸付信託受益証券
(2) 証券投資信託受益証券
(3) 受益証券発行信託の受益証券（ETF）

ご質問の(1)～(3)の受益証券の評価方法は、次のとおりです。

(1) 貸付信託受益証券

貸付信託受益証券とは、貸付信託法の規定に基づき信託財産を運用することによって得られる利益を受領することができる権利を表示した有価証券をいいます。現在発行されている受益証券は、期間が2年のものと5年のものがありますが株式のように流通性はなく時価を市場価格に求めることはできません。また、貸付信託は長年にわたり貯蓄商品として利用されてきましたが近年、資産運用の多様化を背景に需要が減少し、現時点募集しているものはありません。

貸付信託受益証券の評価は、その証券を受託者（信託銀行等）が課税時期（相続又は遺贈の場合は被相続人の死亡の日、贈与の場合は贈与により財産を取得した日）において買い取るとした場合の価額を基として評価するとされています（評基通198）。

元本の額 ＋ 既経過収益の額 － 源泉所得税相当額 － 買取割引料

(注1) 上記算式中の「既経過収益の額」は、課税時期の属する収益計算期間の開始日から課税時期の前日までの期間における収益の分配金の

額をいいます。
(注2) 上記算式中の「源泉所得税相当額」には、特別徴収されるべき道府県民税相当額を含みます。
(注3) 上記算式中の「買取割引料」については、発行した信託銀行などで確認します。

(2) 証券投資信託受益証券

　証券投資信託受益証券とは、「投資信託及び投資法人に関する法律」の規定に基づく証券投資信託で、投資信託会社が投資家から集めた資金を株式などの有価証券に投資し、その運用によって得た利益を受けることができる権利を表示した有価証券をいいます。

　証券投資信託受益証券は、課税時期において解約請求又は買取請求（以下「解約請求等」といいます。）を行ったとした場合に証券会社などから支払いを受けることができる価額により評価します。具体的な評価方法は次のとおりです。

　なお、証券投資信託の受益証券の中には、金融商品取引所に上場されているものもありますが、この受益証券については、解約請求等ができないため、受益証券の換金は証券取引所を通じて売買するしかありません。したがって、これについては、評価通達169《上場株式の評価》～172《上場株式についての最終価格の月平均額の特例》までの定めに準じて評価します。

　また、上場株式における権利落又は配当落に相当する事象が生じることから、これらについても同様に、評価通達169《上場株式の評価》から172《上場株式についての最終価格の月平均額の特例》の定めに準じて評価します。

　さらに、株式に係る配当期待権に相当する金銭分配期待権が生じることから、この金銭分配期待権の価額については、評価通達193《配

当期待権の評価》の定めに準じて評価します。

イ 中期国債ファンドやMMF（マネー・マネージメント・ファンド）等の日々決算型の証券投資信託の受益証券

　課税時期において解約請求等により証券会社などから支払いを受けることができる価額として、次の算式により計算した金額によって評価します（評基通199⑴）。

　なお、この形態の証券投資信託の基準価額は通常、1口1円となっています。また、算式中の信託財産留保額とは、効率的な運用のために通常、解約時に徴収される費用のことをいいます。

$$1口当たりの基準価額 \times 口数 + 再投資されていない未収分配金(A) - 源泉所得税相当額 - 信託財産留保額及び解約手数料（消費税額等を含む。）$$

(注)　上記算式中の「源泉所得税相当額」には、特別徴収されるべき道府県民税相当額を含みます（以下ロも同様です。）。

ロ　イ以外の証券投資信託の受益証券

　課税時期において解約請求等により、証券会社などから支払いを受けることができる価額として、次の算式により計算した金額によって評価します（評基通199⑵）。

$$1口当たりの基準価額 \times 口数 - 源泉所得税相当額 - 信託財産留保額及び解約手数料（消費税額等を含む。）$$

(3) 受益証券発行信託の受益証券(ETN)

イ 受益証券発行信託証券

　受益証券発行信託とは、1又は2以上の受益権を表示する証券(受益証券)を発行する旨の定めがある信託のことをいいます(信託法185①)が、具体的には、委託者から拠出された信託財産を受託者が管理し、信託財産からの収益や信託財産を受領する権利等(受益権)を、受益証券という形にして発行します。そして、発行された受益証券を金融商品取引所に上場させることにより、株式やETF(上場投資信託)と同様に、金融商品取引所で売買することができます。

　従来は受益権の有価証券化は、特別法(貸付信託法、投信法)などがある場合に限定されていましたが、改正信託法の施行により、いかなる財産でも信託して「受益証券」という有価証券にして取引や流通させることができるようになりました。

　受益証券発行信託の受益証券のうち、ETN(指標連動証券)は、「上場投資証券」とも呼ばれ上場されており、その価額が株価指数・商標指数等の特定の指標に連動します。発行者(金融機関)がその信用力を基に発行する債券であるため、証券に対する裏付け資産を必要としないという特徴があります。

ロ 評価方法

　金融商品取引所に上場されている受益証券発行信託の受益証券については、①上場株式と同様に、金融商品取引所において取引され、日々の取引価格及び最終価格の月平均額が公表されていること、②上場株式における権利落又は配当落に相当する事象が生じることから、評価通達169《上場株式の評価》から評価通達172《上場株式についての最終価格の月平均額の特例》までの定めに準じて評価するとされま

した。

　また、同受益証券は、株式に係る配当期待権に相当する金銭分配期待権が生じることから、この金銭分配期待権の価額については、評価通達193《配当期待権の評価》の定めに準じて評価するとされました（評基通213－2）。

Question 239 不動産投資信託証券等の評価

甲は、証券取引所に上場されているJ-REITと呼ばれる不動産投資信託受益証券を所有していますが、この評価の仕方を教えてください。

また、不動産投資信託が非上場だった場合の評価方法も併せて教えてください。

A

(1) 上場不動産投資信託証券の評価

上場されている不動産投資信託証券は、上場株式と同様、証券取引所において取引され、日々の取引価格及び最終価格の月平均額が公表されています。したがって、上場されている不動産投資信託証券については、日々の最終価格により評価することも可能と考えられますが日々の取引価格には変動があることから、上場株式の評価と同様、一時点における需給関係による偶然性を排除して評価することとされています。

すなわち、上場不動産投資信託証券の価額（負担付贈与により取得したものを除きます。）は、上場株式の評価と同様に次の①から④のうち最も低い価額によって評価することとされています（評基通213）。

① 課税時期の最終価格
② 課税時期の属する月の毎日の最終価格の月平均額
③ 課税時期の属する月の毎月の毎日の最終価格の月平均額
④ 課税時期の属する月の前々月の毎日の最終価格の月平均額

また、不動産投資信託証券には、株式に係る株式交付期待権又は配当期待権と同様に、投資口の分割等に伴う無償交付期待権又は金銭分配期待権があることから、これらの価額は、株式無償交付期待権の評価（評基通192）又は配当期待権の評価（評基通193）に準じて評価す

ることとされています。

　なお、金銭分配期待権の価額には、利益からの分配である「利益分配金」の額だけでなく、出資の払戻し（利益を上回る金銭の分配）である「利益超過分配金」の額が含まれることに留意する必要があります。

　なお、不動産投資信託は、その仕組みから会社型と契約型（信託型）に大別され、会社型（上場されているもの）は、資産運用を目的とした投資法人を設立し、投資家から集めた資金で不動産等を運用するファンドです。実際の不動産の選定や投資判断は投資信託委託業者が行い、投資法人が取得した不動産は資産保管会社によって保管されます（下図参照）。

【会社型】

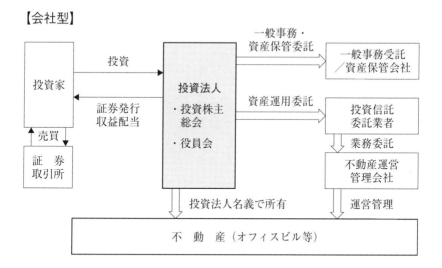

(2) 非上場不動産投資信託証券の評価

　不動産投資信託の資産は、そのほとんどが不動産で占められており、その不動産から安定的な賃料収入が生み出されます。また、その賃料収入の大半は、投資家に支払われることになっていますが、このような不動産投資信託の仕組みからすると、市場における取引価格がない（上場されていない）不動産投資信託証券の場合には、①純資産価値、②配当利回り、③キャッシュフローなどに着目して個別にその価値測定を行う必要があると考えます。

Question 240 持分会社の出資の評価

「合同会社」、「合資会社」及び「合名会社」などの持分会社の出資の評価はどのように行いますか。

A 平成18年5月に施行された会社法により、有限会社法が消滅したため有限会社の新規設立ができなくなるとともに、既存の有限会社については、「株式会社」の一形態として存続することになりました。したがって、旧有限会社の出資を評価する場合には、「株式」として評価することになります（有限会社の定款、社員、持分及び出資1口が、株式会社の定款、株主、株式及び1株とみなされます。）。

また、会社法では、合同会社という形態が新たに創設され、会社法での会社形態は「株式会社」と持分会社である「合名会社」、「合資会社」及び「合同会社」との4種類に分類されています。

ご質問の持分会社の出資の評価は、評価通達178《取引相場のない株式の評価上の区分》から193《配当期待権の評価》までの定めに準じて計算した価額により評価します（評基通194）。したがって、同族株主等の判定を行って、原則的評価方式又は特例的評価方式の規定に従って評価することになります。

なお、ここで定めている出資持分の評価は、出資持分自体の評価ですので、その出資持分自体を相続や贈与によって承継取得した場合の評価に限られます。

したがって、その出資者が死亡したことに起因して退社し、相続人がその出資に係るいわゆる「持分払戻請求権」を取得した場合には、その評価の対象となる財産は、持分の払戻しを受けることできる債権

となりますので評価の対象が異なりますが、この場合の評価の仕方は次問で説明します。

〔会社の種類と特徴〕

種　類	会社の構成
株式会社	株主は、会社債権者に対して直接的に何ら責任を負うことはなく、出資額の範囲で責任を負う会社をいいます。 基本的に出資者と経営者の役割は切り離されています。
合名会社	会社がその財産をもって債務の弁済ができないときは、社員が会社債権者に対して弁済する義務を負います（直接責任）。また、その責任は限度がありません（無限責任）。
合資会社	合名会社と同様、「直接・無限責任」を負う社員と、会社の債権者に対して直接責任は負うが、その責任は「出資額を限度」とする有限責任社員の2つの社員からなる会社をいいます。無限責任社員は経営に関わり、有限責任社員は原則として経営には関わることはできません。
合同会社	アメリカのLLCをモデルに導入された会社形態で、株式会社と同様に有限責任社員のみで構成された会社です。株式会社と異なる点は、合同会社は出資者が会社の経営者と同一であるという点です。合同会社では、出資者のことを社員と呼びますが、社員は従業員という意味ではありません。

（注1）「有限責任社員」とは、会社の負債について出資額以上の責任を負う必要のない社員をいいます。
（注2）「無限責任社員」とは、会社の負債について無制限にその責任を負う社員をいいます。

（参考法令等）会社法

第575条（定款の作成）
　合名会社、合資会社又は合同会社（以下「持分会社」と総称する。）を設立するには、その社員になろうとする者が定款を作成し、その全員がこれに署名し、又は記名押印しなければならない。
　＜第2項　省略＞

会社法の施行に伴う関係法律の整備等に関する法律
第1条　次に掲げる法律は、廃止する。
　＜第一号、二号及び四号～九号　省略＞
　三　有限会社法（昭和十三年法律第七十四号）
第2条　前条第三号の規定による廃止前の有限会社法（以下「旧有限会社法」という。）の規定による有限会社であってこの法律の施行の際現に存するもの（以下「旧有限会社」という。）は、この法律の施行の日（以下「施行日」という。）以後は、この節の定めるところにより、会社法の規定による株式会社として存続するものとする。
2　前項の場合においては、旧有限会社の定款、社員、持分及び出資一口を、それぞれ同項の規定により存続する株式会社の定款、株主、株式及び一株とみなす。
3　第1項の規定により存続する株式会社の施行日における発行可能株式総数及び発行済株式の総数は、同項の旧有限会社の資本の総額を当該旧有限会社の出資一口の金額で除して得た数とする。

Question 241 持分会社の退社時の出資の評価

　合名会社、合資会社又は合同会社（以下「持分会社」といいます。）の社員は、死亡によって退社するとされていますが、その持分について払戻しを受ける場合には、どのように評価したらいいでしょうか。
　また、出資持分の相続について定款に別段の定めがあり、その持分を承継する場合には、どのように評価するのでしょうか。

A　持分会社の社員は、死亡によって退社（会社法607①三）することとされていますが、(1)その持分について払戻しを受ける場合、又は(2)出資持分のの相続について定款に別段の定めがあり、その持分を相続する場合には、それぞれ次のように評価するとされています。

(1) 持分の払戻しを受ける場合

　持分の払戻請求権として評価し、その価額は、評価すべき持分会社の課税時期における各資産を評価通達の定めにより評価した価額の合計額から課税時期における各負債の合計額を控除した金額（純資産価額）に、持分を乗じて計算した金額となります。
　この場合、評価差額に対する法人税額等相当額の控除はできません。
　なお、実際に払い戻される金銭等の額がその脱退する社員の出資の額を超えるときは、その超える部分の金額は、利益の配当又は剰余金の分配とみなされ、所得税の課税対象となります。さらに、配当等とみなされた金額は、退社により脱退した社員の配当所得として準確定申告をする必要があります。

〔理由〕

持分の払戻しについては、「退社した社員と持分会社との間の計算は、退社の時における持分会社の財産の状況に従ってしなければならない。」（会社法611②）とされていることから、持分払戻請求権として純資産価額により計算します。

(2) 持分を相続する場合

取引相場のない株式の評価方法に準じて出資の価額を評価します。

〔理由〕

出資持分を承継する場合には、出資として、取引相場のない株式の評価方法に準じて評価します。

なお、持分会社の社員が死亡した場合、会社法上、社員の死亡は、法定退社事由とされており、その地位は原則として相続人等に承継されることはありません。

しかし、定款に「社員が死亡した場合、その相続人が社員の持分を承継する」旨の定め（以下「別段の定め」といいます。）がある場合には、その相続人にその地位が承継されます。そして、相続人が持分を承継する場合には、「出資」として、取引相場のない株式の評価方法に準じて評価します。

(参考法令等)

> **会社法第607条（法定退社）**
> 　社員は、前条、第609条第1項、第642条第2項及び第845条の場合のほか、次に掲げる事由によって退社する。
> 　一　定款で定めた事由の発生
> 　二　総社員の同意
> 　三　死亡

四　合併（合併により当該法人である社員が消滅する場合に限る。）
　五　破産手続開始の決定
　六　解散（前二号に掲げる事由によるものを除く。）
　七　後見開始の審判を受けたこと。
　八　除名
2　持分会社は、その社員が前項第五号から第七号までに掲げる事由の全部又は一部によっては退社しない旨を定めることができる。

会社法第611条（退社に伴う持分の払戻し）
　退社した社員は、その出資の種類を問わず、その持分の払戻しを受けることができる。ただし、第608条第1項及び第2項の規定により当該社員の一般承継人が社員となった場合は、この限りでない。
2　退社した社員と持分会社との間の計算は、退社の時における持分会社の財産の状況に従ってしなければならない。
3　退社した社員の持分は、その出資の種類を問わず、金銭で払い戻すことができる。
4〜7　（省略）

Question 242 税理士法人などの専門資格法人の出資の評価

A税理士法人に勤務していた甲社員税理士は、令和6年7月に退職したため、A社員税理士の出資持分の全てを乙社員税理士に贈与しました。この場合の課税関係を教えてください。

なお、定款には「社員は、他の社員の全員の承諾があれば、その持分の全部又は一部を他人に譲渡することができる」との規定があり、他の社員の承諾を得ています。

また、税理士法人の出資の相続についても教えてください。

A 税理士法人は、社員を税理士に限定した法人であり、そこに勤務する社員税理士は会社債権者に対して無限責任を負っており、商法上の合名会社（合同会社）に近いものと考えられています。合名会社とは、出資者が「出資持分」という形で財産権を保有する持分会社の一種であり、株式会社のように株式を発行することはできません。

税理士法人（持分会社）の「出資持分」の承継は、定款に別段の定めがあるかによって変わってきますが、ご質問のように「社員は、他の社員の全員の承諾があれば、その持分の全部又は一部を他人に譲渡することができる」旨の定めを定款におけば、対象者を税理士に限定した上で他社に譲渡することも可能です（税理法第48条の21第1項、会社法第585条）。

ところで、ご質問のケースですが、定款に譲渡に関しての別段の定めがあるため、持分の承継が認められることになり、贈与により承継された「出資持分」は、出資として、取引相場のない株式の評価方法に準じてその価額を評価することが相当です（評基通194）。

なお、定款で定める譲渡は他人に財産を「譲る」ことをいいますが、譲渡には無償譲渡と有償譲渡があります。そして、有償譲渡は対価を伴うもので、無償譲渡は対価を伴わないものであり、贈与もそれに含まれるので結果同じ意味になります。

　ちなみに税理士法人の「出資持分」は、個人税理士に対してのみ譲渡することができます。

　一方で、税理士法人（持分会社）の社員が死亡した場合には、持分会社の社員は、死亡によって退社するとされていることから（会社法第607条第1項）、原則として「出資持分」は、出資として相続人に引き継がれません。

　これは税理士法人の社員が死亡した場合には、たとえ社員の相続人が税理士であっても、社員の資格を相続することはできず、単に死亡した社員の持分払戻請求権等を相続することになるからです（平成4年12月25日　神戸地裁判決）。すなわち、持分の相続に関する定款の定めについて規定した会社法第608条《相続及び合併の場合の特則》が税理士法では準用されていないため、「出資持分」を相続により承継することができないからです（税理士法第48条の21第1項）。

※　税理士である相続人が相続する持分の払戻請求権を新たに法人に出資することにより社員となり、結果的に承継することは考えられます。

　したがって、税理士法人の社員が死亡した場合、その相続人は税理士法人の出資持分の払戻請求権を相続することになり、この場合の価額は、評価すべき持分会社の課税時期における各資産を評価通達の定めにより評価した価額の合計額から、課税時期における各負債の合計額を控除した金額（法人税額等相当額は控除しない）に持分を乗じて計算します。

Question 243 農業協同組合等の出資の評価

農業協同組合(JA)、漁業協同組合(JF)、森林組合、日本生活協同組合(生協)や企業組合、漁業生産組合などの出資の評価について教えてください。

A

1 農業協同組合等の評価

農業協同組合(JA)、漁業協同組合(JF)などの一般的な産業団体の出資の価額は、原則として、払込済出資金額によって評価することとされています（評基通195）。

〔理由〕

一般的には、漁業協同組合、農業協同組合、信用組合等のように、その組合の行う事業が、その組合員及び会員のために最大の奉仕をすることを目的として、営利を目的とするものでない場合には、その組合等に対する出資は、評価通達195の定めにより払込済出資金額により評価します。

2 企業組合等の評価

企業組合、漁業生産組合などのいわゆる組合員に対するサービス的業務ではなく、それ自体が１つの企業体として営利を目的として商業、工業、漁業などの事業そのものを行うものに対する出資の価額は、評価通達185の定めに準じてその組合等の課税時期における出資の１口当たりの純資産価額（注）（相続税評価額によって計算した金額）によって評価します（評基通196）。

ただし、企業組合がその定款を「組合員が脱退したときは組合員の本組合に対する出資額を限度として持分を払い戻すものとする。」と

変更した場合において、法令の規定により、現実に払込出資金額しか返還されないことが担保されている場合であれば、払込出資金額によって評価することになります。

> (注) 企業組合等の出資を評価する場合には、株主及びその同族関係者が所有する議決権割合が50％以下であった場合でも20％の評価減の適用はありません。
> 　その理由として、企業組合等における組合員の議決権及び選挙権は、出資口数の多寡にかかわらず平等とされており、企業組合等における経営支配は出資の大小とは必ずしも結びついていないことから、「20％の評価減の特例」の趣旨に照らし、その適用は企業組合等にはなじまないとされたからです。

なお、漁業協同組合、農業協同組合などと次問の農業、漁業などの企業組合等は、名前が似ていますが評価方法が異なりますので評価に当たっては、当該組合の定款、設立目的、事業内容、出資者の資格、剰余金の分配、解散に伴う残余財産の分配等を確認して評価対象が何であるかを確認して評価する必要があります。

Question 244 企業組合等の出資の評価

企業組合、漁業生産組合その他これに類する組合等に対する出資の評価について教えてください。

 企業組合とは、勤労者その他個人が協同して事業を起こし、出資、労働、運営する日本の非営利型の相互扶助組織であり、中小企業等協同組合法第3条第四号に規定されています。

企業組合は、「中小企業等協同組合」の一種の法人ですが、生協や農協など、組合員が組合事業を利用する「利用協同組合」とは異なり、企業組合は、組合員が組合事業に没入して事業活動に従事し、第三者に対して事業活動を行うところに特徴があります。

企業組合、漁業生産組合その他これらに類似する組合等に対する出資の価額は、課税時期におけるこれらの組合等の実情によりこれらの組合等の185《純資産価額》の定めを準用して計算した純資産価額（相続税評価額によって計算した金額（法人税額等相当額を控除したもの））を基とし、出資の持分に応ずる価額によって評価します（評基通196）。

ただし、企業組合等の定款に「脱退時は払込出資金額を限度として持分を払い戻す」旨の規定がある場合、企業組合の根拠法令によって評価の方法が変わります。

1 法令の規定により払込出資金額の返還が担保されている場合

法令の規定により、現実に払込出資金額の返還が担保されている場合には、払込出資金額によって評価します。

(参考法令等) 消費生活協同組合法

> **第21条** 脱退した組合員は、定款の定めるところにより、その払込済出資額の全部又は一部の払戻しを請求することができる。

2 払込出資金額の返還が担保されていない場合

　法令の規定により、払込出資金額の返還が担保されていない場合であって、出資持分の相続について定款に別段の定めがある等により、その持分を承継する場合には、評価通達196《企業組合等の出資の評価》の定めによって評価します。

　ただし、法令の規定により、払込出資金額の返還が担保されていない場合であっても、出資持分を承継することなく、相続人等が現実に出資払戻請求権を行使して出資の払戻しを受けたときには、その払戻しを受けた出資の金額によって評価します。

　なお、相続人等が現実に出資の払戻しを受けた場合において、当該出資に係る剰余金相当額が残存する他の出資者に帰属するときには、他の出資者が脱退した組合員から出資の価額の増加額に相当する利益の贈与を受けたものとして、相続税法第9条に規定するみなし贈与の課税が生じる場合があります。

(参考法令等) 中小企業等協同組合法

> **第20条** 組合員は、第18条又は前条第1項第1号から第4号までの規定により脱退したときは、定款の定めるところにより、その持分の全部又は一部の払戻を請求することができる。
> 2　前項の持分は、脱退した事業年度の終における組合財産によって定める。
> (第3項　省略)

Question 245 信用金庫等の出資の評価

次に掲げる法人に対する出資の評価の仕方を教えてください。なお、下記の出資はいずれも定款の定めに基づき、出資者に相続が生じた時その相続人が当該出資者の地位を承継することとされています。

① 信用金庫の出資
② 信用組合の出資
③ 農事組合法人の出資
④ 協業組合の出資

A ①の信用金庫及び②の信用組合の出資については、評価通達195《農業協同組合等の出資の評価》の定めにより、原則として払込済出資金額によって評価します。

③の農事組合法人については、評価通達196《企業組合等の出資の評価》の定めにより、1口当たりの純資産価額（相続税評価額によって計算した金額、法人税等相当額を控除したもの）によって評価することとし、この場合の純資産価額は、取引相場のない株式に関する純資産価額方式を準用して算定します。

ただし、評価通達185《純資産価額》の定めに準じて評価するとしても、ただし書（議決権割合が50％以下の場合の純資産価額×80％）の適用はありません。

④の協業組合については、評価通達194《持分会社の出資の評価》の定めに準じて評価します。

なお、中小企業団体の組織に関する法律に基づき設立される協業組合は、各組合員の議決権は平等であり、出資と議決権が結びついていないことから、この場合において、評価通達185《純資産価額》のた

だし書及び評価通達188《同族株主以外の株主等が取得した株式》から188－5《種類株式がある場合の議決権総数》までの定めの適用はありません。

〔理由〕

　信用金庫及び信用組合に対する出資の評価は、評価通達195の定めに従って払込済出資金額によって評価しますが、同通達は、農業協同組合（JA）のように、その組合の行う事業がその組合員及び会員のために最大の奉仕をすることを目的とするなど、営利を目的として事業を行わない組合等に対する出資を評価するときに適用します。

　一方、農事組合法人に対する出資の評価は、評価通達196の定めに従って評価しますが同通達は、企業組合、漁業生産組合等のように、それ自体が１個の企業体として営利を目的として事業を行うことができる組合等に対する出資を評価するときに適用することとしています。

　また、中小企業団体の組織に関する法律に基づき設立される協業組合については、組合ではありますが、営利事業を目的とし相互扶助等の組合原則を徹底しているというよりは、会社制度の要素を多く取り込んでおり、その実態は合名会社に類似すると認められます。

　したがって、協業組合に対する出資の価額は、類似業種比準価額、純資産価額若しくは両者の併用又は配当還元価額により評価することになります。

Question 246 匿名組合契約に基づく出資に係る権利

商法第535条《匿名組合契約》に規定する匿名組合契約により営業者に金銭を出資した場合の当該匿名組合契約に係る権利（出資）の価額は、どのように評価すればよいのでしょうか。

A

1 評価方法

匿名組合員の有する財産は、利益配当請求権と匿名組合契約終了時における出資金返還請求権が一体となった債権的権利と考えられることから、その価額は、出資金を含めた匿名組合契約に基づく営業者のすべての財産・債務を対象として、課税時期においてその匿名組合契約が終了したものとした場合に、出資者である匿名組合員が分配を受けることができる清算金の額によって評価することが相当であると考えられます。

清算金の額を算出するに際しては、評価通達185《純資産価額》の定めを準用して評価しますが、匿名組合には法人税が課税されないことから、法人税相当額を控除することはできません。

2 匿名組合の特性

商法に規定する匿名組合契約とは、出資者が相手方（営業者）の営業のために出資を行い、その営業から生ずる利益の分配を受けることを約した契約をいい、当該組合契約が終了した場合には、営業者は、出資者（匿名組合員）にその出資の価額（ただし、損失が生じていることによって出資の価額が減少しているときは、その残額）を返還する必要があるものとされています（商法535、542）。

また、当該匿名組合契約について損失が生じているため出資の価額

が減少している場合には、その減少額を填補した後でなければ、当該契約に係る匿名組合員は、利益の配当を請求することはできないものとされています（商法538）。

　以上の商法に係る取扱いから、匿名組合契約に基づく匿名組合員が有する財産とは、出資者の出資を営業者が運用したことにより生ずる利益に対する利益配当請求権と、当該組合契約終了時における出資金返還請求権とが一つの契約中に包括的に存在する債権的権利と考えられます。したがって、匿名組合財産を損益の分担割合に応じて共有するものとして評価することは相当ではありません。また、営業者に損失が生じた場合に組合員に返還される出資金の額は、出資金額から損失分担金を控除した後の金額とされていますので、元本保証はないことから出資額で評価することは相当ではありません。

（参考法令等）商法（抄）

> 第535条（匿名組合契約）
> 　匿名組合契約は、当事者の一方が相手方の営業のために出資をし、その営業から生ずる利益を分配することを約することによって、その効力を生ずる。
> 第536条（匿名組合員の出資及び権利義務）
> 　匿名組合員の出資は、営業者の財産に属する。
> 2　匿名組合員は、金銭その他の財産のみをその出資の目的とすることができる。
> 3　匿名組合員は、営業者の業務を執行し、又は営業者を代表することができない。
> 4　匿名組合員は、営業者の行為について、第三者に対して権利及び義務を有しない。
> 第538条（利益の配当の制限）
> 　出資が損失によって減少したときは、その損失をてん補した後でな

ければ、匿名組合員は、利益の配当を請求することができない。
第542条（匿名組合契約の終了に伴う出資の価額の返還）
　匿名組合契約が終了したときは、営業者は、匿名組合員にその出資の価額を返還しなければならない。ただし、出資が損失によって減少したときは、その残額を返還すれば足りる。

付録　参考資料

課評 2 − 27
令和 6 年 5 月 22 日

各国税局長　殿
沖縄国税事務所長　殿

国税庁長官
（官印省略）

令和 6 年分の基準年利率について（法令解釈通達）

　令和 6 年中に相続、遺贈又は贈与により取得した財産を評価する場合における財産評価基本通達（昭和39年 4 月25日付直資56ほか 1 課共同） 4 − 4 に定める「基準年利率」を下記のとおり定めたから、これによられたい。

　なお、令和 6 年 4 月分以降については、基準年利率を定めた都度通達する。

記

○　基準年利率

（単位：％）

区分	年数又は期間	令和6年1月	2月	3月	4月	5月	6月	7月	8月	9月	10月	11月	12月
短期	1年	0.01	0.01	0.10									
	2年												
中期	3年	0.10	0.25	0.25									
	4年												
	5年												
	6年												
長期	7年以上	1.00	1.00	1.00									

（注）　課税時期の属する月の年数又は期間に応ずる基準年利率を用いることに留意する。

〔参考1〕

複　利　表　(令和6年1月分)

区分	年数	年0.01%の複利年金現価率	年0.01%の複利現価率	年0.01%の年賦償還率	年1.5%の複利終価率	区分	年数	年1%の複利年金現価率	年1%の複利現価率	年1%の年賦償還率	年1.5%の複利終価率
短期	1	1.000	1.000	1.000	1.015		36	30.108	0.699	0.033	1.709
	2	2.000	1.000	0.500	1.030		37	30.800	0.692	0.032	1.734
区分	年数	年0.1%の複利年金現価率	年0.1%の複利現価率	年0.1%の年賦償還率	年1.5%の複利終価率		38	31.485	0.685	0.032	1.760
							39	32.163	0.678	0.031	1.787
							40	32.835	0.672	0.030	1.814
中期	3	2.994	0.997	0.334	1.045						
	4	3.990	0.996	0.251	1.061		41	33.500	0.665	0.030	1.841
	5	4.985	0.995	0.201	1.077		42	34.158	0.658	0.029	1.868
	6	5.979	0.994	0.167	1.093		43	34.810	0.652	0.029	1.896
区分	年数	年1%の複利年金現価率	年1%の複利現価率	年1%の年賦償還率	年1.5%の複利終価率		44	35.455	0.645	0.028	1.925
							45	36.095	0.639	0.028	1.954
	7	6.728	0.933	0.149	1.109		46	36.727	0.633	0.027	1.983
	8	7.652	0.923	0.131	1.126		47	37.354	0.626	0.027	2.013
	9	8.566	0.914	0.117	1.143		48	37.974	0.620	0.026	2.043
	10	9.471	0.905	0.106	1.160		49	38.588	0.614	0.026	2.074
							50	39.196	0.608	0.026	2.105
	11	10.368	0.896	0.096	1.177						
	12	11.255	0.887	0.089	1.195		51	39.798	0.602	0.025	2.136
	13	12.134	0.879	0.082	1.213		52	40.394	0.596	0.025	2.168
	14	13.004	0.870	0.077	1.231	長	53	40.984	0.590	0.024	2.201
	15	13.865	0.861	0.072	1.250		54	41.569	0.584	0.024	2.234
							55	42.147	0.579	0.024	2.267
	16	14.718	0.853	0.068	1.268						
	17	15.562	0.844	0.064	1.288		56	42.720	0.573	0.023	2.301
	18	16.398	0.836	0.061	1.307	期	57	43.287	0.567	0.023	2.336
	19	17.226	0.828	0.058	1.326		58	43.849	0.562	0.023	2.371
長	20	18.046	0.820	0.055	1.346		59	44.405	0.556	0.023	2.407
							60	44.955	0.550	0.022	2.443
	21	18.857	0.811	0.053	1.367						
	22	19.660	0.803	0.051	1.387		61	45.500	0.545	0.022	2.479
	23	20.456	0.795	0.049	1.408		62	46.040	0.540	0.022	2.517
	24	21.243	0.788	0.047	1.429		63	46.574	0.534	0.021	2.554
	25	22.023	0.780	0.045	1.450		64	47.103	0.529	0.021	2.593
							65	47.627	0.524	0.021	2.632
	26	22.795	0.772	0.044	1.472						
期	27	23.560	0.764	0.042	1.494		66	48.145	0.519	0.021	2.671
	28	24.316	0.757	0.041	1.517		67	48.659	0.513	0.021	2.711
	29	25.066	0.749	0.040	1.539		68	49.167	0.508	0.020	2.752
	30	25.808	0.742	0.039	1.563		69	49.670	0.503	0.020	2.793
							70	50.169	0.498	0.020	2.835
	31	26.542	0.735	0.038	1.586						
	32	27.270	0.727	0.037	1.610						
	33	27.990	0.720	0.036	1.634						
	34	28.703	0.713	0.035	1.658						
	35	29.409	0.706	0.034	1.683						

(注)　1　複利年金現価率、複利現価率及び年賦償還率は小数点以下第4位を四捨五入により、複利終価率は小数点以下第4位を切捨てにより作成している。
　　　2　複利年金現価率は、定期借地権等、著作権、営業権、鉱業権等の評価に使用する。
　　　3　複利現価率は、定期借地権等の評価における経済的利益(保証金等によるもの)の計算並びに特許権、信託受益権、清算中の会社の株式及び無利息債務等の評価に使用する。
　　　4　年賦償還率は、定期借地権等の評価における経済的利益(差額地代)の計算に使用する。
　　　5　複利終価率は、標準伐期齢を超える立木の評価に使用する。

[参考2]

複　利　表 （令和6年2月分）

区分	年数	年0.01%の複利年金現価率	年0.01%の複利現価率	年0.01%の年賦償還率	年1.5%の複利終価率	区分	年数	年1%の複利年金現価率	年1%の複利現価率	年1%の年賦償還率	年1.5%の複利終価率
短期	1	1.000	1.000	1.000	1.015		36	30.108	0.699	0.033	1.709
	2	2.000	1.000	0.500	1.030		37	30.800	0.692	0.032	1.734
区分	年数	年0.25%の複利年金現価率	年0.25%の複利現価率	年0.25%の年賦償還率	年1.5%の複利終価率		38	31.485	0.685	0.032	1.760
							39	32.163	0.678	0.031	1.787
							40	32.835	0.672	0.030	1.814
中期	3	2.985	0.993	0.335	1.045						
	4	3.975	0.990	0.252	1.061		41	33.500	0.665	0.030	1.841
	5	4.963	0.988	0.202	1.077		42	34.158	0.658	0.029	1.868
	6	5.948	0.985	0.168	1.093		43	34.810	0.652	0.029	1.896
							44	35.455	0.645	0.028	1.925
区分	年数	年1%の複利年金現価率	年1%の複利現価率	年1%の年賦償還率	年1.5%の複利終価率		45	36.095	0.639	0.028	1.954
	7	6.728	0.933	0.149	1.109		46	36.727	0.633	0.027	1.983
	8	7.652	0.923	0.131	1.126		47	37.354	0.626	0.027	2.013
	9	8.566	0.914	0.117	1.143		48	37.974	0.620	0.026	2.043
	10	9.471	0.905	0.106	1.160		49	38.588	0.614	0.026	2.074
							50	39.196	0.608	0.026	2.105
	11	10.368	0.896	0.096	1.177						
	12	11.255	0.887	0.089	1.195		51	39.798	0.602	0.025	2.136
	13	12.134	0.879	0.082	1.213		52	40.394	0.596	0.025	2.168
	14	13.004	0.870	0.077	1.231	長	53	40.984	0.590	0.024	2.201
	15	13.865	0.861	0.072	1.250		54	41.569	0.584	0.024	2.234
							55	42.147	0.579	0.024	2.267
	16	14.718	0.853	0.068	1.268						
	17	15.562	0.844	0.064	1.288		56	42.720	0.573	0.023	2.301
	18	16.398	0.836	0.061	1.307		57	43.287	0.567	0.023	2.336
長	19	17.226	0.828	0.058	1.326	期	58	43.849	0.562	0.023	2.371
	20	18.046	0.820	0.055	1.346		59	44.405	0.556	0.023	2.407
							60	44.955	0.550	0.022	2.443
	21	18.857	0.811	0.053	1.367						
	22	19.660	0.803	0.051	1.387		61	45.500	0.545	0.022	2.479
	23	20.456	0.795	0.049	1.408		62	46.040	0.540	0.022	2.517
	24	21.243	0.788	0.047	1.429		63	46.574	0.534	0.021	2.554
期	25	22.023	0.780	0.045	1.450		64	47.103	0.529	0.021	2.593
							65	47.627	0.524	0.021	2.632
	26	22.795	0.772	0.044	1.472						
	27	23.560	0.764	0.042	1.494		66	48.145	0.519	0.021	2.671
	28	24.316	0.757	0.041	1.517		67	48.659	0.513	0.021	2.711
	29	25.066	0.749	0.040	1.539		68	49.167	0.508	0.020	2.752
	30	25.808	0.742	0.039	1.563		69	49.670	0.503	0.020	2.793
							70	50.169	0.498	0.020	2.835
	31	26.542	0.735	0.038	1.586						
	32	27.270	0.727	0.037	1.610						
	33	27.990	0.720	0.036	1.634						
	34	28.703	0.713	0.035	1.658						
	35	29.409	0.706	0.034	1.683						

(注) 1 複利年金現価率、複利現価率及び年賦償還率は小数点以下第4位を四捨五入により、複利終価率は小数点以下第4位を切捨てにより作成している。
　　 2 複利年金現価率は、定期借地権等、著作権、営業権、鉱業権等の評価に使用する。
　　 3 複利現価率は、定期借地権等の評価における経済的利益（保証金等によるもの）の計算並びに特許権、信託受益権、清算中の会社の株式及び無利息債務等の評価に使用する。
　　 4 年賦償還率は、定期借地権等の評価における経済的利益（差額地代）の計算に使用する。
　　 5 複利終価率は、標準伐期齢を超える立木の評価に使用する。

[参考3]

複　利　表（令和6年3月分）

区分	年数	年0.1%の複利年金現価率	年0.1%の複利現価率	年0.1%の年賦償還率	年1.5%の複利終価率	区分	年数	年1%の複利年金現価率	年1%の複利現価率	年1%の年賦償還率	年1.5%の複利終価率
短期	1	0.999	0.999	1.001	1.015		36	30.108	0.699	0.033	1.709
	2	1.997	0.998	0.501	1.030		37	30.800	0.692	0.032	1.734
区分	年数	年0.25%の複利年金現価率	年0.25%の複利現価率	年0.25%の年賦償還率	年1.5%の複利終価率		38	31.485	0.685	0.032	1.760
							39	32.163	0.678	0.031	1.787
	3	2.985	0.993	0.335	1.045		40	32.835	0.672	0.030	1.814
中期	4	3.975	0.990	0.252	1.061		41	33.500	0.665	0.030	1.841
	5	4.963	0.988	0.202	1.077		42	34.158	0.658	0.029	1.868
	6	5.948	0.985	0.168	1.093		43	34.810	0.652	0.029	1.896
区分	年数	年1%の複利年金現価率	年1%の複利現価率	年1%の年賦償還率	年1.5%の複利終価率		44	35.455	0.645	0.028	1.925
							45	36.095	0.639	0.028	1.954
	7	6.728	0.933	0.149	1.109		46	36.727	0.633	0.027	1.983
	8	7.652	0.923	0.131	1.126		47	37.354	0.626	0.027	2.013
	9	8.566	0.914	0.117	1.143		48	37.974	0.620	0.026	2.043
	10	9.471	0.905	0.106	1.160		49	38.588	0.614	0.026	2.074
							50	39.196	0.608	0.026	2.105
	11	10.368	0.896	0.096	1.177		51	39.798	0.602	0.025	2.136
	12	11.255	0.887	0.089	1.195		52	40.394	0.596	0.025	2.168
	13	12.134	0.879	0.082	1.213	長	53	40.984	0.590	0.024	2.201
	14	13.004	0.870	0.077	1.231		54	41.569	0.584	0.024	2.234
	15	13.865	0.861	0.072	1.250		55	42.147	0.579	0.024	2.267
	16	14.718	0.853	0.068	1.268		56	42.720	0.573	0.023	2.301
	17	15.562	0.844	0.064	1.288		57	43.287	0.567	0.023	2.336
	18	16.398	0.836	0.061	1.307		58	43.849	0.562	0.023	2.371
長	19	17.226	0.828	0.058	1.326		59	44.405	0.556	0.023	2.407
	20	18.046	0.820	0.055	1.346		60	44.955	0.550	0.022	2.443
	21	18.857	0.811	0.053	1.367		61	45.500	0.545	0.022	2.479
	22	19.660	0.803	0.051	1.387		62	46.040	0.540	0.022	2.517
	23	20.456	0.795	0.049	1.408		63	46.574	0.534	0.021	2.554
	24	21.243	0.788	0.047	1.429		64	47.103	0.529	0.021	2.593
	25	22.023	0.780	0.045	1.450	期	65	47.627	0.524	0.021	2.632
	26	22.795	0.772	0.044	1.472		66	48.145	0.519	0.021	2.671
	27	23.560	0.764	0.042	1.494		67	48.659	0.513	0.021	2.711
期	28	24.316	0.757	0.041	1.517		68	49.167	0.508	0.020	2.752
	29	25.066	0.749	0.040	1.539		69	49.670	0.503	0.020	2.793
	30	25.808	0.742	0.039	1.563		70	50.169	0.498	0.020	2.835
	31	26.542	0.735	0.038	1.586						
	32	27.270	0.727	0.037	1.610						
	33	27.990	0.720	0.036	1.634						
	34	28.703	0.713	0.035	1.658						
	35	29.409	0.706	0.034	1.683						

(注) 1 複利年金現価率、複利現価率及び年賦償還率は小数点以下第4位を四捨五入により、複利終価率は小数点以下第4位を切捨てにより作成している。
　　 2 複利年金現価率は、定期借地権等、著作権、営業権、鉱業権等の評価に使用する。
　　 3 複利現価率は、定期借地権等の評価における経済的利益（保証金等によるもの）の計算並びに特許権、信託受益権、清算中の会社の株式及び無利息債務等の評価に使用する。
　　 4 年賦償還率は、定期借地権等の評価における経済的利益（差額地代）の計算に使用する。
　　 5 複利終価率は、標準伐期齢を超える立木の評価に使用する。

令和6年分の類似業種比準価額計算上の業種目及び業種目別株価等について（法令解釈通達）

課評　2－35
令和6年6月11日

　この法令解釈通達では、令和6年分の相続税及び贈与税の申告のため、取引相場のない株式を原則的評価方法の一つである類似業種比準方式（事業の種類が同一又は類似する複数の上場会社の株価の平均値に比準する方式）により評価する場合、その算定に必要となる業種目別の1株当たりの配当金額、利益金額、簿価純資産価額及び株価について定めています。

●目次〔4月分まで掲載〕
1．建設業
2．製造業
　⑴　食料品製造業、飲料・たばこ・飼料製造業、繊維工業、パルプ・紙・紙加工品製造業、印刷・同関連業
　⑵　化学工業、プラスチック製品製造業、ゴム製品製造業
　⑶　窯業・土石製品製造業、鉄鋼業、非鉄金属製造業、金属製品製造業、はん用機械器具製造業
　⑷　生産用機械器具製造業、業務用機械器具製造業、電子部品・デバイス・電子回路製造業
　⑸　電気機械器具製造業、情報通信機械器具製造業、輸送用機械器具製造業、その他の製造業
3．電気・ガス・熱供給・水道業、情報通信業
4．運輸業、郵便業
5．卸売業
　⑴　各種商品卸売業、繊維・衣服等卸売業、飲食料品卸売業、建築材料、鉱

物・金属材料等卸売業
　(2) 機械器具卸売業、その他の卸売業
6．小売業
7．金融業、保険業、不動産業、物品賃貸業
8．専門・技術サービス業、宿泊業、飲食サービス業
9．生活関連サービス業、娯楽業、教育、学習支援業、医療、福祉、サービス業
　（他に分類されないもの）、その他の産業

類似業種比準価額計算上の業種目及び業種目別株価等（令和6年分）

別紙　　　　類似業種比準価額計算上の業種目及び業種目別株価等（令和6年分）

(単位：円)

業種目 大分類／中分類／小分類	番号	内容	B 配当金額	C 利益金額	D 簿価純資産価額	A（株価） 令和5年平均	令和5年11月分	令和5年12月分
建設業	1		10.6	51	467	371	393	397
総合工事業	2		9.0	46	411	305	323	324
建築工事業（木造建築工事業を除く）	3	鉄骨鉄筋コンクリート造建築物、鉄筋コンクリート造建築物、無筋コンクリート造建築物及び鉄骨造建築物等の完成を請け負うもの	11.1	73	458	368	376	373
その他の総合工事業	4	総合工事業のうち、3に該当するもの以外のもの	8.4	39	398	288	309	311
職別工事業	5	下請として工事現場において建築物又は土木施設等の工事目的物の一部を構成するための建設工事を行うもの	13.0	50	540	447	449	452
設備工事業	6		13.6	63	578	498	535	544
電気工事業	7	一般電気工事業及び電気配線工事業を営むもの	9.0	39	589	340	373	388
電気通信・信号装置工事業	8	電気通信工事業、有線テレビジョン放送設備設置工事業及び信号装置工事業を営むもの	6.8	30	248	270	287	286
その他の設備工事業	9	設備工事業のうち、7及び8に該当するもの以外のもの	18.2	86	658	651	696	704

(注)　「A（株価）」は、業種目ごとに令和6年分の標本会社の株価を基に計算しているので、標本会社が令和5年分のものと異なる業種目などについては、令和5年11月分及び12月分の金額は、令和5年分の評価に適用する令和5年11月分及び12月分の金額とは異なることに留意してください。また、令和5年平均及び課税時期の属する月以前2年間の平均株価についても、令和6年分の標本会社を基に計算しています。

類似業種比準価額計算上の業種目及び業種目別株価等(令和6年分)

(単位:円)

業種目 大分類 / 中分類 / 小分類			番号	A(株価)【上段:各月の株価、下段:課税時期の属する月以前2年間の平均株価】											
				令和6年1月分	2月分	3月分	4月分	5月分	6月分	7月分	8月分	9月分	10月分	11月分	12月分
建設業			1	422 352	436 357	455 362	454 367								
	総合工事業		2	343 290	347 293	357 297	353 300								
		建築工事業(木造建築工事業を除く)	3	395 358	402 360	409 363	411 365								
		その他の総合工事業	4	329 272	332 276	344 280	338 283								
	職別工事業		5	483 440	486 442	494 444	489 447								
	設備工事業		6	584 467	622 475	663 485	671 495								
		電気工事業	7	416 322	442 328	461 334	477 342								
		電気通信・信号装置工事業	8	296 267	298 268	311 269	312 271								
		その他の設備工事業	9	757 605	812 617	874 630	879 644								

付録 参考資料

類似業種比準価額計算上の業種目及び業種目別株価等(令和6年分)

(単位:円)

業種目 大分類/中分類/小分類	番号	内容	B 配当金額	C 利益金額	D 簿価純資産価額	A(株価) 令和5年平均	A(株価) 5年11月分	A(株価) 5年12月分
製　造　業	10		7.8	40	377	400	421	424
食料品製造業	11		7.6	33	426	611	650	645
畜産食料品製造業	12	部分肉・冷凍肉、肉加工品、処理牛乳・乳飲料及び乳製品等の製造を行うもの	8.0	34	351	458	460	453
パン・菓子製造業	13	パン、生菓子、ビスケット類・干菓子及び米菓等の製造を行うもの	8.2	42	623	1,501	1,578	1,563
その他の食料品製造業	14	食料品製造業のうち、12及び13に該当するもの以外のもの	7.4	31	401	444	485	482
飲料・たばこ・飼料製造業	15	清涼飲料、酒類、茶、コーヒー、氷、たばこ、飼料及び有機質肥料の製造を行うもの	6.9	26	343	400	436	437
繊維工業	16	製糸、紡績糸、織物、ニット生地、網地、フェルト、染色整理及び衣服の縫製など繊維製品の製造を行うもの	5.4	30	327	309	340	340
パルプ・紙・紙加工品製造業	17	木材、その他の植物原料及び古繊維からパルプ及び紙の製造を行うもの並びにこれらの紙から紙加工品の製造を行うもの	4.1	21	303	166	178	181
印刷・同関連業	18	印刷業、製版業、製本業、印刷物加工業及び印刷関連サービス業を営むもの	4.7	28	327	217	222	226

(注)　「A(株価)」は、業種目ごとに令和6年分の標本会社の株価を基に計算しているので、標本会社が令和5年分のものと異なる業種目などについては、令和5年11月分及び12月分の金額は、令和5年分の評価に適用する令和5年11月分及び12月分の金額とは異なることに留意してください。また、令和5年平均及び課税時期の属する月以前2年間の平均株価についても、令和6年分の標本会社を基に計算しています。

類似業種比準価額計算上の業種目及び業種目別株価等(令和6年分)

(単位:円)

業種目 大分類/中分類/小分類	番号	A (株価) 【上段：各月の株価、下段：課税時期の属する月以前2年間の平均株価】											
		令和6年1月分	2月分	3月分	4月分	5月分	6月分	7月分	8月分	9月分	10月分	11月分	12月分
製造業	10	445 382	462 386	476 391	469 396								
食料品製造業	11	656 585	670 590	674 595	659 600								
畜産食料品製造業	12	463 449	468 450	471 451	472 453								
パン・菓子製造業	13	1,544 1,419	1,570 1,432	1,591 1,444	1,506 1,453								
その他の食料品製造業	14	500 426	513 431	514 435	512 440								
飲料・たばこ・飼料製造業	15	466 387	471 391	452 395	448 399								
繊維工業	16	365 295	364 298	377 302	367 306								
パルプ・紙・紙加工品製造業	17	191 159	195 160	201 162	202 164								
印刷・同関連業	18	234 210	240 211	242 213	244 215								

付録　参考資料

類似業種比準価額計算上の業種目及び業種目別株価等(令和6年分)

(単位:円)

業　　種　　目				B 配当金額	C 利益金額	D 簿価純資産価額	A（株価）		
大分類／中分類／小分類		番号	内容				令和5年平均	5年11月分	5年12月分
(製造業)									
化学工業		19		9.9	40	408	471	483	485
	有機化学工業製品製造業	20	工業原料として用いられる有機化学工業製品の製造を行うもの	8.5	40	348	382	404	405
	油脂加工製品・石けん・合成洗剤・界面活性剤・塗料製造業	21	脂肪酸・硬化油・グリセリン、石けん・合成洗剤、界面活性剤、塗料、印刷インキ、洗浄剤・磨用剤及びびろうそくの製造を行うもの	5.2	22	331	220	234	236
	医薬品製造業	22	医薬品原薬、医薬品製剤、生物学的製剤、生薬・漢方製剤及び動物用医薬品の製造を行うもの	16.8	66	603	836	860	873
	その他の化学工業	23	化学工業のうち、20から22に該当するもの以外のもの	8.5	34	358	402	406	403
プラスチック製品製造業		24	プラスチックを用い、押出成形機、射出成形機等の各種成形機により成形された押出成形品、射出成形品等の成形製品の製造を行うもの及び同製品に切断、接合、塗装、蒸着めっき、バフ加工等の加工を行うもの並びにプラスチックを用いて成形のために配合、混和を行うもの及び再生プラスチックの製造を行うもの	5.7	28	307	217	228	225
ゴム製品製造業		25	天然ゴム類、合成ゴムなどから作られたゴム製品、すなわち、タイヤ、チューブ、ゴム製履物、ゴム引布、ゴムベルト、ゴムホース、工業用ゴム製品、更生タイヤ、再生ゴム、その他のゴム製品の製造を行うもの	15.1	61	587	484	529	536

(注)　「A（株価）」は、業種目ごとに令和6年分の標本会社の株価を基に計算しているので、標本会社が令和5年分のものと異なる業種目などについては、令和5年11月分及び12月分の金額は、令和5年分の評価に適用する令和5年11月分及び12月分の金額とは異なることに留意してください。また、令和5年平均及び課税時期の属する月以前2年間の平均株価についても、令和6年分の標本会社を基に計算しています。

類似業種比準価額計算上の業種目及び業種目別株価等(令和6年分)

(単位:円)

業種目			番号	A（株価）【上段：各月の株価、下段：課税時期の属する月以前2年間の平均株価】											
大分類															
	中分類			令和6年1月分	2月分	3月分	4月分	5月分	6月分	7月分	8月分	9月分	10月分	11月分	12月分
		小分類													
(製造業)															
	化学工業		19	499 467	501 468	511 470	497 472								
		有機化学工業製品製造業	20	423 369	437 371	461 375	458 379								
		油脂加工製品・石けん・合成洗剤・界面活性剤・塗料製造業	21	243 210	255 212	261 215	256 218								
		医薬品製造業	22	892 837	883 840	893 842	859 843								
		その他の化学工業	23	416 399	416 399	425 400	415 401								
	プラスチック製品製造業		24	236 208	238 210	243 212	242 214								
	ゴム製品製造業		25	570 438	592 448	606 459	615 471								

付録　参考資料

類似業種比準価額計算上の業種目及び業種目別株価等(令和6年分)

(単位:円)

業種目					B 配当金額	C 利益金額	D 簿価純資産価額	A（株価）		
大分類	中分類	小分類	番号	内容				令和5年平均	5年11月分	5年12月分
(製造業)										
	窯業・土石製品製造業		26		7.5	39	341	323	336	338
		セメント・同製品製造業	27	セメント、生コンクリート及びコンクリート製品等の製造を行うもの	4.1	23	242	185	199	208
		その他の窯業・土石製品製造業	28	窯業・土石製品製造業のうち、27に該当するもの以外のもの	9.2	47	390	390	403	401
	鉄鋼業		29	鉱石、鉄くずなどから鉄及び鋼の製造を行うもの並びに鉄及び鋼の鋳造品、鍛造品、圧延鋼材、表面処理鋼材等の製造を行うもの	6.5	51	413	264	296	295
	非鉄金属製造業		30	鉱石（粗鉱、精鉱）、金属くずなどを処理し、非鉄金属の製錬及び精製を行うもの、非鉄金属の合金製造、圧延、抽伸、押出しを行うもの並びに非鉄金属の鋳造、鍛造、その他の基礎製品の製造を行うもの	6.1	37	327	257	256	248
	金属製品製造業		31		5.9	32	367	229	236	237
		建設用・建築用金属製品製造業	32	鉄骨、建設用金属製品、金属製サッシ・ドア、鉄骨系プレハブ住宅及び建築用金属製品の製造を行うもの並びに製缶板金業を営むもの	4.7	35	331	208	211	213
		その他の金属製品製造業	33	金属製品製造業のうち、32に該当するもの以外のもの	6.4	30	383	238	247	247
	はん用機械器具製造業		34	はん用的に各種機械に組み込まれ、あるいは取付けをすることで用いられる機械器具の製造を行うもの。例えば、ボイラ・原動機、ポンプ・圧縮機器、一般産業用機械・装置の製造など	8.4	48	408	368	394	402

(注)　「A（株価）」は、業種目ごとに令和6年分の標本会社の株価を基に計算しているので、標本会社が令和5年分のものと異なる業種目などについては、令和5年11月分及び12月分の金額は、令和5年分の評価に適用する令和5年11月分及び12月分の金額とは異なることに留意してください。また、令和5年平均及び課税時期の属する月以前2年間の平均株価についても、令和6年分の標本会社を基に計算しています。

類似業種比準価額計算上の業種目及び業種目別株価等(令和6年分)

(単位:円)

業　種　目			番号	A（株価）【上段：各月の株価、下段：課税時期の属する月以前2年間の平均株価】											
大分類				令和6年1月分	2月分	3月分	4月分	5月分	6月分	7月分	8月分	9月分	10月分	11月分	12月分
	中分類														
		小分類													
(製 造 業)															
	窯業・土石製品製造業		26	354 303	377 307	391 312	388 317								
		セメント・同製品製造業	27	225 173	237 176	237 180	236 184								
		その他の窯業・土石製品製造業	28	416 366	444 370	465 376	461 382								
	鉄　鋼　業		29	312 240	328 245	336 251	330 257								
	非鉄金属製造業		30	258 250	261 251	263 252	270 253								
	金属製品製造業		31	249 221	259 222	267 225	273 227								
		建設用・建築用金属製品製造業	32	233 205	241 206	247 207	248 208								
		その他の金属製品製造業	33	257 228	267 230	276 233	284 235								
	はん用機械器具製造業		34	418 346	437 351	460 357	460 364								

付録　参考資料

類似業種比準価額計算上の業種目及び業種目別株価等(令和6年分)

(単位:円)

業種目					B 配当金額	C 利益金額	D 簿価純資産価額	A（株価）		
大分類	中分類	小分類	番号	内容				令和5年平均	5年11月分	5年12月分
(製造業)										
	生産用機械器具製造業		35		8.2	47	319	462	496	512
		金属加工機械製造業	36	金属工作機械、金属加工機械、金属工作機械用・金属加工機械用部分品・附属品（金型を除く）及び機械工具（粉末や金業を除く）の製造を行うもの	6.0	33	301	278	285	281
		その他の生産用機械器具製造業	37	生産用機械器具製造業のうち、36に該当するもの以外のもの	8.8	51	324	513	554	575
	業務用機械器具製造業		38	業務用及びサービスの生産に供される機械器具の製造を行うもの	8.9	49	373	536	566	591
	電子部品・デバイス・電子回路製造業		39		6.7	46	319	417	443	450
		電子部品製造業	40	抵抗器、コンデンサ、変成器及び複合部品の製造、音響部品、磁気ヘッド及び小形モータの製造並びにコネクタ、スイッチ及びリレーの製造を行うもの	7.2	45	362	414	458	471
		電子回路製造業	41	電子回路基板及び電子回路実装基板の製造を行うもの	2.4	23	157	177	201	205
		その他の電子部品・デバイス・電子回路製造業	42	電子部品・デバイス・電子回路製造業のうち、40及び41に該当するもの以外のもの	7.8	55	345	499	514	518

(注)　「A（株価）」は、業種目ごとに令和6年分の標本会社の株価を基に計算しているので、標本会社が令和5年分のものと異なる業種目などについては、令和5年11月分及び12月分の金額は、令和5年分の評価に適用する令和5年11月分及び12月分の金額とは異なることに留意してください。また、令和5年平均及び課税時期の属する月以前2年間の平均株価についても、令和6年分の標本会社を基に計算しています。

類似業種比準価額計算上の業種目及び業種目別株価等(令和6年分)

(単位:円)

業種目 大分類／中分類／小分類	番号	A(株価)【上段:各月の株価、下段:課税時期の属する月以前2年間の平均株価】											
		令和6年1月分	2月分	3月分	4月分	5月分	6月分	7月分	8月分	9月分	10月分	11月分	12月分
(製造業)													
生産用機械器具製造業	35	546 436	590 444	634 453	640 463								
金属加工機械製造業	36	294 273	293 273	303 274	304 275								
その他の生産用機械器具製造業	37	615 481	671 490	725 502	732 514								
業務用機械器具製造業	38	649 490	708 501	723 514	678 525								
電子部品・デバイス・電子回路製造業	39	472 398	488 402	490 407	475 412								
電子部品製造業	40	497 398	520 404	513 411	505 417								
電子回路製造業	41	214 165	221 168	219 170	219 173								
その他の電子部品・デバイス・電子回路製造業	42	542 476	556 480	564 484	541 488								

付録　参考資料

類似業種比準価額計算上の業種目及び業種目別株価等(令和6年分)

(単位:円)

業種目 大分類 / 中分類 / 小分類	番号	内容	B 配当金額	C 利益金額	D 簿価純資産価額	A(株価) 令和5年平均	A(株価) 5年11月分	A(株価) 5年12月分
(製造業)								
電気機械器具製造業	43		7.8	50	446	567	581	564
発電用・送電用・配電用電気機械器具製造業	44	発電機・電動機・その他の回転電気機械、変圧器類（電子機器用を除く）、電力開閉装置、配電盤・電力制御装置及び配線器具・配線附属品の製造を行うもの	13.9	67	854	636	758	740
電気計測器製造業	45	電気計測器、工業計器及び医療用計測器の製造を行うもの	5.9	30	219	344	359	361
その他の電気機械器具製造業	46	電気機械器具製造業のうち、44及び45に該当するもの以外のもの	6.3	54	402	661	630	603
情報通信機械器具製造業	47	通信機械器具及び関連機器、映像・音響機械器具並びに電子計算機及び附属装置の製造を行うもの	8.8	40	411	352	371	371
輸送用機械器具製造業	48		7.2	36	418	274	302	292
自動車・同附属品製造業	49	自動車（二輪自動車を含む）、自動車車体・附随車及び自動車部分品・附属品の製造を行うもの	7.6	35	429	246	271	260
その他の輸送用機械器具製造業	50	輸送用機械器具製造業のうち、49に該当するもの以外のもの	5.3	38	372	394	435	432
その他の製造業	51	製造業のうち、11から50に該当するもの以外のもの	8.5	41	364	397	412	414

(注)　「A（株価）」は、業種目ごとに令和6年分の標本会社の株価を基に計算しているので、標本会社が令和5年分のものと異なる業種目などについては、令和5年11月分及び12月分の金額は、令和5年分の評価に適用する令和5年11月分及び12月分の金額とは異なることに留意してください。また、令和5年平均及び課税時期の属する月以前2年間の平均株価についても、令和6年分の標本会社を基に計算しています。

類似業種比準価額計算上の業種目及び業種目別株価等(令和6年分)

(単位:円)

業　種　目			番号	A (株価)【上段：各月の株価、下段：課税時期の属する月以前2年間の平均株価】											
大分類				令和6年1月分	2月分	3月分	4月分	5月分	6月分	7月分	8月分	9月分	10月分	11月分	12月分
	中分類														
		小分類													
(製造業)															
	電気機械器具製造業		43	601 551	630 557	635 563	618 567								
		発電用・送電用・配電用電気機械器具製造業	44	839 567	993 589	971 609	891 627								
		電気計測器製造業	45	393 326	400 330	434 336	425 341								
		その他の電気機械器具製造業	46	617 669	608 669	606 669	613 667								
	情報通信機械器具製造業		47	386 347	395 349	414 352	416 354								
	輸送用機械器具製造業		48	310 260	328 263	344 267	343 272								
		自動車・同附属品製造業	49	277 231	295 234	307 238	307 242								
		その他の輸送用機械器具製造業	50	453 388	474 390	506 395	502 400								
	その他の製造業		51	435 376	444 380	463 385	459 390								

付録　参考資料

類似業種比準価額計算上の業種目及び業種目別株価等(令和6年分)

(単位:円)

業種目 大分類/中分類/小分類	番号	内容	B 配当金額	C 利益金額	D 簿価純資産価額	A(株価) 令和5年平均	A(株価) 5年11月分	A(株価) 5年12月分
電気・ガス・熱供給・水道業	52		6.8	43	404	650	470	454
情報通信業	53		8.6	50	285	721	715	715
情報サービス業	54		9.6	56	291	792	803	800
ソフトウェア業	55	受託開発ソフトウェア業、組込みソフトウェア業、パッケージソフトウェア業及びゲームソフトウェア業を営むもの	9.7	56	284	825	844	845
情報処理・提供サービス業	56	受託計算サービス業、計算センター、タイムシェアリングサービス業、マシンタイムサービス業、データエントリー業、パンチサービス業、データベースサービス業、市場調査業及び世論調査業を営むもの	8.8	48	246	679	662	640
インターネット附随サービス業	57	インターネットを通じて、情報の提供や、サーバ等の機能を利用させるサービスを提供するもの、音楽、映像等を配信する事業を行うもの及びインターネットを利用する上で必要なサポートサービスを提供するもの	6.7	37	207	618	577	576
映像・音声・文字情報制作業	58	映画、ビデオ又はテレビジョン番組の制作・配給を行うもの、レコード又はラジオ番組の制作を行うもの、新聞の発行又は書籍、定期刊行物等の出版を行うもの並びにこれらに附帯するサービスの提供を行うもの	4.3	41	286	506	531	585
その他の情報通信業	59	情報通信業のうち、54から58に該当するもの以外のもの	11.6	61	612	696	663	652

(注) 「A(株価)」は、業種目ごとに令和6年分の標本会社の株価を基に計算しているので、標本会社が令和5年分のものと異なる業種目などについては、令和5年11月分及び12月分の金額は、令和5年分の評価に適用する令和5年11月分及び12月分の金額とは異なることに留意してください。また、令和5年平均及び課税時期の属する月以前2年間の平均株価についても、令和6年分の標本会社を基に計算しています。

類似業種比準価額計算上の業種目及び業種目別株価等(令和6年分)

(単位:円)

業種目 大分類 / 中分類 / 小分類	番号	A（株価）【上段：各月の株価、下段：課税時期の属する月以前２年間の平均株価】											
		令和6年1月分	2月分	3月分	4月分	5月分	6月分	7月分	8月分	9月分	10月分	11月分	12月分
電気・ガス・熱供給・水道業	52	478 569	488 571	553 575	526 580								
情報通信業	53	742 706	756 710	776 714	736 716								
情報サービス業	54	821 765	836 771	853 777	810 780								
ソフトウェア業	55	863 788	881 796	902 804	857 809								
情報処理・提供サービス業	56	673 682	683 682	681 680	645 677								
インターネット附随サービス業	57	612 629	630 629	668 630	627 627								
映像・音声・文字情報制作業	58	621 500	611 506	577 511	534 513								
その他の情報通信業	59	688 677	695 680	706 683	693 684								

付録　参考資料

類似業種比準価額計算上の業種目及び業種目別株価等(令和6年分)

(単位:円)

業種目 大分類/中分類/小分類	番号	内容	B 配当金額	C 利益金額	D 簿価純資産価額	A(株価) 令和5年平均	5年11月分	5年12月分
運輸業,郵便業	60		7.7	62	465	305	322	331
道路貨物運送業	61	自動車等により貨物の運送を行うもの	6.3	48	411	291	308	313
水運業	62	海洋、沿海、港湾、河川、湖沼において船舶により旅客又は貨物の運送を行うもの(港湾において、はしけによって貨物の運送を行うものを除く)	19.9	166	576	335	358	387
運輸に附帯するサービス業	63	港湾運送業、貨物運送取扱業(集配利用運送業を除く)、運送代理店、こん包業及び運輸施設提供業等を営むもの	5.6	44	488	262	267	276
その他の運輸業,郵便業	64	運輸業、郵便業のうち、61から63に該当するもの以外のもの	5.1	43	449	345	368	373

(注) 「A(株価)」は、業種目ごとに令和6年分の標本会社の株価を基に計算しているので、標本会社が令和5年分のものと異なる業種目などについては、令和5年11月分及び12月分の金額は、令和5年分の評価に適用する令和5年11月分及び12月分の金額とは異なることに留意してください。また、令和5年平均及び課税時期の属する月以前2年間の平均株価についても、令和6年分の標本会社を基に計算しています。

類似業種比準価額計算上の業種目及び業種目別株価等(令和6年分)

(単位:円)

業種目 大分類　中分類　小分類	番号	A (株価)【上段:各月の株価、下段:課税時期の属する月以前2年間の平均株価】											
		令和6年1月分	2月分	3月分	4月分	5月分	6月分	7月分	8月分	9月分	10月分	11月分	12月分
運輸業, 郵便業	60	*352* *292*	*355* *296*	*359* *299*	*358* *303*								
道路貨物運送業	61	333 276	329 279	341 283	359 287								
水運業	62	445 328	448 334	437 339	410 343								
運輸に附帯するサービス業	63	287 251	293 253	294 256	293 258								
その他の運輸業, 郵便業	64	387 329	394 333	396 337	391 341								

付録　参考資料

類似業種比準価額計算上の業種目及び業種目別株価等(令和6年分)

(単位:円)

業種目			番号	内容	B 配当金額	C 利益金額	D 簿価純資産価額	A(株価)		
大分類	中分類	小分類						令和5年平均	5年11月分	5年12月分
卸売業			65		*9.1*	*57*	*442*	*399*	*421*	*425*
	各種商品卸売業		66	各種商品の仕入卸売を行うもの。例えば、総合商社、貿易商社など	15.5	92	535	494	560	546
	繊維・衣服等卸売業		67	繊維品及び衣服・身の回り品の仕入卸売を行うもの	6.9	26	518	247	270	274
	飲食料品卸売業		68		4.8	40	333	353	407	405
		農畜産物・水産物卸売業	69	米麦、雑穀・豆類、野菜、果実、食肉及び生鮮魚介等の卸売を行うもの	3.0	28	263	196	208	209
		食料・飲料卸売業	70	砂糖・味そ・しょう油、酒類、乾物、菓子・パン類、飲料、茶類及び牛乳・乳製品等の卸売を行うもの	6.5	52	400	502	596	591
	建築材料,鉱物・金属材料等卸売業		71		10.9	70	536	377	393	408
		化学製品卸売業	72	塗料、プラスチック及びその他の化学製品の卸売を行うもの	14.1	78	665	459	470	486
		その他の建築材料,鉱物・金属材料等卸売業	73	建築材料,鉱物・金属材料等卸売業のうち、72に該当するもの以外のもの	10.2	68	507	358	375	391

(注) 「A(株価)」は、業種目ごとに令和6年分の標本会社の株価を基に計算しているので、標本会社が令和5年分のものと異なる業種目などについては、令和5年11月分及び12月分の金額は、令和5年分の評価に適用する令和5年11月分及び12月分の金額とは異なることに留意してください。また、令和5年平均及び課税時期の属する月以前2年間の平均株価についても、令和6年分の標本会社を基に計算しています。

類似業種比準価額計算上の業種目及び業種目別株価等(令和6年分)

(単位:円)

業種目 大分類／中分類／小分類	番号	A (株価)【上段:各月の株価、下段:課税時期の属する月以前2年間の平均株価】											
		令和6年1月分	2月分	3月分	4月分	5月分	6月分	7月分	8月分	9月分	10月分	11月分	12月分
卸　売　業	65	**448** / 376	**461** / 381	**479** / 387	**470** / 392								
各種商品卸売業	66	601 / 433	640 / 446	691 / 460	709 / 475								
繊維・衣服等卸売業	67	285 / 235	297 / 238	301 / 241	311 / 245								
飲食料品卸売業	68	416 / 338	415 / 342	419 / 346	413 / 351								
農畜産物・水産物卸売業	69	213 / 188	213 / 190	213 / 192	212 / 194								
食料・飲料卸売業	70	609 / 480	607 / 487	616 / 493	603 / 500								
建築材料,鉱物・金属材料等卸売業	71	443 / 359	469 / 364	504 / 371	474 / 377								
化学製品卸売業	72	522 / 435	541 / 440	549 / 446	567 / 454								
その他の建築材料,鉱物・金属材料等卸売業	73	425 / 342	453 / 347	493 / 354	453 / 360								

付録　参考資料

類似業種比準価額計算上の業種目及び業種目別株価等(令和6年分)

(単位:円)

業種目 大分類／中分類／小分類	番号	内容	B 配当金額	C 利益金額	D 簿価純資産価額	A(株価) 令和5年平均	A(株価) 5年11月分	A(株価) 5年12月分
(卸売業)								
機械器具卸売業	74		10.8	64	473	458	475	481
産業機械器具卸売業	75	農業用機械器具、建設機械・鉱山機械、金属加工機械及び事務用機械器具等の卸売を行うもの	8.6	56	464	447	474	482
電気機械器具卸売業	76		12.0	69	481	472	473	475
その他の機械器具卸売業	77	機械器具卸売業のうち、75及び76に該当するもの以外のもの	12.1	67	470	446	478	492
その他の卸売業	78	卸売業のうち、66から77に該当するもの以外のもの	7.0	48	342	370	374	373

(注) 「A(株価)」は、業種目ごとに令和6年分の標本会社の株価を基に計算しているので、標本会社が令和5年分のものと異なる業種目などについては、令和5年11月分及び12月分の金額は、令和5年分の評価に適用する令和5年11月分及び12月分の金額とは異なることに留意してください。また、令和5年平均及び課税時期の属する月以前2年間の平均株価についても、令和6年分の標本会社を基に計算しています。

類似業種比準価額計算上の業種目及び業種目別株価等(令和6年分)

(単位:円)

業種目 大分類 / 中分類 / 小分類	番号	A(株価)【上段:各月の株価、下段:課税時期の属する月以前2年間の平均株価】											
		令和6年1月分	2月分	3月分	4月分	5月分	6月分	7月分	8月分	9月分	10月分	11月分	12月分
(卸売業)													
機械器具卸売業	74	508 430	526 435	547 442	539 448								
産業機械器具卸売業	75	516 424	534 430	566 437	571 445								
電気機械器具卸売業	76	498 434	512 439	528 446	510 452								
その他の機械器具卸売業	77	518 430	540 435	555 441	543 446								
その他の卸売業	78	382 349	380 352	380 355	382 358								

付録　参考資料

類似業種比準価額計算上の業種目及び業種目別株価等(令和6年分)

(単位:円)

業種目 大分類 / 中分類 / 小分類	番号	内容	B 配当金額	C 利益金額	D 簿価純資産価額	A (株価) 令和5年平均	5年11月分	5年12月分
小売業	79		6.8	43	310	456	469	477
各種商品小売業	80	百貨店、デパートメントストア、総合スーパーなど、衣・食・住にわたる各種の商品の小売を行うもの	3.5	26	288	280	284	283
織物・衣服・身の回り品小売業	81	呉服、服地、衣服、靴、帽子、洋品雑貨及び小間物等の商品の小売を行うもの	9.5	66	351	738	736	759
飲食料品小売業	82		5.5	33	286	355	374	379
機械器具小売業	83	自動車、自転車、電気機械器具など(それぞれの中古品を含む)及びその部品、附属品の小売を行うもの	8.5	54	337	339	337	336
その他の小売業	84		7.5	45	345	540	577	595
医薬品・化粧品小売業	85	医薬品小売業、調剤薬局及び化粧品小売業等を営むもの	7.6	58	395	756	814	836
その他の小売業	86	小売業(無店舗小売業を除く)のうち、80から83及び85に該当するもの以外のもの	7.5	40	329	458	484	500
無店舗小売業	87	店舗を持たず、カタログや新聞・雑誌・テレビジョン・ラジオ・インターネット等で広告を行い、通信手段によって個人からの注文を受け商品を販売するもの、家庭等を訪問し個人への物品販売又は販売契約をするもの、自動販売機によって物品を販売するもの及びその他の店舗を持たないで小売を行うもの	4.0	30	191	356	336	326

(注) 「A(株価)」は、業種目ごとに令和6年分の標本会社の株価を基に計算しているので、標本会社が令和5年分のものと異なる業種目などについては、令和5年11月分及び12月分の金額は、令和5年分の評価に適用する令和5年11月分及び12月分の金額とは異なることに留意してください。また、令和5年平均及び課税時期の属する月以前2年間の平均株価については、令和6年分の標本会社を基に計算しています。

類似業種比準価額計算上の業種目及び業種目別株価等(令和6年分)

(単位:円)

業種目 大分類／中分類／小分類	番号	A（株価）【上段：各月の株価、下段：課税時期の属する月以前2年間の平均株価】											
		令和6年1月分	2月分	3月分	4月分	5月分	6月分	7月分	8月分	9月分	10月分	11月分	12月分
小　売　業	79	**486** **439**	**490** **442**	**505** **446**	**495** **450**								
各種商品小売業	80	289 269	295 271	297 273	305 275								
織物・衣服・身の回り品小売業	81	739 688	743 695	763 702	731 707								
飲食料品小売業	82	408 344	427 348	440 353	437 357								
機械器具小売業	83	348 336	348 337	354 339	360 341								
その他の小売業	84	602 522	601 526	625 531	610 536								
医薬品・化粧品小売業	85	830 736	815 740	838 745	796 750								
その他の小売業	86	514 441	516 444	540 448	536 454								
無店舗小売業	87	334 345	335 345	344 346	329 345								

付録　参考資料

類似業種比準価額計算上の業種目及び業種目別株価等(令和6年分)

(単位:円)

業種目 大分類 / 中分類 / 小分類	番号	内容	B 配当金額	C 利益金額	D 簿価純資産価額	A (株価) 令和5年平均	A 5年11月分	A 5年12月分
金融業，保険業	88		5.7	35	266	266	289	289
銀行業	89		2.7	18	247	92	105	103
金融商品取引業，商品先物取引業	90	金融商品取引業、商品先物取引業及び商品投資顧問業等を営むもの（金融商品取引所及び商品取引所を除く）	7.5	59	292	312	345	351
その他の金融業，保険業	91	金融業，保険業のうち、89及び90に該当するもの以外のもの	10.3	50	283	585	616	618
不動産業，物品賃貸業	92		7.5	48	314	363	379	389
不動産取引業	93	不動産の売買、交換又は不動産の売買、貸借、交換の代理若しくは仲介を行うもの	6.5	47	262	265	280	275
不動産賃貸業・管理業	94	不動産の賃貸又は管理を行うもの	8.0	42	331	455	471	491
物品賃貸業	95	産業用機械器具、事務用機械器具、自動車、スポーツ・娯楽用品及び映画・演劇用品等の物品の賃貸を行うもの	10.4	65	422	519	532	558

(注)　「A（株価）」は、業種目ごとに令和6年分の標本会社の株価を基に計算しているので、標本会社が令和5年分のものと異なる業種目などについては、令和5年11月分及び12月分の金額は、令和5年分の評価に適用する令和5年11月分及び12月分の金額とは異なることに留意してください。また、令和5年平均及び課税時期の属する月以前2年間の平均株価についても、令和6年分の標本会社を基に計算しています。

類似業種比準価額計算上の業種目及び業種目別株価等(令和6年分)

(単位:円)

業種目 大分類 / 中分類 / 小分類	番号	A（株価）【上段：各月の株価、下段：課税時期の属する月以前2年間の平均株価】											
		令和6年1月分	2月分	3月分	4月分	5月分	6月分	7月分	8月分	9月分	10月分	11月分	12月分
金融業，保険業	88	*304* / 249	*319* / 253	*341* / 258	*338* / 263								
銀　行　業	89	106 / 83	109 / 85	120 / 87	119 / 89								
金融商品取引業，商品先物取引業	90	380 / 291	398 / 297	424 / 304	426 / 311								
その他の金融業，保険業	91	645 / 556	681 / 563	722 / 572	711 / 581								
不動産業，物品賃貸業	92	*400* / 347	*400* / 350	*403* / 354	*407* / 358								
不動産取引業	93	286 / 254	286 / 256	292 / 259	301 / 261								
不動産賃貸業・管理業	94	499 / 433	504 / 438	501 / 442	500 / 446								
物品賃貸業	95	573 / 492	564 / 496	557 / 501	551 / 505								

付録　参考資料

類似業種比準価額計算上の業種目及び業種目別株価等(令和6年分)

(単位:円)

業種目 大分類／中分類／小分類	番号	内容	B 配当金額	C 利益金額	D 簿価純資産価額	A(株価) 令和5年平均	A(株価) 5年11月分	A(株価) 5年12月分
専門・技術サービス業	96		6.6	42	212	456	420	424
専門サービス業	97	法務に関する事務、助言、相談、その他の法律的サービス、財務及び会計に関する監査、調査、相談のサービス、税務に関する書類の作成、相談のサービス及び他に分類されない自由業的、専門的なサービスを提供するもの(純粋持株会社を除く)	10.8	52	227	805	725	737
広告業	98	依頼人のために広告に係る総合的なサービスを提供するもの及び広告媒体のスペース又は時間を当該広告媒体企業と契約し、依頼人のために広告を行うもの	6.0	48	217	416	380	374
宿泊業,飲食サービス業	99		3.4	25	165	514	563	561
飲食店	100		3.4	22	150	521	585	583
食堂,レストラン(専門料理店を除く)	101	主食となる各種の料理品をその場所で提供するもの(専門料理店、そば・うどん店、すし店など特定の料理をその場所で飲食させるものを除く)	1.1	14	80	290	317	330
専門料理店	102	日本料理店(そば・うどん店、すし店を除く)、料亭、中華料理店、ラーメン店及び焼肉店等を営むもの	5.0	28	174	664	750	747
その他の飲食店	103	飲食店のうち、101及び102に該当するもの以外のもの。例えば、そば・うどん店、すし店、酒場・ビヤホール、バー、キャバレー、ナイトクラブ、喫茶店など	2.6	17	149	449	504	497
その他の宿泊業,飲食サービス業	104	宿泊業,飲食サービス業のうち、100から103に該当するもの以外のもの	3.5	36	223	490	482	479

(注)　「A(株価)」は、業種目ごとに令和6年分の標本会社の株価を基に計算しているので、標本会社が令和5年分のものと異なる業種目などについては、令和5年11月分及び12月分の金額は、令和5年分の評価に適用する令和5年11月分及び12月分の金額とは異なることに留意してください。また、令和5年平均及び課税時期の属する月以前2年間の平均株価についても、令和6年分の標本会社を基に計算しています。

類似業種比準価額計算上の業種目及び業種目別株価等(令和6年分)

(単位:円)

業種目 大分類 / 中分類 / 小分類	番号	A (株価)【上段:各月の株価、下段:課税時期の属する月以前2年間の平均株価】											
		令和6年1月分	2月分	3月分	4月分	5月分	6月分	7月分	8月分	9月分	10月分	11月分	12月分
専門・技術サービス業	96	*441* / *478*	*467* / *476*	*479* / *475*	*460* / *471*								
専門サービス業	97	767 / 866	826 / 859	830 / 854	767 / 842								
広告業	98	374 / 438	387 / 435	399 / 432	393 / 428								
宿泊業,飲食サービス業	99	*609* / *476*	*614* / *484*	*622* / *493*	*623* / *502*								
飲食店	100	639 / 477	642 / 487	651 / 497	654 / 508								
食堂,レストラン(専門料理店を除く)	101	342 / 257	336 / 262	327 / 267	331 / 272								
専門料理店	102	840 / 601	846 / 616	863 / 631	876 / 647								
その他の飲食店	103	529 / 424	533 / 430	539 / 436	531 / 443								
その他の宿泊業,飲食サービス業	104	498 / 471	513 / 474	516 / 478	508 / 481								

付録 参考資料

類似業種比準価額計算上の業種目及び業種目別株価等(令和6年分)

(単位:円)

業種目						B 配当金額	C 利益金額	D 簿価純資産価額	A(株価)		
大分類	中分類	小分類	番号	内容					令和5年平均	5年11月分	5年12月分
生活関連サービス業,娯楽業			105			6.7	46	303	904	871	876
	生活関連サービス業		106	個人に対して身の回りの清潔を保持するためのサービスを提供するもの及び個人を対象としてサービスを提供するもののうち他に分類されないもの。例えば、洗濯業、理容業、美容業及び浴場業並びに旅行業、家事サービス業、衣服裁縫修理業など		4.5	36	227	434	427	428
	娯楽業		107	映画、演劇その他の興行及び娯楽を提供し、又は休養を与えるもの並びにこれに附帯するサービスを提供するもの		9.8	61	413	1,586	1,514	1,526
教育,学習支援業			108			9.5	42	218	523	488	470
医療,福祉			109	保健衛生、社会保険、社会福祉及び介護に関するサービスを提供するもの(医療法人を除く)		7.5	48	257	601	556	555
サービス業(他に分類されないもの)			110			16.2	91	417	1,019	994	1,043
	職業紹介・労働者派遣業		111	労働者に職業をあっせんするもの及び労働者派遣業を営むもの		15.6	105	405	1,198	1,226	1,260
	その他の事業サービス業		112	サービス業(他に分類されないもの)のうち、111に該当するもの以外のもの		16.6	82	425	894	833	891
その他の産業			113	1から112に該当するもの以外のもの		8.0	46	348	473	482	487

(注) 「A(株価)」は、業種目ごとに令和6年分の標本会社の株価を基に計算しているので、標本会社が令和5年分のものと異なる業種目などについては、令和5年11月分及び12月分の金額は、令和5年分の評価に適用する令和5年11月分及び12月分の金額とは異なることに留意してください。また、令和5年平均及び課税時期の属する月以前2年間の平均株価についても、令和6年分の標本会社を基に計算しています。

類似業種比準価額計算上の業種目及び業種目別株価等(令和6年分)

(単位:円)

業種目 大分類/中分類/小分類	番号	A（株価）【上段：各月の株価、下段：課税時期の属する月以前2年間の平均株価】											
		令和6年1月分	2月分	3月分	4月分	5月分	6月分	7月分	8月分	9月分	10月分	11月分	12月分
生活関連サービス業, 娯楽業	105	926 881	925 884	927 888	932 891								
生活関連サービス業	106	442 419	440 421	438 423	442 425								
娯楽業	107	1,627 1,550	1,627 1,556	1,635 1,562	1,644 1,567								
教育, 学習支援業	108	473 529	468 527	477 525	456 522								
医療, 福祉	109	562 608	568 605	563 604	544 601								
サービス業(他に分類されないもの)	110	1,087 1,037	1,098 1,037	1,109 1,039	1,095 1,040								
職業紹介・労働者派遣業	111	1,313 1,196	1,353 1,202	1,389 1,212	1,383 1,218								
その他の事業サービス業	112	930 926	921 923	915 920	895 916								
その他の産業	113	508 457	521 461	536 465	524 469								

付録　参考資料

【著者紹介】 税理士・不動産鑑定士　松本　好正（まつもと　よしまさ）

　平成10年7月　　東京国税局　課税第一部国税訟務官室
　平成15年7月　　東京国税局　課税第一部資産評価官付
　平成17年7月　　板橋税務署　資産課税部門を経て
　平成19年8月　　松本税理士・不動産鑑定士事務所設立
　現在、東京税理士会麻布支部会員及び公益社団法人日本不動産鑑定士協会連合会会員、税務大学校講師

〔著書〕
　『マンション評価の新たな手法 居住用区分所有財産の評価の実務』（大蔵財務協会）
　『事例解説 専門家が教える空き家の売り方 空き家の譲渡所得に係る課税特例のすべて』（大蔵財務協会）
　『非上場株式の評価の仕方と記載例』（大蔵財務協会）
　『Q&A 市街地周辺土地の評価』（大蔵財務協会）
　『事例と解説による みなし贈与課税の実務』（大蔵財務協会）
　『借地権課税 質疑応答事例集』（大蔵財務協会）
　『立体買換と事業用資産の買換えの税務』（大蔵財務協会）
　『非上場株式等についての特例納税猶予制度の申告の手引』（大蔵財務協会）
　『Q&Aと解説で分かる!! 実務に役立つ土地の貸借等の評価』（大蔵財務協会）
　『相続税法特有の更正の請求の実務』（大蔵財務協会）
　『「無償返還」「相当の地代」「使用貸借」等に係る借地権課税のすべて』（税務研究会）
　『実践 土地有効活用 所法58条の交換・先有地の解消（分割）・立体買換えに係る実務とQ&A』（税務研究会）
　『基礎控除引下げ後の相続税税務調査対策の手引』（新日本法規）共著
　『ケース・スタディ相続財産評価マニュアル』（新日本法規）相続財産評価実務研究会 編集
　『相続財産調査・算定等の実務』（新日本法規）相続財産調査実務研究会 編集

〔主な執筆〕
　庄司範秋 編『平成15年版　相続税／贈与税　土地評価の実務』（大蔵財務協会）
　北本高男／庄司範秋 共編『平成16年版　回答事例による資産税質疑応答集』（大蔵財務協会）
　板垣勝義 編『平成17年版　図解　財産評価』（大蔵財務協会）
　板垣勝義 編『平成17年版　株式・公社債評価の実務』（大蔵財務協会）
　（いずれも共同執筆）

大蔵財務協会は、財務・税務行政の改良、発達およびこれらに関する知識の啓蒙普及を目的とする公益法人として、昭和十一年に発足しました。爾来、ひろく読者の皆様からのご支持をいただいて、出版事業の充実に努めてきたところであります。

今日、国の財政や税務行政は、私たちの日々のくらしと密接に関連しており、そのため多種多様な施策の情報をできる限り速く、広く、正確にかつ分かり易く国民の皆様にお伝えすることの必要性、重要性はますます大きくなっております。

このような状況のもとで、当協会は現在、「税のしるべ」（週刊）、「国税速報」（週刊）の定期刊行物をはじめ、各種書籍の刊行を通じて、財政や税務行政についての情報の伝達と知識の普及につとめております。また、日本の将来を担う児童・生徒を対象とした租税教育活動にも、力を注いでいるところであります。

今後とも、国民・納税者の方々のニーズを的確に把握し、より質の高い情報を提供するとともに、各種の活動を通じてその使命を果たしてまいりたいと考えておりますので、ご叱正・ご指導を賜りますよう、宜しくお願い申し上げます。

一般財団法人　大蔵財務協会
理事長　木村　幸俊

株式譲渡・相続・贈与に役立つ
四訂版　非上場株式等の評価Q&A

令和6年8月20日　初版印刷
令和6年9月6日　初版発行

不許
複製

著者　松本　好正

（一財）大蔵財務協会　理事長
発行者　木村　幸俊

発行所　一般財団法人　大蔵財務協会
〔郵便番号　130-8585〕
東京都墨田区東駒形1丁目14番1号
（販　売　部）TEL03(3829)4141・FAX03(3829)4001
（出版編集部）TEL03(3829)4142・FAX03(3829)4005
https://www.zaikyo.or.jp

印刷　恵友社

乱丁・落丁はお取替えいたします。
ISBN978-4-7547-3257-8